Aus Anlaß der 750-Jahr-Feier der Stadt Berlin
herausgegeben zur Ausstellung

Alfred Döblin zum Beispiel – Stadt und Literatur
1. September bis 31. Oktober 1987

Kunstamt Kreuzberg
Mariannenplatz 2
1000 Berlin 36
Tel. (030) 25 88 25 06

Konzeption
Krista Tebbe
in Zusammenarbeit mit
Harald Jähner

Projektleitung
Bildmontagen
Austellungs- und
Kataloggestaltung
Krista Tebbe

Projektassistenz
Gabriele Stiller

Textauswahl
Harald Jähner
in Zuammenarbeit mit
Krista Tebbe

Bilbiotheksrecherche
Gabriele Stiller

Redaktion
Gabriele Stiller
Krista Tebbe

Bildrecherchen
Sabine Nienhuisen
Violet Schultz
und
Harald Jähner
Gabriele Stiller
Krista Tebbe

Offsetreproduktionen
Rucksaldruck, Berlin

Satz
Satzinform, Berlin

Druck
Oktoberdruck, Berlin

CIP-Kurztitelaufnahme
der Deutschen Bibliothek:

Alfred Döblin zum Beispiel – Stadt und Literatur
(Katalog zur gleichnamigen Ausstellung im Kunstamt Kreuzberg,
Berlin, 1.9. – 31.10.87) / Kunstamt Kreuzberg von Berlin.
Krista Tebbe u. Harald Jähner. –
Berlin: Elefanten Press, 1987
  EP 238
  ISBN 3-88520-238-7

ELEFANTEN PRESS
Postfach 30 30 80, 1000 Berlin 30

Unser besonderer Dank gilt Claude Döblin, durch dessen
Unterstützung und Beratung Katalog und Ausstellung erst
möglich wurden, Jochen Meyer und dem Schiller-Nationalmuseum / Deutsches Literaturarchiv, Marbach am Neckar,
für die Bereitstellung vieler Druckvorlagen und Dokumente. Louis Huguet und Michael Lehr danken wir für
wertvolle Hinweise, Jörg Korpolewski für die gute Zusammenarbeit.
Wir danken allen Leihgebern, Archiven und Bibliotheken
für ihre Unterstützung.

Akademie der Künste (Sammlung Bücherverbrennung und
Sammlung Baukunst), Berlin
Willmuth Arenhövel, Berlin
Baugeschichtliches Archiv der Stadt Zürich
Berlinische Galerie, Berlin
Bibliothèque Historique, Paris
Caisse nationale des Monuments Historique et des Sites,
Paris
Correios e Telecomunicações de Portugal – Museu,
Lissabon
Deutsche Bücherei (Sammlung Exilliteratur), Leipzig
Deutsche Staatsbibliothek, Berlin/DDR
Deutsches Literaturarchiv, Marbach am Neckar
Deutsches Rundfunkarchiv, Frankfurt am Main
Deutsches Rundfunkmuseum, Berlin
Direction des Services d'Archives de Paris
Entschädigungsamt Berlin
Prof. Dr. Manfred Flügge, Berlin
Hessische Landes- und Hochschulbibliothek, Darmstadt
Gabriele Impe, Berlin
Imprensa Nacional – Casa da Moeda, Lissabon
Prof. Dr. Erich Kleinschmidt, Freiburg im Breisgau
Hans-Peter Koopmann, Berlin
Landesarchiv Berlin
Wolfgang Lohmeyer, Taching am See
Ministère de la Culture, Paris
Musée Carnavalet, Paris
Musée des Transports, du Tourisme et des Communications
de Toulouse
Pharus-Verlag, Berlin
Willi Pragher, Freiburg
Redaktion des Petrusblattes, Berlin
Redaktion der Rhein-Neckar-Zeitung, Heidelberg
Schweizerisches Sozialarchiv, Zürich
Sigmund Freud-Gesellschaft, Wien
Staatsbibliothek Preussischer Kulturbesitz
(Handschriftenabteilung), Berlin
Stadtarchiv Worms
Stadtarchiv Zürich
Stadtbibliothek München
Théâtre Champs-Elysées, Paris
Universitätsbibliothek Düsseldorf
Universitätsbibliothek Freiburg im Breisgau
Universitätsbibliothek Marburg
Klaus Völker, Berlin
Walter-Verlag, Freiburg im Breisgau
Zentralbibliothek Zürich
Zentrales Staatsarchiv, Berlin/DDR

KUNSTAMT KREUZBERG

ALFRED DÖBLIN ZUM BEISPIEL
STADT UND LITERATUR

herausgegeben von Krista Tebbe und Harald Jähner

ELEFANTEN PRESS

Soweit Schriften Döblins aus den *Ausgewählten Werken in Einzelbänden* zitiert werden, wird erst der Erstdruck angegeben, dann der betreffende Ort in den ausgewählten Werken. Die verwendeten Siglen (AW) sind im Textnachweis aufgeschlüsselt.

Eigentümlichkeiten in Grammatik, Orthographie und Interpunktion Döblins blieben bis auf wenige, durch eckige Klammern kenntlich gemachte, Stellen unverändert.

Die meisten Angaben über Alfred Döblin in der Chronologie basieren – oft wörtlich zitiert – auf der von Jochen Meyer zusammengestellten Zeittafel im Katalog zur Ausstellung des Deutschen Literaturarchivs Marbach *Alfred Döblin 1878 · 1978* und der Chronologie *Pour un centenaire* von Louis Huguet. Beide Veröffentlichungen empfehlen wir für eine intensivere Beschäftigung mit Leben und Werk Alfred Döblins.

Einen Teil der Rezensionen haben wir dem von Ingrid Bode und Ingrid Schuster herausgegebenen Band *Alfred Döblin im Spiegel der zeitgenössischen Kritik* entnommen.

Die Abbildungen zeigen zum Teil nur Ausschnitte der Vorlagen. Einige Fotografien wurden reproduktionstechnisch verfremdet.

1878 – September 1900 9
Oktober 1900 – 1909 15
1910 – 1913 21
1914 – 1916 27
1917 – 1918 33
1919 37
1920 – 1922 43
1923 – 1925 51
1926 57
1927 – 1928 61
1929 67
1930 75
1931 81
1932 – Februar 1933 87
März – Dezember 1933 91
1934 95
1935 – 1938 99
1939 – August 1940 107
September 1940 – 1941 113
1942 – Oktober 1945 119
Oktober 1945 – 1947 125
1948 – 1950 135
1951 – April 1953 141
Mai 1953 – Juni 1957 147
Text- und Bildnachweis 152
Auswahlbibliographie 153

Er ist 160 Zentimeter groß. Nacktgewicht 114 Pfund; Brustumfang, Einatmung: 92 cm, Ausatmung: 86 cm; Kopfmaße: Umfang 58,5 cm, Längsdurchmesser 22 cm, Querdurchmesser 16 cm. Er ist heriditär stark kurzsichtig und astigmatisch.

Gesichtsfarbe meist blaß, sichtbare Schleimhäute mäßig durchblutet, die Muskulatur schwach entwickelt, kaum Fettansatz. Die Reflexe an den Pupillen auf Lichteinfall und Naheinstellung sind regelrecht, die Reflexe der Kniesehnen und Achillessehnen deutlich gesteigert. Händedruck beiderseits gut, keine Auffälligkeiten der motorischen Kraft. Kein Schwanken beim Augenschluß, kein Zittern der Hände. Normale Stich- und Berührungsempfindlichkeit der Hautdecke. Rachenreflex vorhanden. Die Brust- und Bauchorgane sind ohne Befund.

Das Gesicht ist schmal, die Haare dunkelbraun, gut vorhanden, mit grauen untermischt, die Augenfarbe ist graublau. Am Mund fällt der Überbiß auf, angeblich in der Familie erblich, ebenso wie die Kurzsichtigkeit. Der Gaumen ist hoch. Im Gebiß fehlen: Eckzahn links oben, 1. Backenzahn rechts oben, Weisheitszahn links unten und rechts oben.

Der Knochenbau ist grazil. Der Untersuchte gehört im ganzen mehr dem mageren beweglichen Typ an, den Kretschmer in die schizoide Reihe stellt.

Die Nase ist charakteristisch stark, auch lang, liegt im Profil in einer Linie mit der zurückfliehenden Stirn. Sie ist, vorn abgebogen, die eines Juden. Ethnologisch ist er kein reiner Typus, es liegen nordische Akklimatisationseinflüsse vor, erkenntlich an dem Langschädel, der graublauen Augenfarbe und der Farbe der Kopfhaare, die angeblich in der Jugend flachsblond war und erst später nachdunkelte. Mehrere Kinder des Untersuchten zeigen den nordischen Anpassungstypus noch deutlicher.

Seine Handschrift analysiert Dr. Max Pulver (Zürich) wie folgt:

Sein Temperament:

Eine Legierung aus nervös und motorisch: beispielloser Aktivitätsumfang; sehr zart, aber subtil sinnlich mit umfassender Ausstrahlung in die entferntesten Ätherregionen, so gut wie in die Abgründe des Kollektiv-Unterbewußten.

Der Elan zur Gestaltung ist das erste, dann ein weit ausgreifendes Umklammern breiter Gebietsgruppen.

Stoff existiert für ihn nicht, alles ist seelenhaft, in einem fast gasförmigen Aggregatzustand …

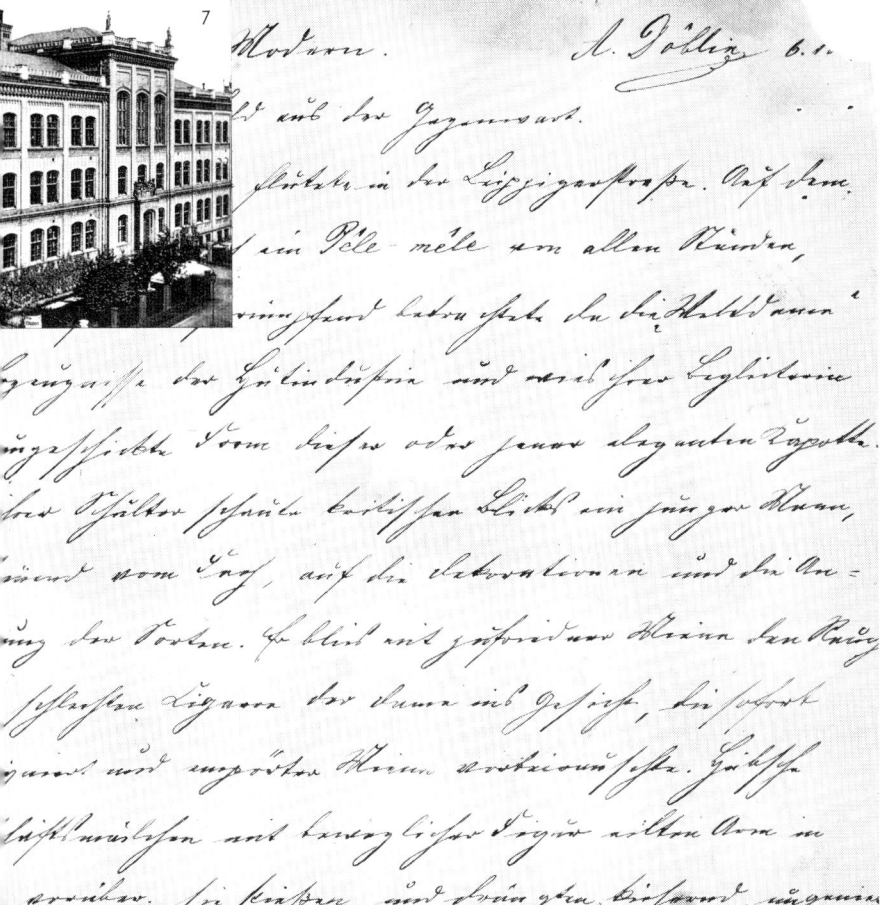

1878 10. August. Bruno Alfred Döblin wird als viertes von fünf Kindern jüdischer Eltern in Stettin geboren. Der Vater, *Max Döblin*, (1848-1921), ist Schneidermeister und betreibt nach dem Scheitern eines Konfektionsgeschäftes eine Zuschneidestube mit mehreren Angestellten. Die Mutter, *Sophie Döblin*, geb. Freudenheim (1844-1920), ist Tochter eines Materialwarenhändlers. Ihre Brüder leben als begüterte Holzhändler in Berlin.

1884 Alfred Döblin kommt in die Vorschule der *Friedrich-Wilhelm-Schule*, eines Realgymnasiums.

1888 Wechsel in die Gymnasialabteilung der *Friedrich-Wilhelm-Schule*.

Döblins Vater verläßt die Familie und geht mit einer Angestellten, der um 20 Jahre jüngeren »Mamsell« Henriette Zander, nach Amerika.

Liquidation seines Geschäftes in Stettin.

Afred Döblin wird aus der Sexta des Gymnasiums genommen und kommt in eine private »Schönschreibeschule«.

Sophie Döblin zieht mit ihren Kindern zu ihren wohlhabenden Brüdern nach Berlin.

Unterkunft in ärmlichen Verhältnissen in der *Blumenstraße* im Berliner Osten. Döblin geht in die 3. Klasse der Gemeindeschule in der Blumenstraße.

1890 Nachdem Max Döblin mit seiner Geliebten aus Amerika zurückgekommen ist, zieht Sophie Döblin mit ihren Kindern zu ihrem Mann nach Hamburg. Nach einem knappen halben Jahr scheitert die Ehe erneut. Mutter und Kinder kehren nach Berlin zurück.

Alfred Döblin besucht die Gemeindeschule in der *Höchste Straße* am Friedrichshain.

Ab 1890 wechselnde Wohnungen der Familie im Berliner Osten: *Blumenstraße, Landsberger Straße, Marsiliusstraße, Grüner Weg, Wallnertheaterstraße, Markusstraße, Memeler Straße*.

1891 Alfred Döblin kann als einziger unter den Geschwistern wieder eine höhere Schule besuchen. Er wird Freischüler des *Köllnischen Gymnasiums*.

1896 6. Oktober. Frühestes erhaltenes Manuskript *Modern. Ein Bild aus der Gegenwart*.

1900 September. Zeugnis der Reife. Abschluß des unveröffentlicht gebliebenen ersten Romans *Jagende Rosse*.

1 Bahnsteigsperre im Stettiner Bahnhof in Berlin, aufgenommen 1910 (4) **2** Sophie Döblin, um 1905 (4) **3** Max Döblin, um 1900 (4) **4** Das Dampfschiff-Bollwerk in Stettin, um 1900 (7) **5** Döblin und seine Geschwister (von links nach rechts: Hugo, Alfred, Meta, Kurt und Ludwig), um 1888 (29) **6** Die Leipziger Straße in Berlin, aufgenommen 1901 (6) **7** Fotopostkarte des Köllnischen Gymnasiums in Berlin, aufgenommen um 1910 (6) **8** Erste Seite des Manuskripts *Modern*, 6. Oktober 1896 (4)

In Stettin an der Oder lebte einmal mein Vater. Der hieß Max Döblin und war seines Zeichens ein Kaufmann. Da das aber eigentlich kein Zeichen ist, so war er Inhaber eines Konfektionsgeschäftes, welches nicht ging. Worauf er eine Zuschneidestube eröffnete, die einen guten Verlauf nahm. Dieser Mann war verheiratet und hatte es im Laufe der Jahre, wenn auch nicht zu Geld, so doch zu fünf Kindern gebracht. Auch ich war darunter. Er war mit vielen Neigungen und Begabungen gesegnet, und man kann wohl sagen: was ihm seine Begabungen einbrachten, nahmen ihm seine Neigungen wieder weg.

Alfred Döblin, *Im Buch – Zu Haus – Auf der Straße*, Berlin 1928; zit. nach: AW 24, Walter-Vlg., Olten 1986, S. 112

Er, der Hamburger, war ein Luftikus, ein begabtes Wesen. Er war sehr begabt. – Nun, und? – Er verfügt über ein ganzes Arsenal von Begabungen. Er spielt Violine, Klavier, ohne Unterricht gehabt zu haben. Wir selbst hatten bei ihm ja die ersten Musikstunden. [...] Der Mann komponierte. Ein Stück von ihm setzte sogar der Musiklehrer unserer Schule, des Friedrich-Wilhelmstädtischen Realgymnasiums, für Orgel. Er saß über Büchern auf Kompositionslehre. Er sang, und nicht schlecht. Er schrieb Gelegenheitsgedichte, war ein fixer Zeichner. Er war geschickt im Entwerfen von Kostümen. Eigentlich ein unheimlich talentierter Knabe; lauter künstlerische Dinge. Seine Mutter war eine geborene Jessel; der Komponist [...] Léon Jessel ist sein Vetter. [...] Aber bei meinem Vater gedieh nichts recht.
Erstens war er ein Luftikus und trieb nichts beständig, dann hatten sie ihn zu Hause natürlich nichts lernen lassen – das hat ihn sehr gegrämt –, und nachher hing die Familie an seinem Bein. Das waren wir, fünf Stück, und die Frau. Er war auch ein triebhaftes Wesen, ohne allen Ehrgeiz. In dem Mann, ja ich seh ihn noch vor mir, war etwas Weichliches, Schlaffes, Schwächliches und Ruhendes. Er lebte so hin mit seinen Gaben. Er schlenderte, fühlte sich nie eigentlich unglücklich. Ein Windhund, nehmt alles nur in allem. Aber kein unedles Tier. [...]
Meine Mutter hatte nicht viel Respekt vor ihm. Sie nannte ihn: »gebildeter Hausknecht«. Ein böses Wort.

Alfred Döblin, *Im Buch – Zu Haus – Auf der Straße*, Berlin 1928; zit. nach: AW 24, Walter-Vlg., Olten 1986, S. 120 f

Eines Tages erklärte der Vater, eine Reise nach Mainz vorzuhaben, verabschiedete sich in jeglicher Ruhe, der Junge half ihm noch beim Anziehen der rechtzeitig von der Reparatur gebrachten Zugstiefel. Eines frühen Morgens aber kam die Mutter mit vielem Geschrei und Weinen in die Stuben, wo wir schliefen; ein Telegramm oder ein Brief des Vaters war gekommen; er schrieb aus Hamburg, er ginge nach Amerika, »goldene Berge will ich Euch bieten«. Damit war die Familie zerstört. Es war vorher da eine sich gut entwickelnde Wohlhabenheit. Momentan mußte alles liquidiert werden; zur Aufnahme der Warenbestände kamen Vertreter aus Hamburg. Der Junge ging mit seiner Mutter später einmal durch die Linden, er guckt nach allen Seiten, ob man ihm nichts ansieht, er schämt sich des stadtbekannten Eklats, daß sein Vater mit einer Schneidermamsell nach Amerika durchgebrannt.
Sofort wurde er aus der Schule genommen, kam in traurige Privatstunde. [...]
Meine zuerst ganz kopflose Mutter wurde von ihren wohlhabenden Brüdern nach Berlin gezogen.
Eine endlos lange Eisenbahnfahrt dritter Klasse.

Alfred Döblin, *Doktor Döblin*, [Manuskript von Ende 1917 / Anfang 1918]; zit. nach: AW 24, Walter-Vlg., Olten 1986, S. 20 f

Also, ich bin vor vierzig Jahren nach Berlin gekommen, nachdem ich vorher geboren bin. Ich kam in Berlin in einem Zustand an, der sich nicht sehr unterscheidet von meiner Geburt, zehn Jahre vorher, in Stettin. Es war gewissermaßen eine Nachgeburt. Es hat aber keiner etwas davon gemerkt. (Ich bin ja wirklich in Stettin nur vorgeboren.) Wir fuhren also von Stettin nach Berlin. Meine Mutter unterhielt sich im Zug mit Leuten, die die Stadt kannten. Unsere Gegend, die Blumenstraße, wurde sehr schlechtgemacht, da sind viele Fabriken und Rauch, das Gespräch war sehr lebhaft und in einem Fluß. Ich wagte nichts zu sagen, genauer, etwas zu fragen. Ich saß in Geburtswehen. [...] Nachher fuhren wir durch die fremde große Stadt, und da geschah das zweite Wunder. Wir setzten uns in einen Zug auf einem hellen Bahnhof. Der fuhr ab, durch die Nacht, fuhr ein paar Minuten, dann hielt er, und – wir waren wieder auf demselben Bahnhof. Ich glaubte mich zu irren. Aber das Spiel wiederholte sich zwei-, drei-

mal. Wir fuhren, derselbe Bahnhof kam, und nachher stiegen wir aus und waren bald zu Hause. Ob wir im Kreis gefahren sind? Aber warum und wozu, und schließlich sind wir doch angekommen. Erst als gereifter Mann habe ich den rätselhaften Vorgang durchschaut. Es wurde mir klar und klarer: wir waren Stadtbahn gefahren. Die Bahnhöfe sehen sich abends ähnlich in Berlin, besonders wenn man aus Stettin kommt. Wir waren von Friedrichstraße nach Jannowitzbrücke gefahren. Aber es war mir ein unvergeßliches Erlebnis; es übt seine beruhigende Wirkung noch heute auf mich aus. Wir waren sechs Personen, die da so zauberhaft reisten: meine Mutter, zweiundvierzig Jahre alt, und wir fünf Geschwister, lauter Stettiner Vollheringe, vier Jungen und ein Mädchen, ich der vorjüngste. Wir hatten den Staub, ich auch das Wasser Stettins von uns geschüttelt. Denn da war uns etwas geschehen. Wir waren aus einem kleinen Paradiese vertrieben worden.

Alfred Döblin, *Im Buch – Zu Haus – Auf der Straße*, Berlin 1928; zit. nach: AW 24, Walter-Vlg., Olten 1986, S. 110 f

Die Mutter mit den fünf Kindern war nach Berlin gezogen – eine liebende, fordernde Frau, voll des verzweifelten Willens, sich und die Familie zu halten, zu heben, oft knapp vor dem Überspültwerden. Der Zehnjährige war hineingestellt ins Tosen der Großstadt, die Nüstern und alle Poren offen. Natur raunte nur noch von fern, die Technik brauste als das Blut dieser Epoche: hier schwamm er mit, auf dem breiten, riesigen Strom, verzaubert vom Wunder der Maschinen. Dann wieder hinein in den Tunnel der Nacht und Fron, eingezwängt ins enge dunkle Heim und die strenge Schule: Schicksal des Großstädters, von Kindesnerven an durchlebt und ausgelotet, wie sonst kaum zuvor in der deutschen Literatur.

Robert Minder, *Alfred Döblin zwischen Osten und Westen*, in: ders., *Dichter in der Gesellschaft*, Suhrkamp Vlg., Frankfurt am Main 1972, S. 178 f

Es war Nacht, als sie in der großen Stadt ankam. Auf dem Bahnsteig empfing sie ein Angestellter ihres Bruders, ein grauer einsilbiger Mann, der bei dem Anblick der vier Personen, die sich aus dem Wagen entwickelten, stumm den runden steifen Hut hob, der Mann sah ziemlich schäbig aus, ein Gepäckträger griff zu, der graue Herr führte sie, ohne ein freundliches Wort oder eine Frage an die Kinder zu richten, gradeswegs zur Treppe und zu einer Droschke. Das schwere Gepäck, die Kisten, den großen Koffer würde er morgen abholen lassen. Die Kinder, aus dem Schlaf geweckt, entgeistert von der Weite des Bahnhofs, dem Lärm, der Menschenmenge, wollten nicht die Treppe herunter, er drehte sich um und pfiff, wie man Hunden pfeift. Sie ratterten durch helle und durch finstere Straßen, die Kinder hingen an den Scheiben, nur das Töchterchen weinte auf dem Schoß der Mutter. In einer breiten Straße, vor einem Haus, an dem eine rote Laterne brannte, hielten sie, der Mann schloß auf, sie stiegen vier enge Treppen hinauf, so hohe Treppen waren die Kinder noch nie gegangen, an dem Flur gab es viele schmale Türen mit Briefkästen, eine öffnete er, es war eine ganz kleine finstere und wüste Wohnung, die Küche gleich am Eingang, dann eine Stube. Der Angestellte, der den Hut aufbehalten hatte, steckte eine Kerze auf dem Küchentisch an, fand, daß es muffig roch und öffnete das Fenster, dann legte er die Schlüssel auf den Tisch, lüftete ohne ein Wort den Hut und ging. Die beiden Jungen, überwach, wollten noch im Finstern auf der Treppe spionieren, wieviel Stock das Haus hatte, die Mutter jagte sie in die Stube, sie mußten sich im Finstern ausziehen und auf die Matratzen am Boden legen. Gleich wie aber die Mutter mit dem Kind in der Küche verschwunden war, standen sie in Hemden wieder auf und quetschten ihre erregten Gesichter an das Fenster. Die schwarze Masse der Häuser mit den vielen stummen Fenstern, mit verschlossenen Läden zog sich wie eine einzige Mauer hin. Es war eine Riesenburg. Wenige Laternen brannten auf der Straße, in keinem Haus war mehr Licht, aber alle diese Häuser mußten voller Menschen stecken. Das war die Straße, oh welche große geheimnisvolle Stadt.

In der Küche hatte die Mutter das Kind neben sich gebettet. Als es schlief und sie seine Händchen von sich löste, setzte sie sich still am Boden auf. Sie saß lange. Langsam wurden die Konturen des Herdes vor ihr sichtbar, die Stuhlbeine neben ihr, das Handtuch quer vor das Fenster gespannt. Was auf dem Herd eine Rundung zeigte, war der Handkoffer mit dem Bügel. Morgen sollte sie hier für die Kinder kochen. Wie die Trümmer eines Schiffbruchs betrachtete sie alles, ohne Empfindung. Sie hatte vieles erwartet, dies betäubte sie. [...]

Er breitete ihre Matratze in der Küche aus. Dann wanderte er unsicher hin und her und legte, was er nie getan hatte, seinen Arm um den Hals der Mutter: »Kommen wir ins Gefängnis, Mutter?« Er sah ihr gehetztes Gesicht, es war schlimmer, als wenn sie den betrunkenen Vater zu Bett brachte. »Ich denke, Mutter, es wird schon gehen. Wenn sie uns nicht ins Gefängnis bringen, find ich schon Arbeit, ich nehm alles an. Onkel wird doch ein bißchen geben?« »Nichts vom Onkel. Geld, Geld.« Sie sah den großen Burschen an aus ihren irren Augen, eine Ertrinkende, dann schluchzte sie, und dann war ihr Gesicht wieder ganz starr. Er hatte Angst, wie sie so leer vor sich hinblickte.

Alfred Döblin, *Pardon wird nicht gegeben*, Amsterdam 1935; zit. nach: AW 2, Walter-Vlg., Olten 1962, S. 16 f und 20

Unvergeßlich aus meiner Kindheit ist mir, es fällt mir gerade ein, noch folgende Szene: wir wohnten in der Blumenstraße und unsere Mutter hatte – großes Ereignis – eine Gans gekauft. Und wie sie morgens in die Küche kommt, wir wohnten parterre, war die Gans weg, gestohlen. Gans, einschließlich Gänseklein. Meine Mutter weinte; groß der Schmerz der Familie, wir waren fünf Kinder und klagten wochenlang. Mein Magen sehnt sich noch heute nach dieser Märtyrergans. Erst im Paradies werde ich sie essen.

Alfred Döblin, *Persönliches und Unpersönliches*, in: *Die Zukunft*, Oktober 1938, Nr. 1; zit. nach: AW 24, Walter-Vlg., Olten 1986, S. 240

Meine Mutter, im Exil in Berlin, war mit uns und dem Haushalt von morgens bis abends beschäftigt. Eine Zeitlang vermietete sie Zimmer. Sie wusch selbst, ein Mädchen konnte sie sich nicht halten. Sie war tapfer und rüstig. Man ist nicht lange Zeit sehr unglücklich. Sie hatte eine eigentümlich skeptische und resignierte Lebensauffassung. Ihre Kernsprüche verraten eine bedauerlich gute Bekanntschaft mit dem Dasein: »Wie einem ein Haus einfällt, fällt's mir auf den Kopf« und die mehr beruhigenden Sätze: »Wie einer will« und: »Es ist schon immer wie geworden, es wird auch weiter wie werden ...«

Alfred Döblin, *Im Buch – Zu Haus – Auf der Straße*, Berlin 1928; zit. nach: AW 24, Walter-Vlg., Olten 1986, S. 126

Es ist mir nicht viel begegnet. Ich bin immer wie ein Vogel gewesen, der im Wasser schwimmt, aber von dem das Wasser, als wenn seine Federn beölt wären, abfließt. Ich erinnere mich von Kind auf dauernd einer gewissen seelischen Aura, einer Dunsthülle, die ich um mich herumtrug. Ich habe von meinem Leben nicht den Eindruck irgend einer Entwicklung, dagegen sehr deutlich des Ruhens, einer Unbeweglichkeit.
Ich bin nicht geneigt, hier »Zurückhalten« zuzugeben. Es steht mir zu fest in Erinnerung das dauernde Arbeiten in mir, ein Fühlen, Denken von einem Zentrum her, die Expansivneigung und das Abwarten, die völlig fehlende Ungeduld. Mir kommt vor: viel stärker war es Sache der äußeren Dinge mich zu erleben als ich sie.
Ich bin nicht irrational. Ich kann nicht dafür, daß die Objekte irrational sind. Aber die Objekte sind ja, in meinem Sinne, weitgehend rational. Dann kann ich nicht dafür, daß die andern nicht meinen Sinn haben.

Alfred Döblin, *Das Öl auf meinen Federn*, [undatiertes Typoskript]; zit. nach: Jochen Meyer, Katalog zur Ausstellung des Deutschen Literaturarchivs Marbach. *Alfred Döblin 1878 · 1978*, Deutsche Schillergesellschaft, Marbach am Neckar 1978, S. 59

Unverheiratet ist die Frau den größten Gefahren ausgesetzt. Um nur einigermassen einen Begriff von dem Lohn eines Mädchens zu machen, will ich einige Zahlen anführen. Die Arbeiterinnen der Papierindustrie treten in Ausstand, um einen Lohn von 13,50 M pro Woche zu erzielen. Wie müssen die Löhne also bis jetzt gewesen sein! In der Bekleidungsindustrie ein Durchschnittslohn von 6-9 M wöchentlich, in der Perlindustrie 5-6 M, und die Schürzenarbeiterinnen erhalten kaum 3-4 M!!
Pfui!!
Elende Ausbeutung!
Und diese armen Wesen haben noch furchtbare Konkurrenten, die ihnen selbst dies wenige nehmen.
Und wer sind die?
Es sind die Frauen der kleinen Beamten, die sich für ihr »standesgemässes« Auftreten ein *Taschengeld* verdienen wollen!
Mit diesem Lohne vergleiche man die Ausgaben eines Mädchens, Ausgaben, um nur das Leben zu fristen. Und das ist das Entsetzliche, – – aus diesem jammervollen Leben *können* sie sich retten; es giebt eine Rettung – eine Rettung – – die

Prostitution! – – – – – – Und wieder und immer wieder der Satz: Der Mensch ist ein Mensch!

Ein unerbittliches Naturgesetz sagt, du mußt deinem Geschlechtstriebe folgen!

Und unsre Gesellschaft sagt, du muß heiraten! Und heiraten können heißt, Geld zur Ernährung einer Familie besitzen.

Besitzt du kein Geld, und willst du »lieben« – so giebt es eine Prostitution. Und du kannst auskömmlich leben und brauchst dich nicht zu schinden. So ist unsere Sitte beschaffen.

Sitte ist, was einem Gesellschaftszustande Bedürfnis ist. Möge jeder selbst folgern.

In Berlin sollen allein 20 000 Prostituierte sein, eine Zahl, die sicher viel zu niedrig gegriffen ist. Daß gerade Berlin so stark mit Prostituierten bevölkert ist, – denn ich darf sagen, bevölkert – erklärt sich leicht aus dem Aufschwung seiner Maschinen etc. etc. Industrie, deren größere Verbesserung jedesmal eine Menge Arbeiter überflüssig macht und so seine Arbeiterinnen prostituiert.

Herrliche Zustände wahrlich! Jede Vervollkommnung ist mit dem Zugrundegehen von 1000den Menschen zu bezahlen!!! Die Choristinnen der Theater sind mit seltenen Ausnahmen fast sämtlich Prostituierte. Um so eher, so mehr sie das Unglück haben, schön zu sein. Für einen entsetzlichen Lohn müssen sich diese Mädchen ernähren, weiterfortbilden, und noch die allerteuerste Toilette selbst stellen! Die Polizei meint es mit den Leuten, welche die Mädchen prostituieren, sehr gut. Wöchentlich muß sich die Arme untersuchen lassen, ob sie nicht ansteckend krank ist, damit der Betreffende ja keinen Schaden nähme!

Der Staat erklärt mit diesem Organisieren die Zivilehe für nicht ausreichend.

Dieses Entkleiden vor den Polizeiärzten, dieses Betasten en masse, es muß auch die letzte Scham in den Unglücklichen töten.

Alfred Döblin, *Modern. Ein Bild aus der Gegenwart*, [Manuskript vom 6. Oktober 1896]; zit. nach: AW 14, Walter-Vlg., Olten 1972, S. 15 f

Geschäftiges Leben flutete in der Leipzigerstraße. Auf dem Trottoir drängte sich ein Pêle-mêle von allen Ständen, allen Berufen. Naserümpfend betrachtete da die »Weltdame« die Erzeugnisse der Hutindustrie und wies ihrer Begleiterin die ungeschickte Form dieser oder jener eleganten Kapotte. Über ihre Schulter

schaute kritischen Blicks ein junger Mann, anscheinend vom Fach, auf die Dekorationen und die Anordnung der Sorten. Er blies mit zufriedner Miene den Rauch einer schlechten Cigarre der Dame ins Gesicht, die sofort indigniert und empörter Miene vorbeirauschte. Hübsche Geschäftsmädchen mit beweglicher Figur eilten Arm in Arm vorüber; sie stießen und drängten kichernd, ungeniert jedem Herrn ins Gesicht sehend. Da trottete schweren Schritts der Bankbeamte mit seiner großen Ledermappe, – Ausläufer bekannter Firmen, – Bummler, der Deutsche nennt sie Flaneurs, in der Hand die lange Cigarette, mit der andern einen dünnen Stock wirbelnd, – Leute, die bei jedem Schaufenster stehen bleiben, – Commis, Soldaten – alles das wogte auf dem Trottoir nebeneinander; keiner sieht auf den andern in dem Gedränge, jeder hat genug mit sich zu thun. Vor manchen Läden war es geradezu beängstigend. Bei Wertheim mußte man sich fast jeden Schritt erobern, Damen waren fast hilflos in solchem Getriebe und gar den Damm zu überschreiten, war ein Wagnis, das sich mit Recht nicht jeder zutraute. Dann konnte ganz hinten am Dönhoffsplatz ein Heuwagen, bis zum Umfallen beladen, nicht vorwärtskommen – bis zur Friedrichstraße standen die Pferdebahnen, eine hinter der andern. Und an dem Hindernisse, da nun ein Lärm!

Alfred Döblin, *Modern. Ein Bild aus der Gegenwart,* [Manuskript vom 6. Oktober 1896]; zit. nach: AW 14, Walter-Vlg., Olten 1972, S. 471 f

Ein schlimmes Kapitel, dieser Kaufmanns- und Geldstolz in der Familie meiner Mutter. Das waren alles sehr lebhafte, aktive, praktische Leute. Verdiener und einige auch Genießer. Was darüber lag, war unbekannt! Nein, nicht bloß unbekannt, sondern lächerlich! Es war Anlaß zum Höhnen, zum Ironisieren. Wie wenn Indianer oder Neger zu uns kommen und die Kinder sie ausspotten. Eine fürchterliche Sache. Von dieser Seite her kam eine der Minen, über der die Ehe meiner Mutter mit diesem vielbegabten weichlichen Mann aufflog. Das ist es. Ich muß es schon sagen.

Ich kann davon sprechen, denn ich habe diesen Hohn, diese Borniertheit, diese bittere, anmaßende Härte selbst kennengelernt. Ich hätte nicht gewagt, nicht wagen dürfen, meine Schreibereien zu Hause zu zeigen. Es wußte lange Jahre niemand zu Hause, daß ich schrieb. Und als 1906

von mir ein kleines Theaterstück in einer Matinee zusammen mit einem Stück von Paul Scheerbart aufgeführt wurde, da kam es nicht unter meinem Namen, dem meiner Familie, heraus, sondern unter einem Pseudonym. [...]

Als ich schon Arzt war und ein Buch von mir erschien, fragte meine Mutter: »Wozu machst du das? Du hast doch dein Geschäft.« Sie meinte die ärztliche Praxis. Um sie zu beruhigen, mußte ich ihr sagen, daß ich etwas damit verdiene.

Alfred Döblin, *Im Buch – Zu Haus – Auf der Straße*, Berlin 1928; zit. nach: AW 24, Walter-Vlg., Olten 1986, S. 121 und 123

[...] kein Zweifel kann [...] daran bestehen, daß Döblins frühe Naturreligion stark vom mütterlichen Prinzip beherrscht ist, daß sein Kampf gegen das Christentum sich weitgehend auf einen Kampf gegen die Vaterautorität reduzieren läßt und daß seine Konversion nur möglich wurde über die Gestalten der Gottesmutter und des leidenden Sohnes.

Kein Zweifel kann allerdings auch darüber herrschen, daß die starke Betonung des Mutter-Prinzips nicht etwa Reflex einer ungetrübten Mutter-Sohn-Beziehung ist – ich erinnere an Döblins bittere Worte über die Kaufmannsmentalität der Familie Freudenheim –, sondern daß wir es hier mit einer ebenso verzweifelten wie trotzigen Idealisierung zu tun haben. Dem Zehnjährigen blieb ja gar nichts anderes übrig, als sich der Mutter anzuschließen; sie aber, von deren Haltung gegenüber dem Vater es heißt: »Sie trug mit sich Legitimität, Pathos, Ansprüche« und der Döblin folgerichtig die Überschrift widmet: »Ehre, dem Ehre gebührt«, sie begegnete der »Andersartigkeit« des Sohnes mit derselben Verständnislosigkeit wie die Schule. Die Geborgenheit, nach der er sich sehnte und die seine Dichtungen in immer neuen Variationen zu evozieren suchten, fand er nicht, schon darum nicht, weil er mit dem Verdammungsurteil über den Vater auch die Abwertung seiner eigenen, von jenem ererbten Talente übernehmen mußte. Was hieraus unmittelbar folgt und an zahllosen Zitaten belegt werden kann: Döblin ist zeitlebens ein Dichter mit schlechtem Gewissen gewesen. Im »Ersten Rückblick« schildert er, wie er sich gegenüber Mauthner nicht zu seinem Erstlingsroman zu bekennen wagte: »Ja, ich weiß, woher ich diese Scheu habe. Ich hatte also schon ein schlechtes Gewissen vor meinen Arbeiten. So hatte sich das eingeprägt. Bis ins zweite Glied.«

So hat er nie daran gedacht, freier Schriftsteller zu werden; es scheint so, als habe er den Arztberuf geradezu als Rechtfertigung für die Ausschweifungen seiner Phantasie gebraucht.

Klaus Müller-Salget, *Alfred Döblin. Werk und Entwicklung*, Bouvier-Vlg., Bonn 1972, S. 26

⌐ Die Forderung der Mutter stützte unerbittlich diejenige der Lehrer: leisten, gerüstet sein für den Lebenskampf. Mosaisches Gesetz und preußischer Imperativ trafen sich in ihrer Verdüsterung, Erstarrung zum puren Leistungsschema – so war es schon beim »Soldatenkönig« gewesen, der nicht umsonst in den Schulen als Idealbild des guten, weil besonders harten Vaters hingestellt wurde und der wie ein Hebbelscher »Meister Anton« von Riesenwuchs die deutsche Erziehung überschattete.

Robert Minder, *Alfred Döblin zwischen Osten und Westen*, in: ders., *Dichter in der Gesellschaft*, Suhrkamp Vlg., Frankfurt am Main 1972, S. 179

⌐ Wir haben jahrelang im selben Klassenzimmer gehaust [...] Ich gehörte nicht zu den Jungen, aber Du warst noch etwas älter an Jahren und sehr viel älter an Wissen. Nicht zwar an Schulwissen – Du warst in keinem Fach ein Lumen –, aber so im allgemeinen. Vielleicht erinnerst Du Dich gar nicht mehr – aber ich weiß es noch genau – wie Du, etwa in Untersekunda, als einziger Gottfried Kellers Erzählung »Romeo und Julia auf dem Dorfe« kanntest. Professor Weldig war sehr erstaunt, fast erschrocken, fügte aber sogleich giftig hinzu, es sei ganz unnötig, daß Du dergleichen schon gelesen hättest. Und gewiß denkst Du nicht mehr daran, wie Du bei unseren Debatten unter der Reckstange, während Ehte die anderen turnen ließ, mir erklärtest, der Stil des Schreibens müsse so voller Kunst sein, daß er wieder Natur werde. Ich verstand Dich nicht, aber Du mußt Dir doch schon etwas dabei gedacht haben. Wir zeigten einander auch unsere ersten literarischen Versuche und fanden sie gegenseitig schwach. Während der Pausen aber liefest Du gern mit gesenktem Kopfe und raschen Schritten allein über den Schulhof. Ob Du wirklich grübeltest oder bloß so tatest, war mir nicht ganz klar. Und alles in allem kamst Du uns Kameraden ein wenig wunderlich und den Lehrern ein wenig aufsässig vor.

Moritz Goldstein über *Wallenstein*, in: *Vossische Zeitung*, 13. November 1921

Ich – träume von der Schule wie ein anderer nach einem Unfall! Im Krieg sind viele erkrankt nach Erschütterungen, Granatexplosionen, Bombenabwürfen. In ihren Träumen trat immer diese Situation vor sie; beängstigte sie. Warum? Es sind keine Mörder. Die Leute sucht im Traum wieder die Situation heim, die sie überrascht hat. Das ist die Gegenreaktion ihrer Seele. Sie ist erkrankt, weil sie sich damals nicht wehren konnte, weil sie zu heftig, zu plötzlich überrumpelt, überrascht wurde. Jetzt zaubert sie sich im Traum die Situation vor, geht sie von neuem an, und allmählich erstarkt sie daran. Der Schock heilt aus, das Gleichgewicht zwischen innerer Kraft und äußerem Stoß wird wieder hergestellt. So wie ein Boxer lernt, seine Bauchmuskeln gegen einen gefährlichen Schlag hart zu machen. Darum – darum träume ich von der Schule. Sie meinen, ich soll das Pensum nachholen? Nein, ich muß die Schule im ganzen, diesen Unfall, diese Granatexplosion, bewältigen. Sie ist bewältigt.

Alfred Döblin, *Im Buch – Zu Haus – Auf der Straße*, Berlin 1928; zit. nach: AW 24, Walter-Vlg., Olten 1986, S. 148 f

In der Schule aber wurde ich langsam ich. Menschen meiner Art ist es nicht gegeben, in gewöhnlicher Weise freundlich und nett zu sein. Wir werden das erst später, auf Umwegen. Ich konnte nicht sprechen, weil ich das leichte oberflächliche Tun und die dünne Sprache nicht annahm. Ich kannte schon eine andere, mit einer anderen Syntax und Grammatik. Und wie bin ich dann später an die Objekte herangewachsen, nein, aus ihnen herausgewachsen. Die Namen, die andere den Dingen gaben, habe ich abgelehnt; ich stand schon in einem andern, natürlichen Duzverhältnis zu den Dingen. Versuchen Sie dann zu plaudern. Ich habe es später gelernt, und wissen Sie wie? Als mir aufging, daß diese leichte Sprache und diese Interessen enger und weiter doch zusammenhingen mit dem großen Ding, in dem ich mich tief und blind verwurzelt fand und das aus mir schwieg. So habe ich die Menschensprache von hinten herum gelernt.

Alfred Döblin, *Im Buch – Zu Haus – Auf der Straße*, Berlin 1928; zit. nach: AW 24, Walter-Vlg., Olten 1986, S. 167

⌐ Ich blamiere mich ersichtlich wieder zu einem hundertsten Geburts- oder Todestage. Ich muß aber noch mehr sagen. Zwei dicke Bücher habe ich geschrieben vor einigen Jahren,

und wie Stendhal bei der Niederschrift der »Karthause« allmorgendlich ein paar Seiten aus dem »Code Napoléon« las, so las ich zu diesen Büchern täglich den »Idiot« des Vaters von Fräulein Dostojewsky. In meiner Jugend verübte ich einen Totschlag; ich erschlug in einer Zornesaufwallung Schiller, Goethe und einige andere Passanten; das Beil zu diesem sogar bei mir erstaunlichen Bravourakt erhielt ich von demselben Russen (die Niedergeschlagenen erholten sich später und sollen heute noch leben – wenigstens auf dem Papier, wie sich das für Deutschland gehört).

Alfred Döblin, *Für und wider Dostojewsky*, in: *Vossische Zeitung*, 11. November 1921, Nr. 532, S. 3

Ich habe beim letzten Verlassen der Schule auf den Boden gespuckt. Ich lege Wert darauf, daß dies festgestellt und zu Protokoll genommen wird.

Alfred Döblin, *Im Buch – Zu Haus – Auf der Straße*, Berlin 1928; zit. nach: AW 24, Walter-Vlg., Olten 1986, S. 141

Ein Mensch bin ich; das machte mich einmal glücklich, und jetzt bin ich trübe.
Gar zu eng ist der Becher, aus dem ich trinke. Nur ein Mensch bin ich.
Könnte ich dahin, wohin mein Verlangen drängt, ach könnte ich hin zu den Quellen dringen, mich drängen zu den Lippen, von denen alles Leben fließt, Zauber und Träume und Wunder, Glück und Sehnsucht, die brünstige Gewalt, und mag sie mich auch, wenn sie will, gleich fortnehmen. Dann möchte ich gesättigt werden; von den Lippen möchte ich *allen* Honig saugen. Ausdürsten will ich *alle* Brüste und Quellen; die Sonne, der Mond und die Sterne, die sollen leuchten in meiner Brust.
Die Menschen wandern und treiben ihr Geschäft, die einen froh, die andern unglücklich; mit Hast und Leere leben sie; sie arbeiten sich müde und traurig und streichen sich vor dem Sterben verwundert die Stirne, selbst fragend und auf eine Frage lauschend. Denn ein Rätsel ist die Sonne und Erde; keiner hörte die Fragen sein Leben lang, die sie stellen und – selber sind; den Menschen scheint vieles zu klar. Mehr Dunkel für diese Menschen.

Alfred Döblin, *Jagende Rosse. Den Manen Hölderlins in Liebe und Verehrung gewidmet,* [Manuskript von 1900]; zit. nach: AW 20, Walter-Vlg., Olten 1981, S. 33

CAFFE JOSTY

2. Tiefliegende Nerve[n]

1. Rollnerv. 2. Gemeinschaftliche[r]
4. Gassersches Ganglion. 5. Erster
teilten Nerven. 8. Flügelgaumeng[...]
10. Unteraugenhöhlennerv. 11. Unte[r]
12. Zungennerv. 13. Backenmuske[l]
kiefe[r], zum Teil aufgemeißelt. 16

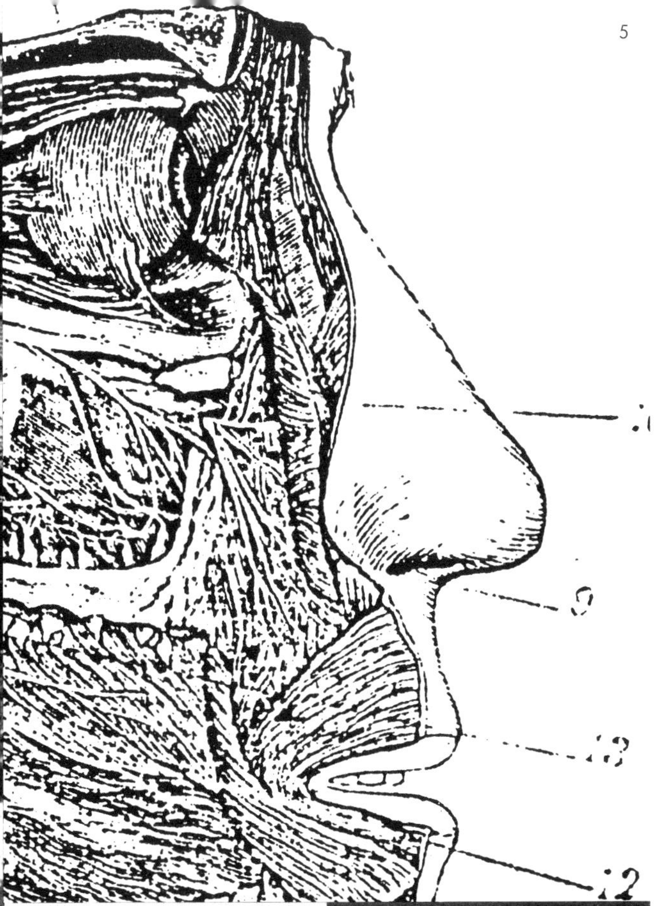

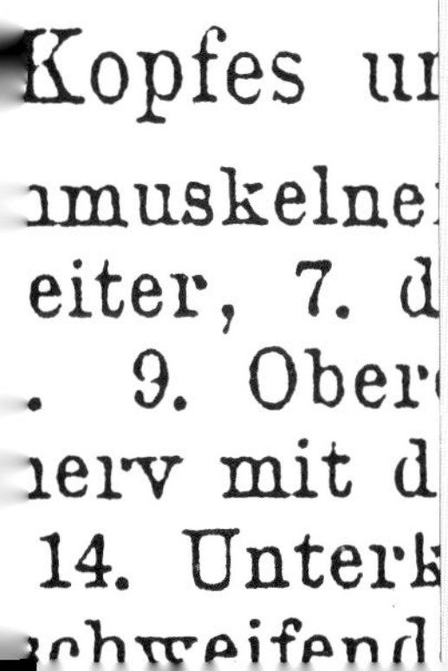

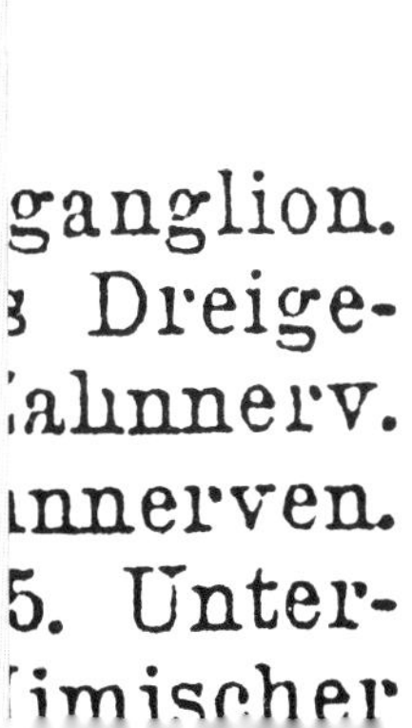

1900 17. Oktober. Beginn des Medizinstudiums in Berlin. Daneben Besuch philosophischer und literaturhistorischer Vorlesungen. Über den gleichaltrigen Musikstudenten Georg Lewin – er nennt sich später Herwarth Walden – lernt Döblin Else Lasker-Schüler, Richard Dehmel, Peter Hille, Arno Holz, Erich Mühsam, Paul Scheerbart, Frank Wedekind u.a. kennen.

1901 Sommer. *Erwachen*, zwei Erzählungen, erst 1923 in Auszügen veröffentlicht.

1902 Ärztliche Vorprüfung.

8. Oktober. Aufsatz *Der Wille zur Macht als Erkenntnis bei Friedrich Nietzsche*, ungedruckt.

1903 16. März. Aufsatz *Zu Nietzsches Morallehren*, unveröffentlicht.

Abschluß des zweiten Romans *Worte und Zufälle*. Er erscheint erst 1912 unter dem Titel *Der schwarze Vorhang* im *Sturm* und 1919 als Buch im *S. Fischer* Verlag.

1904 März. Als Vorsitzender der *Literarischen Abteilung der Finkenschaft*, einer Gruppe freier Studenten in Berlin, organisiert Döblin eine Lesung Richard Dehmels im *Architektenhaus*.

16. April. Abgangszeugnis der Berliner Universität. Fortsetzung des Studiums in Freiburg im Breisgau.

7. Mai. Tod Peter Hilles. Döblin setzt sich von Freiburg aus für eine öffentliche Hille-Feier der *Berliner Finkenschaft* ein.

August – Oktober. Semesterferien in Berlin.

Oktober. Entstehung der Novelle *Astralia*. Teilnahme an ersten Lesungen des gerade von Walden gegründeten *Vereins für Kunst*: Detlev von Liliencron und Arno Holz.

November. In Freiburg Beginn der Doktorarbeit bei Professor Alfred Hoche in der *Freiburger Psychiatrischen Klinik*.

1905 15. Februar. *Studien- und Sittenzeugnis der Großherzoglich Badischen Albert-Ludwigs-Universität* in Freiburg.

Anfang April. Abschluß der Doktorarbeit *Gedächtnisstörungen bei der Korsakoffschen Psychose*, gedruckt im selben Jahr bei *O. und E. Klett* in Berlin.

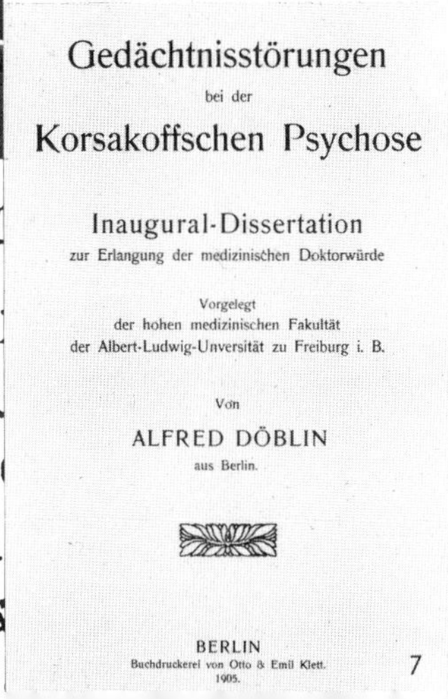

Frühjahr. Die Novelle *Das Stiftsfräulein und der Tod* entsteht.

1. Juli. Erzählung *Staatsmathematik*, ungedruckt.

7. Juli. Mündliches Doktorexamen.

10. Juli. Ärztliche Abschlußprüfung.

9. August. Approbation als Arzt für das Gebiet des Deutschen Reiches.

Sommermonate in Berlin. Döblin schreibt den Einakter *Lydia und Mäxchen*.

25. September. Doktordiplom.

16. November. Anstellung als 4. Assistenzarzt der *Kreisirrenanstalt Karthaus-Prüll*, Regensburg.

1. Dezember. In Döblins Abwesenheit Uraufführung des Einakters *Lydia und Mäxchen* unter dem Pseudonym Alfred Börne zusammen mit Paul Scheerbarts Groteske *Herr Kammerdiener Kneetschke*, eine Veranstaltung von Herwarth Waldens *Verein für Kunst* im Saal der *Gesellschaft der Freunde* in Berlin, *Potsdamer Straße 9*.

Dezember. Aufsatz *Über Jungfräulichkeit*.

1906 Januar. Aufsatz *Qualität und Kausalität*, ungedruckt.

April. Als erstes Buch erscheint *Lydia und Mäxchen. Tiefe Verbeugung in einem Akt* bei *Singer* in Straßburg, gedruckt auf Döblins Kosten.

Juli. Mit den Kollegen der *Kreisirrenanstalt Karthaus-Prüll* überworfen, bemüht sich Döblin um eine andere Stelle, möglichst in Berlin.

Ab 8. Oktober. Assistenzarzt an der *Irrenanstalt der Stadt Berlin* in Buch.

1907 Oktober. Zur Einweihung neuer Gesellschaftsräume der Irrenanstalt Buch bereitet Döblin mit Patienten und Personal eine kleine Theateraufführung vor und lernt dabei die 16jährige Krankenschwester *Frieda Kunke* kennen. Das Liebesverhältnis zwischen beiden dauert einige Jahre. Frieda Kunke stammt aus einer nichtjüdischen Familie.

1908 Januar. Die Novelle *Das Stiftsfräulein und der Tod* erscheint im von Walden redigierten *Das Magazin*. Bis 1910 arbeitet Döblin auch an anderen Zeitschriften Waldens vor der Gründung des *Sturm* mit.

1. Februar. Vortrag Döblins *Über einen Fall von Dämmerzuständen* auf der 125. Sitzung des *Berliner Psychiatrischen Vereins*.

März. Döblins Mutter wird durch eine Erbschaft ihres Bruders finanziell unabhängig.

14. Juni. Döblin wird Assistenzarzt am *Städtischen Krankenhaus am Urban* in Berlin, stärkere Hinwendung zur inneren Medizin.

und ... offizielle Scheidung der Ehe seiner Eltern.

1909 Döblin lernt am *Urban-Krankenhaus* seine spätere Frau kennen. Erna Charlotte Reiss, geboren am 13. Februar 1888 in Berlin, Tochter eines wohlhabenden jüdischen Fabrikanten, studiert seit dem Wintersemester 1908/09 Medizin in Berlin.

und ... Gründung des *Schutzverbandes Deutscher Schriftsteller* (SDS).

OKTOBER 1900 BIS 1909

1 Das *Café Josty* am *Potsdamer Platz*, aufgenommen um 1914 (6) **2** Die *Modernen* an ihrem Stammtisch im *Café des Westens* (von links nach rechts: Anna Scheerbart, Samuel Lublinski, Salomo Friedländer, Paul Scheerbart, Else Lasker-Schüler und Herwarth Walden) **3** Ernst Ludwig Kirchner, *Badende unter Bäumen*, 1909 (36) **4** Patienten im Garten der *Klinik Buch*, aufgenommen 1930 (9) **5** und **8** Anatomische Zeichnung des Nervensystems, 1894 (38) **6** Döblin als Student in Freiburg, 1904/1905 (4) **7** Döblins Dissertation, 1905 (35) **9** Schlafsaal in der *Klinik Buch*, aufgenommen 1930 (9) **10** Baderaum in der *Klinik Buch*, aufgenommen 1930 (9) **11** Umschlag der Erstausgabe, 1906 (1)

Ja, als er das erste Semester Medizin studierte in seinem dreiundzwanzigsten Jahr, wußte er noch nichts Genaues und wunderte sich bei seinem ersten Gang durch die Anatomiesäle in Berlin über die weiblichen Leichen, die offenbar einen Schnitt in der Mitte unterhalb des Schambogens hatten; er wollte immer einen der Arbeitskameraden danach interpellieren, tat es nicht aus Schamgefühl, – er hätte sich unsterblich blamiert. Denn es hieß so tun, als wäre man mit allen Wassern gewaschen, – damals und schon viel viel früher; es hieß so tun.

Alfred Döblin, *Doktor Döblin*, [Manuskript von Ende 1917/ Anfang 1918]; zit. nach: AW 24, Walter-Vlg., Olten 1986, S. 19f

⛫ Der Kreis um Walden war groß: Schriftsteller, Musiker, Künstler wie etwa Else Lasker-Schüler, Richard Dehmel, Erich Mühsam, Frank Wedekind und Arno Holz, um nur einige Namen zu nennen. Der junge Medizinstudent und spätere Arzt Döblin empfing durch seinen Kontakt mit diesem Kreis für seine eigene literarische Produktion, die bereits 1901-1903 mit der Entstehung von vielen Erzählungen und seinen ersten Romanen »Jagende Rosse« und »Der schwarze Vorhang« einsetzte, kaum zu überschätzende Anregungen.

Anthony W. Riley, *Nachwort* zu AW 23, Walter-Vlg., Olten 1985, S. 440

Es läßt sich nicht leugnen: der Geist moderner Naturwissenschaft schwebt hier über den Wassern; man lasse sich durch die schon wegen ihrer Häufigkeit und Heftigkeit verdächtigen Polemiken mit Naturwissenschaft und einzelnen Naturwissenschaftlern nicht beirren: nur einzelnes wird thatsächlich ernsthaft bestritten, in der Hauptsache spottet der Gefangene seiner Ketten. Man kann nun den Naturwissenschaften ein offenes Ohr entgegenbringen und das nicht minder offene andere Ohr der Philosophie leihen, inmitten dieser beiden Raben dürfte man doch den bestimmtesten Wunsch und Willen haben, das rechte Ohr nicht wissen zu lassen, was das linke weiß. Unbildlich gesprochen: ein Verwischen der Grenzen zwischen Naturwissenschaft und Philosophie, so nützlich es auch auf manchen Gebieten ist, dürfte auf anderen nicht zum Vorteil der Philosophie geschehen. An dem Leitziel Nietzsches

mag dies gezeigt werden; da er gleichsam als der fleischgewordene Wille zur Naturwissenschaft in der Philosophie dasteht, wie wir oben betonten, so haben wir es hier nicht mit einer Kritik eines einzelnen Mannes, sondern einer Zeit und ihres Geistes zu thun.

Alfred Döblin, *Der Wille zur Macht als Erkenntnis bei Friedrich Nietzsche*, [Manuskript vom 8. Oktober 1902]; zit. nach: AW 23, Walter-Vlg., Olten 1985, S. 20f

Es war um die Jahrhundertwende. Ich war Student der Medizin und hörte noch den alten Rudolf Virchow, sah Bergmann operieren und besuchte philosophische Vorlesungen von Paulsen. Ich nahm auch mit, was der alte Lasson uns in Friedenau über Hegel und Aristoteles vortrug, – sie alle sind längst dem stillen Lockruf aus dem Jenseits gefolgt. Damals, ich weiß nicht genau das Jahr, begegnete ich in dem Kreis Waldens und der Lasker-Schüler auch Peter Hille, dem Westfalen, dem Wanderer und Stromer, dem Bettler, der wie später Mombert und Däubler nicht recht von dieser Welt war. Man saß jetzt oft an der Potsdamer Brücke in dem Weinlokal Dalbelli im Hinterzimmer. Dort holte Peter Hille gelegentlich aus seinem Manuskriptensack ein Blatt heraus und las.

Alfred Döblin, *Journal 1952/53*, [Typoskript von 1952/ 1953]; zit. nach: AW 24, Walter-Vlg., Olten 1986, S. 355f

⛫ Was dieser Arbeit ein so unsympathisches und befremdliches Gepräge giebt, ist, dass man in ihr versucht hat, gewisse leise Erscheinungen in ihren leisesten Übergängen gewaltsam festzuhalten. Der da schrieb, besass nicht die Geduld die nöthig ist, um das Vertrauen so zarter Vorgänge zu gewinnen, abzuwarten bis es ihm gegeben wird; er besass auch nicht die Hingebung, den Eifer es sich zu erarbeiten. Dadurch, durch diese beständige Vergewaltigung, die am Zartesten geschieht, kommt etwas Perverses, etwas Lasterhaftes in dieses Buch, das nur im ersten Augenblick im Stoffe selbst zu liegen scheint.

Rainer Maria Rilke, *Anmerkungen zu den Manuscripten vom Juni 1904. Gutachten über Döblins Roman »Worte und Zufälle«*, [Manuskript]; zit. nach: Jochen Meyer, Katalog zur Ausstellung des Deutschen Literaturarchivs Marbach. *Alfred Döblin 1878 · 1978*, Deutsche Schillergesellschaft, Marbach am Neckar 1978, S. 84

Damals galt uns Politik gar nichts. Sie war der Alltag. Sie war eine Angelegenheit der Spießer. Gegen Musik und Literatur kam sie nicht auf. Es war die ruhige Zeit des Kaiserreichs. Wohlstand entwickelte sich. Es gehörte in der bürgerlichen Welt zum guten Ton, patriotisch zu sein.

Alfred Döblin, *Journal 1952/53*, [Typoskript von 1952/ 1953]; zit. nach: AW 24, Walter-Vlg., Olten 1986, S. 359

⛫ In weniger als einem Jahr hatte Döblin im Juli 1905 ärztliche Prüfung und Doktorexamen (»cum laude«) bei Hoche hinter sich gebracht. Seine Dissertation »Gedächtnisstörungen bei der Korsakoffschen Psychose (Seiner lieben Mutter gewidmet vom Verfasser)« zeigt alle Vorzüge der Hocheschen Methode, die Erklärung des Geistigen aus der Physiologie durch eine syndromatische Betrachtungsweise zu gewinnen. Sie wurde angewandt auf den von Sergej S. Korsakoff erfaßten Symptomenkomplex: den hochgradigen Verlust des Gedächtnisses besonders als Folge von unmäßigem Alkoholgenuß und der Kompensation der Merkstörungen durch ein phantastisches sogenanntes »Konfabulieren« als Erscheinungsform vorübergehender »Gedächtnisstörungen« und auch bleibender Gehirnkrankheiten. [...] Das Wesen des Gedächtnisses war von Döblin als organischer Vorgang zu erklären versucht, die Erscheinung der Gedächtnisstörung im Ansatz durch eine multifaktorielle Syndromgenese, wie sie in der Psychiatrie erst heute Gültigkeit erlangt, beschrieben worden.

Klaus Schröter, *Alfred Döblin in Selbstzeugnissen und Bilddokumenten*, Rowohlt Vlg., Reinbek bei Hamburg 1978, S. 49

Daß ich nun als Mediziner mich in den Kliniken herumbewegte und beobachtete, ging in merkwürdiger Weise zusammen mit meiner literarischen Neigung, mit dem Phantasieren, und es ergaben sich da die ersten besonderen Verschmelzungen. In Freiburg im Breisgau im letzten Studienjahr kam mir beim Spazieren über den Schloßberg das Thema der Novelle »Die Ermordung einer Butterblume«, ich wußte nun etwas von Zwangsvorstellungen und anderen geistigen Anomalien. Es liefen da Jungens über die Wiese und hieben mit ihren Stecken fröhlich die unschuldigen schönen Blüten ab, daß die Köpfe nur so flogen. Ich dachte an die Beklemmungen, die wohl ein feinfühliger Mensch oder, wenn man will, auch belasteter Mensch nach einem solchen Massenmord empfinden würde.

Alfred Döblin, *Journal 1952/53*, [Typoskript von 1952/1953]; zit. nach: AW 24, Walter-Vlg., Olten 1986, S. 359f

Nach kurzer Zeit war er wieder dabei, seine Schritte zu zählen, eins, zwei, drei. Fuß trat vor Fuß, die Arme schlenkerten an den Schultern. Plötzlich sah Herr Michael Fischer, während sein Blick leer über den Wegrand strich, wie eine untersetzte Gestalt, er selbst, von dem Rasen zurücktrat, auf die Blumen stürzte und einer Butterblume den Kopf glatt abschlug. Greifbar geschah vor ihm, was sich vorhin begeben hatte an dem dunklen Weg. Diese Blume dort glich den andern auf ein Haar. Diese eine lockte seinen Blick, seine Hand, seinen Stock. Sein Arm hob sich, das Stöckchen sauste, wupp, flog der Kopf ab. Der Kopf überstürzte sich in der Luft, verschwand im Gras. Wild schlug das Herz des Kaufmanns. Plump sank jetzt der gelöste Pflanzenkopf und wühlte sich in das Gras. Tiefer, immer tiefer, durch die Grasdecke hindurch, in den Boden hinein.

Alfred Döblin, *Die Ermordung einer Butterblume*, in: *Der Sturm*, September 1910, Heft 28/29; zit. nach: AW 6, Walter-Vlg., Olten 1979, S. 23

Sie schlief ein. Wachte im Finstern auf. Wuchtige Schritte im Zimmer. Das Bett krachte. Mit einem Satz schwang sich der Tod neben sie ins Bett. Da war ein Platz frei. Er griff nach ihren Knien. Sie stieß um sich. Wie ein Bauernlümmel schlug er mit flacher Hand auf ihre Schultern. Da fiel die geballte Faust auf ihre Brust, den Leib, den Leib, und wieder auf den Leib. Ihre Lippen flehten. Ein Würgen kam. Die Zunge fiel in den Rachen zurück. Sie streckte sich.
Da stand der Tod auf und zog das Stiftsfräulein an ihren kalten Händchen hinter sich her zum Fenster hinaus.

Alfred Döblin, *Das Stiftsfräulein und der Tod*, in: *Das Magazin*, Januar 1908, H. 4; zit. nach: AW 6, Walter-Vlg., Olten 1979, S. 17

STUHL (*schüttelt bald nach Aufgehen des Vorhangs heftig die Arme, hustet, reckt sich, brummt, faucht*) Was – was – ja –.
SPIND (*torkelt in den Vordergrund*).

STUHL Ah – was ist?
SPIND (*dumpf, langgezogen*) Ich – will – nicht – leben. Ich bleib hier stehn.
STUHL Was hab ich alles? Ich hab Hände, Arme, Schuhe, kann greifen, auf einem Bein stehen.
KANDELABER (*reibt sich mit einer Hand den Kopf*) Mir tut der Kopf weh.
STUHL Bin ich erschrocken.
KANDELABER Tut mir der Kopf weh von der Glocke. (*läßt statuenhaft die Arme sinken, schreitet vom Sockel, setzt die Glocke in der Nähe ab, stutzt vor dem in sich versunkenen Spind*) Wer ist das? Was tut ihr?
SPIND Ich weiß nicht. Ich möchte selber wissen, was ich soll. Wozu bin ich eigentlich da? Ich hab solche Furcht vor allen Sachen. Sie stehen da, als wollten sie springen auf mich.
STUHL Nun, nun bin ich wach. Nun seh ich, ich bin ganz wach. Du, ihr, schlaft nicht wieder ein. Die Sonne ist schon längst untergegangen; ganz schwarz und weit ist es draußen. Ein Bann löst sich von uns; uns ist im Dunkeln ein Geschenk vom Himmel zugefallen, uns stillen, eins ohnegleichen. Das zuckt und kribbelt, spürt's doch, in den Beinen und Fingern.
KANDELABER Ich bin froh. Mir wär das helle Ding da bald in den Kopf hinein gesunken. Der schlanke Herr ist schuld daran.
STUHL Der schlanke Herr, der, der magere mit dem Kneifer? Ich erinnere mich. Oh wie verkennst Du den! Ich sah ihn eben im zweiten Akt herumschleichen, es ist der Dichter. Überall klopfte er an, tuschelte da und dort zu den Sachen, horchte in Angst und legte den Kopf an. Er trägt eine herrliche Weste. Es ist der Dichter!
KANDELABER Ich kann Männer mit einem Kneifer nicht leiden.
STUHL Eine neue Zeit bricht für uns an. Man hat uns verleumdet und verleugnet. Wir sind lebendig, von großem Einfluß, und ich glaube, er hilft uns zu unserem Recht, der Dichter. Warum fürchtet er uns nur?
KANDELABER (*gähnend*) Möcht' mich gerne setzen.
STUHL Wie dem auch sei, ich geh' unbekümmert meinen Weg. Ich lebe und empöre mich. Rache für mein verschlafenes Leben, Rache an allem Menschlichen.
KANDELABER Darf ich nicht zu Dir kommen?
STUHL In tyrannos.
KANDELABER Weißt Du, ich hätte gern solche rosa Schuh mit Silberschnallen wie die Lydia. Meine sind ganz verstaubt und eklig; sieh nur. Und die seidenen Strümpfe.

STUHL (*ernst*) Geduld, kommt Zeit, kommt Rat.
KANDELABER Es waren von hinten, von der Hacke her, zwei blaue Bänder, breit, aus Atlas. – Du, die Lydia ist frech gegen den Dichter; er war ganz verschüchtert.
STUHL (*sie kosend, die auf ihm sitzt*) Wie reizend antik Du Dich trägst. Könntest Du nicht noch – antiker gehen? Am liebsten – ganz antik. – Oh, wir werden sie bestrafen; den Dichter schützen vor diesem Gesindel.
SPIND (*wieder erwachend*) Ich – will – nicht – leben.
KANDELABER S–st, der Mottengreis. Wenn er nur nicht herkommt. Er riecht so nach Kampfer.
SPIND Warum ich nur leben soll? Ich komme mir so furchtbar unwahrscheinlich vor.
KANDELABER Er sieht uns doch nicht?
KLABAUTERMANN (*dröhnend*) Er hat ganz recht.
KANDELABER Der Brummbär da oben, pfui, dieser Heringsfänger, dieses Salzfaß.
SPIND (*stöhnt und murrt*).
STUHL (*ausbrechend*) Und jetzt hörst Du auf zu stören. Ich hasse das Stänkern auf den Tod, Dämlack blödsinniger. Und schließlich – wir sind beseelt und haben uns anständig zu benehmen; besonders Du mit Deinem Marasmus senilis.
SPIND So unwahrscheinlich komme ich mir vor. Ich mag den Pantheismus nicht. Das Leben ist solch Quatsch.
KANDELABER Er riecht so nach Kampfer.
SPIND Mich macht alles wirr. Ich bin bloß ein Spind und will meine Ruhe.
STUHL Wir dürfen das nicht dulden. Er zieht das Heiligste in den Staub. Man muß ihm beibringen –
SPIND Ich geh zum Dichter und bitte um Pensionierung vom Leben.
STUHL Was willst Du?
SPIND Ich geh zum Dichter.
STUHL Dazu hast Du kein Recht. Der Dichter weiß nicht, was wir schaffen, daß wir leben. Er fürchtet uns, will uns unterdrücken. Und wenn Du es wagst, uns durch den geringsten Schritt zu gefährden, uns zu verraten –
SPIND Das Leben ist ein Quatsch.
STUHL Wer sagt Quatsch?
SPIND (*traurig gebrochen*) Ich.
KLABAUTERMANN (*lacht mit tiefer Stimme*).
STUHL Wer, ich? Du? Ich habe genug, Du ausgedienter Esel. Stirb, Hal[ ]unke (*er stößt mit den Füßen gegen das Spind*).

17

KANDELABER *(trommelt dem Spind auf den Rücken, greift in sein Haar, hält sich die Nase zu)* Er riecht!
SPIND *(jammernd)* Hilfe – ich – will nicht – leben –

Alfred Döblin, *Lydia und Mäxchen. Tiefe Verbeugung in einem Akt*, [Erster Auftritt], Straßburg und Leipzig 1906; zit. nach: AW 22, Walter-Vlg., Olten 1983, S. 10ff

Vielleicht giebt es außer manchen Müßiggängern nicht viele Menschen, die sich hinsetzen und beschließen, »jetzt will ich denken.«
[...] Nun stellen wir einen solchen problematischen Gedankenfreund hier vor; er will denken. So entsteht flugs eine Aporie: »woran denken?«; denn es ist zwar gut, zu denken, aber besser, an etwas zu denken. Und in seiner sinnenden Verlegenheit stellt sich der Raubritter die merkwürdige Frage: »Ja, woran kann man denn denken? Ja, was gibt es denn alles?«
(Die Frage ist so echt und stammt aus einem so beklommenen Gemüte, daß wir alles ausbreiten wollen, um zu einer Antwort zu kommen. Folgen wir dem Sinnen des Geängsteten.)
Ein indischer Gott soll dieses: »Was giebt es denn alles?« recht drastisch beantwortet haben, indem er unendliche Reihen von Namen hersagte, jedes Ding mit einem Namen belegend. [...]
Aber zumindest dürfte sich der Gott, indem er jede Pflanze, jedes Sandkorn besonders benannte, die Sache zu leicht gemacht haben; denn ist die Pflanze dieselbe abends und nachts, von Sekunde zu Sekunde? An der Pflanze ist Punkt für Punkt mit ihren mikroskopischen Unendlichkeiten zu unterscheiden, im unendlichen Wandel des eigenen Lebensvorgangs, im unendlichen des äußern Geschehens zugleich. Anzunehmen, daß auch in diesem Sinne die Namengebung geschah, wäre unerlaubter Atheismus: denn es weiß auch der Logiker, daß nicht möglich ist, in diesem unendlich fließenden Kontinuum etwas zu isolieren – wieviel mehr ein Unsterblicher.

Alfred Döblin, *Qualität und Kausalität*, [Manuskript vom 1. Januar 1906]; zit. nach: AW 23, Walter-Vlg., Olten 1985, S. 55f.

Ich treibe hauptsächlich Psychiatrie; ist nämlich kein so einfaches Terrain. Aus dem 100. kommt man ins 1000.; froh bin ich, daß ich einige philosophische Ahnung habe. Jetzt brüte ich richtig über anthropol[og]ischen Dingen; nächstens werde ich noch an die Geschichte geworfen.

Alfred Döblin, *Brief an Herwarth Walden*, Regensburg, 1906; zit. nach: AW 13, Walter-Vlg., Olten 1970, S. 42

Der Irre ist längst literaturfähig geworden, – im Grunde ein sonderbarer Gedanke. Ich wüßte nicht, was gerade ihm sachlich den Vorrang vor den übrigen Kranken gewähren könnte. Niemand fühlt sich genötigt, über den Rheumatismus nachzudenken, die Poesie des Gichtanfalls auszumünzen, das Hühnerauge zum Motiv einer Trauerode zu machen. Wer bietet ein anderes Gefühl, als das der Peinlichkeit auf, wenn ein Lungenkranker spuckend und hustend über die Bühne stolpert? Aber das Spukken und Husten des Irren ist Poesie geworden, seine Halluzinationen, seine Wahnideen. Die eigentlichen Wunder und Geheimnisse der Medizin sind den Künstlern gut verschlossen; nicht einmal in die Vorhalle des Tempels dürfen sie eintreten; die Künstler sind draußen, bei dem Aberglauben, dem Vorurteil stehen geblieben und brüllen mit dem ungebildeten Volk in einem Chor. [...]
Unsere Anschauungen über den Irren haben sich gewandelt und sind medizinische geworden. Doch wäre es falsch, anzunehmen, als ob wir nur Krankenhäuser für die Irren bauten, Krankenhäuser im gewöhnlichen Sinne, mit großen Sälen, in denen Betten stehen wie Grenadiere bei einer Parade, blank und sauber, in denen der Duft von Desinfizientien weht, Schwestern herumgehen, Kissen zurechtrücken und das Thermometer einlegen. Würden wir unsere Kranken, einen wie den anderen, so lagern, so würden am ersten Tage unsere Leutchen, durch Fenster und Tür ausgerückt, Instrumente zerschlagen, die Mehrzahl einschließlich der Schwester schwer verletzt sein. Das Ganze wäre nicht Humanität, sondern Gedankenlosigkeit. Jeder Schuh braucht seinen Leisten. Es ist ein so grundsätzlicher Unterschied zwischen den Leuten, die wir da beherbergen müssen, daß es überhaupt mit einem einzigen Leisten gar nicht geht. [...]
Drüben stehen die großen Städte mit ihrem ruhelosen Existenzkampf, ihren Erregungen, Betäubungsmitteln, Süßigkeiten und Seuchen. Hier dehnt sich die Anstalt und sucht zu tun, was sie kann; sie nimmt auf, was ihr der große Organismus von drüben herschickt: die Verstörten heilt sie; die zugrunde gegangen sind, die Siechen, Gelähmten pflegt sie; die entarteten Elemente mit ihren Zerstörungstrieben hält sie fest. Was solche Dienste tut, ist kein Institut, dem Grauen innewohnt und [das] mit Blicken angesehen werden darf, die Jahrmarktseffekte suchen. Eine moderne Irrenanstalt zeigt unseren großen Fortschritt in Humanität und Kultur an, wenn sie auch nicht mit wundervollen Fernrohren und drahtloser Telegraphie arbeitet.

Alfred Döblin, *Das Leben in einer Irrenanstalt*, in: *Neues Wiener Journal*, 22. Februar 1914, Nr. 7301; zit. nach: AW 23, Walter-Vlg. Olten, 1985, S. 173ff

Frau T., 57 Jahre alt, aus gesunder Familie, vier Partus, Klimakterium vor acht Jahren. In den letzten Jahren Kopfschmerzen, dazu mißgestimmt. Seit März 1907 bettlägerig, klagt über Schwäche, Schlaflosigkeit, Kopfweh, hat eigentümliche »Anfälle«: die Brust flog ihr, sie fror und war heiß, sie zitterte und schüttelte sich, sprach dabei und war bei Bewußtsein: fünf Minuten Dauer. Seit da viel mit sich beschäftigt und versunken, blieb mitten im Satz stecken, wollte gesund werden, drängte ins Krankenhaus. Sie wußte selbst nicht, was sie wollte. Keine nächtliche Unruhe, kein Stimmungswechsel, weint zuletzt viel. Zitteranfälle oft zweimal täglich. Am 5. August 1907 in Buch aufgenommen. Die peripheren Gefäße weich, aber geschlängelt; Urin o.B.; keine Halbseitensymptome, dagegen Druckpunkt der Mamma, eines Wirbels. Sei seit März im ganzen Körper ängstlich. Bei der Intelligenzprüfung ruhig, zeigt keinen Defekt. Ist im folgenden gedrückt, für sich zum Weinen geneigt, sieht viel zum Fenster hinaus; hat sicher Bedrohungshalluzinationen, »Fertig zum Abschlachten«, neigt zur Eigenbeziehung.
7. August. Klagt über Angst, schwer zur Auskunft zu bewegen. Aufmerksam, gespannter Gesichtsausdruck; wird nie gesund werden. Immer am Fenster stehend.
10. August. Zunehmende ängstliche Unruhe.
10. September. Unverändert gespannt. Fragt, ob die Beruhigungsmittel nicht Gift enthalten; woher sonst das beängstigende Gefühl käme.
11. September. Rapider Erregungsanstieg. Geht umher, jammert: »Was hab ich getan, was hab ich getan?« Redet ununterbrochen, ist nicht zu fixieren. Zerreißt abends ihr Kleider, zerschlägt einen Stuhl.

12. September: Gestern abend noch Scheibenschlagen. Wiegt sich im Bett hin und her, zerkratzt sich die Brust, heult laut. Hat sich hinten im Rachen blutig gekratzt, speit Blut. Dauerbad. Wiederholt monoton: »Gnade, Gnade! Was hab ich getan? Was hab ich denn gemacht? Hab ich in meiner Angst was gemacht? Ich schrei so, weil es mich packt. Was ist mit mir vorgegangen? In meinen Kopfe dröhnt es.«

20. September. Beruhigung eingetreten. Bettlagerung. Klammert sich an, wimmert: »Erbarmen, Gnade usw., erbarmen Sie sich ein einziges Mal. Bin ich denn solch eine Sünderin?«

7. Oktober. Wird immer stiller. Spricht sehr wenig, nur spontan. Keine Spannung des Gesichtsausdrucks; ratlos, hilflos. Auffällt die starke Abmagerung; keine lokale Ursache auffindbar. Ißt schlecht; bricht bisweilen. Sondenfütterung.

20. Oktober. Patientin geht öfter aus dem Bett. Der Gesichtsausdruck ist maskenhaft unbelebt. Spricht vor sich hin, nimmt alles auf, was sie im Saale hört, bezeichnet, was sie sieht, läßt sich nicht stören in ihrem Treiben. Lächelt öfter, wendet sich ab.

21. Oktober. Wie eine Katatonische in Mimik, Unbeeinflußbarkeit. Wiederholt immer ein und dasselbe, Affekt nicht erkennbar. Ruhiger sonst im Bett; ißt besser, mechanisch.

23. Oktober. Heute wieder freier; wimmert wieder; murmelt viel, sehr leise, unverständlich vor sich hin. Ist zu keiner Antwort zu bewegen, zeigt auf Aufforderung nicht die Zunge, gibt nicht die Hand; dabei schweifender Blick.

15. November. Patientin liegt still im Bett; spricht gar nicht. Fortdauernde Verschlechterung des Körperzustandes; bricht häufig; keinerlei Medikation. Gesichtsausdruck apathisch.

3. Dezember. Keinerlei Veränderung psychisch; völlig stumm. Leidender Gesichtsdruck. Somatisch lokal nichts zu finden.

22. Dezember. Exitus letalis.

Der Sektionsbefund zeigt im wesentlichen hochgradige Abmagerung, ein kräftiges Herz, keine Herzmuskelerkrankung; die Magenschleimhaut ist aufgelockert. Die Aortenintima leicht gelblich, aber ohne Einlagerung, die Hirngefäße völlig frei von Arteriosklerose, keine makroskopischen Herde und Veränderungen; Hirnhäute o.B. Als Todesursache wird Erschöpfung angenommen.

Alfred Döblin, *Zur perniziös verlaufenden Melancholie*, in: *Allgemeine Zeitschrift für Psychiatrie und psychiatrisch-gerichtliche Medizin*, 1908, H. 3, S. 362 f

Aus dem Körperbefunde hier sei mitgetheilt, dass es sich um eine junge Frau in gutem Ernährungszustande handelt. Der Kopf ohne Narben; die Zunge ebenso. Im Uebrigen bietet die Patientin eine linksseitige Hypalgesie, rechts fleckweise Stellen mit hoher Schmerzschwelle; Druckempfindlichkeit des Scheitels, einiger Wirbel, des Facialispunktes, fast aller Trigeminuspunkte, des Mammal- und Iliacalpunktes; schliesslich eine hochgradige concentrische Gesichtsfeldeinschränkung. Die Patientin ist eine heitere, gesprächige Frau von aufmerksamer Miene; sie giebt geordnet und ruhig Auskunft, ist orientirt, trägt die einzelnen, später controllirten Punkte ihrer Anamnese richtig vor, sie hat nichts Benommenes, Traumhaftes in Gesichtsausdruck, Sprechen oder Benehmen. Sie will weisse Männer draussen und in der Charité gesehen haben, sei aber nicht krank. Sie benennt vorgelegte Gegenstände richtig. Eigentliche Symptome des Vorbeiredens fehlen, keine unsinnigen Antworten erfolgen. Die Intelligenzprüfung ergiebt eine auffallende Unsicherheit des Gedächtnisses für Namen und Zahlen. So weiss sie, dass sie in der Charité war, besinnt sich aber lange auf den Namen Moabit, wo sie auch gelegen hat, und vergisst trotz mehrfacher Einprägung immer wieder den Namen Buch. Bei weiterem Eindringen fällt ihre Abneigung gegen Zahlen und Rechnen auf; das Jahr ihrer Eheschliessung kennt sie nicht; »da müsste ich meinen Trauring haben«. Beim sofortigen Nachsprechen vierstelliger Zahlen unterlaufen ihr viele Fehler.

Alfred Döblin, *Aufmerksamkeitsstörungen bei Hysterie*, in: *Archiv für Psychiatrie und Nervenkrankheiten*, Band 45, Berlin-Leipzig 1909, S. 465

Döblin entdeckt im psychiatrischen Bereich für sich und seine gesamte spätere Prosa, daß das »Dunkle«, »Unbegreifliche«, Thema schon seiner frühesten Arbeiten, von einer eigenen Evidenz und Bestimmtheit ist, die nachzuzeichnen rasch zur spielerischen Lust werden kann, wenn man erst einmal auf die zur Verfügung stehenden Erklärungs- und Einordnungsversuche verzichtet hat. In der Psychiatrie lernt Döblin, mit seelischen Äußerungsformen umzugehen, Ränder von Regungen festzuhalten, bei denen psychologische Auslegungen von vornherein nicht anwendbar sind. Eines der Lieblingswörter Döblins wird später das Verb »zappeln«, an ihm läßt sich der Sachverhalt deutlich machen:

Motorik, in der sich innere Erregung äußert, ein seelischer Zustand, der aber sichtlich »verrückt« ist, dem Betrachter unverständlich bleibt; eine Komik der Konturen, die, wie der Film, in dem sie wucherte, stumm ist.

Leo Kreutzer, *Alfred Döblin. Sein Werk bis 1933*, Vlg. W. Kohlhammer, Stuttgart 1970, S. 33 f

Man muß hinein in das Leibliche, aber nicht in die Gehirne, vielleicht in die Drüsen, den Stoffwechsel. Und so gab ich mich einige Jahre an die Innere Medizin. [...] Ich trieb mich jahrelang durch die Krankensäle und besonders die Laboratorien. Mäuse, Meerschweinchen, Hunde begegneten mir da in den Laboratorien; vorn im Pavillon suchte man die Menschen zu heilen, hinten die Tiere zu töten. Es herrschte ein frischeres, aktiveres Leben als in den Irrenanstalten, ein ständiges Flottieren der Kranken.

Alfred Döblin, *Arzt und Dichter. Merkwürdiger Lebenslauf eines Autors*, in: *Die literarische Welt*, 28. Oktober 1927, H. 43; zit. nach: AW 24, Walter-Vlg., Olten 1986, S. 93

noix-de-coco lait ruisseler jus délices

F. T. Marinetti

Autorisierte Uebertragung von Jean-Jacques

Futuristische Worttechnik

Offener Brief an F. T. Marinetti

Von Alfred Döblin

Lieber Marinetti, das erste Mal waren Sie im vergangenen Sommer bei uns, zur Ausstellung der futuristischen Bilder. Ich schrieb damals für den Sturm: „Der Futurismus ist ein großer Schritt. Er stellt einen Befreiungsakt dar. Er ist keine Richtung, sondern eine Bewegung. Besser: er ist die Bewegung des Künstlers nach vorwärts." Die Intensität und Ursprünglichkeit, das Kühne und gänzlich Zwanglose schlug bei mir ein. Ich dachte mehrfach und sagte zu Ihnen — bei Dalbelli : „Wenn wir in der Literatur auch so etwas hätten!" Damals schwiegen Sie. Nach einigen Monaten schwirrten die literarischen

Verein für Ku...

Achtes Jah...

Autoren-Abe...

Mitgliederbeitrag 1...

Den Mitgliedern
der Besuch von ...
Abenden auf Pl...
zum Kassenpreis ...
M. 3.— zu, sowie
kostenlose Jahresb...
der Wochenschrift
Sturm. Für alle
teren Abende z...
die Mitglieder ...
Kassenpreise :-:

Gesch...

HALENSEE...

Exposition de Bruxelles

Aus der I. medizinischen Abteilung des Krankenhauses
am Urban zu Berlin (Geheimrat Albert Fränkel).

Salvarsanbehandlung bei Säuglingen.

Von

Dr. **Alfred Döblin**, Assistenzarzt.

Sonderabdruck aus der Berliner klin. Wochenschr., 1911, Nr. 12.

(Verlag von August Hirschwald in Berlin.)

ER STURM

ENSCHRIFT FÜR KULTUR UND DIE KÜNSTE

Einzelbezug 40 Pfennig

Herausgeber und Schriftleiter:
HERWARTH WALDEN

Vierteljahrsbezug 1,50 Mark / Halbjahrsbezug 3 Mark / Jahresbezug 6,— Mark / bei freier Zustellung / Anzeigenpreis für die fünfspaltige Nonpareillezeile 60 Pfennig

BERLIN SEPTEMBER 1912   NUMMER 125 126

g / Detlev von Liliencron: Briefe an Peter Hille / Karl Borromäus Heinrich:
oman / Paul Zech: Rheinhafen / H. W.: Bab, der Lyrikfinder / D. Burljuk: Die
lin: Jungfräulichkeit und Prostitution / Franz Marc: Versöhnung / Originalholzschnitt
chüler / Wilhelm Morgner Fressende Holzarbeiter / Originalholzschnitt

8

Vierter Abend
abend 9. Dezember
abends 8 Uhr
rchitektenhaus ::
helmstrasse 92/93

red Döblin

LESUNG
s eigenen Dich-
gen

n M. 5, 3, 2, 1 bei
ertheim, Konzertkasse
ei Reuss und Pollack

Abend ist auf den
Dezember verlegt

f. K.
-Strasse 5   13

principale.   1027

10

9

1910 7. Februar. Lesung Döblins im *Architektenhaus*, Wilhelmstraße 92/93.

3. März. Herwarth Walden veröffentlicht die erste Nummer seiner Zeitschrift *Der Sturm*. Döblin gehört bis 1915 zu den wichtigsten Mitarbeitern.

Juli. Reise zur Weltausstellung in Brüssel, nach Ostende und Antwerpen. Besuch der dort verheirateten Schwester Meta. Danach entsteht die Erzählung *Die Segelfahrt*.

28. November. Vortrag Döblins *Demonstration eines Falles von Osteomalazie* auf einer Sitzung des *Vereins für innere Medizin und Kinderheilkunde*.

und ...

bei Döblins Mutter zeigen sich erste Anzeichen einer Parkinson-Erkrankung.

1911 13. Februar. Verlobung mit *Erna Reiss* an ihrem 23. Geburtstag.

Oktober. Döblin eröffnet eine Kassenpraxis als praktischer Arzt und Geburtshelfer, später als Internist und Nervenarzt, in der *Blücherstraße 18* am *Halleschen Tor*.

14. Oktober. Geburt von Döblins und Frieda Kunkes Sohn *Bodo Kunke* in Berlin. Das Kind wächst bei der Großmutter Elise Kunke in Schleswig-Holstein auf.

27. November. Döblin bietet seinen ersten Novellenband *Die Ermordung einer Butterblume* über Martin Buber dem Verlag *Rütten & Loening* in Frankfurt am Main an.

9. Dezember. Lesung in Waldens *Verein für Kunst* im *Architektenhaus*.

1912 Januar. Arbeit an Erzählungen für einen zweiten Sammelband. Vorarbeiten für den Roman *Die drei Sprünge des Wang-lun*.

23. Januar. Hochzeit mit Erna Reiss. Trauzeugen: Döblins Bruder Hugo und Herwarth Walden.

März. Erste Ausstellung in Herwarth Waldens neuem Kunstsalon *Der Sturm*: Blauer Reiter, Kokoschka, Franz Flaum und »Expressionisten«. Im *Sturm* erscheinen Marinettis *Manifest des Futurismus* (1908) und

das *Manifest der futuristischen Maler* (1910). April. Marinettis zweites *futuristisches Manifest* (1909) erscheint im *Sturm*.

12. April bis 16. Mai. Nach Stationen in Paris und London Futuristenausstellung in der *Sturm*-Galerie. Döblin trifft Boccioni und Marinetti und veröffentlicht im *Sturm* eine enthusiastische Besprechung.

Juli. Beginn der zusammenhängenden Niederschrift des *Wang-lun*-Romans.

Oktober. Marinettis *Technisches Manifest der futuristischen Literatur* (vom Mai 1912) erscheint im *Sturm*.

27. Oktober. Geburt des Sohnes *Peter*. Abschluß des ersten *Wang-lun*-Buches. Döblin tritt aus der *Berliner Jüdischen Gemeinde* aus. Peter und später seine Brüder werden protestantisch getauft.

Mitte November. Der Novellenband *Die Ermordung einer Butterblume* erscheint bei *Georg Müller* in München mit der Jahresangabe 1913.

1913 März. Der *Sturm* veröffentlicht Marinettis *Supplement zum Technischen Manifest der futuristischen Literatur* als Antwort auf seine Kritiker und Döblins Entgegnung *Futuristische Worttechnik*.

Mai. Abschluß des *Wang-lun*-Romans. Im *Sturm* erscheint Döblins erste Fixierung seiner Theorie des epischen Romans in *Berliner Programm. An Romanautoren und ihre Kritiker*.

August. Döblin bringt seine Mutter zur Kur nach Wiesbaden.

November. In der Reihe der *Lyrischen Flugblätter* erscheint bei *A.R. Meyer* die Novelle *Das Stiftsfräulein und der Tod* mit 5 Holzschnitten von Ernst Ludwig Kirchner.

Dezember. Nach Absagen verschiedener Verlage lehnt auch Kurt Wolff die Veröffentlichung des *Wang-lun* ab.

und ...

Umzug aus der *Blücherstraße 18* zurück in den Berliner Osten, in die *Frankfurter Allee 194*.

1 Erna Döblin mit ihrem Sohn Peter, Berlin 1913 (1) **2** Krankensaal des Städtischen Krankenhauses am Urban, aufgenommen 1890 (6) **3** Offener Brief Döblins an F.T. Marinetti, den Verfasser der Futuristischen Manifeste, *Sturm*, Mai 1913 (8) **4** Der Bouquinist – »fliegender Buchhändler« in der Dorotheenstraße, Foto: Willy Römer, 1910 (24) **5** Umberto Boccioni, *Simultaneous Visions*, 1911 (18) **6** Reklamefahrzeug am Potsdamer Platz, um 1913 (6) **7** Titel-Holzschnitt zu Döblins Novelle von Ernst Ludwig Kirchner, 1913 (4) **8** Das Titelblatt des *Sturm* zeigt den Holzschnitt *Versöhnung* von Franz Marc, September 1912 (8) **9** Else Lasker-Schüler, o.J. (7) **10** Postkarte Döblins von einem Besuch der Weltausstellung in Brüssel, 1910 (8) **11** Döblin während seiner Zeit als Assistenzarzt im Krankenhaus am Urban, 1910 (4) **12** Titelblatt des Sonderdrucks, 1912 (4) **13** *Sturm*-Anzeige einer Lesung Döblins, 1911 (19)

Im Hinterzimmer eines Cafés in der Potsdamer Straße ist eine seltsame kleine Gesellschaft versammelt. Ganz junge Menschen, Maler, Literaten, Dichter – darunter Else Lasker- Schüler und der andere Arzt-Dichter Gottfried Benn. Ein behender, kleiner Mann mit rötlichem Spitzbart und scharfen Augengläsern springt an das Pult, liest lebhaft und nie ermüdend aus einem Manuskript »Gespräche mit Kalypso, Über die Musik«, liest mit großer Leidenschaft, halb belehrend, halb verkündend, Denker und Dichter zugleich. Es ist Alfred Döblin.

Wir Zwanzigjährigen ahnten damals den Beginn einer neuen Lebensvision: in der das Ich seine Mauern sprengt, die Monade die Fenster in die Welt aufreißt und Gemeinschaft hat mit der Magie der Kräfte und Stimmen der ganzen Welt.

Rudolf Kayser, *Alfred Döblin. Zu seinem 50. Geburtstag,* in: *Berliner Tageblatt,* 9. August 1928

Ich denke mir aber eine Kunst und kenne sie, welche gegenüber steht aller Kunst, sich abhebt von ihr, trotzdem aber Kunst ist. Ich meine jene, die, während sie spielt, ihres Spiels lacht, die mit ihrer Kraft Kraft verhöhnt, die ironische Kunst, die sich selbst zerstört, indem sie sich aufbaut. Sie hat den Gedanken »Kunst« selbst als Ordnungsweise aufgenommen, eine Abtrünnige, eine Gegenkunst, ein sehr reifes, seltenes Weib, mit dem Messer in der Brust noch höhnend.

Alfred Döblin, *Sie tragen schwarze Mäntel. Von dem Musiker,* [Manuskript von 1910]; zit. nach: ders., *Gespräche mit Kalypso. Über die Musik,* Walter-Vlg., Olten 1980, S. 142

Eine gut gemalte Rübe ist besser als eine schlecht gemalte Göttin.

Alfred Döblin, *Sie tragen schwarze Mäntel. Von dem Musiker,* [Manuskript von 1910]; zit. nach: ders., *Gespräche mit Kalypso. Über die Musik,* Walter-Vlg., Olten 1980, S. 142

Aus dem unvermeidlichen, vielberufenen Sande dieser Landschaft erhebt sich, nicht gelegen nahe einem südlichen Meere, dem die Schaumgeborene entstieg, nicht tauchend in den tiefen Azur eines gnadenreichen Himmels, welcher Raum für unzählige Götter hatte, nicht an der Brust von Pinienhainen, von Oliven, ja

von Palmen, sondern durchflossen ganz und gar von der Spree und Panke – Berlin, eine sonderbare Lust- und Sündenstadt, unterwühlt von Eisenbahnen, mit dem Gewimmel gehetzter Arbeitstiere, die keine betenden Hände heben mögen, röchelnd aus Lungen voll giftiger Fabrikdämpfe, und statt unzähliger Götter schleichen unzählige Krankheiten herum und mischen sich erbarmungsvoll unter das arme Volk. Dieser Himmelsstrich kennt nicht die überlieferten Süßigkeiten antiker Bäder, nicht die vorderasiatischen Ekstasen, die Tanzfreuden von Korinth und Tanagra. Hier war von Anfang an alles verdorben. Unfromme Religionen wirtschaften, jede Art Zank, Erwerbsneid meistert die Seelen, Durst und Durst, und Hunger, Hunger – man betet nur zur Gottheit Zeit; unfähig, die Zeit zu erschöpfen, windet man sich nach Unsterblichkeit.

Aber mit malachitgrünen Lichtern äugt der Wolf in diesem Sande, das magere Tier der Lust, peitscht mit dem Schwanze die hohen Beine; seine Kiefer[n] malmen; er speit und bricht Schalen über den Boden aus. Wenn die Stadt nachts flammt, heult der Wolf durch die schlafenden Straßen, und man hört ihn durch die Provinzen schreien.

Berlin selbst hat keine, fast keine Lustbedürfnisse, auch weder Auge noch Ohr für sie. Diese scharfe, sehnentüchtige und gedankenvolle Stadt könnte die abnormsten und verwegensten Vergnügungen erzeugen, wenn ihr Ingenium darauf gerichtet wäre. Aber man geht in ihr fast unter im Jahrmarktslärm, in den grellen Farben der Dörfler. Hier hat das Vergnügen keine eigene Produktionsquelle; die Münchener, Rixdorfer, Prenzlauer fühlen sich zu Hause. Ganz Norddeutsche, entwickeln die Berliner keinen sozialen Sinn, nichts von Volksfesten; sie halten sich in ihren Wohnungen, pflegen Familie, schmücken sich für und gegeneinander; ihr Öffentlichkeitssinn befriedigt sich in Zeitungslesen, in Kränzchen, Theater- und Paradebesuchen. Und so gliedert sich Berlin keine Luststadt an. Der Fremde watet hoffnungslos in dem Sande: der Sand ist da, doch Berlin sieht er nicht. Er sieht gigantische Dimensionen, aber nur von Banalität, sieht Originalität fast nur in der Massenhaftigkeit der Unternehmungen, statt Geist Berechnung, statt Ordnung Nüchternheit und dreißigmal Nüchternheit, das stillose Zusammenwürfeln als Surrogat einer Phantasie. Hie und da ein Licht, eine kleine Fackel, eine Kerze.

Zuerst will ich reden von der Avantgarde der Lust, von den schweifenden Priesterinnen der Venus.

Laßt mich Atem holen.

Alfred Döblin, *Das märkische Ninive,* in: *Der Sturm,* 10. März 1910, Nr. 2

Sie wurde mit elf Jahren zur Tänzerin bestimmt. Bei ihrer Neigung zu Gliederverrenkungen, Grimassen und bei ihrem sonderbaren Temperament schien sie für diesen Beruf geeignet. Läppisch bis dahin in jedem Schritt, lernte sie jetzt ihre federnden Bänder, ihre zu glatten Gelenke zwingen; sie schlich sich behutsam und geduldig in die Zehen, die Knöchel, die Knie ein und immer wieder ein, überfiel habgierig die schmalen Schultern und die Biegung der schlanken Arme, wachte lauernd über dem Spiel des straffen Leibes. Es gelang ihr, über den üppigsten Tanz Kälte zu sprühen.

Mit achtzehn Jahren hatte sie eine kleine seidenleichte Figur, übergroße schwarze Augen. Ihr Gesicht fast knabenhaft lang und scharfgeschnitten. Die Stimme hell, ohne Buhlerei und Musik, abgehackt; ein rascher ungeduldiger Gang. Sie war lieblos, sah klar auf die unbefähigten Kolleginnen und langweilte sich bei ihren Klagen.

Mit neunzehn Jahren befiel sie ein bleiches Siechtum, so daß ihr Gesicht abenteuerlich vor dem blauschwarzen Haarknoten schimmerte. Ihre Glieder wurden schwer, aber sie spielte weiter. Wenn sie allein war, stampfte sie mit dem Fuße, drohte ihrem Leib und mühte sich mit ihm ab. Keinem sprach sie von ihrer Schwäche. Sie knirschte mit den Zähnen über das Dumme, Kindische, das sie eben zu besiegen gelernt hatte.

Als Ella sich in Schmerzen auf die Lippen biß, warf sich die Mutter über das Sofa hin und weinte stundenlang. Nach einer Woche faßte die alte Frau einen Entschluß und sagte, während sie auf den Boden sah, zu ihrer Tochter, sie solle ein Ende machen und ins Krankenhaus gehen. Worauf Ella kein Wort antwortete, nur einen gehässigen Blick auf das runzlige, hoffnungslose Gesicht warf.

Sie fuhr schon am nächsten Tage ins Krankenhaus. Im Wagen weinte sie unter ihrer Decke vor Wut. Ihren leidenden Körper hätte sie anspeien mögen, bitter höhnte sie ihn; es ekelte sie vor dem schlechten Fleisch, an dessen Gesellschaft sie gebunden war. In leiser Angst öffnete sie die Augen, als sie die Glieder betastete, die sich ihr entzogen. Wie machtlos sie war, o wie machtlos sie war. Sie rasselten über das Pflaster des Hofes. Die Tore des Krankenhauses schlossen sich hinter ihr. Die Tänzerin sah mit Abscheu Ärzte und Kranke. Die Schwestern hoben sie weich ins Bett.

Alfred Döblin, *Die Tänzerin und der Leib*, in: *Der Sturm*, 10. März 1910, Nr. 2; zit. nach: AW 6, Walter-Vlg., Olten 1979, S. 18

Und von oben, aus dem Körperstumpf, tropfte es, quoll aus dem Halse weißes Blut, nach in das Loch, erst wenig, wie einem Gelähmten, dem der Speichel aus dem Mundwinkel läuft, dann in dickem Strom, rann schleimig, mit gelbem Schaum auf Herrn Michael zu, der vergeblich zu entfliehen suchte, nach rechts hüpfte, nach links hüpfte, der drüber wegspringen wollte, gegen dessen Füße es schon anbrandete. Mechanisch setzte Herr Michael den Hut auf den schweißbedeckten Kopf, preßte die Hände mit dem Stöckchen gegen die Brust. [...] Er staunte, verstört, mißtrauisch gegen sich selbst. In ihm starrte alles auf die wilde Erregung, sann entsetzt über die Blume, den gesunkenen Kopf, den blutenden Stiel. Er sprang noch immer über den schleimigen Fluß. Wenn ihn jemand sähe, von seinen Geschäftsfreunden oder eine Dame. [...] Herr Michael strich sich die Schläfen und blies laut die Luft von sich. Und daneben im Rasen fault der Kopf. Er wird zerquetscht, aufgelöst vom Regen, verwest. Ein gelber stinkender Matsch wird aus ihm, grünlich, gelblich schillernd, schleimartig wie Erbrochenes. Das hebt sich lebendig, rinnt auf ihn zu, gerade auf Herrn Michael zu, will ihn ersäufen, strömt klatschend gegen seinen Leib an, spritzt an seine Nase. Er springt, hüpft nur noch auf den Zehen.

Alfred Döblin, *Die Ermordung einer Butterblume*, München 1913; zit. nach: AW 6, Walter-Vlg., Olten 1979, S. 23 f

Wie's mich freut, daß alle Reichtümer und Schönheiten vor mir ausgebreitet liegen, und ich mit meinen blinden Hacken kann auf sie trampeln.

Alfred Döblin, *Die Memoiren des Blasierten*, in: ders., *Die Ermordung einer Butterblume*, München 1913; zit. nach: AW 6, Walter-Vlg., Olten 1979, S. 95

Der junge Berliner Arzt Döblin hat hier unter dem seltsamen Titel ein wundervolles, höchst bedeutendes und ganz eigenes Werk veröffentlicht. Die Novelle, die dem Buche seinen Namen lieh, stellt zweifellos eine große Kunstleistung dar; in minutiöser Seelenbelauschung und köstlich-verständnisvoller Schilderung gibt sie die Geschichte eines überreizten Spießbürgers, der aus einem winzigen Alltagserlebnis eine ewige Beeinflussung seines Seins empfängt, eines Mannes, der im Zorne auf eine Pflanze einschlägt, von Gewissensbissen gepeinigt wird und auf diese Art zu kosmischem Bewußtsein von der Größe alles Lebenden gelangt. Wie diese Erzählung, so zeichnen auch die anderen durchweg die psychischen Irrwege Unbefriedigter, des alten Mädchens, das zu später Erotik erwacht und im Grauen endet, der Tänzerin, die mit ihrem Leibe in Hader lebt, des trockenen Privatgelehrten, der religiösem Wahnsinne verfällt, des Ritters Blaubart, des Blasierten, der seine Memoiren schreibt, Marias, die im Frühlingssturme ihre Empfängnis feiert, des Stiftsfräuleins, das sich auf den Tod vorbereitet, und der »Helferin«, die *selbst* in den Tagen so hilflos, in den Nächten so überstark ist. Hysterische Novellen, von einer großen Leidenschaft getragen, die ähnlich derjenigen Georg Heyms und Gottfried Benns im Mystisch-Metaphysischen ihren Stoffkreis entdeckt hat, das Dunkel sucht und es nicht selten durch momentane Blitze zu überhellen vermag; [...] Erzählungen, die mühelos das erreichen, wonach ein Ewers lebenslang meist vergebens strebte, die endlich ein schier unerschöpflich-weites Gebiet der Kunst zu erobern scheinen, gleich bedeutend durch knappkompressive Charakteristik und Situationszeichnung wie durch die Fülle von Ausdrucksmöglichkeiten einer Sprache, die heute noch oft mit allzu lebhafter Eigenwilligkeit zu ringen hat, bald indessen sich gänzlich befreien wird und uns noch viel Schönes, vielleicht sogar Großes zu geben berufen ist.

Fr. Gr. über *Die Ermordung einer Butterblume*, in: *Zentralblatt für Kinderheilkunde* 18, 1913, S. 317

Und wann lese ich? Unterwegs. In der Straßenbahn. Auf dem Verdeck eines Autoomnibusses. In einem Torweg während einer Regenhusche. Eine halbe Stunde vor dem Einschlafen. Schriftsteller, die zeitraubende Romane schreiben, sollte man unter Kuratel stellen. Zeit ist doch Geld, und unsere vor allem. Man möchte den Verschwendern zurufen: Seit kurz wie Döblin. Lest seine Skizze »Astralia«. Hier ist die Gewalt eines Romans in den denkbar engsten Rahmen eingepreßt. [...] Der Wortfilm rollt. Der Kinematograph wird nie und nimmer Literatur vermitteln können, aber die Literatur muß von der Kinematographie lernen. Und sie hat schon von ihr gelernt. Es ist nun einmal keine Zeit für schleppende Handlungen, Postkutschenstil und psychische Kleinarbeit. Das Leben ist kurz und ein Roman ist lang.

Joseph Adler, *Ein Buch von Döblin*, [über *Die Ermordung einer Butterblume*], in: *Der Sturm*, Juli 1913, Nr. 170/171, S. 71

»Die Segelfahrt«, »Das Krokodil«, »Vom Hinzel und dem wilden Lenchen« und »Die Ermordung einer Butterblume«, um nur einige der frühen Exempel zu nennen, werden in ihrer Teleologie bestimmt von regressiven Tendenzen. In der »Segelfahrt«, die von schummrigen erotischen Affinitäten handelt, versinken die Liebenden am Ende im Schoß des Meeres; das »Krokodil« träumt sich in schizoiden Analogien rückwärts über alle Stufen des menschlichen, animalischen, vegetativen und anorganischen Lebens; die Geschichte »Vom Hinzel und dem wilden Lenchen« bemächtigt sich der Form des Volksmärchens, um in unterirdische Bereiche hinabzusteigen, und »Die Ermordung einer Butterblume« handelt von der Auflösung des autonomen Geistes und der Rückkunft des Menschen unter die Gewalt der Natur.

Winfried Georg Sebald, *Der Mythus der Zerstörung im Werk Döblins*, E. Klett Vlg., Stuttgart 1980, S. 110 f

Ich bin nun zwei Abende nicht im Café gewesen, ich fühlte mich etwas unwohl am Herzen. Dr. Döblin vom Urban kam mit seiner lieblichen Braut, um eine Diagnose zu stellen. Er meint, ich leide an der Schilddrüse, aber in Wirklichkeit hatte ich Sehnsucht nach dem Café. Er bestand aber darauf, mir die Schilddrüse zu entfernen, die aufs Herz indirekt drücke; ein klein wenig Cretin könnte ich davon werden, aber wo ich so aufgeweckt wäre, käme ich nur wieder ins Gleichgewicht.

Else Lasker-Schüler, *Brief nach Norwegen*, in: *Der Sturm*, September 1911, Nr. 77, S. 616

Mein Gott, übertragt bloß einmal Haydn auf ein anderes Ausdrucksgebiet, schiebt ihn mal neben eine Zentrale der Hochbahn, auf der ihr nach Hause fahrt, und seht euch an, was ihr für konsequente moderne Menschen seid. Der gute Mann ist ja sicher ein Klassiker, aber damit gut. Es muß schließlich auch Klassiker geben – unsere Kinder, die Konservatorien und so. Aber damit gut, in drei Teufels Namen. Diese dauernde Aufwärmung von Jugendliebeleien entspricht absolut gar keinem Bedürfnis. Man kann in kein Konzert gehen, ohne diesem Pennälergott zu begegnen. Wenn euch das Spaß macht und ihr über mein Urteil die Nase rümpft, sollt ihr euch schämen. Es ist lächerlich, in einem Atem Hochbahn zu fahren und stets Haydn zu genießen, sozusagen.

Alfred Döblin, *Musik nebst Schimpfworten*, in: *Der Sturm*, 18. Februar 1911, Nr. 51

Ich war jetzt praktischer Arzt am Halleschen Tor in Berlin, tat viel Dienst auf Rettungswachen, Tag und Nacht, fuhr monatelang morgens in ein Privatkrankenhaus, vertrat hier und da. Auf den Treppen, in den leeren Wartestunden schrieb ich, konnte schreiben, wo ich ging und stand. Und dachte unendlich oft mit Sehnsucht zurück an die Laboratorien, an die Krankenbetten.

Alfred Döblin, *Arzt und Dichter. Merkwürdiger Lebenslauf eines Autors*, in: *Die literarische Welt*, 28. Oktober 1927, H. 43; zit. nach: AW 24, Walter-Vlg., Olten 1986, S. 93 f

Die Ehe als gesellschaftliche Einrichtung, geht nicht hervor aus der Sexualität selbst, hat zwar die Sexualität, genauer die Heterosexualität der Partner, zur Voraussetzung und Basis, aber ihre gesellschaftliche Natur läßt sie weit über die bloße Sexualität hinausgehen. Die Wirkungsweise. Die Ehe ist kein Spezialgeschäft für Sexualität, sondern ein Warenhaus, in dem viele vieles, manche alles kaufen können. Statt in die Tiefe zu gehen, geht sie in die Breite, entfaltet ihre Reichtümer. Wenn die Ehe sich zur Alleinform und sichtbaren Ausdruck geschlechtlicher Beziehungen aufwerfen will, so zeigt sie sich damit ohne Bewußtsein ihrer eigenen Natur; denn sie hat es nicht wesentlich mit Sexualität zu tun. Und ebenso töricht ist die Forderung, alle Sexbeziehungen im Rahmen

der Ehe zu erfüllen, als wolle man verlangen, nur zur Mahlzeit und in bestimmten Lokalen Hunger zu haben.

Alfred Döblin, *Über Jungfräulichkeit*, in: *Der Sturm*, August 1912, Nr. 121/122; zit. nach: AW 23, Walter-Vlg., Olten 1985, S. 117

Die Herren aus Italien trugen und benahmen sich auffällig in dem geruhigen und bürgerlichen Berlin. Einmal begleitete ich Boccioni in der Leipzigerstraße, als ihm ein Berliner Spießer entgegenkam, sich vor ihn stellte und frech anstierte. Ohne weiteres erhielt er von Boccioni einen kleinen Schlag in das unverschämte Gesicht. Der Mann, der Herr, folgte uns bis zum Potsdamer Platz, wo er Boccioni von einem Schutzmann feststellen ließ, wir mußten zusammen auf die Wache ziehen. Der Italiener verstand kein Wort Deutsch, die Beamten notierten allerhand, es war viel Lärm um nichts, denn am nächsten Tage verließ Boccioni Berlin.

Alfred Döblin, *Journal 1952/53*, [Typoskript von 1952/1953]; zit. nach: AW 19, Walter-Vlg., Olten 1980, S. 467

Kirchner, seit 1911 in Berlin, hat dort mit Döblin endlos diskutiert, ihn gezeichnet, 1913 die Lithographien zur Erzählung »Das Stiftsfräulein und der Tod« geschaffen, Straßenszenen im Geist Döblins konzipiert – und vice versa, man denke an den »Kaplan«. Kokoschka war seit 1910 künstlerischer Berater des »Sturm«, Franz Marc zählte zu den Mitarbeitern. Welcher Einfluß von Guillaume Apollinaire und dem Maler Robert Delaunay als dem Vertreter der französischen »simultanéité«, von Marinetti als Vertreter des italienischen Futurismus bei ihren Berliner Besuchen 1913 ausging; welch brennendes Interesse der Herausgeber des »Sturm«, Döblins Freund Herwarth Walden, für Dichtung wie für Malerei, Musik, Musiktheorie hatte – darauf kann nur verwiesen werden. Das Neue schoß von überallher zusammen.

Robert Minder, *Wozu Literatur?*, Suhrkamp Vlg., Frankfurt am Main 1971, S. 95 f

Das Konzert von Schönberg im Choralionsaal letzte Woche ist von einigen, ich glaube, der Mehrzahl der Berliner Musikkritiker zu groben Exzessen der Witzlosigkeit benutzt

worden. Und man kann nicht sagen, daß die, die gar nicht schrieben, damit einen besseren Witz gemacht haben. Die Herren scheitern eben an der kleinsten Aufgabe. Sobald man sie zu einem selbständigen Urteil zwingt, versagen sie; was nicht im Trott der Konservatoriumsliteratur liegt, die einige von ihnen sicher vorzüglich gelernt haben, bleibt unverstanden. Subalterne Intelligenzen; mit der alleinigen Fähigkeit zur Pensionsberechtigung. [...] Theoretisch ist diese Musik unangreifbar. Bleibt Schönberg. Ich habe ihn zum erstenmal gehört. Hördauer vierzig Minuten, zu wundervollen Texten des Albert Girauds. Sie fesselt ungemein, diese Musik; es sind Klänge, Bewegungen drin, wie ich sie noch nicht gehört habe; bei manchen Liedern hatte ich den Eindruck, daß sie nur so komponiert werden können. Es läßt sich vieles über diese Lieder sagen. Es schien mir: wir sind auf neuem, noch schwer gangbarem Boden. Man muß mehr von Schönberg hören, mehr sich in diese Art vertiefen, ich halte über Schönbergs Begabung solange mein Urteil zurück. Der künstlerische Instinkt in dem ganzen ist eben unverkennbar.

Alfred Döblin, *Arnold Schönberg*, in: *Der Sturm*, Oktober 1912, Nr. 132; zit. nach: AW 23, Walter-Vlg., Olten 1985, S. 132 und 134

Jedes Bild ist ein Gedicht, eine Novelle, ein Drama; man liest das nicht in zwei Minuten. Man braucht schon mehr Zeit bei den Futuristen als bei den Pointillisten und Impressionisten; mit den vier Schritten an die gegenüberliegende Wand und »rechtsum kehrt« ist es nicht getan. Ein Bild will gedeutet sein. Es stellt eine Aufgabe. Für eine Mark Eintritt bekommt man nicht sechzig Kunstwerte, sondern sechzig Aufgaben. Eine Ausstellung ist keine Stehbierhalle. Man kann futuristische Bilder nicht in Ullsteinausgaben kaufen. Das Kunstwerk verlangt Disziplin, Eindringen, Bemühung, Bemühung. Dies ist es, daran fehlt es, daher alle Mißverständnisse. Die Bemühung fehlt; der Verderb des Publikums durch zehnmal durchgekaute Kost; seine Gewöhnung an den breitgetretenen Quark. Der Zuschauer hat vor dem Bild in jeder Hinsicht das Maul zu halten; vor das Urteil haben die Götter das Verständnis und nicht das Maul gesetzt. Kein Kunstwerk fällt vom Himmel; wieviel weniger ein Kunstverständnis. Der erste Eindruck besagt so wenig wie der zehnte;

erst der zwanzigste bringt manchmal einen Dämmer. [...]

Der Maler hat nicht die eine Dimension, die Fläche, die er zu zwei, drei umtauschen muß, sondern unendlich viel, sondern genau so viel, als ihm seine Phantasie gewährt. [...]

Der Futurismus ist ein großer Schritt. Er stellt einen Befreiungsakt dar. Er ist keine Richtung, sondern eine Bewegung. Besser: er ist die Bewegung des Künstlers nach vorwärts. Es kommt auf die einzelnen Werke nicht an. Es ist zum jammern, daß das Land der »Innerlichkeit« sich den Mut zu sich von außen einblasen lassen muß. Aus dem Lande der Farben und schönen Menschen kommt die Lehre zu uns, zu uns: »Die Seele ist alles.« Unsere Maler machen Experimente, sie studieren die Gesetze der Farben, Linien, Flächen. Sie sind ehrlich – es ist zum Lachen –, während das Haus brennt.

Ich bin kein Freund der großen und aufgeblasenen Worte. Aber den Futurismus unterschreibe ich mit vollem Namen und gebe ihm ein deutliches Ja.

Alfred Döblin, *Die Bilder der Futuristen*, in: *Der Sturm*, Mai 1912, Nr. 110, S. 41 f

Lieber Marinetti, [...] Vergessen Sie nie, daß es keine Kunst, sondern nur Künstler gibt, daß jeder auf seine Weise wächst, daß einer behutsam mit dem andern umspringen muß. [...] Gehen Sie nicht weiter auf Herdenzüchtung aus; es gibt viel Lärm dabei und wenig Wolle. Bringen Sie Ihr Schaf ins Trockne. Pflegen Sie Ihren Futurismus. Ich pflege meinen Döblinismus.

Alfred Döblin, *Futuristische Worttechnik. Offener Brief an F. T. Marinetti*, in: *Der Sturm*, März 1913, Nr. 150/151, S. 282

Der Gegenstand des Romans ist die entseelte Realität. [...] Die Fassade des Romans kann nicht anders sein als aus Stein oder Stahl, elektrisch blitzend oder finster; sie schweigt. [...] Die Darstellung erfordert bei der ungeheuren Menge des Geformten einen Kinostil. In höchster Gedrängtheit und Präzision hat die »Fülle der Gesichte« vorbeizuziehen. [...] Das Ganze darf nicht erscheinen wie gesprochen, sondern wie vorhanden. [...] Die Hegemonie des Autors ist zu brechen; nicht weit genug kann der Fanatismus der Selbstverleugnung getrieben werden. Oder der Fanatis-

mus der Entäußerung: ich bin nicht ich, sondern die Straße, die Laternen, dies und das Ereignis, weiter nichts. Das ist es, was ich den steinernen Stil nenne. [...]

Fortgerissen vom psychologischen Wahn hat man in übertriebener Weise den einzelnen Menschen in die Mitte der Romane und Novellen gestellt. [...]

Der Psychologismus, der Erotismus muß fortgeschwemmt werden; Entselbstung, Entäußerung des Autors, Depersonation. Die Erde muß wieder dampfen. Los vom Menschen! Mut zur kinetischen Phantasie und zum Erkennen der unglaublichen realen Konturen! Tatsachenphantasie!

Alfred Döblin, *An Romanautoren und ihre Kritiker. Berliner Programm*, in: *Der Sturm*, Mai 1913, Nr. 158/159, S. 17f

Die Straßen haben sonderbare Stimmen in den letzten Jahren bekommen. Ein Rost ist unter die Steine gespannt; an jeder Stange baumeln meterdicke Glasscherben, grollende Eisenplatten, echokäuende Mannesmannröhren. Ein Bummern, Durcheinanderpoltern aus Holz, Mammutschlünden, gepreßter Luft, Geröll. Ein elektrisches Flöten schienenentlang. Motorkeuchende Wagen segeln auf die Seite gelegt über den Asphalt; meine Türen schüttern. Die milchweißen Bogenlampen prasseln massive Strahlen gegen die Scheiben, laden Fuder Licht in meinem Zimmer ab.

Ich tadle das verwirrende Vibrieren nicht. Nur finde ich mich nicht zurecht.

Ich weiß nicht, wessen Stimmen das sind, wessen Seele solch tausendtönniges Gewölbe von Resonanz braucht.

Dieser himmlische Taubenflug der Aeroplane.

Diese schlüpfenden Kamine unter dem Boden.

Dieses Blitzen von Worten über hundert Meilen:

Wem dient es?

Alfred Döblin, *Die drei Sprünge des Wang-lun. Chinesischer Roman*, Berlin 1915; zit. nach: AW 1, Walter-Vlg., Olten 1980, S. 7

Als ich einen »chinesischen« Roman schrieb, ging ich einige Male in das Berliner Völkerkundemuseum, las eine Anzahl chinesischer Reisebeschreibungen und Sittenschilderungen; aber wie verkehrt sind schon die Ausdrücke, die ich hier gebrauche; »lesen«: ich habe niemals

daran gedacht, mich mit China zu befassen, der Gedanke etwa, nach China zu fahren, ist mir nicht im Traum eingefallen: ich hatte ein seelisches Grunderlebnis oder eine Grundeinstellung, diese ließ ich mit höchster Schonung gewähren und legte ihr vor, unterbreitete ihr, wessen sie zu ihrer Auswirkung bedurfte. Burlesk kam es mir vor, daß einer der ersten ausführlichen Hinweise auf das Buch von einem Sinologen von Fach stammte, der – sogar meine Hauptfigur echt fand. So wenig habe ich mich aufnehmend, beobachtend mit dem wirklichen China befaßt, daß man nach Niederschrift des Buches vergeblich in meinem Gedächtnis nach den wichtigsten Daten Chinas, ja nach den Realien meines Romans gesucht hätte: diese Realien – historische, ethnologische, geographische – waren von mir ja gar nicht als Tatsachen angenommen, überhaupt gesehen worden, sondern im Rahmen eines ganzen flutenden psychischen Prozesses, als seine weiteren Vehikel, Beförderungsmittel, Anregungsmittel, – so daß nach Erlöschen des Gesamtablaufs nur eine düstere Erinnerung an die einzelnen Wegsteine verblieb, an denen die Erregung vorbeifloß.

Alfred Döblin, *Der Epiker, sein Stoff und die Kritik*, in: *Der neue Merkur* 5, 1921; zit. nach: AW 8, Walter-Vlg., Olten 1963, S. 338

Als ich mich später in der Frankfurter Allee als Arzt niederließ, machte ich meine täglichen Spaziergänge zu Fuß bis hierher und manchmal noch ein bißchen weiter, bis in die Königsstraße hinein in die Nähe des Rathauses. Da landete ich gegen zwölf bis ein Uhr oft in dem Café Gumpert, einem großen, sehr lebendigen Lokal, in dem sich die Geschäftsleute dieser Gegend trafen. Man las da Zeitung, es gab Zeitungen aus der ganzen Welt, und trank seinen Kaffee. Öfters hatte ich auch mein Manuskript mit, hörte bald zu, was man sich erzählte und bald schrieb ich. Der wirre Lärm war mir beim Schreiben angenehm.

Alfred Döblin, *Schicksalsreise*, Frankfurt am Main 1949; zit. nach: AW 19, Walter-Vlg., Olten 1980, S. 404

RUDOLF MOSSE

Schützen Str.

RUDOLF
Annoncen

46

Die
drei
Sprünge
des
Wang-lun

Chinesischer Roman
von
Alfred Döblin

S. Fischer-Verlag
Berlin

8

Dr D,

walden potsda

079

Telegramm Nr.
21. FEB. 1915
en den   191
um   Uhr Min. nachm.
von   nachm.
durch   M.

Telegraphie des

Amt Berlin, Hau

332 saargemuend 12 2.25

hurrah die russen in

7

9

3

2

Indem Stoss

ein Franzos

Zum
Früh stück

Auf nach Gm
Paris.

15900

1

6

1914 Ende März / Anfang April. Vertrag mit dem *S. Fischer* Verlag über *Wang-lun*. Döblin bleibt bis 1933 *Fischer*-Autor.
Juli. Umbruchkorrekturen des *Wang-lun*.
Ende Juli. Döblin bringt seine an fortschreitender Schüttellähmung leidende Mutter zur Kur nach Bad Oeynhausen.
25.-30. Juli. Höhepunkt der Protestbewegung gegen den Krieg, an der sich nahezu 500 000 Menschen beteiligen.
1. August. Deutsche Kriegserklärung an Rußland.
3. August. Deutsche Kriegserklärung an Frankreich. Einmarsch in Belgien.
4. August. England erklärt Deutschland den Krieg. Die SPD stimmt den Kriegskrediten im Reichstag zu.
August bis Dezember. Niederschrift des Romans *Die Dampfturbine*, später *Wadzeks Kampf mit der Dampfturbine*, in einem Zug.
2. Dezember. Karl Liebknecht (SPD) stimmt als einziger Abgeordneter im Reichstag gegen die Bewilligung von Kriegskrediten.
Dezember. Internationale Proteste gegen die Beschießung der Kathedrale von Reims durch deutsches Militär. England-Schelte Döblins in einem *Reims*-Beitrag der *Neuen Rundschau*.
Döblin meldet sich freiwillig für den Einsatz in Belgien und Frankreich, um der Einberufung des ungedienten Landsturms seines Jahrgangs zuvorzukommen.
26. Dezember. Telegrafischer Gestellungsbefehl für das Lazarett der Infanterie-Kaserne im lothringischen Saargemünd.
Ende Dezember. Ankunft in Saargemünd.
1915 Ab 1. Januar. Militärarzt an der Infanterie-Kaserne des 21. Korps in Saargemünd. Unterkunft zunächst im Hotel, dann in zwei Privatzimmern.
17. März. Geburt des Sohnes *Wolfgang* in Berlin.
Mai. Lektüre des *Tyll Ulenspiegel* von Charles de Coster. Arbeit an Märchenerzählungen. Pläne zu einem »Ölmotor«-Roman (als Fortsetzung von *Wadzeks Kampf mit der Dampfturbine*) und zu einem historischen Roman über 1847/48 in Deutschland, beide nicht ausgeführt.

17. Juni. Erna Döblin zieht mit den Kindern nach Saargemünd in eine möblierte Drei-Zimmer-Wohnung.
27. Juli. Döblin läßt sich bei der Straßburger Universitätsbibliothek als Benutzer einschreiben und erhält Bücher zugeschickt.
Juli/August. Erna Döblin schreibt das Manuskript des *Dampfturbinen*-Romans ab.
September. Zusammenstellung des Novellenbandes *Die Lobensteiner reisen nach Böhmen*.
Oktober/November. Für einen geplanten Roman Beschäftigung mit dem deutschen Mittelalter, der Zeit der Kreuzzüge, den Streitigkeiten im syrischen Frankenstaat und dem Untergang von Byzanz.
Dezember. Vertrag mit dem *Georg Müller* Verlag, München, über die Veröffentlichung des zweiten Novellenbandes *Die Lobensteiner reisen nach Böhmen*.
1916 Beginn der deutschen *Verdun*-Offensive. Die an der Eroberung der französischen Panzerfeste Douaumont beteiligten Truppen und Verwundeten werden in Saargemünd einquartiert.
Februar/März. Aufgabe der Berliner Wohnung in der *Frankfurter Allee 194*. Das Mobiliar wird eingelagert.
März. Vertrag mit *S. Fischer* über den *Dampfturbinen*-Roman. Mit kriegsbedingter Verzögerung liefert der Verlag am 23. März den Roman *Die drei Sprünge des Wang-lun* aus. Gedruckte Jahresangabe: 1915.
Ab Mai. Ein Magen-Darm-Leiden verhindert einen geplanten Berlin-Urlaub.
Juli. Umbruchkorrekturen des Novellenbandes *Die Lobensteiner reisen nach Böhmen*.
15. Juli bis 15. August. Krankenurlaub in Bad Kissingen. Eine Zeitungsnotiz liefert den äußeren Anstoß zum *Wallenstein*-Roman.
Ende August: Döblin erhält den mit 600 Mark dotierten *Fontane-Preis*.
22. August. Die Fleischkarte wird eingeführt.
Etwa ab September. Vorarbeiten zum *Wallenstein*, behindert durch die engen Wohnverhältnisse und die Entfernung zur nächsten größeren Bibliothek.
November. Luftangriffe auf Saargemünd.
Dezember. Beginn der Niederschrift des *Wallenstein*-Romans.
und ...
2. Auflage des *Wang-lun* noch im selben Jahr.

1 Kriegsausbruch: am Mossehaus (Gebäude des *Berliner Tageblatts*) werden Extrablätter verteilt (6) **2** Einberufene Zivilisten im Güterzug (6) **3** Eingezogene Zivilisten auf dem Weg in die Kaserne (7) **4** Gestellungsbefehl an Alfred Döblin in das Militärlazarett Saargemünd, Dezember 1914 **5** Döblin als Militärarzt in Saargemünd, 1916 (7) **6** Das Personal des Lazaretts vor der Infanterie-Kaserne in Saargemünd, ganz rechts Döblin, 1915 (1) **7** Telegramm Döblins an Herwarth Walden; Saargemünd, 22. Februar 1915 (8) **8** Einband der Erstausgabe, 1915 (4) **9** Notlazarett in Lothringen, 1915 (7)

1914 BIS 1916

Hört der Arzt: »Kopfweh«, so fragt er sofort: »Wo und wann und wie und wie oft und –«. Schon diese Frageattacke zeigt, daß sich der Arzt hier einem raffinierten Gegner gegenüber weiß. Der Kopf ist nämlich etwas Kompliziertes; man braucht noch gar nicht an die Kompliziertheit des Gehirns zu denken; hier ist von Windungen, weißer und grauer Substanz, Kernen gar keine Rede. Nein, der bloße, gewöhnliche »Kopf« hat es schon in sich. Der Kopf ist nämlich zu vergleichen einem soliden Schrank in einer alten Hauswirtschaft, in den im Laufe der Generationen seit Urgroßmutter her endlos viele Dinge hineingestellt sind, und »hart im Raum stoßen sich die Sachen«. Dicht bei den Augen sitzt die Nase, der Mund ist auch nicht weit; die Ohren tun sich bedeutend auf zu beiden Seiten des Kopfes, die Zähne stellen eine Quelle unerschöpflichen Vergnügens für die Zahnärzte und sitzen im erwähnten Mund. Dann ist außen der Kopf bedeckt mit – echten – Haaren. Weiter folgt die Kopfhaut, Muskelschichten, allerlei Gewebe; die Schädelkapsel, von Knochenhaut bedeckt. Im Schädel das Gehirn, in starke und feine Häute gelagert; Blutgefässe durchbohren die Knochenkapsel. Man kann sich nun denken, von wie vielen Seiten hier sich ein »Schmerz« einstellen kann, der sich als »Kopfschmerz« aufführt und als solcher geachtet sein will. [...]
Und wenn wir nicht alle Sorten des Kopfwehs aufgezählt haben, und jetzt schweigen, so geschieht es, weil uns ein Gott, der Setzer, verbietet, über eine bestimmte Zeilenzahl hinaus zu sagen, was wir leiden.

Alfred Döblin, *Kopfschmerzen*, in: *Neues Wiener Journal*, 21. Mai 1914; zit. nach: AW 23, Walter-Vlg., Olten 1985, S. 197 und 200

Die Badereise ist keine Form des Unfugs, des Müßiggangs, auch keine Betätigung von Luxus. Sie ist etwas, das so eng zur Großstadt gehört wie das Warenhaus und die Häufung von Arbeit und Amüsement. Großstadt und Badereise gehören zusammen wie Käfig und Tür; man wird bei offener Tür auch in einem Käfig wohnen können. Eine Abortivform der Badereise ist die Landpartie; sie verhält sich zur Badereise wie ein Gelegenheitstrinker zum Gewohnheitssäufer.

Alfred Döblin, *Der Sinn einer Badereise*, in: *Neues Wiener Journal*, 30. Juni 1914; zit. nach: AW 23, Walter-Vlg., Olten 1985, S. 205

Die Turbine trieb das Schiff vorwärts über das Meer, obwohl an einen Fleck gebannt, eingebaut zwischen Holzpflöcken und Eisenpfeilern. Sie war wie ein Gedanke, der in einem Stückchen Gehirn kauerte, ganze Länder um sich im Wirbel riß.

Alfred Döblin, *Wadzeks Kampf mit der Dampfturbine*, S. Fischer Vlg., Berlin 1918, S. 412 f

Als im Beginn des August 1914 der Krieg in Europa sichtbar wurde, standen auf einen Schlag, aus der Erde gestoßen, fertige Nationen an derselben Stelle, wo noch eben kommunizierende Staatsverbände ihre Geschäfte getrieben hatten. Interessenverbände über die Grenzen weg klafften auseinander. Dem Ineinanderwallen der Völker war ein rapides Ende bereitet. Innerhalb der Staaten fielen Schlangenhäute des Standes, Berufes von den Menschen; nur die umtobte geographische Grenze gab dem Denken eine Orientierung. Alles andere war Luxus, Zwischenaktsmusik. Rasch wurden in der Kunst die Fahnen eingezogen. In dieser feinfühligen Gesellschaft begriff man: unsere Tage sind vorbei. Die Lähmung war vollkommen. Angedonnert, wenn man dieses alte Wort gebrauchen will, legte sich die Kunst um, fiel. Besser als Ideen waren jetzt flinke Beine, statt Leinewand obenauf mit Farbe bemalen war es Zeit, auf lebende Haut zu klopfen: die Farbe kam von unten allein angespritzt. Wer Bildhauer war, konnte sich sein Grabdenkmal hauen, wenn er es nicht vorzog, Schanzen zu bauen. Schreiben, mit Kraft für ein interessiertes Publikum schreiben, war nur dem Oberquartiermeister vergönnt; die übrigen fanden Verwendung für ihr Papier und ihr Talent in Eingaben an Armenkommissionen, in schwungvollen Gesuchen um Speisemarken. So waren die Gaben verteilt. In den Lüften die Flieger, die Luftschiffe; auf dem Boden, über den Flüssen, auf den Brücken die Soldatenkolonnen, schießend, sprengend, verheerend, unter den Füßen die sehr geräumige Erde, die zwar nicht oben Raum für alle hatte, aber sehr bereitwillig sich allen öffnete, die jetzt scharenweise um ein dunkles Gemach bei ihr anklopften. Als diese Zeit gekommen war, nahm die Kunst den Platz ein, den sie auch sonst einzunehmen pflegt und der ihr angestammter ist: sie ging an die Wand und henkte sich auf. Sie durfte darauf rechnen, »bei Bedarf« geweckt zu werden. Sie war nur traurig. Sie hätte

gern in anderer Weise die Wände geziert. [...] Wehe England! Wunderbar ragt der Dom von Reims in die Luft mit seinen gepriesenen Türmen. Auch die Deutschen können ihn nicht vergessen. Sie werden aus ihren Gedanken und Taten eine Kathedrale bauen um dich herum, dicht und dichter, und wie ihre Gewölbe mit deinem Leib in Berührung kommen, werden sie von selbst Stein und Eisen werden, werden anfangen, sich zu erhitzen, zu brennen, zu flammen. Die Massen werden zusammenrücken, eine malmende Maschine, sie werden dich klein pressen und zerknirschen, zerknirschen. Der Herr schenkt uns diese Gnade über dich. Wir können ohne diese Hoffnung nicht leben. Denn du hast den Fluch jedes Gerechten verdient.

Alfred Döblin, *Reims*, in: *Die Neue Rundschau*, Dezember 1914, Band II; zit. nach: AW 14, Walter-Vlg., Olten 1972, S. 17 ff.

Du mußt Dir übrigens mal vorstellen die Tätigkeit eines Kriegsarztes als wie ich; – und wie mir geht es hundert oder tausenden jetzt, man ist immer nur ruckweise und dann enorm und über alle Kraft beschäftigt –: Morgens um ½10 eine Visite, Dauer 10 Minuten: »Stramm gestanden, Morgen, alles wohl?« »Jawoll!« »Morgen, adiö, übermorgen.« Schluß, für den ganzen Tag, denn nachmittags kann ich doch nicht »Morgen« sagen. Ergo wanzt man im Lazarett so überall herum, geht nach Hause, schimpft über das Roastbeef, kontrolliert das Thermometer; ich spiele Klavier, andere Skat, andere keins von beiden und so vergeht die Zeit, bis der erste naht und man heimlich auf Gehaltserhöhung, ev. das Eiserne Kreuz reflektiert.

Alfred Döblin, *Brief an Herwarth Walden*, Saargemünd, 7. März 1915; zit. nach: AW 13, Walter-Vlg., Olten 1970, S. 69

Ich habe keine Erinnerung daran, jemals ganze Monate so rasch und spurlos verschwinden gesehen zu haben wie jetzt; es lohnt sich kaum aufzustehen; der Tag ist mit Tätigkeit so vollgestopft und zwar genau regelmäßig wiederkehrender, daß ich wie das gedankenlose, sauber gearbeitete Rad eines Automaten funktioniere, oder wie der Groschen in einem Automat; morgens werde ich reingeworfen, ein Tag kommt raus, abends holt man mich wieder; morgens u.s.w.

Mit den Ohren haben wir die Schlachten um Verdun hier mitgekämpft; orientiere Dich auf der Karte, wie weit wir von Verdun sind, und so stark war die Kanonade tags und nachts, daß bei uns die Scheiben zitterten, daß wir Trommelfeuer unterschieden, ganze Lagen, Explosionen; ein ewiges Dröhnen, Bullern, Pauken am west[lichen] Himmel. Jetzt, seit 1 Woche, ist alles still; was das ist, wer weiß? Akustisch ist jedenfalls der Angriff auf Verdun zur Zeit eingeschlafen. Aber in andrer Hinsicht sind wir näher dem Herd; alles steckt voll Einquartierung, ein interessantes Bild auf den Straßen wie in den ersten Tagen der Mobilmachung; die Eroberer von Douaumont sind hier in Ruhestellung, sie ist aber bald zu Ende. Sie erzählen von den ungeheuren, von uns kaum ausdenkbaren Strapazen der Lagerung in nassen Wäldern, des Hungerns und Dürstens beim Vorrücken, weil keine Küchen nachkommen (tagelang!), Wassertrinken aus Granatlöchern, in denen Grundwasser erscheint –, Schneeessen. Dabei sehen die Leute famos aus, jung, stark, Frankfurter (a.O.), Mecklenburger, Berliner; täglich höre ich jetzt im Lazarett: »icke« und »mir«, Heimatsklänge von der Riviera in Lichtenberg.

Sonst höre ich aus Berlin: Fischer hat also am 23. mein Buch herausgegeben, ich erwarte meine Exemplare und schicke Dir eins. Erfreulicherweise höre ich nicht, daß Müller meinen Novellenband druckt; *mir* scheint die Zeit nicht geeignet. Die »Dampfturbine« ist nun auch schon gelandet; wenigstens principiell; Fischer schreibt, daß er vorhabe, das Buch nächstes Jahr zu bringen; es wird jedoch wohl noch ein Tänzchen von wegen dem Gelde geben, wie sich das bei Fischer versteht. Bitte: ich hätte gerne eventuelle Besprechungen meines Buches »Wanglun« gelesen; abonniere mich doch bei einem dieser Leute mit Ausschnitten; ich habe hier keine Adresse, oder ersuche solche Firma sich an mich zu wenden.

Ich möchte jetzt nichts produzieren; zu viel äußere Unruhe, Trubel im Dienst, Lärm auf den Straßen.

Wie geht es bei Dir? Wie sieht Berlin aus? So gegen Mai werde ich voraussichtlich auf Urlaub à Berlin marschieren (Denk mal, Kurtchen hat mir nach ca ¾jähriger Pause eine Ansichtskarte geschickt!)

Alfred Döblin, *Brief an Herwarth Walden*, Saargemünd, 29. März 1916; zit. nach: AW 13, Walter-Vlg., Olten 1970, S. 84

Du siehst mich noch immer, nun schon fast 2 Jahr, hier; freilich hat der Krieg rechts und links stark neben mir geplündert; ich bin der letzte der »alten« Generation hier, – sind alle sonst im Feld, oder tot oder verwundet oder was sonst an andern Orten; ich gelte wegen meiner infamen chronischen, mir selbst rätselhaften Magenaffektion, einer oft enorm schmerzhaften Sache, als vorläufig nur garnisondienstfähig, – sitze also hier im Loch. Du hast wohl gelesen, daß wir neulich etwas Abwechslung hatten: Fliegerüberfall. Es war mondheller Abend, halb 10, ich hörte die Flieger, es waren viele; kaum auf der Straße (hier darf ja seit lange keine Laterne abends brennen; Du kannst Dir keine Vorstellung machen, was Dunkelheit hier heißt; ohne Taschenlampe ist man verloren) – also da kracht es, schauderhaft, nur ein paar Sekunden bis 30; dann Schluß. Effekt ebenso schauderhaft: ein paar Häuser an der Bahn (im Grunde liegt natürlich im Nest alles an der Bahn) geradezu demoliert, Wände rausgerissen, Dachstühle geborsten, halbe Fassaden abgerissen; einige Läden ausgeleert; von Scheiben nicht zu reden, schöne Kirchenfenster drollig zersplittert mit einer gewissen Symmetrie, Wasserbruch etc.; was getötet wurde oder schwer verletzt, saß oben im Dachgeschoß; die Häuser sind ja hier alte Jammerbuden, einstöckig, zweistöckig. Tag um Tag sind sie darauf wieder gekommen, jetzt funktionierte bes. Sonntag der Abwehrdienst vor Saarbrücken, das Rollen und Dröhnen der Kanonen, die Schrapnellwölkchen konnte ich erleben wie an der Front einer. Inzwischen alles Volk im Keller, Tag fast um Tag, Sirene bläst, Glocken läuten. »Schönes« Wetter ist jetzt hier sehr unbeliebt. Gräßlich ist dieser Luftkrieg. –

Ich bin unverändert mit Studien und Vorarbeiten zu einer neuen Sache beschäftigt, ärgere mich unendlich über die enormen Schwierigkeiten, Bücher etc. zu bekommen; alle Informationen fehlen, sehr langsam komme ich von der Stelle. Ehrenstein schreibt mir, es ständе mit Müller schlecht; das hörte ich oft schon; faktisch hat er mein Novellenbuch, das gedruckt resp. gesetzt ist, nicht heraus gebracht; er selbst ist ja eingezogen. – Auch der 30jährige Krieg, der 7jährige hat mit 2 Jahren angefangen – !

Alfred Döblin, *Brief an Herwarth Walden*, Saargemünd, 16. November 1916; zit. nach: AW 13, Walter-Vlg., Olten 1970, S. 92 f.

Über die östlichen schwarzen Wolken fuhren blendende Streifen. Das allgemeine rauchartige Grau lichtete sich schnell. Es wurde von innen aufgeworfen, gesprengt und weggeblasen. Die blühende Landschaft weitete sich. Es blitzte von kleinen Weihern auf. Im Südosten, am Sumpfe von Ta-lou, stand schon ein magerer fadendünner Schein; jetzt bohrte sich die Sonne ein Loch, ein Rohr, einen Trichter, und von da prallten die langen Strahlen her, unter denen sich das Grün der Gräser und Bäume heftiger und heftiger entzündete.

Die Blicke der jüngeren Männer flimmerten auf den Halmen, auf dem Frauenhügel. »Unsere Schwestern, unsere Schwestern«, sagten sie, sahen sich zweifelvoll, mit schwindligen Knien an; viele umschlangen sich zitternd, blieben stehen, beruhigten einander, als wenn ein Unglück geschehen sollte.

Ein gigantischer Dorfschullehrer streichelte den knabenhaften Menschen, der an seinen Ärmeln nestelte. »Tsi, die Pfirsichblüte«, flüsterte der Lehrer, »wirst du suchen.«

»Tsi – ich will sie nicht suchen, ich will nicht. O was geschieht uns.«

Einige lagerten ihre Leiber ins Gras; sie warfen sich auf das Gesicht, kauten an den Halmen; Mienen gefährlich; sie schlugen sich mit aufgedeckten Erinnerungen herum; warteten geduldlos auf das Stürmende, das sie wieder zu Sinnen brächte.

Auf die Höhe des Männerhügels waren manche gestiegen und kollerten nebeneinander unter den grünen Wolken der Katalpabäume; lächelten, beteten, träumten; ließen keinen Blick von dem Frauenhügel. Reichtum aufgehäuft! Eine Welle schlug herüber an Brüste, gegen Hüften.

Von ihnen standen welche auf, als es auf dem Frauenhügel leise klingelte. Sie sprachen nichts zueinander, einer folgte dem andern, indem sie sich oft umblickten nach den übrigen. Sie erreichten in halbem Laufe den Fuß des Hügels. Im hohen Gras schwarze Klumpen mit Kleidern, Köpfen, Knien wälzten sich stöhnend, rissen, schlossen die Augen. Sie liefen mit der Sicherheit von Waldtieren. Ihre Blicke reizten. Sie riefen die Klumpen bei Namen, zeigten ihre verheißenden Gesichter; sie lächelten, daß den andern das heiße klopfende Blut in Schläfen, Augen, Füße schoß.

Der Ziseleur Hi lief den andern voraus auf einem Weg, der um einen Weiher führte und die Lagerstraße vermied. Nicht weit vom Fuß des Frauenhügels ballten sie sich zusammen. Hi rief: »Was wollen wir tun? Wir wollen sie täuschen, Brüder. Wir beten mit ihnen zusammen.«

»Schickt einen zu ihnen, sie möchten sich versammeln.«

Man hörte, wie einer rief: »Dies ist fürchterlich«, einer drängte sich durch die übrigen, es war der junge Mensch, er lief davon. Hi gurrte: »Ich will sie rufen, kommt hinter mir.« Während er vorüber zackte, wallten die Brüder demütig, Arme verschränkt, gesenkte Köpfe, bezopfte Kugel bei Kugel, den Hügel hinauf; das scharfe Zirpen der Grillen begleitete ihr Gemurmel: »Omito-fo, omito-fo!«

Sie standen auf dem Frauenhügel unter dem schweren Laubwerk. Unter dem Laubwerk wimmelte jene Masse, bei deren Anblick sich die Herzen der Brüder tiefer und langsamer zusammenkrampften und die so volle Pulse durch sie trieb, daß langsam der weiche Waldboden unter den Füßen mitschwang, jede Welle rollend weitertrug. Da blickten mit neugierigen und verwunderten Augen entwichene Ehefrauen den Brüdern entgegen; sie schienen noch immer bedrückt, daß ihnen die Luft so ungehindert ins Gesicht schlug und jeder ihren Mund sah. Zwischen blinden Bettlerinnen, Marktweibern schoben sich graziös die galanten Mädchen, die hellen Tupfen auf dem strahlenden Blumenfeld, die Glücksbringerinnen, Hoa-kueis; ihr Ernst ohnegleichen; um ihr sanftes Wesen schwebte der Hauch des Pavillons der Hundert Düfte. Im Moos bogen verschüchterte Töchter angesehener Familien ihre behüteten kleinen Körper; sie nestelten an ihren Rosenkränzen, hauchten ihre Andacht, als wenn es sich um eine furchtbedrohte Schulaufgabe aus dem San-tse-king handele.

Unterhalb der laubdunkeln Hügel ging Ma-noh durch die Lagergasse. Eine breite Hand schob mit einer abweisenden Geste die grauen Dämmermassen am Himmel beiseite. Feierlich zogen die weißen Schwäne des Lichts am Himmel. Wie da der Frauenhügel zu zittern anfing.

Ein tausendfältiges Schreien und Kreischen sich über das Tal schwang und vom andern Hügel zurückgeworfen wurde.

Wie das Entsetzen verzehnfacht sich wiederholte, ein tiefes Grollen, Knacken, Brüllen sich unter die scharfen Stimmen mischte.

Ein augensperrendes Grausen aus dem Katalpaschatten zu entwischen versuchte und zurückgerissen wurde.

Wie nach dem minutenlangen Rasen weiße

und bunte Kleider auf dem Hügelkamm vorspritzten, niederfielen, in das Moos tauchten, ohne Laut herunterrollten.

Auf dem Hügel eine sonderbare Stille eintrat, unterbrochen von langen, sakkadierten Schreien, katzenhaft durchdringendem Winseln, Musik zu atemloser Ohnmacht, die sich in die Finger beißt, die Seelen wie in Essig einschrumpfen läßt, zur Besessenheit der Verzweiflung, die Körper um sich wirbelt.

Dann dröhnten Männerstimmen ins Tal: »Ma-noh, Ma-noh, der Drachen fliegt! Ma-noh, unsere Schwestern!«

Unten brandete es über die schmale Lagergasse; man horchte hinauf, sah einander an; man stopfte sich die Ohren, trommelte die Brüste. Über Ma-noh schmetterte es zusammen. Es schien ihm, wie man um ihn raste, länger als einen Augenblick, daß er ein Fürst der Unterwelt wäre, mit hundert Armen, Geißeln, Schlangen, und hetzte fiebrige Seelen zwischen die Wandungen der Eishölle, immer in das fressende Scheidewasser hinein, von den glasglatten Wandungen herunter; sie knarrten und grinsten, er barst vor Freude, schwenkte die Schädelschale. Blutgerinnend drang es auf ihn ein. Schon pinselte eine Schwäche die ganze Innenwand seines Kopfes. Im halben Sinken fühlte er, was vorging, ächzte, stemmte sich hoch, balancierte die Last.

Alfred Döblin, *Die drei Sprünge des Wang-lun*, Berlin 1915; zit. nach: AW 1, Walter-Vlg., Olten 1980, S. 143 ff

Erster Erfolg des Leseversuchs: man feuert das Buch an die Wand. Zweiter Erfolg: man feuert es womöglich mit noch grimmigerer Wut an die Wand. Aber seltsam: man läßt nicht, wie man fluchend schwor, den Schmöker im Winkel verschimmeln, sondern geht zähneknirschend zum drittenmal mit ihm ins Handgemenge. [...] Wie jene Picasso, Kandinsky, Marc, Archipenko scheint der Verfasser dieses Romans seine Figuren zunächst einmal durch die Wurstmaschine gejagt und dann die disjecta membra, ihre zerhackten Glieder, in der Zentrifuge verarbeitet zu haben, so daß in der Darstellung, die er darauf riskiert, Nasen und Augen und Zehen und Gedärme wirr durcheinanderfahren und der entsetzte Zuschauer sich den Visionen einer Art Drehkrankheit ausgeliefert glaubt. Wie jene bildenden Künstler Anschauungen und Gestalten atomisieren und chaotisieren, atomisiert

und chaotisiert der Verfasser die Psychologie seiner Menschen. Aber merkwürdigerweise: jener neuen Malerei gegenüber muß man, wie es scheint, ein Begnadeter sein, um ihres Segens teilhaftig zu werden – hingegen diesem Schriftsteller wird auch der Banause, das widerborstige Opferlamm aller bisherigen Kunstspäße, bald aus der Hand fressen. Das kommt: der Stil des Herrn Döblin ist offenbar adäquat seinem Thema, dem Objekt seiner Darstellung.

Karl Korn, *Via Peking zum Expressionismus*, [über *Wang-lun*], in: *Die Glocke*, 1916/17, H. 53

»Die drei Sprünge des Wang-lun« (1912 bis 1913 geschrieben, 1915 gedruckt) bedeuten den Durchbruch durch den Engpaß der schmalen Erzählbände in die Weite der tausendblättrigen Romane, wo alle Schleusen sich öffnen, Katarakte in den Ozean donnern. Von Rußland, wo die Handlung zunächst am Lenafluß unter rebellischen und hingemordeten Goldwäschern spielen sollte, verlegte der Dichter die Handlung noch weiter nach Osten, drang über Tolstoj zu Konfuzius, Laotse, Liä-Dsi vor, stieß damit in das Zentrum der jahrhundertelangen Aufstände gegen die Mandschu-Kaiser. Sein eigenes Problem: Der Schwache, vom Schicksal geschleudert, wird als Problem jener und dieser Zeit, als Problem des Menschseins schlechthin, erschaut und die Lösung im wahrhaften Schwachsein gesucht, eine Wandlung der Welt durch dieses Selbstopfer erhofft. [...]

Ähnlich hierin nicht nur dem Kohlhaas, sondern auch dem Karl Moor – eine sehr deutsche Linie, die einen ihrer Ausgangspunkte gewiß in der Niederwerfung des Bauernkrieges und seiner erbarmenslosen Verdammung durch Luther hat. Hier zweigt sich die deutsche Entwicklung entschieden von der französisch-angelsächsischen ab. Erst durch den Kontakt mit dem Westen wird Döblin einen anderen, neuen Standpunkt finden. Die deutsche Masse als solche in ihrer realen Struktur zu gestalten, war ihm damals noch versagt.

Robert Minder, *Alfred Döblin zwischen Osten und Westen*, in: ders., *Dichter in der Gesellschaft*, Suhrkamp Vlg., Frankfurt a. Main 1972, S. 184 f

Wir haben im Deutschen gegenwärtig ich glaube drei bis vier Jargons zu schreiben. Diese Jargons werden von der Mehrzahl aller Autoren benutzt. Der leicht offiziell gefärbte, beamtenmäßige Berichterstatterstil: das ist eine ganz leidliche Schreibweise, die sich einer großen Anzahl verständiger Formeln, Redemechanismen bedient. Der französelnde Feuilletonstil, resp. Heinejargon; jedoch war Heine ein kraftvoller Prosaautor, und seine Nachtreter können kaum witzeln. Der Litteratenjargon, ziemlich nahe dem Feuilletonstil, mit massenhaften literarischen Mechanismen, – Hervortreten des Autors, – paradoxale Schurkeleien und Selbstgefälligkeiten. Letzterer Jargon wird viel für Kritiken, Essays, moderne Lyrik verwandt; seine Analyse muß sehr interessant sein. Sowohl wer den Feuilletonstil wie den Litteratenjargon benutzt, hat den Eindruck, einen eigenen Stil zu schreiben, seinen eigenen Stil. Jeder Jargon nimmt dem Geist Arbeit ab, spart geistige Arbeit, bei dem Produzenten wie Leser, daher seine Verwendung bei der Massenfabrikation. Es giebt noch andere gebräuchliche Jargons. Der anständige Schriftsteller kann nicht genug gewarnt werden. Man kümmere sich um das, was man sagen will und sage es möglichst klar, scharf und einfach. Man muß nur den Wunsch haben deutlich zu sein. Wer einen eigenen Stil hat ist zu bedauern; wir sehen schon wenig genug; mit dem eigenen Stil können wir noch weniger sagen. Der Schriftsteller hat nur Ehrlichkeit nötig neben dem, was er sagen will; das Maul aufgemacht und von Herzen hergesagt: das ist das Alpha und Omega der Stilistik.

Alfred Döblin, *Stilistisches*, [Manuskript um 1914]; zit. nach: AW 23, Walter-Vlg., Olten 1985, S. 220

2. Extraausgabe   Sonnabend, den 9. November 1918.

Vorwärts

Berliner Volksblatt.
Zentralorgan der sozialdemokratischen Partei Deutschlands.

Der Kaiser hat abgedankt!

Der Reichskanzler hat folgenden Erlaß herausgegeben:

Seine Majestät der Kaiser und König haben sich entschlossen, dem Throne zu entsagen.

Der Reichskanzler bleibt noch so lange im Amte, bis die mit der Abdankung Seiner Majestät, dem Thronverzichte Seiner Kaiserlichen und Königlichen Hoheit des Kronprinzen des Deutschen Reichs und von Preußen und der Einsetzung der Regentschaft verbundenen Fragen geregelt sind. Er beabsichtigt, dem Regenten die Ernennung des Abgeordneten Ebert zum Reichskanzler und die Vorlage eines Gesetzentwurfs wegen der Ausschreibung allgemeiner Wahlen für eine verfassunggebende deutsche Nationalversammlung vorzuschlagen, der es obliegen würde, die künftige Staatsform des deutschen Volk, einschließlich der Volksteile, die ihren Eintritt in die Reichsgrenzen wünschen sollten, endgültig festzustellen.

Berlin, den 9. November 1918.   Der Reichskanzler.
Prinz Max von Baden.

Es wird nicht geschossen!

Der Reichskanzler hat angeordnet, daß seitens des Militärs von der Waffe kein Gebrauch gemacht werde.

Parteigenossen! Arbeiter! Soldaten!

Soeben sind das Alexanderregiment und die vierten Jäger geschlossen zum Volke übergegangen. Der sozialdemokratische Reichstagsabgeordnete Wels u. a. haben zu den Truppen gesprochen. Offiziere haben sich den Soldaten angeschlossen.

Der sozialdemokratische Arbeiter- und Soldatenrat.

1917 Jahresanfang. Die 3. und 4. Auflage des *Wang-lun* erscheinen. Nach diesem Erfolg sind verschiedene Verlage an neuen Texten Döblins interessiert.

18. Januar. Der SPD-Parteivorstand schließt die linke Opposition aus.

1. Februar. Deutschland erklärt den uneingeschränkten U-Boot-Krieg.

Anfang März. Döblin hat Typhus, leichterer Krankheitsverlauf.

4.-14. März. Revolution in Rußland.

März. Aufsatz *Bemerkungen zum Roman* in der *Neuen Rundschau*.

6.-8. April. Gründung der USPD.

Ab 25. April. Nach Abklingen der Typhuserkrankung zum Auskurieren des Magen-Darm-Leidens im Offizierslazarett Heidelberg, in einem Hotel oberhalb des Schlosses. Studien zum *Wallenstein* in der Heidelberger Universitätsbibliothek.

20. Mai. Geburt des Sohnes *Klaus* in Saargemünd.

21. Mai. Rückkehr Döblins nach Saargemünd.

August. Döblin zeigt seine Sympathie für die Revolution in Rußland mit *Es ist Zeit!* in der *Neuen Rundschau*.

2. August. Versetzung in das Seuchenlazarett Hagenau im Elsaß. Die Nähe Straßburgs und einer größeren Bibliothek fördern die Arbeit am *Wallenstein*.

November. Aufsatz über *Roman und Prosa* in der Zeitschrift *Marsyas*.
und …

Auslieferung des Prosabandes *Die Lobensteiner reisen nach Böhmen*, *Georg Müller* Verlag, München.

1918 Intensivierung des politischen Journalismus. Beiträge zur *Neuen Rundschau*. Weiterarbeit am *Wallenstein*.

19. Januar. Tod Frieda Kunkes an Tuberkulose in Berlin.

2. Hälfte März. Urlaub in Berlin. An einem *Sturm*-Abend polemische Abgrenzung von Waldens unpolitischem Konzept des »Wortkunstwerks«.

2. Mai. Das *Preußische Abgeordnetenhaus* lehnt die Einführung des gleichen Wahlrechts ab.

Ab 6. Juni. Döblin wird zuständig für Gesundheitskontrollen bei Kriegsgefangenen.

Juli. *Wadzeks Kampf mit der Dampfturbine* erscheint bei *S. Fischer* in Berlin.

18. August. Döblin, bisher landsturmpflichtiger Militärarzt, wird zum Kriegs-Assistenzarzt ernannt.

Oktober/November. Er erlebt Kriegsende und Revolution in Hagenau.

5. Oktober. Deutsches Waffenstillstandsangebot an Wilson.

3. November. Matrosenrevolte in Kiel und Übergreifen der Revolution auf andere deutsche Städte, am 9. November auch auf Hagenau.

9. November. Revolution in Berlin. Abdankung Wilhelms II., Ausrufung der *Deutschen Republik*. Regierungsübertragung auf Ebert.

11. November. Waffenstillstandsabkommen. 2 Millionen Vermißte und Gefallene, 750 000 Hungertote.

14. November. Abends Abfahrt mit dem Lazarettpersonal aus Hagenau. Nach tagelanger Fahrt Ankunft in Berlin. Die Familie Döblin kommt vorübergehend bei Döblins Mutter und seinem ältesten Bruder Ludwig unter.

15. November. Durchsetzung des 8-Stunden-Tages.

20. November. Döblin nimmt an der Gefallenenehrung auf dem Potsdamer Platz teil.

November. Die Dada-Bewegung greift auf Berlin über und politisiert sich. Gründung der *November*-Gruppe.

15. Dezember. Döblin weigert sich, einen nationalistisch formulierten und gegen die Revolution gerichteten »Warnruf« Richard Dehmels an die Siegermächte zu unterschreiben.

1 Die Front bei Arras, 1916 (9) **2** Erna und Alfred Döblin in Saargemünd, 1917 (2) **3** Sanitäter bei der Bergung von Gefallenen, um 1917 (9) **4** Notizen Döblins, Vorarbeiten zum *Wallenstein*, o.J. (4) **5** Revolution in Rußland: Demonstranten mit der Fahne der Bolschewisten, 1917 (9) **6** Unter den Linden/Pariser Platz werden die heimkehrenden Truppen erwartet, Dezember 1918 (6) **7** Extraausgabe des *Vorwärts* vom 9. November 1918 **8** Industriearbeiterinnen nach Betriebsschluß eines »staatlichen deutschen Feuerwerkslaboratoriums«, o.J. (10) **9** Aushang der Verlustlisten an der Kriegsakademie in der Dorotheenstraße, o.J. (6) **10** Einband der Erstausgabe, 1918 (4)

Und wie ein Trompeter nach langem Ziehen aus tiefster Brust einen endlosen schmetternden Schrei von sich gibt, der sich wie eine Schwalbe in den Wolken verliert, so stießen die Schweden aus vierundfünfzig Geschützen eine Feuerwoge über die Deutschen, eine Viertelstunde, eine halbe Stunde, eine Stunde, zwei Stunden, die Luft anfüllend mit Fünfpfündern Zehnpfündern, anwachsend und nicht nachgebend mit halben Kartaunen, stampfend stampfend mit ganzen Kartaunen. Wie eine Mauer, im Fundament erschüttert, brach lange an sich haltend schwer das deutsche Heer über das Schlachtfeld hin. Stürzte die Reiterei, wurde begraben das Geschütz, das Fußvolk.

Alfred Döblin, *Wallenstein*, Berlin 1920; zit. nach: AW 10, Walter-Vlg., Olten 1980, S. 511

Die Menschenmassen ließen sich nicht halten. Sie schwappten und rieselten von Böhmen her nach Westen, von Norden gegen Thüringen, vom Rhein herunter. Gurgelten unablässig. Aus Bayern schwollen sie an, gespeist aus allen Teilen des Landes. Die Quellen fanden die tosenden Söldner, das Brunnenrohr schlug die Einquartierung ein, Erpressung und Drangsalierung, Hungersnot und Verzweiflung trieben die Wasser zum Anschwellen. Am Chiemsee floh die Masse der männlichen Bevölkerung in die Wälder und Berge, dann sammelten sie sich unter den Entbehrungen. Zwischen Alz und Inn, Inn und Isar zuckten und zitterten die Kirchenglokken, gepeitscht von den metallenen Schwengeln. »Aufstand!« bullerte es über die Dörfer, die in die Ebenen geglitten waren, in den Bergen träumten, sich in dem Chiemsee spiegelten.

Alfred Döblin, *Wallenstein*, Berlin 1920; zit. nach: AW 10, Walter-Vlg., Olten 1980, S. 726

Nun, es schlugen zwar viele Bomben in der Nachbarschaft ein, aber weder mir noch dem Manuskript geschah was. Es hat auch den langen Rücktransport neben mir im November 18 durch ganz Deutschland mitgemacht, und lag noch in dem schlimmen Revolutionswinter 18/19 in Berlin auf meinem Schreibtisch. Vielleicht ist etwas von der furchtbaren Luft, in der das Buch entstand, Krieg, Revolution, Krankheit und Tod, in ihm.

Alfred Döblin, [Manuskript über die Entstehung des *Wallenstein*]; zit. nach: AW 13, Walter-Vlg., Olten 1970, S. 533

Der Roman hat mit Handlung nichts zu tun. [...] Vereinfachen, zurechtschlagen und -schneiden auf Handlung ist nicht Sache des Epikers. Im Roman heißt es schichten, häufen, wälzen, schieben. [...] Vorwärts ist niemals die Parole des Romans. [...] Wenn ein Roman nicht wie ein Regenwurm in zehn Stücke geschnitten werden kann und jeder Teil bewegt sich selbst, dann taugt er nichts.

Alfred Döblin, *Bemerkungen zum Roman*, in: *Die Neue Rundschau*, 1917, Band I, S. 410 f

Auf der Höhe des Krieges, am Schluß des Krieges, als sein Nachlaß treten gebieterisch Gedanken auf. Jetzt will der Krieg seelisch werden. Die andern, die es angeht, wissen lange davon, aber ihr, Enterbte und Selbstmörder, Proletarier über jedes Proletariat, wißt nichts. Die Gedanken fordern eure Seelen, Köpfe. Sie rufen euch, daß ihr Geburtshelfer an ihnen seid. Ein Ferment ist in die Welt geworfen, der Teig gärt, wo sind die Bäcker? Wie vielseitig, schwankend jene Ideen, wie gefährdet weich, nahe der blassen Romantik, wie noch näher der Lächerlichkeit. Wie stark, massiv, tüchtig die ihnen feindlichen Ideen, wie nahe der bloßen Roheit, der nackten frechen Gewalt. Und andere. Und jetzt Gewalt gegen Gewalt, gute Gewalten gegen gute Gewalten, viele Gewalten gegen viele Gewalten. Kämpfer werden gebraucht. Wo seid Ihr? Kohlenbergwerke wurden ausgebeutet, Aktiengesellschaften gegründet, und ihr, wichtiger als Wasser, Kohle, liegt brach jahrzehntelang. Daß der Ehrgeiz euch von den Stühlen, aus den Zimmern presse, Eifersucht, Rachbegier, Machthunger. Heraus. Es ist eine schöne Zeit! Seit langem eine schöne Zeit. Es lohnt sich zu leben. Ihr Nachtfalter, Fledermäuse, heraus an den Tag. Der Ruf ist erfolgt. Werft eure Kleider ab: Ihr seid Prinzen. Schön, prächtig kommt ihr gegangen.

Alfred Döblin, *Es ist Zeit*, in: *Die Neue Rundschau*, August 1917, Band II; zit. nach: AW 14, Walter-Vlg., Olten 1972, S. 32 f

Der Regen hatte aufgehört. Es war Mittag. Die Fabrikpfeifen schrillten von allen Seiten. Die Droschke klapperte mit ihnen fort. Sie hatte sich ihren nassen Hut auf den Schoß gelegt, drängte das volle blonde Haar aus den Schläfen hoch, steckte Haarnadeln am Hinterkopf. Sie sah sachlich nach erledigter Aufgabe auf ihre Knie, daß der Hut von den Stößen des Wagens nicht heruntergeschleudert wurde; fragte Wadzek nüchtern, wie spät es wäre, und putzte sich, als wäre er nicht da, mit ihrem Taschentuch einen Spritzer von ihrem Rock ab; die Stiefel rieb sie auf dem Boden der Droschke. Man sah ihr an, daß sie an entfernte Dinge dachte, an ihren Fahrplan, an die Zahl ihrer Koffer und so weiter. Mit großer Umständlichkeit hob sie sich den Hut auf den Kopf, nachdem sie ihn mit kritischen Augen betrachtet hatte, steckte ihn fest, spiegelte sich im Fenster der Droschke.

Der Ausstellungspark mit seinen triefenden dunkelgrünen Baumkronen fuhr vorbei, der Lehrter Stadtbahnhof, die Invalidenstraße. Rechts bog der Wagen in die Chausseestraße ein, dann über das Oranienburger Tor in die Friedrichstraße. Sie rissen die Fenster der Droschke herunter. Feuchtfrische wärmende Luftstöße. Unter ihnen die triefende blanke Fläche des Asphalts; das Spiegelbild, schwarz, gebeugt, verbreitet, begann gleich unter den Rädern des Wagens, sie fuhren ohne Versinken auf der Oberfläche eines Sees.

Zwischen den Steinmassen der Häuser, den fensteraufsperrenden Fronten der Friedrichstraße. Eingesenkt zwischen die steilen Wände die langgedehnte Friedrichstraße. Die Granitplatten des Trottoirs pressen, undurchdringlich für den Regen, ihre Kanten aneinander. In Strömen der schwarzbraune Asphalt aus den Gruben von Ragusa und Caserta über den Damm ausgestürzt, auf den grauen Zementboden gestampft, mit heißen Bügelrollen geplättet. Die Pferdehufe hallen darüber. Menschen zwischen den Häusern, über den Granitplatten, Menschen neben den Wagenrädern, Menschen auf den Sicherheitsinseln. Über den nassen Rücken des Asphalts, der Riesenrampe, rollen die Kutschen. Pneumatiks, zum Platzen gebläht, schaukeln den Oberbau leichter Autos, die sich wie ein Einfall nähern; aus unsichtbaren Auspuffrohren hauchen blaugraue Wolken rückwärts; giftige Gase, erstickendes Kohlenoxyd, stinkendes Akrolein schütten sie in die Luft. Die Donnertürme der Autobus[se] torkeln heran; um ihre Galerien ziehen sich weithin sichtbare Plakatschilder: Manolizigaretten, Luhns Seife, Niveacreme, die beste Glühlampe der A.E.G. Um diese stampfenden Gebäude schwirrt die Luft; ihre hunderttonnige Last, Scheiben, Holzrahmen, Schnitzbleche beben; schief auf die Seite gelegt walzen sie den Asphalt mit armdicken Rädern. Über den

Köpfen der wimmelnden Tiere und Menschen, über den aufgeregten Schädeln, den flatternden Schalen, dem Wust von Flüstern, Schreien, Zeitungsrufen und Schimpfworten, Polizeipfeifen: die alabasterweißen Lichtkugeln unter winzigen schwarzen Hüten. Der Abgrund zwischen den Häusern überspannt von metallenen Drähten, Bogenlampe hinter Bogenlampe, eine schwebende endlose Flammenlast. An Straßenecken gußeiserne Kandelaber auf Steinblöcken montiert; die Wogen der Menschen prallen dagegen, teilen sich.

Vom Murren dieser Menschen ist das Tal dieser Straße erfüllt, von ihrem wonnigen Streifen Arm an Arm, Schulter an Schulter. Sie sehen rechts und links in die beschlagenen Scheiben, lächeln, eilen. Die Häuserfronten auseinandergerissen, durch Glasplatten durchsichtig gemacht; zwischen den Pfeilern laden die Häuser ihren Inhalt aus. Auf den wenigen Mauerresten zuckende grelle Ankündigungen.

In den Schauläden steht bereit: für den Prunk der Damen hellblonde Zöpfe, rote und grüne Frisuren, schwarze pikante Ponnys. Flaschen zum Umfärben der Haare, Kämme, Bürsten, um sie zu striegeln, Öle, Pomaden, um sie geschmeidig zu machen. Für die Füße Schuhe aus Seide, aus Segeltuch, aus Leder. Leichte Goldschuhe für die jungen Weiber in der Zeit der Geschlechtsreife, sporenbesetzte Kavalleriestiefel, hoch für das Mannesbein; an schweißige Pferdeflanken. Flaschen mit grünen, gelben, roten Bäuchen, kleine versiegelte Kristallkaraffen mit Kognaks, Likören. Sie gießen Feuerung, Hitze in die gewundenen Kesselrohre der Leiber, in die Gedärme. Seidenstoffe, Schlipse, Korbmöbel, Handschuhe, aus feinen Zickelfellen gefertigt, über viele Tage gewalkt, in Kleie gebadet und mit Eichenlohe, Eiern und Ölen gegerbt. Vollgestopft von oben bis unten die Häuser wie Regale. Hinter den Scheiben die Dinge, auf die Menschen losgelassen. An ihnen vorbei waten die regsamen Geschöpfe, gebunden, sich losreißend, schlüpfend in Seitenstraßen.

Alfred Döblin, *Wadzeks Kampf mit der Dampfturbine*, S. Fischer Vlg., Berlin 1918, S. 386 ff

Haben Sie schon einmal vor einer Dampfturbine gestanden, bis Ihnen vor lauter Drehen schwindelig wurde? Dann lesen Sie dies Buch und sagen Sie mir, ob Ihnen hernach nicht ebenso zumute ist! Das soll kein Spott sein, dern ein Lob. Die moderne Ausdruckskunst feiert hier einen Triumph. Die Menschenjagd der Großstadt keucht hier übers Papier. Die kurzen Sätze hasten aneinander vorbei wie die Menschen auf der Friedrichstraße; sie stoßen sich, schieben sich, überkugeln sich in einem sinnlosen Wettrennen. [...] Wie gesagt, ein stilistisches Meisterstück. Wenn man es liest, fühlt man das Berliner Pflaster unter den Füßen brennen und hat das Stimmengekreisch eines halbgebildeten Geschäftsklüngels in den Ohren, dessen zweites Wort Geld und wieder Geld ist. Aber wenn man zu Ende ist, dankt man Gott und wünscht kein zweites Buch der Art zu lesen.

N.N. über *Wadzeks Kampf mit der Dampfturbine*, in: *Die Neue Zeit*, 20. September 1918

Am Mittwoch in Berlin, ich fahre zur Feier der Gefallenen zum Potsdamer Platz. Auf dem Wege begegnet mir ein sozialdemokratischer Wahlverein, die rote Fahne voran, anständig gekleidete ruhige Männer und Frauen, sie singen die Melodie der Marseillaise. Ich habe den Eindruck einer kleinen Vereinsangelegenheit. Das Menschenspalier am Potsdamer Platz ist nicht so dicht wie sonst bei dergleichen, es zieht sich über die ganze Stadt bis zum Friedrichshain. In dem endlos langen Zug Kränze mit roten Schleifen, rote Fahnen, proletarische Aufrufe, sonst nichts, was mich an Revolution erinnern könnte, eine gut geordnete kleinbürgerliche Veranstaltung in riesigem Ausmaß.
Ich muß mich erst zurechtfinden.

Alfred Döblin, *Revolutionstage im Elsaß*, in: *Die Neue Rundschau*, Februar 1919, Band I; zit. nach: AW 14, Walter-Vlg., Olten 1972, S. 70 f

Verehrter Herr, ich kann Ihren Aufruf nicht unterschreiben. Sie werden verstehen, daß ich ganz und gar nicht im Stande bin, mißachtend von »der Katzbalgerei« unserer »Revolutionsmänner« zu sprechen, oder von »Räuberinnung« des Völkerbundes etc, das bläst m.E. alles aus dem falschen Loch: so absolut blind und taub bin ich und bleibe ich.
Ich zweifle aber nicht, wohin ich mich bei dem eben beginnenden Endspurt zwischen Sozialismus und Imperialismus zu stellen habe, – und das ist der Kernpunkt unserer Differenz, die ich lebhaft bedaure.

Alfred Döblin, *Brief an Richard Dehmel*, Berlin, 1918; zit. nach: AW 13, Walter-Vlg., Olten 1970, S. 103 f

Der Schlesische Bahnhof in Berlin, Friedrichsbahnhof, Anhalter aber verwandelten sich in Feldlager. Gepäck lagerte in riesigen Bergen. Und wenn jedes Gepäckstück ein Kind wäre, das seine Mutter suchte, so hätte man auf den Bahnhöfen in diesen Tagen ein schreckliches Geschrei zu hören bekommen von verzweifelten Kindern nach verzweifelten Müttern.

Alfred Döblin, *November 1918*, Band 2, *Verratenes Volk*, München 1948; zit. nach: dass., Deutscher Taschenbuch Vlg., München 1978, S. 100

Ich bekenne als Farbe blutrot bis ultra-violett! –

Alfred Döblin, *Brief an Efraim Frisch*, Berlin, 23. Dezember 1918; zit. nach: AW 13, Walter-Vlg., Olten 1970, S. 105

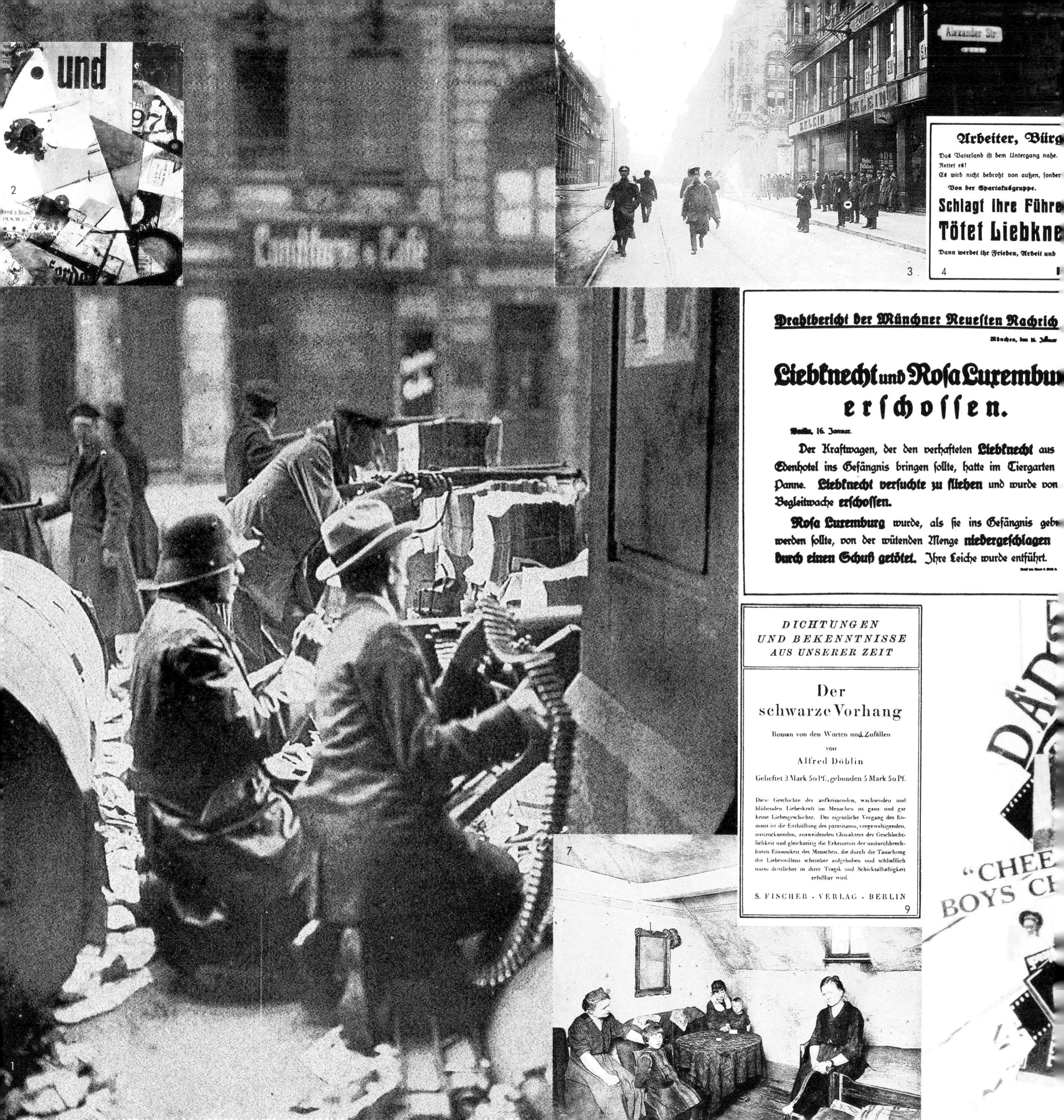

Alexander Str

und

2

Candidus's Café

3

4

Arbeiter, Bürg

Das Vaterland ist dem Untergang nahe.
Rettet es!
Es wird nicht bedroht von außen, sonder
Von der Spartakusgruppe.

Schlagt ihre Führe

Tötet Liebkne

Dann werdet ihr Frieden, Arbeit und

Drahtbericht der Münchner Neuesten Nachrich

München, den 16. Januar

Liebknecht und Rosa Luxembu erschossen.

Berlin, 16. Januar.

Der Kraftwagen, der den verhafteten **Liebknecht** aus **Edenhotel** ins Gefängnis bringen sollte, hatte im Tiergarten **Panne**. **Liebknecht versuchte zu fliehen** und wurde von Begleitwache **erschossen**.

Rosa Luxemburg wurde, als sie ins Gefängnis geb werden sollte, von der wütenden Menge **niedergeschlagen durch einen Schuß getötet**. Ihre Leiche wurde entführt.

DICHTUNGEN
UND BEKENNTNISSE
AUS UNSERER ZEIT

Der schwarze Vorhang

Roman von den Worten und Zufällen

von

Alfred Döblin

Geheftet 3 Mark 50 Pf., gebunden 5 Mark 50 Pf.

Diese Geschichte der aufkeimenden, wachsenden und blühenden Liebeskraft im Menschen ist ganz und gar keine Liebesgeschichte. Der eigentliche Vorgang des Romans ist die Enthüllung des parasitären, vergewaltigenden, austrocknenden, auszehrenden Charakters der Geschlechtlichkeit und gleichzeitig die Erkenntnis der undurchbrechbaren Einsamkeit des Menschen, die durch die Täuschung des Liebeswillens scheinbar aufgehoben und schließlich umso deutlicher in ihrer Tragik und Schicksalhaftigkeit erfaßbar wird.

S. FISCHER · VERLAG · BERLIN

9

DAD

"CHEE
BOYS CH

7

1

1919 Jahresanfang. Neue Wohnung und Praxis in der *Frankfurter Allee 340*. Enger Anschluß Döblins an die USPD (bis etwa 1921).

5.-12. Januar. *Spartakus*-Aufstand in Berlin.

15. Januar. Ermordung Karl Liebknechts und Rosa Luxemburgs.

11. Februar. Ebert wird Präsident.

13. Februar. Regierung Scheidemann gebildet.

21. Februar. Ermordung Kurt Eisners.

Februar. *Die Vertreibung der Gespenster*, zuvor von der *Neuen Rundschau* wegen politischer Radikalität abgelehnt, erscheint im *Neuen Merkur*.

7.-8. März. Generalstreik und bewaffnete Kämpfe in Berlin. Verhängung des Belagerungszustandes und des Standrechts. Etwa 1000 Tote.

12. März. Bei den Berliner Unruhen vor dem Kapp-Putsch wird Döblins Schwester Meta Goldenberg von einem Granatsplitter getroffen und stirbt.

13. März. Kapp-Putsch.

5. April. Peter Döblin wird eingeschult.

Mai. Abschluß des *Wallenstein*-Romans.

Juni. *Reform des Romans*, ausgehend von einer Polemik von Otto Flake, erscheint im *Neuen Merkur*.

Ab Juni. Bis 1924 erscheinen Döblins politische und zeitkritische Beiträge in der *Neuen Rundschau* unter dem Pseudonym *Linke Poot*.

Ab Oktober. Auf Wunsch *S. Fischers* wird Döblin neben Oskar Bie Redakteur der *Neuen Rundschau*.

und ...

Der schwarze Vorhang. Roman von den Worten und Zufällen erscheint bei *S. Fischer*, Berlin.

1 Maschinengewehrstand hinter Barrikaden aus Zeitungspapierrollen vor dem Mossehaus (Gebäude des *Berliner Tageblatts*), 11. Januar 1919, Foto: Willy Römer (24) **2** Kurt Schwitters *Das Undbild*, 1919 (19) **3** Verhandlungen in der abgesperrten Jerusalemer Straße. Die Waffenstillstandsverhandlungen sind abgebrochen – die Kämpfe gehen weiter, 11. Januar 1919, Foto: Willy Römer (24) **4** Aufruf der »Frontsoldaten«, 1919 **5** Absperrung an der Alexanderstraße während des Kampfes um das Polizeipräsidium, 12. Januar 1919 (6) **6** George Grosz und John Heartfield, *Leben und Treiben in Universal-City um 12 Uhr 5 mittags*, Montage aus Foto-, Text-, Zeitungs- und Reklameteilen, 1919, Titel-Illustration zum Katalog der *Ersten Internationalen Dada-Messe* 1920, (28) **7** Stube einer Wohnung in der Landsberger Straße, um 1919 (13) **8** Meldung der *Münchener Neuesten Nachrichten* von der Ermordung Rosa Luxemburgs und Karl Liebknechts **9** Einband der ersten Ausgabe, 1919 (4)

Das gefährlichste Organ am Menschen ist der Kopf. Das Kapital des Unternehmers anbetend, machte sich der Arbeiter ohnmächtig. Wo nicht willig angebetet wurde, trat die Drohung hinzu mit den Waffen, die von denselben Arbeitern in einem anderen Rock, der ihre Unterwerfung anzeigte, getragen wurden. Der Wahnsinn des Zustandes trat in volle Erscheinung: im Krieg. Es kam zum Krieg, es konnte zum Krieg kommen. Die Arbeiter anerkannten auf Tod und Leben die gar nicht existierende Gewalt des Unternehmers, der dröhnende betäubende Augenblick des Krieges riß sie fort, sie erlagen neben der dauernden Täuschung, die sie schlecht durchbrachen, atavistischen Instinkten. Ließen sich einspannen von dem Besitz, den sie nicht besaßen, um den sie rangen, ließen sich sagen, man müsse einig sein. Der Kopf, das gefährlichste Organ am Menschen, besonders wenn er fehlt. [...]

Wenn dies ausgeführt wird, was jetzt geschieht, Sozialismus, wenn das Übel an der Wurzel gefaßt wird, so kann man zum erstenmal in der Geschichte von einem wirklichen Fortschritt sprechen. Der Weg über den Sklaven durch das Almosen zur Gerechtigkeit, Freiheit und sittlichen Besinnung. Die Menschen treten zu wirklichen Gesellschaften zusammen. Gegen den Eroberer der Staaten ist man machtlos; dem Eroberer innerhalb des Staates, dem monarchischen Unternehmer, kann die Gesellschaft die Hand auf die Schulter legen. Die bisherige Gesellschaft ist keine Gesellschaft, sondern das kompromittierende Zusammenleben einiger hundert Millionen Menschen, von denen einige geschickt sind, die anderen zu bestimmter Arbeit anzustellen, sie leben lassen, ihnen aber große Erträge dafür abnehmen. [...]

Von einem Gespenst wurde man verlockt, toll riß es das Volk in den Krieg, ungeheure Reichtümer wurden vergeudet, bis die Blendung nachließ, der Blindeste einsah, daß man Schatten über unsere blühenden Leben hatte verfügen lassen, daß grausig die Vergangenheit über Gegenwart und Zukunft triumphiert hatte. [...]

Los vom mittelalterlichen und neuzeitlichen Phrasentum in Wirtschaft und Politik. Revolution darf zu keiner Zeit ruhen. Wo sie ruht, tauchen Gespenster auf. Leben gezeugt und Realität heißt die Losung. Immer wieder die Fundamente des Daseins geprüft. Wir leben nur einmal, scheint es. Dann muß uns das Dasein auf die Nägel brennen. Wie der Kronos seine Kinder, will uns das abgelagerte Wort, der

Hauch aus der Historie, das wüste Abstraktum, der Traum in unserem Gehirn verschlucken. Noch ist dies und jenes Gespenst kaum zerflossen. Kaum ist schon Zeit zum Neuaufbau. Ganze Pyramiden, der Moloch des Gestern fordert alle Kräfte.

Alfred Döblin, *Die Vertreibung der Gespenster*, in: *Der Neue Merkur*, Februar 1919; zit. nach: AW 14, Walter-Vlg., Olten1972, S. 76 ff

Wir verfolgen den kleinen dicken Mann und seine Begleitung durch das Gebäude. Wie er, eingerahmt von den beiden, ein Vorzimmer durchschreitet, das dicht besetzt ist, läuft ihm der Diener nach, der sich seit der Kaiserzeit hier befindet. Und sofort, wie von einem magischen Finger berührt, vom Hauch der Vergangenheit angeweht, knöpft sich der kleine Mann den Mantel auf, reicht seinen Hut hin, und der Diener hilft ihm aus dem Mantel, was nicht leicht geht. Dann übergeben ihm die beiden Männer ihre dicken Aktenmappen, und er verschwindet damit in dem Sprechzimmer.
Es ist ein Volksbeauftragter, der bekannte Sozialdemokrat Ebert. Kaum steht er allein in dem großen, mit weißem Holz ausgelegten Raum, vor den Konsolen mit den Marmorbüsten von Staatsmännern und Feldherren, als er die Aktenmappe auf den Tisch wirft, eine fällt auf den Teppich, er plaziert sich wütend hinter einen Stuhl, einen gewöhnlichen, freilich goldlackierten, und faßt sich ans Kinn. Es funktionierte noch immer nicht mit dem Hereintreten und dem Ausziehen des Mantels. Man gab ihm noch immer die Aktenmappen, statt daß der Diener sie hinter ihm hertrug. Diese kümmerlichen Parteisitten. Als wenn es sich noch immer um eine Sitzung des Parteivorstandes in der Lindenstraße handle.

Alfred Döblin, *November 1918*, Band 2, *Verratenes Volk*, [geschrieben um 1939]; zit. nach: dass., Deutscher Taschenbuch Vlg., München 1978, S. 28

Die Ansicht Kantorowicz', daß Fälle von Grippe mit Nasenbluten einen leichteren Verlauf als die ohne Nasenbluten nehmen, läßt sich aus größerem Material nicht bestätigen. Bei rund 110 klinischen Grippefällen mit 35 % Mortalität fand sich in etwa der Hälfte aller Fälle Nasenbluten, meist initial, bisweilen aber auch den ganzen Krankheitsverlauf bis zum Tod verfolgbar, auf die üblichen internen Styptica ein-

schließlich Gelatineinjektionen nicht reagierend; es ist richtig, daß nur etwa der vierte Teil der Todesfälle Nasenbluten hatte, jedoch läßt sich daraus natürlich kein Schluß ziehen. [...] Skepsis ist im übrigen auch angebracht gegenüber den anderen in derselben Nummer unter »Therapeutische Notizen« gemachten Vorschlägen. 1. Adrenalin: ein Remedium dubium; zwei meiner Fälle starben mir innerhalb fünf Minuten nach der Injektion von 0,5 ccm Adrenalin intravenös; subcutan empfiehlt es sich symptomatisch neben Coffein. 2. Pyramidon und Antipyrin zeigen sich in Kontrollreihen als einflußlos sowohl auf die Kurve wie den Gesamtverlauf. 3. Digitalis bei der grippalen Pneumonie belanglos; wenn hier und da Fälle darunter »heilen«, so ist zu bedenken, daß bei schwerem Krankenmaterial kaum einer nicht die charakteristischen bronchopneumonischen Symptome hat (die Lunge und der Luftröhrenapparat, übrigens auch der Rachen, sind eben loci minoris resistentiae für den specifischen Grippeinfekt) und daß doch nur zwischen 20 und 40 % letal verlaufen. – Übrigens ist auch Rekonvaleszentenserum wirkungslos.

Alfred Döblin, *Nasenblutungen bei der Influenza*, in: *Medizinische Klinik*, Februar 1919, S. 146

Der Deutsche ist schon von Haus aus führungsbedürftig; er ist stark versklavt, Gehorsam seine ernsteste Leidenschaft, man kann ihm alles nehmen, die Armee wegnehmen, dagegen bäumt sich seine ganze Sittlichkeit; mit Recht: was soll er machen, wenn es nichts zu gehorchen gibt im Volk der Dichter und Denker. Man kommt schwer an den Deutschen heran, er kommt an sich selbst schwer heran, seine Dichtungen und Denkungen sagen nichts über ihn aus, er weiß so wenig mit sich anzufangen, daß er im Privatleben zu massenhafter Vereinsmeierei, im politischen zu dem sogenannten Parteileben gezwungen ist; diese burlesken Scheuklappen, die er sich anlegen läßt, seine Parteiideen; wegen solcher Vorteilchen und Idiosynkrasien bildet er seine Parteien, nicht unähnlich jenem Verein zur Pflege von Schoßhunden, dem Sonderbund für runde Knopflöcher, der Liga für Mahagonimöbel.

Alfred Döblin, *Neue Zeitschriften*, in: *Die Neue Rundschau*, Mai 1919, Band I; zit. nach: AW 14, Walter-Vlg., Olten 1972, S. 93

Ein junger langer Soldat fragt mich, wo die Kaserne ist. Ich zeige sie ihm. Er geht langsam die Straße entlang; in der Mitte zögert er, sucht in seinen Taschen; er holt etwas Gelbes, Bandartiges heraus; siehe da: er bindet sich den Koppel um. Er arbeitet an seinem rechten Ärmel; jetzt hat er die Mütze in der Hand, pufft sie hoch, geht stracks über den Damm, die Mütze gerade, hochgebauscht, der ganze Mann vorschriftsmäßig.

Und wie ich an der Ecke das Schauspiel der Umwandlung bestaune, stehe ich vor der Litfaßsäule. Sie ist voll beklebt. Unten drei sonderbare Herren mit Queuestangen, die das linke Auge zukneifen, mit dem rechten mich frech mit einem gaunerhaften Lächeln anfixen; Billardwettkämpfe mit Totobetrieb.

3 000 Mark Belohnung: ein 75jähriger Portier in seiner Erdgeschoßwohnung ermordet aufgefunden; Hände und Füße zusammengebunden; im Mund steckte ein Knebel, der Tod ist durch Ersticken eingetreten; der Täter hat Geld, Kleidungsstücke und Betten geraubt. Geknebelt, gefesselt; mir fällt der amerikanische Mord ein, lange zurückliegend: die vornehme Amerikanerin, Siegl hieß sie, im Hinterzimmer eines Wäscherladens von Chinatown dem Verehrer des Konfuzius begegnend: »Da geschah es ihr, daß sie an die gelbe Hand stieß, die sie karessierte, würgte und in den Koffer packte. Die Knie durch Stricke unter das Kinn gezogen, das Gesicht mit ungelöschtem Kalk beworfen, so kam sie aus dem blauen Himmelbett in den Koffer.« Kraus schrieb so. Man kann die Länder blockieren, überall wachsen Veilchen, überall gibt es Mord. Es gibt eine Solidarität. Ein freundliches Dorf, talgelegen, rote Schindeldächer; auf dem Hügel davor eine schlaffe jüngere Frau, lose schwarze Kleider, sie führt die rechte Hand hoffnungslos vor das Gesicht. Deutsch-Österreich, Sonderheft einer Zeitschrift.

Achtung Fleckfieber.

Ein Plattenwagen gestohlen mit zwei braunen Wallachen, sogenannte Jucker.

12 600 Mark Belohnung. Auf den Pfennig. 5 000 Liter Kognak sind auf dem Anhalter Güterbahnhof gestohlen worden; zwei junge Leute sind auf der Dienststelle erschienen mit vier Soldaten und zwei Zivilpersonen und haben den abgestempelten Frachtbrief vorgelegt; zwei Militärautos brachten sie mit, der Kognak soll einen Wert von 250 000 M. haben. Wir werden diesem Kognak schon begegnen, und er wird

genau so teuer sein, als wenn ihn sein rechtmäßiger Besitzer verkaufte.

Wieviele wertvolle Perserteppiche es in Berlin gibt; jeden Tag wird ein anderer gestohlen.

Der Improvisator Paul Förster aus Köln fordert den deutschen Stegreifdichter Paul Steinitz zu einem endgültigen letzten Entscheidungskampf heraus.

Da laufen schon wieder ein paar gestohlene Schimmel, Wallache und Rappstuten.

Triumphierend zeigt eine Zeitung an, daß sie vom Oberkommando Noske verboten ist.

Mitten drin bewegt sich mit kleineren Zetteln die bürgerliche Welt: »Die lichtscheue Dame«, »Ich lasse Dich nicht«, »Wenn Frauen lieben«, »Die Puppe«, »Das Weib und der Hampelmann«. Darüber spaziert ein Flamingo vor einer graziösen Dame und zeigt ein[e] Bar an. Ein wüster Kerl steigt hinter einem Koffer hoch und reißt ihn auf; man soll sich versichern, er macht auch das eine Auge so zu wie die drei unten vom Billardtoto.

Und unten ringsherum die kleinen Anzeigen für die verhärmten Frauen, die mit ihren Tüchern und Taschen davor stehen, auf weißem nüchternen Papier: Kartoffelabgabe, 50 Gramm Bratfett, Urlauber und Schiffer erhalten das Bratfett ebenfalls. Lust tiefer noch als Herzeleid; Weh spricht: vergeh –.

Auch an den Bauten klebt es. Solche Stadt kann nicht so stumm sein, es genügt ihr nicht, mit Elektrischen, Autos, Leierkasten zu sprechen. Wer will »lärmen« sagen? Solche Stadt hat ihr eigenes Gesicht, ihre eigene Stimme, was soll die Vornehmheit, sie ist echt. Ich gehe durch die östlichen Straßen, von der Ecke, wo ich den dekolletierten Soldaten traf. Jeder Stadtteil ist anders. [...] Verblaßt schimmert blau ein altes Plakat: Sammelt Obstkerne zur Ölgewinnung! Es war einmal Krieg. Über den Fischstand neben dem grellrot zuckenden Blitzplakat der Telefunker ein großes quer abgerissenes: braune Farben, ein Russe, ihm gegenüber ein Deutscher im Stahlhelm; ihre Augen blicken feucht; sie reichen sich die Hand. Es ist ein schönes Bild, eine herzliche Vorstellung. Das Bild ist zerrissen, vielleicht fordert auch hier ein Regiment zum Eintritt auf, aber es ist ohne die Aufforderung schöner: ich will damit keinem wehe tun. Es ist noch immer Krieg; nicht mehr wie damals, wo man Obstkerne sammelte, die dann meist nicht abgeholt wurden, worauf man sie wegwarf, – sondern gefährlicher, dichter. Rechts und links stehen noch die Gerüste vor den zerschossenen

Häusern, viele Läden haben noch Holzverschläge statt Fenster.

Ich weiß sofort, woran ich bin, wenn ich an den kleinen Zeitungsverkauf in der Fruchtstraße trete, wo übereinander Berliner Zeitungen so genagelt werden, daß man täglich von ihnen nur die Köpfe sieht. Gestern ist die Hamburger Affäre gewesen. Die Überschriften lauten: Umsturz in Hamburg. Hamburg in der Hand der Aufständischen. Neue Revolution in Hamburg. Arbeiterherrschaft in Hamburg. Reichsvorgehen gegen Hamburg. Hindenburg vom Oberbefehl zurückgetreten. – Man weiß, was das heißt; die Löcher in den Häusern wissen es auch. In welches Dunkel sind die Menschen eingehüllt, daß sie sich so mißverstehen müssen! –

Alfred Döblin, *Plakate*, in: *Vossische Zeitung*, 1. Juli 1919; zit. nach: AW 23, Walter-Vlg., Olten 1985, S. 233 ff

Im Sommer zog es mich nach dem Tiergarten. Am Karpfenteich war von den Bäumen eine Unmasse Blütenblätter über das Wasser gefallen, schwamm als weißroter Schleier über den Spiegel vom Denkmal her, teilte und löste sich in der Mitte des Teiches. Ein mystisch ergreifendes Bild. So unbändig, so unglaublich reich war der Trieb, der Trieb in diesen dicken hölzernen Bäumen. So sprang diese Gewalt mit ihren eigenen Geschöpfen um: gleichgültig warf sie Millionen Leichen auf die Wasserfläche. Das warfen sie sich über die Köpfe wie ein Hemd und standen nackt da mit Stempel und Staubgefäßen.

Über unseren Köpfen, während wir für zehn Pfennig auf den Stühlen saßen, wucherte Tod und Leben.

Oktober. Die tausend kleinen Werkzeuge fliegen in der Luft herum, fallen zwischen die vermodernden Blätter, Samen. Sie sind so drollig, diese Grimassen, Masken, tolle Dinge, mit Flugapparaten versehen, von Kindern als Nasenstüber aufgesetzt. Pärchen gehen in der weich nebligen Luft, verstecken sich. Sie, sie verstecken sich. Am Abend saß ich in einer Diele. Scharfes elektrisches Licht hinter bunten Schirmen. Man trank Kaffee, kostspielige Drinks. Zwischen den Tischen wurde getanzt. Man tanzte nicht mehr die altertümlichen offenen Runden. Man drängte sich gegeneinander, aneinander, Knie gegen Knie. Sie gingen verschlungen wie eine Masse durch den Raum. Man hielt an sich. Die Blütenblätter warf man nicht ab. Die Bewegungen des Tanzes, im Begriff stehen, die Kostüme abzuwerfen und dann zurückhalten: das war der Reiz. Die blitzenden Augen, die Unermüdlichkeit der Muskeln, die heftige Atmung, die angeheizten Gesichter; man war vertieft in das Spiel. Menschliches Raffinement? Aufguß gegen die massige Konzentration der Natur. Der übrigen Natur. Tod und Liebe in den Wipfeln der Bäume. Die leckeren verschwiegenen Spiele hier. Gezähmte, polizeilich geregelte Vorlust. Und schon schreit man.

Alfred Döblin, *Aphrodite*, in: *Die Neue Rundschau*, November 1919, Band II; zit. nach: AW 15, Walter-Vlg., Olten 1972, S. 66

Ich war ergriffen. Das waren große und kleine, nicht Bilder, sondern Leinwandvierecke in Rahmen. Auf die Leinwand war gelegt etwa schräg von unten nach oben eine breite Latte, sie war mit einigen Farben überzogen, die von der Leinwand herüberkamen. Dann war noch unten eine kleine kaputte Kindereisenbahn drauf: also das Blech einer solchen Eisenbahn breitgezogen und aufgeklebt. Ein Bild war zum Teil aus Bindfäden eines Netzes, eines zerrissenen Fischernetzes, einer Markttasche hergestellt; unten klebten Spielkarten, Zettelchen mit Namen. Es gab einige Bilder, die bestanden aus Fragmenten von Rädern, Drähten, Bahnbilletten, Zeitungsausschnitten.
Ein Begleiter erzählte mir: ein Bild sei mit zerbrochenem Glas angekommen; man habe es dem Maler zurückgeschickt. Er habe es aber unverändert zurückgestellt und nur ein zerrissenes Zettelchen oben auf das Glas geklebt.
So innig habe ich noch keinen Maler die Natur anbeten sehen.
Er wird es mir nicht zugeben. Aber was sagt das.

Linke Poot, *Himmlisches und irdisches Theater*, [über Kurt Schwitters], in: *Die Neue Rundschau*, Dezember 1919, Band II; zit. nach: AW 15, Walter-Vlg., Olten 1972, S. 63

Die Republik war von einem weisen Mann aus dem Auslande ins Heilige Römische Reich gebracht; was man mit ihr machen sollte, hatte er nicht gesagt; es war eine Republik ohne Gebrauchsanweisung.

Linke Poot, *Der deutsche Maskenball*, in: *Die Neue Rundschau*, Mai 1920, Band I; zit. nach: AW 15, Walter-Vlg., Olten 1972, S. 100

Linke Poot geht euch mit gutem Beispiel voran. Die Drahtzieher umwandert er staunend und bläst ihnen heftig seinen kitzligen Atem von unten in die Nasenlöcher. Wo er lange Ohren sieht, schlägt er kein Kreuz, sondern zupft herzhaft wie an einer Klingel daran. Der träumenden Masse aber wühlt er sich in das dichte behagliche Fell und läßt sich von ihr schaukeln. Er nennt sie »sein liebes Tier«, was das größte Lob dieses Atheisten ist. Er stammelt manchmal, er weiß nicht wie ihm ist, mit Whitmann: »Für dich dies von mir, o Demokratie, dir zu dienen, ma femme, für dich, für dich rufe ich diese Lieder.«

Linke Poot, *Die Drahtzieher*, in: *Die Neue Rundschau*, September 1919; zit. nach: AW 15, Walter-Vlg., Olten 1972, S. 46

So kommt Döblin zu der Maxime: »Die Revolution hat nicht Republik, Demokratie und Zivilismus gemacht, sondern nur die Möglichkeit dazu.« Wie wird, das ist seine ständige kritische Frage, diese Möglichkeit in Deutschland genutzt, welche Chance hat die Demokratie in diesem Lande? Für Linke Poot ist das weniger das Problem ihres Funktionierens an der Spitze, das Geschehen auf der eigentlich politisch-parlamentarischen Bühne scheint den Satiriker nicht so sehr zu interessieren. Wichtiger ist ihm offenbar die Frage, ob das Papier, die durch die Umstände erzwungene Vorgabe einer demokratischen Verfassung, durch die Verfassung des Volkes gedeckt sei, in dessen Namen es gehandelt wird. In Döblins politischen Satiren spiegeln sich kaum Vorgänge, die von der Geschichte für festhaltenswert erachtet wurden, dieses Buch liest sich heute nicht wie eine Chronik der Anfänge der Weimarer Republik. Der Kapp-Putsch, gewiß, Linke Poot registriert ihn als Demaskierung. »Es demaskierte sich das Heilige Römische Reich, zog die schweren republikanischen Stiefel aus, nahm das falsche Gebiß des Parlamentarismus aus dem Mund, legte es in Wasser und greinte. Einen verzweifelten Augenblick hätte es fast das Wasser ausgetrunken und wäre an dem Gebiß erstickt.« Auch sonst das eine oder andere »Ereignis«. Aber das bleibt die Ausnahme. Vor allem notiert Döblin Beiläufiges: Eindrücke, Momentaufnahmen, Atmosphärisches. Er sucht die Demokratie auf der Straße und im Café. Wie hält man es,

beispielsweise, mit den Symbolen der Republik, etwa mit der neuen schwarz-rot-goldenen Fahne?

Leo Kreutzer, *Alfred Döblin. Sein Werk bis 1933*, Vlg. W. Kohlhammer, Stuttgart 1970, S. 72

Mein Pseudonym – denn Alfred Döblin ist mein »richtiger«, bürgerlicher Name – war einige Jahre hindurch »Linke Poot«. Unter diesem Namen schrieb ich politische Zeitglossen in Zeitschriften und Zeitungen, die ich dann auch zum kleineren Teil in einem Buch »Der deutsche Maskenball« zusammenfaßte. »Linke Poot« – das sollte heißen: Linke Pfote, linke Hand. Ich schrieb das alles gewissermaßen mit der linken Hand – denn zur rechten, eigentlichen Hand bin ich Romanautor. Es ist aber bedauerlich, daß ich bloß zwei Hände habe, denn ich habe noch eine naturphilosophische Seite, und für die habe ich nun keinen Namen. Drei Seelen wohnen, ach, in meiner Brust. Oder soll ich jetzt ein anderes Organ wählen – und mich für die dritte Seele etwa nennen: »Hühner-Auge« (mit Rücksicht auf meinen philosophischen Blick) oder »Pod' Agra«, was mehreres auf einmal besagt: den Ursprung meiner Gedanken, meine seelischen Schmerzen und meine Bemühungen, meine Gedanken durch Fr[a]gmentierung, falsche Interpunktion, vornehmer, edler zu gestalten.

Alfred Döblin, *Das Pseudonym*, in: *Berliner Börsen-Courier*, 9. Dezember 1926; zit. nach: AW 24, Walter-Vlg., Olten 1986, S. 76 f

Wendungen von Sternen, Mond, Blumen sind im Munde jetziger Dichter nur noch Redensarten. So verhält es sich mit Gott und was damit im Zusammenhange steht: feierliche Sentenzen aus vergangenen Zeitaltern, historischer Mummenschanz.
Wenn ich mich bisweilen diesen kirchlichen religiösen Dingen näher mit dem Geist oder sehenden Augen, hörenden Ohren, so habe ich das unmittelbare Gefühl, vor einer Negerbeschwörungsszene zu stehen; es wird nicht getrommelt, mit Fellen und Federn getanzt, aber es ist nicht viel Unterschied. Es ist mir rätselhaft, wie sich alle diese Menschen, die in derselben Zeit leben wie ich, dazu hergeben können. Und das Schlimme, tief Erschütternde: daß sie nicht nur diesen Spektakeln beiwohnen, – das

wäre nur lächerlich und sogar verzeihlich, – sondern daß sie sich gebunden fühlen daran, mit ihrem Innern zu einem nicht kleinen Teil stark daran hängen und nicht einmal die Möglichkeit bedenken, sich von der Kirche oder von der besonderen Religion oder der Religion im allgemeinen oder gar von Gott zu lösen. Die höchste Schmach, die man einem antun kann, ist zu sagen: er wechsele seine Religion wie ein Hemd, wo es doch gut ist, seine Religion, wenn sie schmutzig und zerlumpt geworden ist, abzulegen wie ein Hemd, statt in ihr zu verkommen. Mißtrauen müßte vom Himmel in Strömen regnen, so viel bedarf es nämlich. Man soll nicht Sklave seines sogenannten Charakters und seiner Überzeugungen sein. Wir haben Verstand, um ihn zu gebrauchen. Was nützt es, sich von Russen, Tataren, Amerikanern befreit zu haben und täglich im Dienst anonymer Tyrannen zu fronen. [...]

Wenn ich mich gefesselt fühle an die Religion, so bleibt mir zweierlei übrig: entweder mich von den Fesseln zu befreien oder den Fesseln ihren Charakter zu nehmen. Hier liegt es so: diese Formeln und uralten Legenden sagen mir nichts oder zu wenig. Die Welt ist reicher und dunkler, als diese Legenden ahnen. Von ihnen kann ich mich leicht befreien. Nicht aber von dem Mythischen überhaupt, das in ihnen lallt.

Die Führung der alten Mythen, die Zentrierung der Welt auf einen verdunsteten Menschen, der Gott heißt, der damit zusammenhängende Komplex von kindlichen Treuherzigkeiten ist zu beseitigen. Die Religiosität muß von dieser Etikette, diesem Signum, diesem Pfahl im Fleisch befreit werden. Gerechtfertigt müssen werden die Begierden und Triebe, die jetzt noch den Mantel der alten Religion hilflos tragen. Wen klagt es nicht an, daß alle diese Inbrunst zwar fließt, aber trotz Widerstrebens gezwungen ist hierhin und nur hierhin zu fließen. [...]

Das Brauchbare muß der Kirche wieder aus der Hand gewunden werden, damit es frei zur Verwendung steht.

Dann ist mit einer Wünschelrute an die menschlichen Seelen zu klopfen und zu fragen, was hier jetzt Feste feiern, in Kirchen sich ergehen, Werte spenden will. Es ist schon gesagt: ein großes Gebiet der menschlichen Seele war unbekannt den alten Religionen. Man wird sehen, was in uns religionsbedürftig ist, welche Triebe religionsfähig und religionsbereit sind.

Vor allem gewarnt vor den Neuempfindern der alten Religion, den Rückwanderern auf die großen Religionsstifter, die Mystiker. Dahinter steckt Schlaffheit, Schiefheit, platte ästhetische Spielerei. Die Sachen sind zu ernst für Literatur. Man muß ja oder nein sagen. Man sucht nicht für neuen Wein alte Schläuche, man hat eine Abneigung gegen den verbrauchten Stoff. Klar den Dingen und der Zeit ins Gesicht gesehen. Geduld, Härte, Besonnenheit. Wo wirklich Hunger ist, wird sich Brot finden. Ist kein Hunger da, dann ungesäumt von der Erde weg mit allen Wünschen; bleibe die Zauberei und Hexerei, wo sie will, und leben wir entschlossen über die Erde hin.

Alfred Döblin, *Jenseits von Gott!*, in: *Die Erhebung. Jahrbuch für neue Dichtung und Wertung,* hrsg. von Alfred Wolfenstein, Berlin 1919; zit. nach: AW 23, Walter-Vlg., Olten 1985, S. 248 ff

Nie wieder Krieg

Republikanischer Jugendbund Rathenau

Wallenste
Roman von
Alfred Döb
S. Fischer/Verlag
Berlin

1920 3. Februar. Lesung in der *Berliner Sezession, Kurfürstendamm.*

21. April. Tod der Mutter Sophie Döblin. Sie wird auf dem jüdischen Friedhof in Berlin-Weißensee neben ihrer Tochter Meta begraben.

April. Döblin verläßt die Redaktion der *Neuen Rundschau:* »weil ich nichts [...] durchsetzen konnte«.

Mai/Juni. Das Theaterstück *Lusitania* entsteht.

2. Juni. Döblin schlägt Efraim Frisch, dem Herausgeber des *Neuen Merkur,* seine regelmäßige Mitarbeit an der Zeitschrift vor.

Sommer. Urlaub im Spreewald.

Oktober. *Wallenstein* erscheint in zwei Bänden bei *S. Fischer,* Berlin. Niederschrift eines nicht realisierten Films *Die geweihten Töchter.* Döblin wird Vorstandsmitglied im *Schutzverband Deutscher Schriftsteller* (SDS).

November. Vorläufig letzter *Linke Poot*-Beitrag in der *Neuen Rundschau Überfließend vor Ekel.*

und ...

In Albert Ehrensteins Reihe *Die Gefährten* im *Wiener Genossenschaftsverlag* erscheint ein Heft mit Döblins Texten *Das verwerfliche Schwein, Lydia und Mäxchen* und *Lusitania.*

1921 Januar bis Sommer. Arbeit am Schauspiel *Die Nonnen von Kemnade.*

24. Januar. Beginn der Mitarbeit an der *Vossischen Zeitung.*

26. Februar. Auf einem Faschingsball macht der Schauspieler Alexander Granach Döblin mit der 21jährigen *Charlotte (Yolla) Niclas* bekannt. Beginn einer Liebesbeziehung und Freundschaft, in die Yolla Niclas auch Döblins Frau und Kinder einbezieht. Yolla Niclas, geboren 1900 in Berlin, Tochter eines Bankiers, betreibt ein Fotoatelier in der Schlüterstraße.

3. März. Lesung bei *Ernst Rowohlt,* Berlin.

20. März. Lesung in der Buchhandlung *Reuss & Pollack* am *Kurfürstendamm.*

April. *Der Epiker, sein Stoff und die Kritik* im *Neuen Merkur.*

25. April. Tod des Vaters Max Döblin in Hamburg.

7. Mai. Vortrag Döblins *Der Schriftsteller und der Staat* auf einer Tagung des *Schutzverbandes Deutscher Schriftsteller* im ehemaligen Berliner Herrenhaus.

Mai. Wiederaufnahme der *Linke Poot*-Beiträge in der *Neuen Rundschau* mit *Hei lewet noch.*

Juni. Döblin wird in den neuen Kunstrat der *Kleist-Stiftung* gewählt.

Frühsommer. Abschluß des Schauspiels *Die Nonnen von Kemnade.*

August/September. Urlaub der Familie an der Ostsee.

September. Nach Auseinandersetzungen mit *S. Fischer* ergebnislose Verhandlungen mit dem *Drei-Masten-Verlag,* München, wegen einer Übernahme des Gesamtwerkes.

Herbst. Beginn der Niederschrift von *Berge Meere und Giganten.*

November. Döblin übernimmt das Berliner Theaterreferat des *Prager Tagblatts.*

und ...

Der deutsche Maskenball, die Sammlung der *Linke Poot*-Beiträge zur *Neuen Rundschau* erscheint bei *S. Fischer.*

1922 Jahresanfang. Döblin schließt für etwa 4 Wochen seine Praxis, um den *Island-Grönland*-Komplex des Romans *Berge Meere und Giganten* voranzutreiben.

26. Januar. Lesung in der *Berliner Sezession* am *Kufürstendamm.*

Ab 21. April. Gelegentliche *Linke Poot*-Artikel in der *Frankfurter Zeitung.*

Mai. Zur Arbeit an *Berge Meere und Giganten* zieht sich Döblin für mehrere Monate in eine Pension in Zehlendorf, *Lessingstraße 1,* zurück.

20. Juni. Tollers *Maschinenstürmer* aufgeführt.

24. Juni. Ermordung Rathenaus.

30. Juli. 100 000 Teilnehmer auf einer Kundgebung *Nie wieder Krieg* in Berlin. Sie wird mit Tucholskys Gedicht *Drei Minuten Gehör!* eröffnet.

17. September. Aufführung des ersten Tonfilms.

September. Plan Döblins, verschiedene naturphilosophische Aufsätze der letzten Monate in einer Broschüre *Die Natur und ihre Seelen* zusammenzufassen. Nicht realisiert.

24. Oktober. »Marsch auf Rom.« Ohne formelle Aufhebung der Verfassung beginnt die Machtübernahme der italienischen Faschisten.

und ...

Die Preise erreichen das 1475fache des Jahres 1913; Gründung der UdSSR; Einstein, *Über spezielle und allgemeine Relativitätstheorie;* Kleistpreis für Brecht; Dada-Kongress in Weimar; Joyces *Ulysses* erscheint in Paris.

1 Demonstration republikanischer Jugendverbände gegen die Ermordung des deutschen Außenministers Walter Rathenau, 30. Juli 1922 (7) **2** George Grosz, *Der Walzertraum,* 1921 (39) **3** Umschlag der Erstausgabe, 1920 (4) **4** Döblin, Fotografie: Binder, 1920 (1) **5** Erste Internationale Dada-Messe 1920 in Berlin (40) **6** Einband der Erstausgabe, 1921 (4) **7** Yolla Niclas (2. v.l.) auf einem Maskenball, 1921 (4) **8** Wochenmarkt nach der Aufhebung der Kartoffel-Zwangswirtschaft, 1920 (13)

Mit der agrarischen Junkerschaft ist in Deutschland ein Atavismus beseitigt worden. In dem Moment, wo das längst aktionsreife Bürgertum erscheint, ist es auch schon glaubenlos und überlebt. Es hat seine Zeit verstreichen lassen. [...]

Nachdem das Bürgertum als Preis für seinen wirtschaftlichen Aufstieg seinen politischen Charakter geopfert hat, ist sein Untergang beschlossen. Schon stehen die Füße derer vor der Tür, die es hinaustragen. In den Volkshochschulen drängen sich die Arbeiter. Dienstmädchen gehen zu Vorlesungen. Man begegnet Proletariern, die sich mit entlegenen wissenschaftlichen Dingen beschäftigen. Eine neue Rasse, eine neue Lebendigkeit tritt auf den Schauplatz. Indem die Bürger die Politik verlassen haben, haben sie die Kultur verraten; ja, es ist Verrat der Kultur, die Politik aufzugeben. Wer glaubt, zu Hause Kunst und Wissenschaft zu treiben und Politik von Angestellten besorgen zu lassen, weiß nicht, was Kultur ist, nämlich die Äußerung und Ausstrahlung seelischer Inhalte, Durchdringung des gesamten Lebens mit dem seelischen Gehalt. Jetzt sieht man, woher die Verzweiflung der Künstler kam, die in den letzten Jahrzehnten produzierten und von Haß gegen den Bürger getrieben wurden. Diese Verzweiflung, die bis in den heutigen Tag wirkt und zum Nihilismus treibt. Man versteht die Künstler der einen Seite, die Kunst für belanglos halten und Gesinnung und Kampf für Gesinnung an erste Stelle rücken, und die auf der anderen Seite, denen die Kunst zu einem fast äußerlichen artistischen Spiel wird.

Die Bürgerschaft hat das Spiel verloren. Die Jungaufsteigenden wie Eroberer auf das im Stich gelassene Bildungs- und Kulturgut.

Freunde der Republik und Freiheit. Herüber nach links.

An die Seite der Arbeiterschaft.

Alfred Döblin, *Republik*, in: *Die Neue Rundschau*, Januar 1920, Band I; zit. nach: AW 14, Walter-Vlg., Olten 1972, S. 125 f

Als ich mir gestern die Haare kämmte, fiel mir ein, daß es mir mit den Haaren jetzt anders geht als früher. Früher brauchte ich nur den Kopf zu schütteln, so regnete ich Haare. In jedes Buch fielen sie: ich mußte sie aus den Ritzen herauspusten; auf meinem Rockkragen lagen sie. Jetzt sitzen sie fest. Das hat gar nichts mit allgemein belehrenden Dingen zu tun. Ich kann es doch nicht verschweigen. Ein Gefühl, das ich nicht bewältigen kann, ein ganz sicheres Gefühl zwingt mich, das aufs Papier zu setzen. Es ist kein Gleichnis. So, wie es dasteht, ist es gut. Und auch jetzt, wo ich es ansehe, finde ich es recht. Es beruhigt mich, daß ich es hingeschrieben habe, und ich kann es nicht streichen.

Linke Poot, *Der rechte Weg*, in: *Die Neue Rundschau*, April 1920, Band I; zit. nach: AW 15, Walter-Vlg., Olten 1972, S. 92

Im Ring seiner Mauern Wälle und Basteien lag Wien; Häuser, Türme, Kirchen gemauert an Häuser, Märkte, Gäßchen, überschwellend gegen die Donau, jenseits den Werd mit Steinen bedrückend, mit tastenden Fingern nach der Venedigerau, dem Rustschacher, den beiden weiten Galizinwiesen. Handwerkerfüllte Straßen, Plätze voller Fleischer Kaufbuden Reiter und Sänften Tamtamschläger Theriakausrufer. Brüllende Büttel hinter geschorenen Missetätern, die den schweren Schandstein am Hals schleppten; Badeknechte ins Hörnlein stoßend, türkische Becken schlagend. Aus Klöstern stießen Schwärme von Nonnen, schwarz und weiß, geschuht ungeschuht, traten lispelnd kreuzwindend in die Kirchen, die weihrauchgeschwängerten Gänge, unter die Bilder der wilden Schmerzen, der Inbrunst und Verzückung. Seiltänzer und fahrende gelustige Fräulein kreuzten ihren Weg, lockten in die Holzschuppen auf dem Neuen Markt. Soldaten aus den Kriegen des Kaisers, die gegen Bethlen Gabor gefochten hatten, die Böhmen am Weißen Berg zerrieben hatten: wüste Prunkfedern in den Nacken zwischen den Schultern wallend oder nach vorn in die Stirn bis auf den Mund, grellbunte Schärpen, hohe Stiefelschäfte, weit überfallend mit farbigem Tuch ausgelegt. Kosaken mit breitem schmutzigem Gesicht in langen blauen Röcken, hohen Lammützen; ihre kleinen Augen blinkten vor Lust, sie gurrten mit ihren Weibern, die sich Schürzen und Röcke mit Perlen bestickt hatten. Feine Pagen tänzelten in engen Strumpfhosen, mit koketten Bändern bosteckt; Bürgerfräulein, die die Haare gescheitelt trugen, oder gewellt in den Nacken herab über die Ohren, die an ihren Häubchen nestelten, Korallenhalsbänder begriffen, grüne Mieder, leichte lose Blusen, oder kurzröckig mit hohen ungarischen Stiefeln. Kavaliere à la mode, Spiel- Fecht- und Saufkumpane, Filzhüte mit aufgeschlagenen Krempen, wallonische Reiterkragen breit auf den Schultern, wild die Stiegen herunter, auf die Pferde; große Hunde hinter ihnen her, dienernde Wirte an den Gasttüren. Zwischen Brettern ein toter Mensch, von der Leichenbrüderschaft getragen, hinaus nach dem Friedhof auf der Wieden. Blinde am Hohen Graben, die Augen ausgestochen wegen Münzverbrechen, Meineidige ohne Hände, Zungenlose, Nasenlose, Ohrenlose in Grüppchen vor den Kirchen, Näpfe und Blechbüchsen schwenkend. Studenten mit Degen und Bandelier an der Lampelburse, der Rosenburse, ernst spazierend, auch krawallbedürftig nach Handwerksgesellen ausschauend. Aufgeblasene Gestalten, reitend, die edelsteingeschmückte Hand auf dem Rücken, in englische Tücher gekleidet, von reitender Dienerschaft gefolgt. Über ein versonntes Gäßchen huschend in violetter Soutane ein Bischof, das Käppchen auf der Tonsur; der Gürtel wehte nach aus einem Flur. Stadtgardisten zogen ihre Spieße hinter sich her durch Staub und Kot, stellten sich um Brunnen, würfelten, suchten sich stille Plätze. Umeinander trieben in Häusern Spelunken Kellern lärmende stille kranke Menschen, Haushälter Schaffner Kellermeister Küchenjungen Rauchfangkehrer Goldmacher Gewandschneider Spengler Kalendermacher Brauknechte Messerschmiede Wanderburschen Kaufherren Ratsschreiber Kerzengießer Hökerinnen Witwen, die nach einem Mann schnappten, Dragoner, die nicht dienen wollten, Lumpen, die das Leben in der Sackgasse schön fanden, Bauern, denen der Viehhändler um die Ohren schlug, Pergamentmacher Riemer Häutekäufer Messingschläger Kuppler mit Halseisen, eilige dünne Juden, Advokaten Kommissionäre quarrende Kinder im Sand, wandernde Buchhändler aus Sachsen, Böhmen mit bemalten Brieflein in Umhängekästen.

Alfred Döblin, *Wallenstein*, Berlin 1920; zit. nach: AW 10, Walter-Vlg., Olten 1980, S. 66 f

Ein schwer Kurzsichtiger, der die Objekte ganz dicht an die Augen bringen muß, hat ein Kolossalgemälde für Kurzsichtige zustande gebracht. Auch der Betrachter muß ganz nahe herantreten und Fleck nach Fleck in sich aufnehmen, wenn er der Fülle Herr werden will. Auf der ungeheuren Fläche – sechs Bücher, zwei

Bände, 876 große engbedruckte Seiten – kaum eine leere Stelle, alles farbig, plastisch, wimmelnd, quellend, prall, strotzend. Dir entgehen nicht die Bahnen, die der vom Pferde gestürzte Kaiser mit den Sporen in den Boden reißt, während man ihn hervorzieht, Du verschmähst nicht anzumerken, daß der Nuntius, der ein päpstliches Breve feierlich verlesen muß, klossig spricht und daß seine Hand behaart ist: eine unwichtige Figur in einer unwichtigen Szene, aber mit diesen paar sicheren Strichen steht sie rund und saftig vor uns. Saftig – es ist bisweilen die Saftigkeit des Rabelais, ohne Scheu, schonungslos, empörend, wie etwa die virtuose Schilderung einer Judenverbrennung, bisweilen merkt man den Arzt, der alle Körperlichkeiten als Fachmann kennt, sie präzise konstatiert und Grauen oder Ekel längst verlernt hat. Wer soll diese unerhörte Zumutung an Augen und Nerven aushalten? Ich kann verstehen, daß man nach einem Bande sich müde fühlt.

Moritz Goldstein über *Wallenstein*, in: *Vossische Zeitung*, 13. November 1921

Das Buch ist wie ein lebendig gewordener riesiger medizinischer Atlas, Muskeln, Nerven, Gedärme sind bloßgelegt, von allen Seiten, sehr sachlich und ungeheuer bunt, weiß, blau, rot, schwarz, und Alles hebt sich, senkt sich, quillt, atmet, lebt.

Lion Feuchtwanger über *Wallenstein*, in: *Die Weltbühne*, 26. Mai 1921

Er sieht, fühlt, riecht, schmeckt immer verzerrt. Die Atmosphäre, in der er sich wohlfühlt, steht einige Grade unter stärkerem Druck, als es die normale ist. Seine Menschen gehen nicht richtig, sie springen, schleichen, torkeln, stolpern; sie reden nicht, sie krächzen, lispeln, schnarren, brüllen; sie atmen nicht, sie keuchen, husten, röcheln, speien; sie essen nicht, sie fressen, schlingen, gurgeln, rülpsen. Alles steigert sich ins Gewaltsame, Abnorme, auch die Natur, die Jahreszeiten, alle Funktionen des Leibes und der Seele. Diese Menschen sind sämtlich irgendwie krank, Spielbälle unheimlicher Gewalten, Produkte ihrer Krätze, Gicht, Geilheit, Melancholie. Mit fürchterlichem Können sind die psychischen Vorgänge immer an physische geknüpft, mit ihnen durchschlungen, spült der Unrat der Eingeweide über

die Hirne und Herzen. Nur ein Arzt, der die Gewalt des Körperlichen kennt, konnte diese Mischungen erfinden oder finden.

Otto Ernst Hesse über *Wallenstein*, in: *Der Tag*, 18. September 1921

[...] ich verdanke Alfred Döblin viel, mehr noch, ich könnte mir meine Prosa ohne die futuristische Komponente seiner Arbeit vom »Wang-lun«, über den »Wallenstein« und »Berge Meere und Giganten« bis zum »Alexanderplatz« nicht vorstellen; mit anderen Worten: Da Schriftsteller nie selbstherrlich sind, sondern ihr Herkommen haben, sei gesagt: Ich komme von jenem Döblin her, der, bevor er von Kierkegaard herkam, von Charles de Coster hergekommen war und, als er den »Wallenstein« schrieb, sich zu dieser Herkunft bekannte.

Günter Grass, *Über meinen Lehrer Alfred Döblin*, Literarisches Colloquium, Berlin 1968, S. 8

Produktiv sind nur die Zeichen der Worte, nicht das Verhältnis der Vokale, Konsonanten und ihre Gruppierungen zueinander.
In der Musik aber ist das Verhältnis und die Beziehung ihrer tönenden Elemente produktiv.
Das Wort und die Wortverbindungen sind nicht Gemische und Abwechslung von Geräuschtönen. Die besondere Abgrenzung des Worts wird zum Wort durch ihr Vermögen, Geistiges, Affektives und Ideelles an eine Geräuschkombination zu binden.
Auch die Musik ist nicht Musik durch Töne und Klänge. Auch Musik wird zu Musik durch ihr Vermögen, Geistiges an Tonverbindungen und Klanggemische zu binden. Jedoch ist diese geistige Bindung die Beziehung der Tonverbindungen und Klanggemische aufeinander. Entscheidende Bedeutung also haben in der Musik die Tonverbindungen und Klanggemische. Sie können nie zum Wert des Freigeistigen heraufgesteigert, zum Unwert des Zeichens verdünnt werden. Die Sinnlichkeit bleibt herrschend im Bereich der Musik.
Das Wort ist Brennpunkt von Ideen, Affekten und Bildern. Hier ist der Boden, auf dem die Wortkunst wächst, die im Grunde keine »Wort«-kunst ist.
Die Kunst der Musik ist eine Kunst mit Klängen und an Klängen.

Die Kunst der Worte ist keine Kunst mit Worten und an Worten.
Sie ist eine Kunst der Ideen und Bilder in Zeichen. Die Zeichen haben mit den Ideen und Bildern keinen inneren Zusammenhang.
Die Musik ergeht sich in der Ausbreitung von Tonzusammenhängen und Klanggemischen. Das Wesentliche an der Musik ist der Bau, die Ausbreitung, Lagerung, Schichtung, Verteilung der Tonmassen; hierin erweist sie ihren Charakter als Kunst.
Wo der Bau und die Ausbreitung der Worte in der Dichtung gepflegt wird, sind sie nicht das Wesentliche, sind sie nicht die Kunst.
Der Dichter ist wesentlich Träger einer Phantasie, Hervorbringer, Entwickler und Ordner von Visionen.
Als weniger wesentlich kommt beim Dichter hinzu die Bemühung um die Worte. Da – in Parenthese – die Wortkunst eine Zeitkunst wie die Musik ist, ähneln die Regeln der Wortkunst den allgemeinsten der Musik: Rhythmisierung, Wiederholung, Zusammenfassung einer Gleichzahl von Bewegungen.
Der untergeordnete Charakter dieser Faktoren zeigt sich in ihrer mangelhaften Durchbildung, im Vorhandensein einer Prosadichtung neben einer gebundenen, in ihrer Vernachlässigung auch in der gebundenen Dichtung.

Alfred Döblin, *Die Selbstherrlichkeit des Wortes*, in: *Melos*, Jg. 1, 1. Juli 1920; zit. nach: AW 23, Walter-Vlg., Olten 1985, S. 268 f

Wie ich über den Alexanderplatz gehe, bemerke ich, daß es über den Menschen stehende Ideen gibt. Diese kleinen schmutzigen Jungens, die sich an die Straßenbahnwagen hängen, die mit den Schulmappen laufen und sich mit dem Lineal prügeln, werden einmal meine und der andern Nachfolger sein, wenn ich nicht mehr über den Alexanderplatz gehe. Diese Kinder glauben sich frei. Aber ihnen überlassen wir die ganzen Städte, fertiggebaut, Fabriken, Kommissionen, Staatsformen, Pläne, Bibliotheken, die ihnen das Denken vorschreiben, Lebensformen, sittliche Kategorien. [...]
Arbeit, Arbeit: furchtbar hat jede folgende Generation an der Zuchthausarbeit der sich jetzt überstürzenden »Aufgaben«, an diesem abschnurrenden ABC zu tragen.
Die schmutzigen Jungen blasen kleine Trompeten hinter der Elektrischen. Die kleinen Schelme mit ihren Wunderhörnern; die Dinger

sind aus Blech und werden zerknacken. Wir haben sie dem Kaiser Wilhelm hinterlassen, samt dem Dreibund und der zugehörigen Entente. Euch werden wir die nie fertige Planwirtschaft hinterlassen und was drum und dran hängt, auch England, England über alles. Nachdem man Euch das eingebrockt hat, hat man nichts dagegen, sich das Weitere von oben anzusehen.

Linke Poot, *Der Knabe bläst ins Wunderhorn*, in: *Die Neue Rundschau*, Juni 1920, Band I; zit. nach: AW 14, Walter-Vlg., Olten 1972, S. 150f

Dicker Schnee. Wie ich an der Universität vorübergehe, sitzen da die marmornen beiden Humboldts unter der schweren weißen Masse. Als eine Last liegt der Schnee auf ihren Schultern, Alexander sieht ganz bucklig aus, geduckt sitzt er, in seinen Nacken drückt der Schnee, von seinem heruntergestauchten Kopf sieht nur das Gesicht heraus. Eine schwere Masse zieht sich wie eine Pelzdecke über seinen Schoß und die Füße. Mir fällt ein, daß das Abendland in naturhafte Zustände untergehen wird in vier, fünf Jahrhunderten. Aber auch die Tundren und die Ratten fallen mir ein, die in den Eiszeiten in großen Scharen wanderten; ich weiß ihre Namen nicht mehr, sie lebten von dem dürren Steppengras und dem weichen Teil der Zwergkiefern, wenn sie eine Gegend kahl gefressen hatten, mußten sie weiter. In diesem Augenblick ist Berlin und die weite, weite Landschaft herum in diesen Schnee versenkt. Ein viertel Meter hoch liegt er, die Häuser ragen daraus hervor, Häuser, Telefonstangen, große Bäume wie bei einer Überschwemmung. Wie kommt man in kleinen Dörfern und Gehöften zueinander. Die Landschaft hat sich mit Furchtbarkeit und Größe in die Stadt hineingedrängt. Wie ein Krümelchen ist sie in ihrer Hand, die Stadt, in der die Menschen nichts wissen von Vollmond und Neumond, von der Art des Windes, vom periodischen Wachsen und Welken, von den verstreuten Tieren und Fischen, die mit uns die Erde bevölkern; die Stadt, in der man kaum das Länger- und Kürzerwerden der Tage, grade noch die Jahreszeiten bemerkt.
Es ist mehr als Landschaft. Es ist ein Element, das Urelement, das nach uns langt. Das Wasser, unsere Mutter, berührt uns.

Linke Poot, *Glossen, Fragmente*, in: *Die Neue Rundschau*, Januar 1920, Band I; zit. nach: AW 14, Walter-Vlg., Olten 1972, S. 138

Das kranke Volk. Während die Wagen auf den Straßen fahren, die Geschäfte geöffnet sind, den Passanten ihre Ware anbieten, die Menschen betriebsam oder flanierend die Trottoire erfüllen, die Dämme kreuzen, schiebt sich das kranke Volk von Arzt zu Apotheke, schleicht in die Bureaus der Krankenkassen, stellt sich in Reihen an, legt sich in kleinen Zimmern auf dumpfige Sofas, in muffige Betten. Eine ungeheure Masse Volk flutet in Berlin, in allen deutschen Städten krank hin und her.
Die Tuberkulösen. Das europäische Leiden; die Tuberkulose, die mächtiger arbeitet als irgendeine Entente, irgendeine in Menschenköpfen wohnende, von Menschen jemals durchfühlte Idee. Während des Krieges machte es einen ergreifenden Eindruck, wie die Grippe, alles versöhnend, die Schützengräben übersprang, bei Brüdern und sogenannten Feinden erschien, daß sich überall die Rachen röteten, französische, deutsche, englische, negerische Lungen sich entzündeten. Die Krankheit ähnelt der katholischen Kirche, welche im übrigen den Krieg laufen ließ, aber dem Sterbenden, allen ihren Sterbenden die Sakramente erteilte.
Die Traumatiker, Unfallkranke, Kriegsbeschädigte. Da haben viele in den Betrieben Schaden genommen. Von den Maschinen sind sie an den Haaren gefaßt und geschleudert worden. Eine Kette ist gerissen, und der Balken ist einem auf die Schulter gefallen. Eine Sauerstoffbombe ist geplatzt, und ein halbes Dutzend Menschen hat sichtbare und zunächst noch nicht sichtbare Verletzungen. Die Technik ist kein Hündchen, mit dem man spielt. Einige sind von der Elektrischen gefallen, beim raschen Bremsen im Wagen hingestürzt, einige haben sich Finger abgequetscht, einige arbeiten mit Gasen, und die Augen entzünden sich langsam, die Atmungsorgane werden verätzt. Der Gang dieser Leute ist bald kein bloßer Gang mehr von Arzt zu Apotheke, Kasse, Berufsgenossenschaft. Es wird ein Kriegsgang. Dutzende Male werden sie, von immer neuen Instanzen, vor neue Fragebogen, Atteste, Gutachten gezogen. Der Streit, wie der Unfall geschehen ist, wer schuld ist, wer ersatzpflichtig ist, beginnt sie zu verdüstern und erregen. Das sichtbare Unfallsleiden tritt zurück, der Mensch wird krank, läßt nicht vom Arzt, den Apotheken, Sanatorien, dem schuldigen Betrieb. Prozesse über Prozesse. Die Fliege fängt sich im Netz. Die Leute, gedrängt, immer wieder den Unfall selbst und ihre Beschwerden zu demonstrieren, kommen nicht dazu, ihn zu

unterdrücken, beiseite zu lassen, zu vergessen. Das Gefühl eines augenblicklichen Unrechts, der Beeinträchtigung verschlechtert die seelische Gesamtlage, das Finstere erscheint finsterer, der Wille, der natürliche, über das Leiden wegzukommen, wird geschwächt, gebrochen. Sie sind verheddert in ihrem Unfall, bleiben darin jahrelang, wenn man sie nicht herauszwingt.
Die schwächlichen, kleinen, blutarmen Mädchen. Sie schwimmen in dieser trüben Strömung mit. Heute verdächtig auf einen Lungenspitzenkatarrh, morgen schickt man sie wegen unerträglicher Kopfschmerzen zum Nervenarzt, übermorgen schleichen sie zum Frauenarzt. Mädchen, die stramm arbeiten, dünne Knochen und kleine Tropfherzen haben. Wenn sie sich vergnügen wollen, spazieren sie in dunkle Kinos, sitzen und lassen sich erregen von dem Flimmern an der Leinwand, steigen in staubige Tanzsäle, legen sich um zwölf Uhr schlafen. Ihnen mangelt Luft, Licht, lange Monate Ruhe, reichliche Kost, Sahne: Welcher Arzt, welche Kasse, welche Apotheke kann ihnen das gewähren? So begnügen sie sich mit Zettelchen, auf denen Eisen und Pulver verschrieben ist. Die und die freut sich, wenn ihr ein Viertelliter blasser Milch täglich zufällt, wenn sie drei Wochen in das Erholungsheim geschickt wird. Die Zeit ist rasch um, dann sperrt die Großstadt das Maul auf, die schwachen Kinder stellen keine großen Ansprüche.
Die Männer und Frauen, zahllose jeden Alters, die verwahrlost, unterernährt, seelisch zermürbt sind. Irgendein Trieb stößt sie auf die Krankenkasse, vor den Arzt, in die Apotheke. Was soll man machen, wer soll da etwas machen? Das ist eine Vorstellung, die auch den Arzt verwirrt und den Kopf senken läßt, wenn er abends im hellen Café vor der zwitschernden Musik sitzt, und eben standen diese Menschen da mit dem entsetzlichen, durchdringenden Dunst ihrer Kleider, nahmen Zettelchen an, und man ließ sie gehen. Sie werden weiter zu Hause arbeitslos sitzen, da und da Aushilfsarbeiten tun. Die Stumpfheit ist ihr Segen. Das sind keine Rebellen, Politik ist ihnen fremd, sie lehnen sie ab, bitter und oft nicht einmal bitter. Und darunter und zwischen ihnen die abenteuerlich hohe Zahl der sogenannten Nervösen im Volk.

Linke Poot, *Hei lewet noch*, in: *Die Neue Rundschau*, Mai 1921, Band I; zit. nach: AW 15, Walter-Vlg., Olten 1972, S. 118ff

Jahrzehntelang hatte ich eine heftige Abneigung gegen die Kunst. Wenn ich an Kunst dachte, fiel mir immer Erbrochenes ein, etwas, das man froh ist von sich zu haben, wovon man nicht mehr redet. Ich habe die Abneigung noch nicht überwunden und werde sie wohl nie ganz überwinden. In eine Bilderausstellung bin ich erst als ganz großer Mensch geführt worden; Bücher konnte ich mir nicht viele kaufen; aus Reclam verschaffte ich mir den Heiligen Augustinus, den halben Schopenhauer, die Ethik Spinozas. Erst wie ich in die Dreißiger kam, wurde ich – matter. Oder – süßer. Mich erfreute dies und dies. Ich habe mir vor acht Jahren nicht einmal die Möbel angesehen, in denen ich wohnen sollte und noch heute wohne; ich schickte andere hin. Damals bemerkte ich, daß mich an einem Bucheinband etwas anzog. Vor dem Bilde »Proserpinas Entführung in den Hades« von Rembrandt stand ich staunend, vor dem Daniel mit dem Engel. Ganz zuletzt habe ich mir wirklich ein paar Bilder gekauft. Unter einem Jugendbildnis von Rembrandt, einem lockenverfinsterten elementar starken Kopf, hängt ein Schwitters, eine geklebte Zeichnung, ein überaus zarter, seelenhaft leiser Traum in Weiß, Hellblau und Silber.

Linke Poot, *Male, Mühle, Male*, in: *Die Neue Rundschau*, 1920, Band II; zit. nach: AW 23, Walter-Vlg., Olten 1985, S. 274

Mein privates Unglück ist, daß ich immer statt Cervantes Cervelat lese. Und als ich gerade darüber nachdachte, wie human die amerikanischen Quäker mit ihren Berliner Schulspeisungen sind, las ich, daß in Spanien, richtig allgemein in Spanien in sämtlichen Schulen täglich eine viertel Stunde offiziell Cervelat gegeben wird. Wie fortschrittlich ist doch dieses Land, wo sie so massenhaft olle ritterliche Traditionen, Romane, klassische Literatur haben; aber an ihre Kinder lassen sie nichts davon heran. Eine viertel Stunde schulmäßiger Wurstzwang. Das lasse ich mir gefallen. Wer auf dieser Linie weitergeht, nur so, wird den rechten Weg gehen.

Linke Poot, *Der Knabe bläst ins Wunderhorn*, in: *Die Neue Rundschau*, Juni 1920, Band I; zit. nach: AW 14, Walter-Vlg., Olten 1972, S. 140

Ich bin immer gerecht nach jeder Seite gewesen, die sich nur blicken ließ. Ich habe nie versäumt, wo ich »ja« sagte, gleich hinterher »nein« zu sagen. Dies Schaukelpferd ritt ich mit Schneid und Eleganz in einer Zeit, wo jeder die Pflicht hat, Pflicht, eine wohlarrondierte Meinung zu exekutieren. Ich habe die Wut der Gerechten erregt: und was kann ein armer Schächer ohne Plattfüße mehr.
Jetzt bin ich überwältigt. Mein Pferd schlage ich kaputt. Mit dem Holz gehe ich fechten. Das königliche Wort: »Macht euch euren Mist alleene« unterdrücke ich.

Linke Poot, *Überfließend von Ekel*, in: *Die Neue Rundschau*, November 1920, Band II; zit. nach: AW 15, Walter-Vlg., Olten 1972, S. 113 f

Dieser Linke Poot kitzelt mit dem Florett, wo Heinrich Mann zugestoßen hat – und er hat mehr Witz als das ganze Preußen Brutalität, und das will etwas heißen. Er beschäftigt sich sanft, prägnant, spaßig, »ausverschämt« und inbrünstig mit dem neuen Deutschland. Es ist eine ganz neuartige Sorte Witz, die ich noch nie in deutscher Sprache gelesen habe.

Ignaz Wrobel [d.i.: Kurt Tucholsky] über *Der deutsche Maskenball*, in: *Die Weltbühne*, 1922, Nr. 18, S. 104

Zwei deutsche Wortschmiede legen gesammelte Essays vor. Der eine ist längst berühmt, beinahe schon klassisch, der andere vor kurzem erst arriviert. Der eine heißt Thomas Mann und wohnt in einer Villa bei München, der andere heißt Linke Poot und haust krankenheilend in der Frankfurter Allee in Berlin. Des einen Buch, 400 Seiten, kommt feierlich daher als »Rede und Antwort«, in schwarzem Gehrock und gebügeltem Zylinder, des andern Heft, knapp 150 Seiten, springt pritschenschlagend als »Der deutsche Maskenball«. Zwei Welten, wenn sie auch beide im selben Verlage S. Fischer Platz finden.
[...] wird denn Thomas Mann nicht Neues mehr schreiben? Nach diesem Bande »Rede und Antwort« möchte man es fürchten. Denn er nimmt sich selbst schon historisch und behandelt sich wie einen großen Verstorbenen mit der umständlichen Gewissenhaftigkeit der Philologen. [...]
Herr Linke Poot dagegen, an Jahren nicht viel jünger, steht noch mitten unter den Jungen und schämt sich nicht ihrer Allüren. Er vermeidet das Feierliche und schielt nicht nach der Literaturgeschichte. [...]
Nichts aber von der Sammellust der Unproduk-

tiven. Das steht im vollen Safte, freut sich seiner Kraft und lärmt übermütig. Das ist da und wird noch manchem ehrwürdigen Herrn den goldenen Kneifer von der Nase rempeln.

Moritz Goldstein, *Thomas Mann und Linke Poot*, in: *Vossische Zeitung*, 19. Januar 1922

Im übrigen spricht er [Linke Poot] nur selten von Ereignissen, die ins Geschichtsbuch eingegangen sind; er hält sich vielmehr an das alltägliche Leben in seinen diversen Erscheinungsformen und deckt dort die Widersprüche einer »kaiserlichen Republik« auf. Seinen Sinn für Farbenzusammenstellungen sucht er nicht allein im Museum zu befriedigen, er hält außerhalb Ausschau nach Schwarz-Rot-Gold und muß feststellen, daß sich die Behörden nur ausnahmsweise zu den Farben der Republik bekennen. In der Tat: wie sich der deutsche Bürger seiner Republik schämte, wie sie ihm innerlich fremd blieb und er sie verachtete, das hat sich Linke Poot gemerkt, das kann man bei ihm nachlesen. Er zeichnet bitterböse Szenen aus jener Gesellschaft, die wir aus Zeichnungen eines George Grosz kennen oder aus den Collagen der Berliner Dadaisten, zu denen Linke Poot eine Affinität besitzt. Seine Beiträge aus Leben, Kunst und Wissenschaft – Glossen, Notizen, Rezensionen – sind ein Sammelsurium aus Beobachtungen und Einfällen. Was das Politische im engern Sinne betrifft, so ist es nur ein Aspekt unter andern. Es geht Linke Poot nicht um die Durchsetzung eines politischen Programms – er distanziert sich von allen –, Republik bedeutet in seinen Augen vor allem die Chance, eine unter jahrhundertelangem feudalem Druck entstandene Untertanenhaltung zu kurieren. Sein Witz bezweckt die Vertreibung der Gespenster des alten, militaristischen Deutschland, – Revenants der Reaktion, die das politische Leben in der Republik bald wieder bestimmen sollten. Seine ätzende Kritik möchte den Realitätssinn der Deutschen schärfen und zur Bildung eines demokratischen Bewußtseins beitragen. Mit Eulenspiegel und Schweyk verwandt, greift Linke Poot gern zu der List, sich dumm zu stellen, und hat es wie jene darauf abgesehen, die Herrschenden zu blamieren. Er arbeitet am Abbau falscher Autorität, wo immer er sie antrifft.

Heinz Graber über *Der deutsche Maskenball*, *Nachwort* zu AW 15, Walter-Vlg., Olten 1972, S. 306 f

Ich schreibe – auf vorsintflutliche Art. Zwei Kerzen stehen vor mir; sie flackern lang aus; ein sonderbares, nicht unangenehmes Licht; bei ihm ist es mir an diesem Sonntagabend gestattet, mein liebes blankes Papier zu bemalen. Seit zwanzig Stunden Streik in Berlin. Die Eisenbahner streiken schon seit drei Tagen. Man geht vor die Stadtbahnhöfe, die Fernbahnhöfe; ein tiefbewegtes Bild: die weiten Bahnhofsplätze – leer; keine Droschken, keine Autos; die Türen geschlossen; der ganze meilen-meilenweite Mechanismus – Schienenstränge, Lokomotiven, Wärterhäuschen, Signale, Kohlenlager –, der rasende flitzende Fernzug, der Rauch, das Pfeifen, Rangieren: still, vorbei. Die Hand der Menschen liegt auf dem Mechanismus. In diesem Augenblick, wo der ungeheure Apparat stillsteht, erkennt man seine große anonyme Gewalt und zugleich, wie diese Gewalt von Menschengewalten gebändigt, gelähmt, zerrissen werden kann. Der Eindruck, im ersten Moment trübe, wird erdrückend, im zweiten und dritten herrlich! In jedem machtvoll. Immerhin: seit drei Tagen keine Fernzeitungen, keine Fernbriefe, die Lebensmittelversorgung gestört; schon hat die Regierung die Kohlenvorräte im privaten Händlerbesitz beschlagnahmen lassen. Gestern abend trat die Erscheinung näher. Man fuhr in die Stadt, durch die Stadt, um die Stadt, mit der Elektrischen, der Hoch- und Untergrundbahn. Und gegen zehn Uhr, elf Uhr ruckten die Elektrischen; auf den großen Plätzen traten Straßenbahnbeamte an die Wagenführer und Schaffner heran; zwei Worte zwischen ihnen; dann: »Wagen leeren; wir fahren zurück!« Um zwölf Uhr fuhren die letzten Wagen in die Depots. Kein Rebellieren; das Spielzeug wird dir unter den Fingern weggenommen. Da fuhren Tausende in Prunk und Kostüm auf Maskenbälle; wie sie zurückkamen, weiß ich nicht. [...] Sonntag. Klappern, lautes Reden auf den Höfen, Traben auf dem Trottoir; das elektrische Licht versucht man; das Knipsen hilft nicht; das Gas auf dem Herd flattert klein; in einer Stunde verhaucht es. Die Wasserhähne stehen offen: kein Wasser; kein Wasser zum Waschen, zum Trinken, zum Kochen, für die Klosetts; Misère. Die Hand des Menschen liegt auf den Dingen. [...] Ich vor meinen zwei Kerzen schreibe. Ich rebelliere nicht. Es haben die schweren Kämpfe der Arbeiterschaft mit dem erstarkenden Industrialismus eingesetzt. Ins Theater werde ich heute abend nicht gehen. In der stillen Woche, die zu Ende ist, lärmvoll auslief, habe ich zwei-

mal die Circenses besucht, die neben dem Brot wichtig sein sollen. Es haben auch die Schauspieler im scharfen wirtschaftlichen Kampf mit den Bühnenleitern gestanden; eben ist die Einigung zustande gekommen. Die Filmhausse scheint abzuflauen, die Schauspieler drängen wieder zum Theater, zum Ensemble. In dieser Zeit, wo die Filmfreudigkeit der Schauspieler zurücktritt, wird die Wirkung des Films auf die Bühne sichtbar. Das Gesicht, das Sehen, das Auge wird wieder ein Organ, das maßgebenden Einfluß auf die Gestaltung der Bühnenvorgänge gewinnt. Es tauchen eben Pantomimen und Balletts an seriösen Theatern auf. Das Große Schauspielhaus hat das »Schwedische Ballett« empfangen, im Deutschen Theater wird Leoncavallos temperamentvoller »Bajazzo« als Pantomime gegeben (Krauß Bajazzo), das Theater in der Königgrätzer Straße, das eben die allerfeinsten Seelenkünder entlassen hat, die Künstler der Sprache, der Andeutung, der verhaltenen Bewegung, die Moskauer, hat sich für lebende Bilder dem frech-graziösen brillanten Offenbach mit »Hoffmanns Erzählungen« verschrieben. Kein Zufall diese Vielheit. Die üppig-orientalische Kunst Reinhardts – Strindbergs »Traumspiel« und zuletzt »Orpheus in der Unterwelt« – war vorausgegangen; Kinetik, Optik als bühnenwirksame Kräfte sind mächtig hervorgetreten; das Kino hat den Weg erzwungen. Die dramatische Dichtung, schlecht von den Bühnenunternehmern, den Jobbern des Erfolgs, behandelt, aber gewiß auch nicht frischmeisterlich in dieser Epoche vertreten, ist nicht ohne Schuld an dem für sie fatalen Ereignis. Diese Dramatiker brauchen nicht ängstlich zu sein; ein Schauspieler ohne »Rolle« ist wie ein bettelnder »Kriegsinvalide«, der nur die Augen zukneift; es ist ihm ganz lieb, wenn er sie wieder aufmachen kann. Es ist nicht weit her mit der Selbstherrlichkeit der Schauspieler. Ich sagte neulich: der Expressionismus ist nicht tot – wie vielerlei Hornvieh behauptet. Und wenn man zum Beispiel wissen will, wo er lebt, so sehe man sich diese Pantomime an.

Alfred Döblin, *Großstreik in Berlin*, in: *Prager Taglatt*, 14. Februar 1922

Die Russen haben ihr Theater in der Königgrätzer Straße. Ein jüdisches Theater, das sich Jüdisches Künstlertheater nennt, eine Gruppe Wilnaer Schauspieler sieht man in

der Kommandantenstraße, wo früher die beiden Herrnfeld ihre burlesken Jargonstücke agierten, glänzend agierten, Budapester Zoten und französische Unanzüglichkeiten. An diese Stelle ist ein echtes jüdisches Theater getreten. Das sich selbst prostituierende unwürdige Gemauschel ist vorbei; hier sind spontane Kunstleistungen eines lebendigen Volksstammes. Es ist eine Schar ungewöhnlich fähiger Schauspieler versammelt, die ihre Stücke mit fast derselben Meisterschaft dem Parkett vorlegen wie die Russen. Und zur Zeit gibt es in Berlin nur zwei unantastbar gute und ernste Ensembles: das russische Theater und das jüdische Theater. Die Wilnaer gaben bisher eine dramatische Legende »Dybbuk« von Anski in drei Akten, die David Herman für die Bühne bearbeitet und in Szene gesetzt hat. Jetzt haben sie ein vieraktiges Lustspiel von David Pinski herausgebracht: »Jankel der Schmied«. [...]
Ich habe im ganzen kaum mehr verstanden als bei den Russen. Die Menschen, die auf der Bühne standen, sprachen, hieß es, jiddisch. Es klang durchaus russisch. Sie trugen sich sichtbar russisch. Jankel war ein russischer Bauer. Bei Tamara, die eine Sonja spielte, fiel einem ohne weiteres das zarte, seelenhafte slawische Wesen auf, so daß ich nicht sicher bin, ob ich jüdisches oder russisches Theater sah. Auch in der Kunst des Zusammenspiels, der Verleugnung der einzelnen Schauspielerperson, der Neigung zum schlichten [Naturalismus] waren sie eins.
Das Theater war jedenfalls schlecht besucht. [...]
Die Leute, die dieses Sprachengemisch des Jiddisch, das schon ein naturgewachsenes Esperanto ist, verstehen, wohnen am Alexanderplatz und haben kein Geld. Die Reichen des Volkes gehen zum verstorbenen Herrnfeld. Machen vor diesem Jiddisch – ich möchte sagen: drei Kreuze. Denn heiter ist ihr Leben. Ernst diese Kunst.

Alfred Döblin, *Deutsches und jüdisches Theater*, in: *Prager Tagblatt*, 28. Dezember 1921; zit. nach: AW 23, Walter-Vlg., Olten 1985, S. 365 ff

Man bedenke das wahrhaft dumme belanglose Hin und Her innerhalb der Menschengesellschaft. Wie überlegen ist diesem oberflächlichen Plätschern und Ablösen die tiefinnere Verwandtschaft und Angliederung an Salze, Säuren, Alkalien, Metalle. Diese wahrhaft reale und durchgreifende Verwandtschaft. Gern gibt man ihnen Gastfreundschaft. Daß sie zu uns kommen können, durch unser Tor gehen, durch unser Fenster sehen, zeigt, daß sie von unserer Art sind, wir von ihrer. Mit diesem Salz, diesem Wasser, diesem Eiweiß verbreitern wir uns in die Welt. Mit dem Meer, den Wüsten, den Bergen, den Felsen, den Winden. Darum kann man die Welt durchfühlen. Darum ist man nicht diese halbkomische bürgerliche Figur, die froh ist ihren Rock zu tragen, sondern ausgebreiteter, ernster, und zugleich dunkler, anonymer. Anonym: das Zauberwort. Das führende Wort. Die Person spielt keine Rolle.

Alfred Döblin, *Buddho und die Natur,* in: *Die Neue Rundschau,* 1921, Band II, S. 1199

Salze, Säuren, Wasserstoff, Kohlenstoff, Flüssiges, Festes, elektrische Strömungen bin ich. Zu ihren Seelen neige ich mich, von ihnen komme ich, das ist mein Vater- und Mutterboden. Das ist mein Patriotismus.

Alfred Döblin, *Buddho und die Natur,* in: *Die Neue Rundschau,* 1921, Band II; zit. nach: Jochen Meyer, Katalog zur Ausstellung des Literaturarchivs Marbach. *Alfred Döblin 1878 · 1978,* Deutsche Schillergesellschaft, Marbach am Nekkar 1978, S. 177

Ich beantworte getrennt: Hemmt die Stadt das künstlerische Schaffen? und dann: Hemmt Berlin das künstlerische Schaffen? Beide Fragen nur von mir für mich beantwortet. Im Krieg machte ich ein Experiment zur ersten Frage: monatelang, monatelang eingepfercht in ein winziges Landstädtchen, ein schauderhaft idyllisches Großdörfchen, fuhr ich öfter zu bestimmten Zwecken dienstlicher und nichtdienstlicher Art nach Straßburg im Elsaß. Das war wie ein elektrischer Schlag, wenn ich vom Bahnhof auf die Häuser blickte, nun eine Straßenbahn bestieg, ein Warenhaus betrat. Am Kleberplatz der Strom der flanierenden Menschen, die hundert Gesichter, hundert Beschäftigungen, Anschlagsäulen, Stiefelputzer, Aufrufe der Behörden, die kerzengerade ausgerichteten neuen Straßenteile, die pompöse und sachliche Post: das war mein Element. [...] Ich schwindle nicht: diese Erregung der Straßen, Läden, Wagen ist die Hitze, die ich in mich schlagen lassen muß, wenn ich arbeite, das heißt: eigentlich immer. Das ist d[as] Benzin, mit dem mein Motor läuft.

Und nun Berlin. Das Chaos von Städten. Im Begriff, ein London von Internationalität zu werden; Volksgemisch erst, jetzt ein Völkergemisch. Vierunddreißig Jahre laufe ich hier herum, immer neugierig, beobachtend, wie sich das bewegt und wie es sich ruckartig entwickelte. Das zuckte durch alle, man konnte nicht still dabei bleiben, man mußte daran teilnehmen. Die Kunst, die Bilder, Plastiken, Bücher, Romane, Theater, Gedichte waren mir nie interessant, dieses Schmachtende, Zahme, Preziöse, auch Aufgedonnerte, das farbige papierne Zeug zum Ansehen, zum Delektieren. Ich bin nicht für Genuß. »Genießen macht gemein«, das ist beinah richtig, besser: Genießen ist Sache der Damen und Schlafmützen. Auch den »Geist« schenkte ich hin; bezaubert stand ich nur vor Häuserbauten, an Fabriktoren. Nichts verstehe ich von Mathematik und Maschinen, aber eine surrende Dynamomaschine in einem Keller, an dem ich vorbeigehe, wühlt mich auf; ich gehe beschenkt »wie im Traum«, es ist ein Anruf, meine Kraft ist wieder da. Berlin ist wundervoll. Die Pferdebahnen gingen ein, über die Straßen wurden elektrische Drähte gezogen, die Stadt lag unter einem schwingenden, geladenen Netz. Dann bohrte man sich in die Erde ein; am Spittelmarkt versoff eine Grube; unter die Spree ging man durch bei Treptow, der Alexanderplatz veränderte sich, der Wittenbergplatz wurde anders: das wuchs, wuchs! Am Leipziger Platz der zauberhafte Wertheimbau, eine Straßenfront, wie belanglos ihr gegenüber das Herrenhaus, das Haus der ertrunkenen, schon längst begrabenen Herren. Am Schiffbauerdamm, in der Brunnenstraße, die A.E.G.: eine Lust! Und weiter draußen in Tegel Borsig, und in Oberschöneweide noch einmal die A.E.G. Und das rebelliert, konspiriert, brütet rechts, brütet links, demonstriert, Mieter, Hausbesitzer, Juden, Antisemiten, Arme, Proletarier, Klassenkämpfer, Schieber, abgerissene Intellektuelle, kleine Mädchen, Demimonde, Oberlehrer, Elternbeiräte, Gewerkschaften, zweitausend Organisationen, zehntausend Zeitungen, zwanzigtausend Berichte, fünf Wahrheiten. Es glänzt und spritzt. Ich müßte ein Lügner sein, wenn ich verhehlte: öfter möchte ich auskneifen, das Geld fehlt; aber ebensooft würde ich zurückkehren, Simson, der nach seinen Haaren verlangt.

Alfred Döblin, [Beantwortung der Rundfrage:] *Hemmt oder beeinträchtigt Berlin wirklich das künstlerische Schaffen?,* in: *Vossische Zeitung,* 16. April 1922

Es ist traurig, wenn einer zu seiner Geliebten gehen will und hat kein Fahrgeld; trauriger, wenn er genötigt ist, sie mit triefenden Augen und Stinknase zu umarmen; trauriger aber, zehnmal trauriger (helft mir, sikelische Musen des Schlesiers Hauptmann, lang, kurz kurz, lang kurz kurz, lang), wenn man ihr mit graden Beinen naht, im Smoking, Cut-away, Jumper, mit eosglänzenden Zugstiefeln, schwärzlichen Amalgamplomben und liebt den Tanz und den Fox nicht (Fox nicht; Fox nicht; kurz lang, Punkt). Ich will noch dümmer sein, als ich bin, wenn das Glück, das dieser infamierte Salontrott über alle Kontinente der tellurischen Masse gebreitet hat, nicht millionenmal umfangreicher, demokratischer, menschlicher war als der anämische Haut-gôut vor der Bude, wo Hänschen Brahms zuerst krähte oder vor dem Viktualienkeller »Zum Heuligen Franz«.

Alfred Döblin, *Neue Jugend,* in: *Die Neue Rundschau,* 1922, Band II, S. 1018

1923 12.-16. März. Giftmordprozeß Klein-Nebbe in Berlin. *Die beiden Freundinnen und ihr Giftmord* entsteht, erscheint 1924 im Berliner Verlag *Die Schmiede* als erster Band der Reihe *Außenseiter der Gesellschaft. Die Verbrechen der Gegenwart.*

21. April. Uraufführung des Schauspiels *Die Nonnen von Kemnade* im *Alten Theater* in Leipzig.

23. April. Döblin wird vom Kunstrat der *Kleist-Stiftung* zum Vertrauensmann für das Jahr 1923 gewählt.

Juni. Einführung der Brotabgabe. Zirkulierende Geldmenge liegt bei 7,3 Billionen Mark. Es gibt 5 Millionen Arbeitslose.

11. August. Generalstreik zum Sturz der Regierung Cuno in Berlin.

12. August. Rücktritt der Regierung Cuno.

13. August. Koalitionsregierung Stresemann.

Ab 28. August. Mitarbeit am *Berliner Tageblatt*, zunächst mit *Linke-Poot*-Artikeln.

August. Abschluß des Romans *Berge Meere und Giganten.*

September. Die Buchausgabe des Schauspiels *Die Nonnen von Kemnade* erscheint bei S. Fischer.

Die zirkulierende Geldmenge liegt bei Trillionen. Anfang Oktober kostet eine Zeitung 10 Millionen Mark, zwei Wochen später das Dreifache. Ein Ei ist für 80 Millionen, ein Pfund Kartoffeln für 50 Millionen und ein Pfund Fleisch für 3,2 Billionen zu haben.

5./6. November. Antisemitische Ausschreitungen in der Gegend nordwestlich vom Alexanderplatz. Döblin beschäftigt sich zunehmend mit jüdischen Themen und Problemen. Den Vorschlag zu einer Palästina-Reise von zionistischer Seite lehnt er ab.

8. November. Der »Marsch auf die Feldherrnhalle« Hitlers, Ludendorffs u.a. mißlingt.

November. Ende der Inflation.

23. November. Mißtrauensantrag im Reichstag gegen die Regierung Stresemann erfolgreich.

Dezember. Als Vertrauensmann der *Kleist-Stiftung* verleiht Döblin den *Kleist-Preis* 1923 an *Wilhelm Lehmann* und *Robert Musil.*

und ... Zweite Inszenierung von *Die Nonnen von Kemnade* am *Frankfurter Schauspielhaus.*

1924 Januar. Döblin wird 1. Vorsitzender des *Schutzverbandes Deutscher Schriftsteller. Berge Meere und Giganten* erscheint bei S. Fischer.

Mitte Januar. Lesung in der Buchhandlung Spaeth aus *Berge Meere und Giganten.*

21. Januar. Lenin stirbt in Moskau.

26. Januar. Döblin wird Mitglied der *Gesellschaft der Freunde des Neuen Rußland.*

13. März. Auflösung des Reichstages.

März. Vortrag *Zionismus und westliche Kultur.*

6. April. Wahlen in Italien. 65 % für die faschistische Partei Mussolinis.

August. Urlaub in der Schweiz.

Ende September – Ende November. Reise durch Polen, finanziert vom *S. Fischer* Verlag, wohl vermittelt von einem Redakteur der *Vossischen Zeitung.* Stationen: Warschau, Wilno, Lublin, Lemberg, Krakau, Zakopane, Lodz, Danzig u.a. Religiöses Erlebnis in der Marienkirche von Krakau.

Ab 25. Oktober. Reiseberichte aus Polen in der *Vossischen Zeitung,* später der *Neuen Rundschau* und anderen Zeitungen.

24./25. November. In Danzig. Anschließend Rückkreise nach Berlin.

Dezember. *Der Geist des naturalistischen Zeitalters* erscheint in der *Neuen Rundschau.*

und ... *Dawes*-Plan zur Regelung der Reparationen, erste *Funkausstellung* in Berlin. Thomas Mann, *Der Zauberberg.*

1925 Gründung der *Gruppe 1925* (u.a. Becher, Brecht, Bloch, Döblin, R. Leonhardt, Kasack, Kaiser, Loerke, Mehring, Wolfenstein). Die Gruppe debattiert über bürgerliche und proletarisch-revolutionäre Kunst.

26. April. Hindenburg Reichspräsident.

Ende Juli/August. Urlaub mit der Familie und Yolla Niclas in Burg am Spreewald.

November. *Reise in Polen* erscheint als Buch bei *S. Fischer* mit der Jahresangabe 1926.

15. November. Erste Rundfunksendung Döblins. Lesung aus *Die Nonnen von Kemnade,* Einführung Hermann Kasack, in der Sendereihe *Stunde der Lebenden.*

und ...

Egon Erwin Kisch veröffentlicht die Sammlung politischer Reportagen *Der rasende Reporter.* Max Brod gibt Kafkas Roman *Der Prozeß* heraus. Literatur-Nobelpreis für George Bernard Shaw. André Breton, *Surrealistisches Manifest;* erste surrealistische Ausstellung in Paris. Ausstellung *Neue Sachlichkeit* in München. Bruno Taut entwirft die *Hufeisensiedlung* in Berlin-Britz. Das *Bauhaus* verläßt Weimar unter reaktionärem Druck und weicht nach Dessau aus. Chaplin Hauptdarsteller in *Goldrausch.* In Deutschland 548 749 Rundfunkteilnehmer amtlich gemeldet. Englandfeindliche Unruhen in Shanghai.

1 Jüdische Bürger in der Berliner Grenadierstraße, Foto: Walter Gircke, 1928 (7) **2** Menschenschlange vor einem Berliner Leihamt, Sommer 1924 (13) **3** Verfassungsfeier vor dem Reichstagsgebäude (von links nach rechts: in der Mitte F. Ebert, O. Geßler und O. Meißner, links der Reichskanzler W. Cuno), 11. August 1923 (6) **4** Auf dem Potsdamer Platz wird eine Extra-Ausgabe des *Berliner Tageblatts* verteilt, um 1925 (6) **5** Redaktionsraum der Zeitschrift *Koralle,* Foto: Seidenstücker, o.J. (7) **6** Zeitungsfahrer warten vor dem *Scherl*-Verlagshaus auf ihre Ware, Foto: Seidenstücker, o.J. (7) **7** Restaurant am Kurfürstendamm um Mitternacht, Foto: Felix H. Man, 1929 (7)

1923 BIS 1925

Der Marienkult auf Kemnade ist seltsam.

Die schöne Äbtissin Judith mit ihren Nonnen feiert die Schönheit des Lebens, genießt die blühende Frische ihres jungen Körpers mit blondlockigen Rittern; sie ist eine Fürstin jauchzender Lebensbejahung.

Der finstere Mönch Ambrosius aber, einer der düsteren Sendboten des Papstes, will Gericht halten über ein Leben, dessen Sinn und Art ihm verschlossen blieb.

Zwei Welten stehen im Kampf miteinander.

Ein gigantisches Ringen auf Leben und Tod. Und die Äbtissin siegt, trotz aller Niederlagen. Siegt noch im Tode mit ihrem freudigen »Ja«, das sie dem Leben gab, und zwingt den starren Gegner herab, zwingt ihn, ihr im Tode zu folgen.

Ein starkes Stück, mit Riesenausmaßen; gut trotz vieler Mängel. [...]

Alles in allem aber ein großer Erfolg, zum mindesten auf Grund der Darstellung. Über die literarische Wertung des Stückes möchte ich Endgültiges heute noch nicht sagen. Den künstlerischen Nachweis jedoch hat Alfred Döblin mit diesem Stück gebracht. Schon nach dem zweiten Akte mußte sich der Dichter zeigen, und am Schluß wollte der Beifall überhaupt kein Ende nehmen.

Erhard Evers über die Uraufführung von Die Nonnen von Kemnade, *in:* Hallesche Zeitung, *24. April 1923*

Da war die Epoche 1919 in Berlin: verschossene Militärsachen, alles Feldgrau wurde aufgetragen, der Entlassungsanzug beherrschte das Bild. Was gefährlich war, ging feldgrau. Es gab Unruhen; Aufrufe rechts und links; 23er-Ausschuß, dies Komitee, das Komitee. Dann beruhigte es sich. Das Schloß wurde repariert; es war übrigens alles halb so schlimm gewesen. Das Polizeipräsidium wurde repariert; Stacheldraht versperrte noch lange den Zugang von der Alexanderstraße. Die dynastischen Büsten am Gebäude blieben endgültig verschwunden. Berlin begann sachte zu florieren. Es kam die Zeit des Streichens der Häuserfronten, der Ladenschilder. Man putzte sich nach der langen Kriegspause. Eine Tanzwelle hatte schon vorher das Land berührt; jetzt stürzte eine volle Flut heran. Das Unzulängliche wurde Ereignis; alle Schichten und Altersklassen Berlins begannen zu tanzen. Es war sichtlich eine psychische Infektion. Der Rundtanz verschwand. Wer gerade Beine und rachitisch krumme hatte, bewegte

sich niggerisch. Die rührenden Bilder in den östlichen Tanzsälen; es saßen einige unbedeutend da, plapperten, berlinerten, lutschten an ihren Gläsern; dann standen sie auf, bewegten sich: eben noch Ladenschwengel und Fabrikmädel, jetzt König und Königin. Und wie das ernst strahlte.

Linke Poot, Der hörbare Ruck, *in:* Berliner Tageblatt, *28. August 1923, Nr. 402; zit. nach: AW 14, Walter-Vlg., Olten 1972, S. 231*

Die Schwierigkeit, Schriftsteller zur wirtschaftlichen und standes-ideellen Zwecken zusammenzuführen, ist nicht nur dadurch bedingt, daß der Schriftsteller Heimarbeiter ist; Kenner der Gewerkschaften wissen und betonen immer, daß die Heimarbeiter ebenso leicht ausgenutzt wie schwer organisiert werden. Die Schwierigkeit beim Schriftsteller liegt noch an seiner bis zur Neuropathie besonderen, eigentümlichen Person – er ist Einzelmensch – und liegt zuletzt im Politischen. Das heißt: Schriftsteller, der einzelne Schriftstellermensch ist, ob er es weiß oder nicht, intensiv politisiert, wenn auch nicht im Sinn der zufälligen Parteien. Es gibt keine unpolitischen Schriftsteller. [...]

Man sieht jetzt allgemein, wie schädlich in einem Lande das Abgeben der Politik an einen Haufen Professionals ist. Der Schriftsteller muß Politik als einen integrierenden Teil des Geistigen, als wesentliche Äußerung des Geistes erfassen. Er darf, vom Kopf bis zu den Füßen Geistiger, sich nicht verstümmeln, indem er sich politisch willenlos macht. Er darf sich nicht abschrecken lassen durch die ironischen Worte der Professionals und der Massen, die auf ihre Professionals stolz sind.

Alfred Döblin, Schriftsteller und Politik, *in:* Der Schriftsteller. Zeitschrift des Schutzverbandes deutscher Schriftsteller, *Mai 1924, H. 3; zit. nach: AW 14, Walter-Vlg., Olten 1972, S. 233 f*

Und immer sehnsüchtig die Gase der Luft in die Lungenbläschen hinein, an die kleinen Zellen, die Kerne, das weiche Protoplasma, immer angezogen und weiter gegeben. Und wenn die Herzen stillstanden, die Zellen sich trennten und auflösten, waren sie neue Seelen, zerfallendes Eiweiß Ammoniak Aminosäuren Kohlensäure und Wasser, Wasser das sich in Dampf verwandelte. Leid- und lustbegierig, wanderungssüchtig, Seelenvereine in Schneeland-

schaften, in dem pendelnden weiten Meer, in den blasenden Stürmen, den Steinvölkern, die der Boden zu Bergen hochtrieb.

Alfred Döblin, Berge, Meere und Giganten, *Berlin 1924; zit. nach: AW 16, Walter-Vlg., Olten 1980, S. 511*

Um diese Zeit hatte Marduk es für nötig gehalten, um Ackerflächen zu erlangen, das Gebiet der Stadtlandschaft Berlin nach Norden gegen Mecklenburg hin über Güstrow Demmin Anklam hinzuziehen. Schon kurze Zeit darauf erachtete der Senat, der mit ihm Hand in Hand arbeitete, es für ratsam, über Demmin Anklam hinauszustoßen und sich über die sehr fruchtbare brache Gegend von Stralsund bis Anklam auszudehnen. Erst damals trat bei Marduk und dem Senat der Gedanke mehr in den Vordergrund, wie willkürlich geschnitten das Gebiet der Stadtlandschaft war, wie ungeheure Landmassen bis zu den Nachbarstadtschaften ungenützt dalagen. Mächtig wogte südlich der Elbe die Stadtschaft Leipzig. Westlich von Magdeburg folgten Stadtreste auf Stadtreste, abgebaute ausgeleerte Städte, ehemals Sonderstädte überwundener Industriezweige. Hannover neben Hamburg war die nächste westliche Stadtschaft, im Besitz eigener Mekianlagen, stärkster Kraftapparate, gefüllt von erschlaffenden erlahmenden Millionen Menschen, unter der Obhut von eifersüchtigen Senatsgruppen, Abkömmlingen der großen Herrengeschlechter, jeder bedacht auf Errichtung einer Tyrannei. Während die Masse des Volkes vergnüglich höhnisch und fast verächtlich ihre Herren beobachtete wie einen gemeinen Spaß. Ohne gehemmt zu werden griff der Berliner Senat bis dicht vor Hannover, das Braunschweig und Wolfenbüttel, Hildesheim und Celle überlagerte. Die im Westen ließen es fast mit Neugier geschehen, wie vom Osten her Menschen die leeren Landstriche besiedelten und arbeiteten, als gäbe es keine Mekifabriken, keine Kraftapparate.

Damals stieß man auf die längst verlassenen Kohlenbergwerke einer vergangenen Periode. Die schwarzen Halden und Schächte, die offen liegenden Gruben umwanderten die Männer und Frauen, die das Land bestellten; Stiere Kühe Schafe konnten hier nicht weiden; Weizen Roggen Hafer konnte nicht wachsen; von dem mächtigen finsteren Gelände wandten sie sich ab. Aber hinter ihnen zogen prüfend und beobachtend Marduks Gehilfen. Sie hatten noch nicht gedacht, auch die Kraftzufuhr abzubauen.

Mit unsäglicher Kraft lockte sie augenblicklich die schwarze Grube und der Abgrund. Dahinunter Menschen zu werfen, hier, auf der Stelle, die Last herauftragen zu lassen, wo sie gewachsen war: weg von den Wasserfällen Skandinaviens.

Wie ein Wunder staunten die Menschen, die mit ihren Tieren herumzogen, die glitzernden zerbröckelnden Steinlagen an, aus denen sich Wärme und Licht schlagen ließ. Die Stadtlandschaft war groß und menschenarm. »Wir werden sie zwingen. Wer friert sucht Wärme. Sie werden in der Nacht sitzen.« Sie zerschnitten Teile der Riesenkabel von den skandinavischen Wasserfällen, die fanatischen Feinde der Apparate. Sie sprengten Gerüchte aus, man wolle sie zwingen, in den neu sich bildenden Völkerkreis einzutreten.

Die märkische Stadtlandschaft warf sich dann auf das anlagernde Straßen- und Fabrikungetüm Hannover. Rasierte in wenigen Tagen weg, was diese Stadt mächtig machte. Sprengte verwüstete vertrieb Zehntausende. Braunschweig Hildesheim Wolfenbüttel Celle durchschritten die Grauen und Abscheu erregenden märkischen Männer und Frauen, die von der Kultur der Umländer nichts hatten als Bewaffnung und Sprengstoffe. Hunger und Tod gingen mit ihnen in die überfluteten Stadtlandschaften. Sie waren nicht viel, aber ausgesucht stark an Muskeln und Knochen, grob bekleidet. In verfallenen Städten lebten sie. Ihre Gesinnung roh. Trübe Geschöpfe, aus vielen Rassen, durch Markes Marduks Regiment eine Art geworden. Die aus westlichen Stadtschaften sich ihnen näherten, erkannten: sie waren bekümmert finster, zu Streit geneigt, eine gärende furchteinflößende Menschenmasse. Die Lüneburger Heide, Aller und Weser entlang wanderten ritten fuhren die Märkischen. Überwältigten Menschenhaufen selten mit Waffen und Apparaten, die sie hinter sich schleppten, liebten Listen Verwegenheiten roheste Kraft. In dieser Zeit überließ der Berliner Senat die Gewalt an Hordenführer.

Alfred Döblin, *Berge, Meere und Giganten*, Berlin 1924; zit. nach: AW 16, Walter-Vlg., Olten 1980, S. 174 f

Ihre Bücher [die von Gerhart Hauptmann und Thomas Mann; Anm. d. Hrsg.] lasen wir, aber nur heimlich; es schickte sich nicht für Avantgardisten. Zum Strand, mittags, offiziell, kamen wir mit ganz anderen Bänden angezogen: vor allem mit Döblins mächtigem Wälzer »Berge, Meere und Giganten«. Man las ihn im günstigsten Falle ein bißchen an; aber jeder wollte doch wenigstens einmal mit diesem schwierigen Ding bemerkt werden.

Ludwig Marcuse, *Mein zwanzigstes Jahrhundert*, Diogenes Vlg., Zürich 1975, S. 59

Aber wie steht es mit den Menschen in diesem Buche der Kräfte und Gegenkräfte? Meist sind sie in Massen da, wogen auf und ab, strömen herbei, gehen unter. Aber da ist etwa die kühne Erdichtung, daß über ganz Grönland eine Schicht tragfähiger Ölwolken geblasen werden muß zur Aufnahme glutspendender Riesenschleier. Sogleich teilen wir leibhaftig die Mühen und Qualen der aufopfernden Arbeiter, die aus Flugzeugen den Fuß auf diese Wolken setzen, die mit dem elastischen Boden auf- und niederwippen, abrutschen, sich einklemmen, auf Wolkenfetzen fortgetrieben werden – als schilderte der Verfasser aus der Erinnerung an eigene bittere Erlebnisse. Die Einfühlung in die Menschen geht bis zu den nicht mehr erfühlbaren Ungestalten riesig aufgequollener Monstra, die als Wächter mit den Füßen pflanzenhaft im Boden wurzeln, nur noch greifen und schlukken, kaum mit den Augen blinken, tierartig blöken und am Rande des Bewußtseins dahindämmern.

Moritz Goldstein, *Eruption der Phantasie*, [über *Berge, Meere und Giganten*], in: *Vossische Zeitung*, 30. März 1924, Nr. 154

Das Werk spielt im siebenundzwanzigsten Jahrhundert. Fortschritt der Menschheit. Man sieht die kleinen Menschen mit den großen Kräften. Sie wimmeln herum, geschliffen, funkelnd, Ingenieure, Politiker, Feldherren, Frauen, Entdecker, Wegbereiter, an der Arbeit, wie Leuchtameisen, tragen Einzelschicksale, exzedieren, haben ihre Grenzen, kommen zu ungeahnten Resultaten, kämpfen, suchen, leiden, zerstören. Sie haben das künstliche Lebensmittel Meki hergestellt; es entstehen Kriege zwischen den Stadtmenschen, den Zivilisatoren und den Naturmenschen, die die Künstlichkeit nicht mehr ertragen; die Städter behalten die Oberhand; sie schreiten weiter fort, unterjochen die Erdkräfte, sprengen die Vulkane Islands, fan-

gen das Feuer in Schleiern auf, enteisen Grönland und entdecken dabei das Feuer als Kraft allen Wachstums. Sie lernen, nach grausigen Katastrophen, das Urwesen Feuer beherrschen und machen aus sich Ungetüme, Turmmenschen, Giganten. Sie machen sich unsterblich, können sich nach Belieben verwandeln, können Tote erwecken. Und kämpfen weiter und leiden weiter.

Aber wie die Menschen zu diesen Errungenschaften gelangen, das ist eine grauenhafte, rätselvolle Odyssee. [...]
Es ist ein fürchterliches Wachstum ohne Ruhepunkt, Bäume werden durch Gase aufgetrieben, um Menschen zu zerquetschen, das ist nur der Anfang; das isländische Feuer läßt Pflanzen und Tiere der Kreidezeit wieder entstehen, eine Meduse verschlingt ein Schiff; Menschen verlieren ihre Formen, Körperteile schwellen ungeheuer, überschwellen den übrigen Körper; und zwischendurch laufen die Interessen der Einzelnen, die politischen Verhandlungen, Meinungsverschiedenheiten, Triebe, Begierden, private Schicksale; winzige Menschen, die den ungeheuren Graus dennoch ertragen, Sieger werden zwischen den bewußtlosmachenden Furchtbarkeiten; und alles dies flimmert, tobt, ist in keinem Augenblick ganz faßbar, ganz verständlich, es verändert sich, wird unkenntlich, umwächst, umwuchert uns geheimnisvoll, verschlingt sich mit uns, gibt keine Ruhe.
Es ist ein einzigartiges, gewaltiges Werk.

Ernst Blass über *Berge, Meere und Giganten*, in: *Die Neue Rundschau*, 1924, Bd. I, S. 527 f

Der Mann, der diesen mythischen Exzeß geschrieben hat, muß in den Schützengräben gelegen, muß gesehen haben, wie die Tanks Menschenfleisch fraßen, muß den Orkan der Kriegsmaschinen miterlebt haben. Kriegsmaschinenneurose ist das einzige Wort, das man als Erklärung für diese wilde Phantasie finden kann. [...]
So echt deutsch ist das ganze, so wenig menschlich, so unmenschlich, welch ein Schwelgen in den brutalsten Sensationen und gröbsten Effekten. In einem andern Lande als Deutschland hätte Alfred Döblins großer Roman nie herauskommen können; als Dokument in der Frage der modernen deutschen Mentalität verdient er beachtet und studiert zu werden. Was für ein Buch hätte diese Zukunftsgeschichte werden

können ohne die wahnsinnigen Übertreibungen, mit kleinen und menschlichen Mitteln. Jetzt ist es nichts anderes als ein Ungeheuer, ein furchtbarer Beweis dafür, wie weit die deutsche Literatur von heute vom Wege des Einfachen, Natürlichen und Menschlichen abirren kann.

Carl August Bolander über *Berge, Meere und Giganten*, in: *Dajens Nyheter*, 5. April 1929

⌐ Es ist hier ein wahrhaft großartiges Buch geschrieben worden, und ich stehe mit einem heillosen Respekt davor; aber wenn es nicht nur großartig wäre und nicht nur eines außergewöhnlichen Respektes würdig, wenn es noch durchtobt wäre in seinem riesenhaften Format von einem riesenhaften Gefühl, noch durchschossen wäre von einer großen Seele, noch das Atmen, Klopfen, Funkeln, Lächeln, Weinen, die Gnade der Unsichtbaren hätte, dann fielen zehn Jahre deutscher Literatur in den Staub vor diesem Arzte in der Frankfurter Allee.
Berge, Meere und Giganten – ein mächtiges Spiel, vor dem man hockt und nicht loskommt, die Steine ziehen sieht auf dem dunklen Brett, die Sonnen kommen und gehen, die Nächte und die Sterne mühselig erträgt, den Tag und die Menschen verquält, aber es ist kein Segen dabei, und wir wissen nicht, wohin wir uns wenden sollen, um den Raum wieder zu füllen, um den Sinn wieder zu spüren, um aus der fürchterlichen Ewigkeit wieder zurückzufinden in das Leben.

Fred Hildenbrandt über *Berge, Meere und Giganten*, in: *Berliner Tageblatt*, 31. Mai 1924

▎ Charakteristisch für die jetzige Epoche muß sein das Kleinheitsgefühl, stammend aus der Einsicht von der verlorenen zentralen Stellung in der Welt und aus der Einsicht in die Belanglosigkeit des tierisch-menschlichen Einzelwesens. Daneben steht das Freiheits- und Unabhängigkeitsgefühl, stammend aus der Gewißheit, nicht für ein Jenseits zu leben und alles von sich aus leisten zu müssen. Mit dem Freiheitsgefühl verbindet sich und aus ihm wächst sofort der Antrieb zu kräftigster Aktivität. Es kommt ganz und gar nicht zur Verzweiflung nach dem Schwinden der Jenseitsgläubigkeit. Es wird so: der bestirnte Himmel über mir und die Eisenbahnschienen unter mir. [...]

Blind ist immer die Zeit gegen das Neue, das dürftig erscheint. [...] Es ist freilich schon heute ein Unfug, eine Säule von Phidias anhimmeln zu lassen und die Untergrundbahnen ein bloßes Verkehrsmittel zu nennen. [...] Die Dynamomaschine kann es mit dem Kölner Dom aufnehmen.

Alfred Döblin, *Der Geist des naturalistischen Zeitalters*, in: *Die Neue Rundschau*, Dezember 1924, Band II; zit. nach: AW 8, Walter-Vlg., Olten 1963, S. 66 f und 70

▎ Die Großstädte sind ein merkwürdiger und kraftvoller Apparat. In ihren Straßen ist fast körperlich zu fühlen der Wirbel von Antrieben und Spannungen, den diese Menschen tragen, den sie ausströmen und der sich ihrer bemächtigt. [...] Die Menschen dieser Epoche fühlen auf neue Art ihren Kollektivcharakter, ihre soziale Natur. Sie sind im Begriff, neuartig zusammenzuwachsen. Mehr als in früherer Zeit ist jetzt die Tätigkeit aller Gesellschaftsarbeit. Das Zusammen und die Gleichartigkeit wird erlebt. [...] Und diese Periode, die keinen jenseitigen regierenden Gott kennt, wird sehen, daß das Wesen, das diese Welt ist, und sich in ihr äußert, in viel stärkerem Maße, als man früher glaubte, als man noch humanistisch war, grandios gesellschaftlich und freundlich ist.

Alfred Döblin, *Der Geist des naturalistischen Zeitalters*, in: *Die Neue Rundschau*, Dezember 1924, Band II; zit. nach: AW 8, Walter-Vlg., Olten 1963, S. 82

▎ Es gehört eine gewisse innere Verdunkelung (sagt einer Verblödung) dazu, Kunstwerke in die Welt zu setzen. Nur so ist es verständlich, daß Deutschland schon 1890 ein stark industrialisiertes Land war, die Künstler aber, Maler und Literaten, noch bei Sonnenaufgängen und Gänsehirten verweilten.

Alfred Döblin, *Der Geist des naturalistischen Zeitalters*, in: *Die Neue Rundschau*, Dezember 1924, Band II; zit. nach: AW 8, Walter-Vlg., Olten 1963, S. 78

▎ Im Jahre 1924 liefen von mir 10 Bücher – 11 Bände –, davon 8 erzählende. Sie wurden in etwa 6 200 Exemplaren verkauft; ich hatte davon insgesamt etwa 4 500 M[ark].
1925 liefen 11 Bücher, davon 9 erzählende. Sie wurden in etwa 5 000 Exemplaren verkauft. Ich hatte davon etwa 3 500 Mark.

Bei ununterbrochener literarischer Arbeit also und einem oft genannten Namen brachten mir 1924 elf Bände noch nicht 400 Mark monatlich und 1925 zwölf Bände noch nicht 300 Mark monatlich.

Alfred Döblin, *Ökonomisches aus der Literatur*, [Manuskript von 1926]; zit. nach: AW 24, Walter-Vlg., Olten 1986, S. 78

⌐ Viele Jahre später veröffentlichte Döblin ein kleines Buch, »Die beiden Freundinnen und ihr Giftmord« (1924), das, wie im Falle der »Witwe Steinheil«, die Geschichte eines in der damaligen Presse viel diskutierten Straffalles aus psychiatrischer Sicht darstellt. Nichts könnte aber von einem üblichen Zeitungsbericht weiter entfernt sein als Döblins Darstellung der homosexuellen Liebe zweier Frauen, die zur Ermordung des Ehemannes einer der beiden führt. In unserem Zusammenhang ist Döblins »Epilog« zum Buch aufschlußreich, denn hier werden sowohl seine poetologischen als auch seine weltanschaulich-sozialkritischen Grundsätze offenbar, die alle seine Erzählwerke, Dramen und seine ganze Essayistik durchdringen. »Von seelischer Kontinuität, Kausalität, von der Seelenmasse und ihren Ballungen«, stellt Döblin lapidar fest, »wissen wir nichts. [...] Psychischer Zusammenhang oder gar Kausalität, wie soll man sich das denken? Mit dem Kausalitätsprinzip frisiert man. Zuerst weiß man, dann wendet man die Psychologie an. Die Unordnung ist da ein besseres Wissen als die Ordnung.«

Anthony W. Riley, *Nachwort* zu AW 23, Walter-Vlg., Olten 1985, S. 442 f

▎ Ich hatte, als ich über die drei, vier Menschen dieser Affäre nachdachte, das Verlangen, die Straßen zu gehen, die sie gewöhnlich gingen. Ich habe auch in der Kneipe gesessen, in der die beiden Frauen sich kennenlernten, habe die Wohnung der einen betreten, sie selbst gesprochen, Beteiligte gesprochen und beobachtet. Ich war nicht auf billige Milieustudien aus. Mir war nur klar: das Leben oder der Lebensabschnitt eines einzelnen Menschen ist für sich nicht zu verstehen. Die Menschen stehen mit anderen und auch mit anderen Wesen in Symbiose. Berühren sich, nähern sich, wachsen aneinander.

Dies ist schon eine Realität: die Symbiose mit den anderen und auch mit den Wohnungen, Häusern, Straßen, Plätzen.

Alfred Döblin, *Die beiden Freundinnen und ihr Giftmord*, Berlin [1925]; zit. nach: dass., Rowohlt Vlg., Reinbek bei Hamburg 1978, S. 88

Am Abend in eine »Schul«. Über den Hof eines Wohnhauses in einen langen schmalen elektrisch erhellten Raum. Er ist von Menschen überfüllt. Oben läuft die Frauengalerie. Am Eingang hängen Plakate eines palästinensischen Rabbis und sein Bild: man soll zu einem Fonds beisteuern; diese Schul gehört einer zionistischen Gemeinde. Schwer durchstoße ich mit meinem Führer die Mauer der Männer, dringe an der Bima, der umzäunten Erhebung im vorderen Drittel des Raumes, vorbei, auf der man die Thora vorliest, bis ich ganz vorn bin an der Wand neben dem Vorbeter und seinem kleinen Chor.
Unter völliger Stille der Menschen fängt der Vorbeter das alte Kol-nidre-Gebet an. Er ist weißbärtig, untersetzt, hat einen weißen Mantel an, darüber liegt sein Gebetsmantel. Ein Käppchen trägt er, das ist aus Samt, mit Goldfäden bestickt. Die Gebetsmäntel der anderen Männer sind einfach und roh. Einige tragen kunstvolle mit Silberstickereien. Ganz leise hat der Vorbeter begonnen. Noch einmal singt er dasselbe Gebet, lauter. Und nun zum drittenmal mit voller klagender Stimme.
Mit diesem Ton ist der Abend gewaltig und machtvoll eingeleitet. Es scheint mir dabei nicht, als ob die Leute in gleichmäßiger Spannung und Erregung sind. Ich sehe sie hier und da plaudern. Der kleine Chor tritt in Aktion; die Jungen und die jungen Männer singen ganz auswendig. Der Vorbeter dirigiert sie selbst; streichelt während des Gesanges den und jenen Jungen, nickt ihnen zu. Dann kommt eine Stelle, die den Höhepunkt des Abends bildet. Der weißbärtige Mann hat sich vorbereitend seinen Gebetsmantel ganz über den Kopf gezogen. Andere im Saal tun wie er. Das Tuch fällt nach vorn über seine Stirn; unter dem Kinn drückt er es zusammen. Und was ich dann höre, was er dann singt, ist ein Widerhall des Jammerns und Stöhnens, das ich morgens auf dem Friedhof gehört habe. Nun im Gesang. In Inbrunst saugt sich der Mann ein, wie er sich in sein Tuch zurückgezogen, in Inbrunst, die alle mitnimmt. Wahrhaftig weint, wahrhaftig schluchzt er.

Schluchzen ist zu Gesang geworden, Gesang vom Schluchzen getragen. Das Lied sinkt in sein Urelement. Er trillert; die Stimme schleppt sich abwärts von Stufe zu Stufe. Dann wirft er sie verzweifelt und bettelnd wieder hoch, sie sinkt wehklagend zurück. Und wieder wirft er sie hoch. Auf die Frauengalerie greift das Weinen über. Wie der Mann im Jammern und Drängen nicht nachläßt, sich steigert, geben sie oben ganz nach. Ihr Weinen wird lauter, heller und übertönt seines. Ein wirklich angstvolles allgemeines Weinen hat sich zuletzt ausgebreitet, das den Raum durchschallt. Dumpf und tief singen die Männer in ihren Mänteln und wiegen sich. Nach rückwärts ist der Kopf des bärtigen alten Mannes gebogen, die Augen sind geschlossen. Die Tränen fließen ihm sichtbar über die Backen. Dann wird er stiller. Feierliche Gesänge kommen, auch seltsame wie freudige Lieder. Und zum Schluß, wie alles aus ist und sie schon gehen, intoniert einer ein Lied. Und alt und jung, Mann und Frau singen mit: die stolze, hoffnungsfrohe Hatikwah, die zionistische Hymne.

Alfred Döblin, *Die Reise in Polen*, Berlin 1925; zit. nach: AW 12, Walter-Vlg., Olten 1968, S. 93 f

Döblin hat viele ostjüdische Wendungen mitgebracht, nicht nur die oben zitierte. Deshalb ist Atmosphäre in diesem Buch, keine slawische, aber jüdische. Döblin hat eine wohltätige Frechheit. Er will keine »Verantwortung« vor den abstrakten Autoritäten tragen. Er hat keine »Grundsätze«. Er stellt das Prinzip hinter die Anschauung. Er kann höhnisch sein und man wird ihn niemals als Lästerer empfinden. Sein Witz ist kühl. Seine persönlichen Erlebnisse werden nicht privat. Seine Übertreibungen sind grotesk und deshalb von größerer Wahrheit als »sachliche Schilderungen«. Er ist nicht »objektiv«, das heißt, nicht bestrebt, allen Seiten gerecht zu werden und dem Objekt ungerecht. Er ist subjektiv, deshalb kann man sich auf ihn verlassen. Er soll seine eigenen Vorurteile haben. Denn die eigenen Vorurteile eines Ironikers entstellen nicht wie die kühle Gerechtigkeit eines Pathetischen.
Er hat eine kühne Ungerechtigkeit, einen gerechten Mut, eine schöne sprachliche Willkür, er verbirgt nichts, wenn ihm etwas einfällt, was die Langweiligen »unpassend« finden könnten. Unter allen Länder bereisenden, Völker be-

schreibenden, Langeweile bekanntlich Sachlichkeit nennenden, respektvoll vor überlieferten Begriffen geneigten, gleichsam ehrfürchtig im Coupé gebeugten Berichterstattern ist Döblin ein Souverän, erquicklich Höhnender. Allen Schriftstellern gesagt ...

Joseph Roth, *Döblin im Osten,* [über *Die Reise in Polen*], in: *Frankfurter Zeitung*, 31. Januar 1926

Unüberblickbar ist die Zahl der Zuchthausurteile, die im Laufe der letzten Jahre die deutsche Justiz wegen politischer Verbrechen gefällt hat.
Wenn die Angeklagten Ludendorff, Hitler, von Killinger hießen und wegen Hochverrats angeklagt waren, wurden sie freigesprochen oder zu lächerlich niedrigen Festungsstrafen mit Bewährungsfrist »verurteilt«. Heißen sie jedoch Mayer, Margies oder Schulz, standen sie links und waren sie unvorsichtig genug, den Faschisten auf eigene Faust inmitten des Chaos von 1923 gegenüberzutreten, dann traf sie ein drakonisches Urteil. [...] Illegal und legal durfte sich die Konterrevolution entwickeln. Ludendorff, Hitler, Ehrhardt, Arco laufen frei herum. Unsere Nerven sind abgestumpft infolge der Ungeheuerlichkeiten der letzten Jahre. Und was tut jetzt der Staatsgerichtshof, gegen dessen Urteil es keine Berufung gibt? Er fällt ein allerschwerstes Urteil im sogenannten Tscheka-Prozeß über Verbrechen, die zwei Jahre zurückliegen[,] aus einer innenpolitisch gespannten Zeit, über politische Verbrechen. Drei der Angeklagten werden zum Tode verurteilt! [...]
Unser Rechtsgefühl verbietet uns zu schweigen. Und die Pflicht des wirklichen Republikaners, des Freundes gleichmäßiger Gerechtigkeit, des noch nicht völlig abgestumpften Menschen, befiehlt uns, das Bedrückende dieser Rechtsprechung, den kalten Formalismus, die Herzensträgheit, die politische Instinktschwäche dieser Justizbürokratie zu bekämpfen, und ihre Urteile – sie sind zum Schaden der Republik – abzulehnen.
Dr. Alfred Döblin. Dr. Hermann Duncker.
Leonhard Frank. Wilhelm Herzog.
Georg Ledebour. Alfons Paquet.
Heinrich Vogeler. Worpswede.
Prof. Heinrich Zille.

Alfred Döblin, *Gegen die Todesurteile des Staatsgerichtshofes*, in: *Verhindert einen dreifachen Justizmord*, Berlin 1925

1926 15. Januar. Uraufführung von *Lusitania* im *Hessischen Landestheater Darmstadt.* Döblin ist anwesend. Nationalsozialistische Studenten stören wegen der pazifistischen Tendenz des Stückes.

15. Februar. Das *Manifest der Gruppe 1925* erscheint in der *Welt am Abend,* später in der *Roten Fahne.*

16. März. Döblin, Brecht und Bronnen sind Ehrengäste im *Staatstheater Dresden* bei Verdis *Macht des Schicksals,* neubearbeitet von Werfel. Kleiner Skandal bei einer Lesung der »Drei Götter« (Brecht) am nächsten Vormittag.

April. Berliner Erstaufführung des Films *Panzerkreuzer Potemkin.* Fritz Lang dreht *Metropolis.*

30. April. Döblin und Walden in einer öffentlichen Diskussion der *Sozialistischen Monatshefte* über die Beziehungen zwischen Kunst und Gesellschaft.

5. und 6. Mai. Artikel (in der *Vossischen Zeitung*) und Festvortrag Döblins (vor der *Deutschen Psychoanalytischen Gesellschaft*) *Zum 70. Geburtstag Sigmund Freuds.*

6. Mai. Gesetzentwurf zur Fürstenenteignung im Reichstag abgelehnt.

26. Mai. Döblin spricht in einer Veranstaltung der *Gruppe 1925* über Epos und Roman.

Juli/August. Ferien des Ehepaares Döblin an der Côte d'Azur. Treffen mit Ernst Toller. Das Klima hindert Döblin an der Weiterarbeit an *Manas.* Reisestationen sind Straßburg, Paris, Marseille. Im Juli erscheint *Ein Sonntag in Straßburg* im Berliner Tageblatt.

29. August. Mitzeichnung des *Aufrufs gegen das Schmutz- und Schundgesetz.*

September. Prousts *Auf der Suche nach der verlorenen Zeit* erscheint in deutscher Übersetzung. Döblin schreibt über seine Proust-Lektüre in *Ferien in Frankreich* im Oktober in der *Weltbühne.*

26. Oktober. Gründung der *Sektion für Dichtkunst der Preußischen Akademie der Künste.*

7. Dezember. Geburt des Sohnes *Stefan* in Berlin.

10. Dezember. Friedensnobelpreis für Briand und Stresemann.

18. Dezember. Das *Schmutz- und Schundgesetz* wird wirksam. Wegen ihrer Zustimmung dazu entfernt sich Döblin von der SPD. Fortsetzung des Kampfes gegen das Gesetz im Vorstand der *Aktionsgemeinschaft für geistige Freiheit.*

29. Dezember. Tod Rilkes. Streit in der *Gruppe 1925.* Brecht und Döblin gegen eine Gedenkfeier
und ...

In Kopenhagen und Oslo erscheint eine dänische Ausgabe von *Wang-lun.* Zwölfbändige Werkausgabe von Arno Holz. Thomas Mann, *Unordnung und frühes Leid.* Hans Grimm, *Volk ohne Raum,* nationalistischer Roman. F.W. Gladkow, *Zement,* in deutscher Übersetzung. Ossietzky wird Hauptschriftleiter der *Weltbühne.* Freuds Schüler Dr. Karl Abraham ist »psychoanalytischer Mitarbeiter« bei G.W. Pabsts Film *Geheimnisse einer Seele.*

1 Die Linkstraße in Berlin, 1928 (9) **2** Modellentwurf von Erich Kettelhut *Stadt mit Turm* für den Film *Metropolis* von Fritz Lang, 1925/1926 (22) **3** Aufforderung der *Allgemeinen Ortskrankenkasse* zur kassenärztlichen Untersuchung einer Sozialhilfeempfängerin wegen zu häufiger Krankschreibungen, 1926 (4) **4** und **5** Szenenfoto und Programmzettel zur Uraufführung der *Lusitania* im *Hessischen Landestheater* in Darmstadt, 1926 (41) **6** Almanach mit Döblins Rede zu S. Freuds 70. Geburtstag (4) **7** Filmszene aus *Geheimnisse einer Seele* von Georg Wilhelm Pabst, 1926. Der Film nannte sich ein *psychoanalytisches Kammerspiel.* Karl Abraham und Hans Sachs, beide Schüler Freuds, waren die psychoanalytischen Mitarbeiter. (22) **8** Erwin Piscator geht zur Probe, Fotomontage von Sasha Stone zur Eröffnung der *Piscator-Bühne* am Nollendorfplatz in Berlin, 1927 (7) **9** Erna und Alfred Döblin an der Côte d'Azur, Juli/August 1926 (1)

1926

MANN: Sieh da, die See.

FRAU: Sieh nicht da. Blind möchte ich sein. Hätt ich einen Kopf ohne Augen. Mich ekelt's, wenn ich heraufkomme und sie ansehe.

MANN: Das schöne Wasser.

FRAU: Das Riesenkänguruh. Es hüpft; macht seinen weichen dumpfen Beutel auf für uns.

Alfred Döblin, *Lusitania. Drei Szenen*, Hamburg 1929; zit. nach: AW 22, Walter-Vlg., Olten 1983, S. 63

Alfred Döblin ist ein Expressionist. Vor allem ist seine »Lusitania« ungemein expressionistisch. Kinder, was gespenstert sich da zusammen. Von Anfang an sind keine Menschen auf der Bühne, sondern lauter halbechtes, halbwüchsiges, närrisches Traumzeug, zweibeinig zwar, aber ohne Papiere und Identität, untermischt mit »Meergeschöpfen«, die ihrerseits wieder die Träume und Ahnungen der bloß so hingeträumten Auch- und Immerhin-Menschen repräsentieren. Es ist ungeheuer verzwickt. Dann knallt es furchtbar. Die Immerhin-Menschen segeln aus dem torpedierten Schiff in die Tiefe, sind also nun doppelt tot, und reden, weil das den Expressionismus nur wenig geniert, am Grunde des Meeres weiter.

Wilhelm Michel über die Uraufführung von *Lusitania*, in: *Hessischer Volksfreund*, 18./19. Januar 1926

Es kam vereinzelt zu Tätlichkeiten. Damen sind angepöbelt worden, weil sie Beifall spendeten. In den Pausen stand das Publikum erregt in den Reihen und starrte in die weit offenen Kauapparate der oben über die Brüstung gebeugten Pfuirufer. Während der Akte kamen nur vereinzelte Störungsversuche vor, aber was in den Pausen geschehen konnte, um die Schauspieler zu verwirren und die Aufnahmefähigkeit des Publikums zu mindern, ist mit frechster Unanständigkeit geschehen. Das Verwerflichste an diesem Vorgehen liegt aber darin, daß es ganz offenbar vorher schon verabredet war. Man hatte auf gute Plätze Leute gesetzt, die so aussahen, als seien sie in anderen Vergnügungsstätten besser bewandert als im Hessischen Landestheater; sie machten einen unzweifelhaft gemieteten oder doch beorderten Eindruck. Mit anderen Worten: das Publikum des Abends hat es sich gefallen lassen müssen, durch eine im übrigen theater- und kunstfremde Pfui-Sektion, die von irgend einem Hakenkreuzler hierher

befohlen war, empfindlich gestört zu werden. Man fragt sich, was inskünftig aus unseren Theaterabenden werden kann, wenn auch andere, vielleicht gegnerische Verbände sich diese Methode zu eigen machen.

Wilhelm Michel über die Uraufführung von *Lusitania*, in: *Hessischer Volksfreund*, 18./19. Januar 1926

Wir erhalten mit dem Ersuchen um Veröffentlichung nachstehende Zuschrift: »Die unterzeichneten Schriftsteller haben sich zu einer Gruppe zusammengeschlossen, die den Namen ›Gruppe 1925, Schriftstellergemeinschaft‹ trägt. Die ›Gruppe‹ sammelt um sich Schriftsteller von Belang, die mit der geistesrevolutionären Bewegung unserer Zeit verbunden sind, dies in ihrer Haltung zu Staat und Gesellschaft bekunden und dokumentieren in Arbeiten auf künstlerischem, essayistischem, kritischem, allgemein-wissenschaftlichem Gebiet. Die ›Gruppe‹ will nach innen diese Schriftsteller aus ihrer Isolierung heben und durch den kameradschaftlichen Zusammenschluß fördern und stärken. Die ›Gruppe‹ bezweckt nach außen das endliche Hervortreten einer Repräsentanz dieser modernen geistesradikalen Bewegung. Die ›Gruppe‹ erweist ihr Leben in regelmäßigen Zusammenkünften und in Stellungnahme zu Dingen, die ihr wichtig erscheinen.
Gez.: Johannes R. Becher, Ernst Blass, Friedrich Burschell, Alfred Döblin, Albert Ehrenstein, Manfred Georg, Bernard Guillemin, Willy Haas, Walter Hasenclever, Walter von Hollander, Hermann Kasack, Kurt Kersten u.a.«

N.N., *Gruppe 1925 – eine neue Schriftstellergemeinschaft*, in: *Rote Fahne*, 2. März 1926

Mit Brecht verlief es literarisch politisch und menschlich aufs allerbeste. Um uns gab es einen Kreis der Radikalität, welcher es sich nicht genug sein ließ, mit Däubler etc. im Fahrwasser des schon stark versandeten Expressionismus zu liegen, die Zeit hatte uns alle ergriffen, etwas Neues, und zwar nicht Ebert und Scheidemann, mußte nun kommen, und Brecht blies prachtvoll die Alarmtrompete und schlug trommelnd in der Nacht [...] Was waren das für Zeiten, wir waren jünger und gesünder. Wir hatten eine kleine Linksradikale Gruppe, sie nannte sich [...] Gruppe 1925, Treffpunkt Kaffee in der

Motzstraße, wo wir miteinander diskutierten. Wir trafen uns auch bei Fritz Sternberg am Bülow-Platz, der uns sehr sicher und autoritativ seine Theorien über die Lehren von Karl Marx entwickelte. Wir trafen uns auch als Sonderkolonne oben bei Brecht, am U-Bahnhof Knie, nachdem wir beschlossen hatten eine Arbeitsgruppe zu bilden, für die Präparation von Stükken etc. Erwin Piscator saß wachsam dabei [...]

Alfred Döblin, *Brief an Johannes R. Becher*, Wiesneck, 10. September 1956; zit. nach: AW 13, Walter-Vlg., Olten 1970, S. 476

Als Becher 1927 für eine russische Zeitschrift über die »proletarisch-revolutionäre Literatur in Deutschland« schrieb, da berichtete er u.a.: »Die ›Gruppe 25‹ ist immerhin ein Versuch, das literarische Leben Berlins zu aktivieren. In der ›Gruppe‹ schlossen sich linksbürgerliche und einige kommunistische Schriftsteller zusammen. Das einzige Thema aller Debatten ist stets ›die bürgerliche und die proletarisch-revolutionäre Kunst‹. Zu dieser Gruppe gehören: Johannes R. Becher, Alfred Döblin, Egon Erwin Kisch, Leonhard Frank, Bert Brecht und andere.«

Die ganze überaus symptomatische Bedeutung des späteren heftigen Zusammenstoßes zwischen Becher und dem »Bund proletarisch-revolutionärer Schriftsteller« auf der einen Seite und, auf der andern, Döblin als einem Repräsentanten »linksbürgerlicher« Einstellung und Literatur läßt sich in der Tat nur verstehen als Endpunkt einer Entwicklung, an deren Anfang eine Koalition gestanden hatte, wie sie vor allem in der »Gruppe 1925« zum Ausdruck kam, die aber auch innerhalb des »Schutzverbandes deutscher Schriftsteller« wirksam gewesen war.
Die Polarisierung der beiden linken Fraktionen begann allem Anschein nach mit der Bildung einer Berliner »Arbeitsgemeinschaft kommunistischer Schriftsteller« um die Jahreswende 1925/26, über die Becher in seinem Referat auf der I. Internationalen Konferenz proletarischer und revolutionärer Schriftsteller im November 1927 in Moskau berichtete, sie habe versucht, »im kommunistischen Sinne« auf Schriftsteller einzuwirken, »die mit der Kommunistischen Partei sympathisieren«, u.a. in einer Gruppe, »deren Leitung Döblin, Brecht, Leonhard Frank und Becher angehörten«. Also offenbar in der »Gruppe 1925«. Das Ergebnis der Arbeit sei jedoch »nicht sonderlich groß« gewesen:

»Es fehlte uns an eigenen, zum Erfolg führenden Methoden, um eine enge Zusammenarbeit mit den Sympathisierenden zu erreichen. Nichtsdestoweniger ist die Arbeit mit den Sympathisierenden nach wie vor eine nützliche Sache.«

Wenn die kommunistischen Schriftseller auch nach der Bildung einer eigenen »Arbeitsgemeinschaft« zunächst noch mit den »Sympathisierenden« zusammenarbeiteten, statt sich als Organisation sogleich völlig zu verselbständigen, wenn sie eine Zusammenarbeit weiterhin als »nützlich« empfanden, so stand dahinter offenbar die Einsicht, in der eigenen Partei noch zu wenig Rückhalt zu haben.

Leo Kreutzer, *Alfred Döblin. Sein Werk bis 1933*, Vlg. W. Kohlhammer, Stuttgart 1970, S. 136 f

Bert Brecht: Ich glaube, daß die Tagung des Berliner PEN-Klubs *unter dem Zeichen der Festessen* stehen wird. Über das, was die alten Leute erreichen könnten, habe ich gar nicht erst nachgedacht. Sie haben *so bewußt alles Junge ausgeschlossen*, daß diese Tagung, jedenfalls was die deutsche Gruppe anbetrifft, *absolut hoffnungslos überflüssig und schädlich ist. [...]*

Alfred Döblin: Ich erwarte von der Tagung des PEN-Klubs gar nichts. Die deutsche Gruppe führt eine Öffentlichkeit des In- und Auslandes irre. Sie ist absolut nicht die Vertreterin der deutschen Geistigkeit, sondern sie ist eine Clique. – Es ist die Clique des Herrn Fulda. Die kriegsgegnerische und junge Dichtergeneration ist nicht mehr vertreten.

Was erwarten Sie von der Beliner Tagung des PEN-Klubs? Eine Umfrage unter Berliner Mitgliedern und Nichtmitgliedern, in: *Die literarische Welt*, 14. Mai 1926, Nr. 20, S. 2

Freud, in das Seelengebiet einrückend, stellte zunächst das Allergröbste fest, und das war, daß es etwas Unbewußtes gibt. Es ist ihm eigentümlich gegangen: links hat er an die Dichter gestoßen, rechts die Philosophen verärgert, vorne den Ärzten auf die Hacken getreten. Es waren gar keine Worte da für das, was Freud meinte und was er auch sah im Seelischen. Sagen mußte er es. Woher nehmen und nicht stehlen? Da stahl er. Von den Philosophen das Unbewußte. Die meinten damit mancherlei, Unsicheres, worüber sie disputierten. Freud meinte nur

einen ganz gewöhnlichen seelischen Tatbestand, der täglich vor seine Augen trat. Die nähere Bestimmung und Aufklärung des beobachteten Tatbestandes, sagte er, wird sich schon beim Arbeiten mit dem Begriff ergeben. Das ist so: erst nimmt man einem das Geld und gebraucht es; nachher wird sich schon herausstellen, wem es gehört. Aber die Methode hat sich bewährt, ich meine in der Wissenschaft.

Alfred Döblin, *Zum siebzigsten Geburtstag Sigmund Freuds*, in: *Almanach 1927*, Wien 1927, S. 33

Ich muß noch einmal mit Frankreich zanken, obwohl ich eine Heuschrecke sein werde. Es handelt sich um Anatole France und Proust. Die will ich nicht schlucken. Es wird, bei uns, ein ungeheurer Unfug mit Frankreich getrieben, mit der französischen Kunst, französischen Literatur, französischen Geistigkeit. [...] Neuerdings geht der Proust um. Die Posaunen blasen, und wer ist es? Ein feiner Pointillist, er hat keine Ahnung vom Roman, nicht vom vergangenen, nicht vom gegenwärtigen, nicht vom zukünftigen. Offenbar ein origineller, ja besonderer Stilist im Französischen, aber zerflatternd, haltungslos, ein Sack, der sich aus hundert Löchern verspritzt. Er kann mit all seinen Feinheiten nichts anfangen. So viel konnte ich aus seinem übersetzten hochgepriesenen zweibändigen Un-roman sehen.

Alfred Döblin, *Ferien in Frankreich*, in: *Die Weltbühne*, Oktober 1926; zit. nach: AW 24, Walter-Vlg., Olten 1986, S. 69

Ich schreibe Bücher – einerseits – und habe Familie, kenne viele Menschen, übe eine praktische Tätigkeit, kümmere mich um Allerlei – andererseits. Geschieht nun eine Umschaltung, wenn ich aus dem einen in ein Buch steige und umgekehrt, oder was geschieht? Denn natürlich ist die Enteisung Grönlands oder eine indische Dämonenunterhaltung etwas anderes, als was am Alexanderplatz vor sich geht. Wenn es Sie interessiert, wie ich ein Buch mache und nebenbei die richtige Straßenbahnlinie finde, so will ich Ihnen sagen: es ist die einfachste Sache der Welt. Man macht alles nacheinander. Sie rechnen ja auch und finden die richtige Straßenbahnlinie. Sie treiben Politik und können nachher denken. Einem Manne, der mich um Rat fragt, gehe ich zur Hand mit den praktischen Methoden und realen Kenntnissen, die

ich habe, – und darauf habe ich etwas Kopfschmerz, langweile mich und komme unversehens, je nachdem, ins bloße Duseln, ins völlige Einschlafen oder ins Spintisieren. Vielleicht fällt mir schon etwas ein, wenn ich mit jenem Mann spreche: aber das hilft dem Mann und mir nichts; ich muß alles schön hintereinander tun. Und so geht es von sich aus.

Also Umschaltung. Aber sehr behagt mir der Ausdruck nicht. Es ist doch ein eigentümliches Durcheinander. Ich habe einen Bahnhof in mir; von dem gehen viele Züge aus. Manchmal fährt bloß einer, manchmal mehrere zugleich. Ich schicke mal den, mal den vor. Manchmal, wenn der eine läuft, kann der andere sich nicht halten und läuft auch.

Alfred Döblin, *Gleiswechsel im Hirnkasten*, in: *Berliner Tageblatt*, 27. November 1926; zit. nach: AW 24, Walter-Vlg., Olten 1986, S. 75 f

ALFRED DÖBLIN

DAS BUCH
ZU HAUS
AUF DER STRASSE

VORGESTELLT VON
ALFRED DÖBLIN UND OSKAR LOERKE

S. FISCHER VERLAG · BERLIN

1927 18. Februar. Döblin veröffentlicht im *Berliner Tageblatt* einen Artikel gegen die Todesstrafe.

27. Februar. Auf einer Veranstaltung der *Vereinigung linksgerichteter Verleger* sprechen Döblin und Johannes R. Becher über das Recht auf freie Meinungsäußerung.

18. März. Döblin, Brecht und Herbert Ihering sind Preisrichter für Prosa in einem Nachwuchswettbewerb. Sie votieren u.a. für Anton Betzner und Jakob Röder (*Klabund*).

Mai. Das Versepos *Manas* erscheint bei S. Fischer.

13. Mai. Schwarzer Freitag an der *Berliner Börse*.

10. Juni. Enthusiastische *Manas*-Rezension Robert Musils im *Berliner Tageblatt*.

Juli. Urlaub im Riesengebirge.

7. August. Mit einem Artikel *Von einem Zahnarzt und seinem Opfer* nimmt Döblin Rache an seinem Zahnarzt. Es folgen gerichtliche Auseinandersetzungen.

Herbst. Beginn der ersten geschlossenen Niederschrift von *Berlin Alexanderplatz.*

3. September. Eröffnung der *Piscator-Bühne* am Nollendorfplatz.

November. Nach Vorabdrucken in mehreren Zeitschriften erscheint *Das Ich über der Natur* bei S. Fischer.

Dezember. Lesung in Zürich, Besuch in Mailand, auf der Rückreise Lesung in München.

23. Dezember. In der *Preußischen Akademie der Künste* schlägt Heinrich Mann als künftige Mitglieder der *Sektion für Dichtkunst* Döblin, Leonhard Frank, Alfred Kerr, Fritz von Unruh und Ernst Toller vor.

25. Dezember. Im *Berliner Börsen-Courier* entwickelt Döblin seine Vorstellungen von der *Aufgabe einer literarischen Akademie.*

und ... Upton Sinclair, *Petroleum*, Franz Kafka, *Amerika*, Hermann Hesse, *Steppenwolf*, Heidegger, *Sein und Zeit*

1928 5. Januar. Döblin erhält den Brief einer Patientin, den er fast textgleich in *Berlin Alexanderplatz* verwenden wird.

6. Januar. Lesung in Magdeburg

8. Januar. Mitunterzeichnung des Protestes gegen einen geplanten Hochverratsprozeß gegen Johannes R. Becher.

10. Januar. Döblin wird zusammen mit Theodor Däubler, Leonhard Frank, Alfred Mombert und Fritz von Unruh in die *Sektion für Dichtkunst* der *Preußischen Akademie der Künste* gewählt. Die rechtsstehenden Mitglieder stimmen gegen seine Aufnahme.

15. März. Öffentliche Festsitzung der Akademie-Sektion zur Aufnahme der neuen Mitglieder. Döblin hält einen Vortrag *Über Schriftstellerei und Dichtung.*

19. März. Lesung aus dem *Alexanderplatz*-Manuskript im *Berliner Verein der Literaturfreunde*, etwa um diese Zeit auch im Haus des Verlegers S. Fischer.

März. Döblins *Ulysses*-Rezension erscheint in *Das deutsche Buch*.

18. April. In einem Brief an den Germanisten und Akademie-Senator Julius Petersen schlägt Döblin eine Kooperation zwischen Akademie und Berliner Universität vor. Die darauf folgenden Gespräche führen zu einer Vortragsreihe von Mitgliedern der *Sektion für Dichtkunst* im Wintersemester 1928/29 im Auditorium Maximum der Berliner Universität.

Sommer. Überarbeitung der ersten Manuskriptfassung von *Berlin Alexanderplatz*. Juli/August: Urlaub im Harz.

10. August. Döblins 50. Geburtstag. Die *Berliner Funkstunde* überträgt einen Vortrag Oskar Loerkes und eine Döblin-Lesung von Theodor Loos. In der *Literarischen Welt* und der *Neuen Rundschau* erscheinen Geburtstagsaufsätze von Axel Eggebrecht, Hermann Kasack, Ferdinand Lion und Oskar Loerke.

Zum Geburtstag gibt der S. Fischer Verlag *Alfred Döblin. Im Buch Zu Haus – Auf der Straße*, vorgestellt von Döblin selbst und Oskar Loerke, heraus.

30. August. Uraufführung der *Dreigroschenoper* in Berlin.

25. September. In einer Sendung der *Berliner Funkstunde* über Paracelsus spricht Döblin zur Einführung.

19. Oktober. Mit der Gründung des *Bundes proletarisch-revolutionärer Schriftsteller Deutschlands* geben kommunistische Autoren ihre bisherige Zusammenarbeit mit linksbürgerlichen Autoren – etwa in der *Gruppe 1925* – auf.

10. Dezember. Mehr als 1000 Studenten im Auditorium Maximum der Berliner Universität bei Döblins Vortrag *Der Bau des epischen Werks.*

12. Dezember. Diskussion dieses Vortrags in der Akademie.

21. Dezember. Deutsch-russischer Dichterabend des *Verbandes der Studenten der UdSSR in Deutschland*. Es lesen u.a. Brecht, Döblin, Ilja Ehrenburg, Hermann Kesten und Ernst Toller.

und ...

Kleistpreis für Anna Seghers. Gropius tritt als Leiter des *Dessauer Bauhauses* zurück.

1 Friedrichstraße / Ecke Leipziger Straße, 1928 (7) 2 Der Bahnhof Alexanderplatz, 1926 (6) 3 Straßenhandel mit Oberhemdkragen, 1922 (9) 4 »Wilde Händler« auf dem Alexanderplatz, 1927 (6) 5 Alexanderplatz, 1927 (6) 6 Bürohaus am Alexanderplatz, aufgenommen um 1935 (6) 7 Straßenfeger auf dem Potsdamer Platz, Foto: Casparius, um 1930 (6) 8 Wurstmaxe am Hermannplatz, 1930 (6) 9 Straßenbau, Foto: Seidenstücker, um 1922 (7) 10 Festschrift zu Döblins 50. Geburtstag, Fotomontage von Sasha Stone, 1928 (4) 11 Verkehrsturm auf dem Potsdamer Platz, um 1925 (6) 12 Prostituierte mit Freier, o.J. (10)

»Wie lange soll ich stehn,
  Wie lange soll ich stehn am Fenster,
Wie lange soll ich stehn an diesem Fenster,
Wie lange soll ich stehn an diesem blassen
  gläsernen verhaßten Fenster,
Und euch muß ich anhören,
Anhören Stunde um Stunde um Stunde.«

Alfred Döblin, *Manas*, Berlin 1927; zit. nach: AW 4, Walter-Vlg., Olten 1972, S. 10

Ruhig vergingen am Himmel Tag um Tag,
  Mit Feuer versenkte sich jeden Abend
Die Sonne hinter den Bergen.
Im Nu war das Brennen hin,
Der Himmel samtschwarz und das ungeheure
  Blitzen der Riesensterne da.
Die schwiegen die halbe Nacht über.
Gegen Mitte der Nacht aber,
Als hätten sie sich erst die Brust mit Luft
  vollgepumpt,
Fingen sie an zu sprechen.
Ein großes Murmeln. Sie sprachen unter sich.
Obwohl sie reglos waren und sich nur langsam
  abbewegten.
Wie Menschen, die in Betten liegen,
Die man langsam mit ihren Betten wegschiebt,
Führten sie eine Unterhaltung miteinander,
Bald leiser, bald mit zorniger Erregtheit,
Um dann minutenlang zu schweigen und
  wieder zu beginnen.
Dabei schienen sich die Berge zu ducken,
Alle die kolossalen Gipfel des Himalaya,
Der Api, der Nanda Kot, Nanda Dewi, Trisul,
  Jamnotri,
Die sich mit Schnee und Gletschern gewaltig
  unten ausbreiteten
Und bei Tag dröhnten.
Aber unter dem Gemurmel und dem Hin und
  Her am Himmel hielten sie still.
Es war lautlos im Hochgebirge,
Während die Sterne sprachen, stritten und
  abrollten.

Alfred Döblin, *Manas*, Berlin 1927; zit. nach: AW 4, Walter-Vlg., Olten 1972, S. 185

Das ist nicht immer geschmackvoll, aber immer ist diese geschundene und geschleifte Sprache den inneren Vorgängen näher als eine mit schön geschminkter Haut. Auch die vielen onomatopoëtischen Ausdrücke, die zur Anwendung kommen, sind nicht geschmackvoll; diese unmittelbare Lautmalerei ist an ihren schwächeren Stellen ungefähr so, wie wenn ein sehr lebhafter Erwachsener Kindern eine aufregende Geschichte vormacht (pelle-pelle, tapp-tapp, sum-sum-saus, surre-saus, ei-eiah, girre-girre, usw.), an den starken Stellen aber ist sie so, wie wenn in einem sehr drängenden Zustand unsere Gedanken in Illusionen übergehen und die Worte Körper bekommen: auch Halluzinationen sind nicht geschmackvoll, aber es sind Zustände äußerster Intensität! Und da kann man, glaube ich wohl, daran erinnern, daß diese geheime Übereinstimmung zwischen Lautbild und bezeichnetem Gegenstand zum Urzauber der Sprache gehört, ebenso wie die Beeinflussung der Atemkurve und das Geheimnis der ungleichen Wiederholung zu Rhythmus und Reim gehören.

Robert Musil, *Alfred Döblins Epos*, in: *Berliner Tageblatt*, 10. Juni 1927

Ich bin grundsätzlich gegen die Todesstrafe. Ich habe eine große Abneigung gegen das Wort »Todesstrafe«, das eine Beleidigung und eine erbärmliche Auffassung vom Tode zeigt: mit dem Tod wird man nicht gestraft wie mit Schlägen oder mit Einsperrung.
Jugendliche aus dem Leben, aus diesem Leben zu schaffen, dazu halte ich so bald und unter ruhigen, normalen Verhältnissen niemanden legitimiert. Was da wächst, aber erst heranwächst, ist nur zu einem oft kleinen Teil durch eigenen Willen so geworden. Das hat sich noch nicht besinnen können, sich noch nicht umgesehen, – und was es tut, ist oft zu vier Fünfteln ihm blind und unkontrolliert, eingegeben durch Vater und Mutter, Schule, Lehrstelle, Not- oder Glückslage, durch seine Gesellschaft.
Was soll man tun, wenn ein Jugendlicher Verbrecher wird? Ihn fest an die Hand nehmen, führen und – sich selbst zur Rechenschaft ziehen. Man soll die Eltern bestrafen, die Umwelt des Jugendlichen aufstöbern und sie säubern. Ihn töten? Welch schrecklicher Einfall, welch schändliche Bequemlichkeit! Es ist schon sonst eine tolle, furchtbare Sache, ohne Zorn, ohne Leidenschaft einen Menschen, wenn auch ein Unwesen, zu beseitigen. Aber einen Jugendlichen töten, – das ist nur im Haß, im wildesten Rachegefühl möglich: Darüber muß man sprechen. Ihn in Ruhe zertreten, dabei alles lassen, wie vorher: – unmöglich, zum Schämen, das Unwürdigste vom Unwürdigen!

Alfred Döblin, *Sie trifft den Unschuldigen!*, in: *Berliner Tageblatt*, Morgenausgabe, Beiblatt, 18. Februar 1927

Ich bin nun für Freizügigkeit der Kinder auf allen Schulen. Die Lehrer sollen spüren, was Konkurrenz ist! Das Schulgesetz ist zu ergänzen durch einen Absatz, der die Freiheit, die Menschenfreiheit und das Bürgerrecht der Schüler schätzt.
Der Staat soll die Schüler schützen, daß sie, wenn sie nicht mehr wollen, ausrücken dürfen. Jawohl! Er verbirgt die Freiheit seiner Bürger. Auch Kinder sind, sobald sie einen Willen haben, Bürger, schon mit 12 oder 13, 14 Jahren! Das wäre gelacht, wenn die Tyrannen ungehindert weiter ihre Kerker aufmachen könnten. Man geht in eine andre Schule, wenn einem das System und die Herrschaft nicht paßt.
Man setze die Unfähigen kalt, aber nicht bloß eine Seite, nämlich die Kinder.
Résumée: »Ein Absatz im Schulgesetz für Freizügigkeit der Schüler vom 12. oder 14. Jahre.
Im Ganzen: Elternrecht und Schülerrecht.
Warum? Ein Staat, der keinen Kopf hat, muß zulassen, daß seine Bürger zu Köpfen kommen. Das [ist] meine Meinung. Und jetzt lesens die Leute und morgen kümmert sich kein Mensch darum.
Ein dolles Handwerk die Schriftstellerei.

Alfred Döblin, *Wider die abgelebte Simultanschule*, in: *Die Weltbühne*, 24. Mai 1927, H. 21, S. 823

Man fragt: was ist das Leben, die Welt, und bekommt die Antwort:

$$\sum_{ik} \frac{\delta}{\delta \times k}(\sqrt{-D}\, \sigma\, e\, i\, \Theta_{ik}) - \frac{1}{2}\sum_{ik} \sqrt{-D}\, \frac{\delta\, \sigma i k}{\delta \times e} \ominus_{ik} = 0.$$

Der wirklich schauende Anblick eines vertrockneten Blattes ist mehr wert als eine Bibliothek babylonischer Formeln. [...]

I
Es gibt nur beseelte Wesen in der Natur; auch die chemisch-physikalische Natur ist beseelt.

II
Zeichen der Beseelung ist die sinnvolle Ordnung, von der zahlenmäßigen Gliederung bis zur Schönheit.

III

Das Ich stellt sich dar in der äußeren Formung der organisierten Wesen, in der inneren, gesetzmäßigen Formung der anorganischen Wesen, in der Ordnung der Zusammenhänge.

IV

Es ist kein Stoff und keine Form in der Natur zu treffen, sondern nur geformte Wesen und Vorgänge.

V

Die Welt stellt im ganzen die vieldimensionale Äußerung eines Ur-Ichs, eines Ur-Sinns dar.

VI

Die physikalische Welt ist unvollständig und daher nicht real. Die wirkliche Welt ist weder endlich noch unendlich, sondern bestimmt, das heißt charaktervoll geformt. Die Welt hält sich und wird real durch eine Überrealität, welche aus dem Ur-Ich, dem Ur-Sinn stammt.

VII

Die Einzelwesen und die vergängliche Welt haben eine charakteristische Realität-Irrealität.

VIII

Es gibt keine Entwicklung in der Zeit, trotzdem ist die Welt sinndurchflossen.

IX

Das Ur-Ich, wenn auch in der Verkrümmung der Zeit und der Vereinzelung, ist in jedem Wesen. Wie das Einzelne nicht real ist ohne das Ur-Ich, ist das Ur-Ich nicht ohne das Einzelne. Das Einzelne wirkt so als Täter und Schöpfer der Welt.

X

Da die Welt, von einem Ich getragen, von geistiger Art ist, ist das Erkennen eine große Macht. Wir haben dies Vermögen in uns.

Alfred Döblin, *Das Ich über der Natur*, Berlin 1928; zit. nach: Jochen Meyer, Katalog des Deutschen Literaturarchivs Marbach. *Alfred Döblin 1878 · 1978*, Deutsche Schillergesellschaft, Marbach am Neckar 1978, S. 186 f

Unheimlich bleibt auch jetzt der Wille dieses Dichters, über die letzten Dinge der müde gewordenen Philosophie einfach und deutlich zu denken und auszusagen. Aber was durch Jahrtausende der menschlichen Denkergeschichte abgegriffen, belastet, ausgelaugt ist, widersteht solchem Unterfangen zäh und undurchdringlich. [...]
Es stehen hier freilich wunderbar klare Sätze eines großen Geistes, großartige Bilder der primitivsten Phänomene unserer Welt: Wasser, Feuer, Licht, Wärme. Dann Manches über die untergeordnete Rolle der Energien, der Materie, der psychologischen und physiologischen Formen des menschlichen Einzellebens, – das erst als Ganzes, als der »größere Mensch in und über der großen Natur« seinen Sinn hat. Folgerichtig, wenn auch überraschend kommt Döblin endlich zur Forderung der Wiedergeburt einer Theologie.

Axel Eggebrecht über *Das Ich über der Natur*, in: *Die literarische Welt*, 1927, Nr. 51/52, S. 5

Nur wenige Jahre nachdem der »Wallenstein« jenes hoffnungslose Bild einer chaotischen Welt entworfen hatte, entstand dieses Buch, das die widersprüchlichen Positionen der vergangenen Jahrzehnte in eine höhere Einheit aufheben will, den einzelnen und die Masse, den Menschen und die Natur, das Ich und das Anonyme als gleichermaßen sinnvoll, als Ausdruck des gleichen Ursinns begreift, jenem Schreckbild von der heillos zerklüfteten Welt die tröstliche Gewißheit eines sinndurchflossenen stabilen Systems entgegenstellt. Das Walten des Ursinns sichtbar zu machen ist die primäre Absicht dieser Schrift; das Ich, von dem der Titel spricht, ist ja nicht etwa das menschliche Ich, sondern jenes Ur-Ich, die »überreale Wurzel der Welt«.

Klaus Müller-Salget über *Das Ich über der Natur*, in: *Alfred Döblin. Werk und Entwicklung*, Bouvier-Vlg., Bonn 1972, S. 238 f

Die geistige Zentrierung und intensive Diskussion scheint mir heute am wichtigsten; enorm wichtig ist, daß die Geistigen gegen die Sintflut und Frechheit der Ökonomie sich irgendwo, an sehr sichtbarem Ort, massieren: man hat, nein, man habe die literarische Akademie. Auch zum Kampf für die Denkfreiheit und zum Zurückschrecken der Finstermänner! [...] Die Akademie hat den repräsentativen Weg und den aktiven. Für den repräsentativen braucht sie keine Aktivität. Für den aktiven braucht sie die Repräsentanz. Dieser Weg ist mit Vorsicht zu beschreiten.

Alfred Döblin, *Die repräsentative und die aktive Akademie*, in: *Berliner Börsen-Courier*, 25. Dezember 1927, Nr. 603

Berlin hat es dem Photographen bequem gemacht: 95 Prozent aller andern Straßen sehen ebenso aus. Es ist ein Haus wie das andere, die riesigen Straßenzüge entlang ein Nutzbau, eine Mietskaserne ohne Gesicht neben der andern ohne Gesicht. Aber dennoch! Das Ganze hat ein Gesicht! [...]
Es kann niemand von einem Stück Berlin sprechen oder mit Vernunft eine einzelne Baulichkeit zeigen (es sei denn eine Mietskaserne multipliziert mit 100 000). Nur das Ganze hat ein Gesicht und einen Sinn: den einer starken nüchternen modernen Stadt, einer produzierenden Massensiedlung. [...]
Plötzlich wird auch Dich die Monotonie ihrer Häuser erschüttern und, Du wirst die Energie, Lebendigkeit und Tapferkeit dieses Menschenschlages hier erkennen, die Vielgestaltigkeit seiner Typen, Du siehst, hier wohnen sie, hier arbeiten und bauen sie, hier lagert es, ganz ohne Unruhe, auf dem Sandboden, das große ernste Massenwesen Berlin.

Alfred Döblin, Geleitwort zu: Mario von Bucovich, *Berlin*, Berlin 1928, S. 9ff

»Literarisch« und »Realität« sind Widersprüche in sich. [...] Auf Wirklichkeitsfremdheit, kraß: auf Unnatur kommt es ja an; es hat keinen Sinn und ist unmöglich, das Vorhandene zu wiederholen; etwas Neues, Menscheneigentümliches soll hervorgebracht werden.

Alfred Döblin, *Schriftstellerei und Dichtung*, [Antrittsrede in der Preußischen Akademie der Künste, Sektion für Dichtkunst, vom 15. März 1928]; zit. nach: AW 8, Walter-Vlg., Olten 1963, S. 90 f

Die Wagen tobten und klingelten weiter, es rann Häuserfront neben Häuserfront ohne Aufhören hin. Und Dächer waren auf den Häusern, die schwebten auf den Häusern, seine Augen irrten nach oben: wenn die Dächer nur nicht abrutschten [...]

Alfred Döblin, *Berlin Alexanderplatz. Die Geschichte vom Franz Biberkopf*, Berlin 1929; zit. nach: AW 3, Walter-Vlg., Olten 1972, S. 15

Da sind Berge, die seit Jahrtausenden stehn, gestanden haben, und Heere mit Kanonen sind drübergezogen, da sind Inseln, Menschen drauf, gestopft voll, alles stark, solide Geschäfte, Banken, Betrieb, Tanz, Bums, Import,

Export, soziale Frage, und eines Tages geht es: rrrrrr, rrrrrr, nicht vom Kriegsschiff, das macht selber hops, – von unten. Die Erde macht einen Sprung, Nachtigall, Nachtigall, wie sangst du so schön, die Schiffe fliegen zum Himmel, die Vögel fallen auf die Erde.

Alfred Döblin, *Berlin Alexanderplatz. Die Geschichte vom Franz Biberkopf*, Berlin 1929; zit. nach: AW 3, Walter-Vlg., Olten 1972, S. 38 f

Gehen auch manche Frauen und Mädchen über die Alexanderstraße und den Platz, die tragen einen Fötus im Bauch, der ist gesetzlich geschützt. Und während draußen die Frauen und Mädel schwitzen bei der Hitze, sitzt der Fötus ruhig in seinem Winkel, bei ihm ist alles richtig temperiert, er spaziert über den Alexanderplatz, aber manchem Fötus wird es nachher schlecht gehen, soll nicht zu früh lachen.
Dann laufen andere Menschen da rum, klauen, wos wat gibt, einige haben den Darm voll, andere überlegen, wie sie ihn vollkriegen. Das Kaufhaus Hahn ist ganz runter, sonst stecken alle Häuser voll Geschäfte, sieht aber bloß aus, als ob es Geschäfte sind, tatsächlich sind es lauter Rufe, Lockrufe, Gezwitscher, knick knack, Zwitschern ohne Wald.

Alfred Döblin, *Berlin Alexanderplatz. Die Geschichte vom Franz Biberkopf*, Berlin 1929; zit. nach: AW 3, Walter-Vlg., Olten 1972, S. 399 f

[Die besten Bücher des Jahres?] Der Roman »Ulysses« vom James Joyce, weil er nach Ansicht Döblins die Situation des Romans verändert hat und als Sammlung verschiedener Methoden der Betrachtung (Einführung des inneren Monologs und so weiter) ein unentbehrliches Nachschlagewerk für Schriftsteller darstellt.

Bertolt Brecht, *Antwort auf Ihre Rundfrage nach den besten Büchern des Jahres*, in: *Gesammelte Werke*, Band 18, Suhrkamp Vlg., Frankfurt am Main 1968, S. 65

Ich entsinne mich nicht, in den beiden letzten Jahrzehnten einem umfangreichen Schriftwerk von derartiger Radikalität in der Form begegnet zu sein. [...] Joyce fühlt die Komik des Fabulierens, sie kommt für ihn nicht in Frage, er ist darauf aus, zu sein, was er ist, und zwar im Buch so wie er zu Hause ist. [...]

Es ist [...] ganz untragisch, sogar sehr kräftig und derb humoristisch, und ist der energischste Versuch, dem heutigen Alltag auf den Leib zu rücken, der bisher in Buchform vorliegt. Zu diesem Versuch wird jede Fabel völlig abgeschüttelt, und es wird ein minutiöses Vorgehen im Detail nötig. Es wird impressionistisch und pointil[l]istisch gearbeitet. Größere zusammenschließende Zielideen, äußere oder innere, kommen nicht in Frage. Die Verbindung zwischen den einzelnen aufnotierten Elementen und Momenten stellt die Assoziation her. [...] Damit und soweit ist das Buch charakterisiert im Kern als ein biologisches, wissenschaftliches und exaktes. Der Mensch von heute ist kenntnisreich, wissenschaftlich, exakt; darum gibt der heutige Autor ein Buch, das sich neben die Wissenschaft setzt. Es unterscheidet sich nur dadurch von dem wissenschaftlichen, daß es ja ohne tatsächliches Subjekt ist. [...]
Es ist ein literarischer Vorstoß aus dem Gewissen des heutigen geistigen Menschen heraus. Es sucht auf seine Weise die Frage zu beantworten: wie kann man heute dichten? Zunächst hat jeder ernste Schriftsteller sich mit diesem Buch zu befassen, und von Verlags wegen muß dies ermöglicht werden (der letzte Subskriptionspreis beträgt hundert Mark).

Alfred Döblin, *Ulysses von Joyce*, in: *Das deutsche Buch*, Leipzig 1928, S. 84 ff

Immer wieder, besonders jetzt nach Erscheinen der englischen und amerikanischen Übersetzung, weist man auf Joyce hin. Aber ich habe Joyce nicht gekannt, als ich das erste Viertel des Buches schrieb. Später hat mich ja sein Werk, wie ich auch öfter gesagt und geschrieben habe, entzückt, und es war ein guter Wind in meinen Segeln. Dieselbe Zeit kann unabhängig voneinander Ähnliches, ja Gleiches an verschiedenen Stellen erzeugen. Das ist nicht weiter schwer verständlich.

Alfred Döblin, *Mein Buch »Berlin Alexanderplatz«*, [Vortrag vor einem Lesezirkel], 1932; zit. nach: AW 3, Walter-Vlg., Olten 1972, S. 506 f

I. *Erste Inspiration:* Können Sie uns merkwürdige Beispiele nennen, wie Ihnen der erste Einfall zu einem Werke kam?
II. Wie *fixieren* Sie den ersten Einfall? Haben Sie ein Notizbuch bei sich und denken Sie intensiv an Ihren Plan oder suchen Sie sich eher abzulenken?
III. *Arbeitszeit:* Arbeiten Sie zu bestimmten Stunden oder Tageszeiten? Zwingen Sie sich zur Arbeit, auch wenn Sie keine Lust haben? Brechen Sie ab, auch wenn Sie Lust haben, weiterzuarbeiten?
IV. *Arbeitsmaterial:* Haben Sie bestimmte Gewohnheiten, was die Art und Anordnung des Schreibmaterials und der Schreibutensilien betrifft? Können Sie überall arbeiten? Wo am besten?
V. *Arbeitshygiene:* Enthalten Sie sich während intensiver Arbeit von bestimmten Genüssen und verschaffen Sie sich bestimmte Genüsse (Stimulantien)?
VI. Machen Sie *Brouillons* (Entwürfe)? Wie ist die Technik dieser Brouillons?
VII. *Das Manuskript:* Schreiben Sie schnell herunter oder langsam und mühevoll? Korrigieren Sie während der Arbeit? Korrigieren Sie nach Fertigstellung? Oder gar nicht?
VIII. *Korrekturfahnen:* Ändern Sie noch viel und Wesentliches in den Korrekturfahnen?
IX. Lesen Sie das *fertiggestellte Buch noch einmal?* Ärgern Sie sich sehr über (scheinbare oder wirkliche) Unvollkommenheiten? Haben Sie oft Lust, es noch einmal zu schreiben?

1. Eine schwere Frage; ich könnte sie nur in meterlangen Gesprächen beantworten. Es ist eine sehr komplizierte Sache, ungeeignet für einen Fragebogen.
2. Ich habe keine »ersten Einfälle«. Wenn ich etwas Schreibmögliches, Schreibwürdiges, zum Schreiben Lockendes in mir bemerke, ist es immer schon ein ganzes Gewächs und Geflecht. *Späterhin* kaum »Einfälle«.
3. Fast meist gegen Mittag; früher mehr abends; wahrscheinlich bloß Gewohnheit, aus praktischer Notwendigkeit heraus. Bin nämlich zurzeit sonst ärztlich beschäftigt und abends von dem langen Tag ermüdet.
4. Ich kann zu Hause, auf der Straße, im Lokal – überall schreiben, aber fast nur in Berlin. Auswärts fühle ich mich gestört.
5. Nein; Kaffee, Alkohol – alles unnötig, störend.
6. Es wird alles gleich geschrieben; wenn ich gelegentlich »entwerfe«, habe ich mir die Partie schon verdorben.

7. Ich schreibe rasch und glatt. Zögern bedeutet eine Hemmung, Schwäche der Eingebung, nicht volle Hingegebenheit; da stimmt dann was nicht, und das beste ist: aufhören. – Ich korrigiere hier und da, später, nehme Stücke heraus. Vieles korrigiere ich gar nicht, weil ich festgestellt habe: der erste Fluß war schon gut.

8 Ich ändere allerlei in der Korrektur, das Ganze steht da mehr vor mir; meist langweilt mich aber die Sache schon in der Korrektur.

9. Nein, das fertige Buch interessiert mich nicht; es ist weder vollkommen noch unvollkommen, sondern nicht lesenswert für mich. – Ich schreibe jedes Buch »nochmal«, jawohl: das ist nämlich das nächste Buch. –

Alfred Döblin, *Zur Physiologie des dichterischen Schaffens*, [Antwort auf eine Umfrage der *Literarischen Welt*], 28. September 1928; zit. nach: AW 24, Walter-Vlg., Olten 1986, S. 178 f

Vor allen Details steht fest die Struktur des Abschnitts. Es ist sein Bodenplan.

Innerhalb dieses Abschnitts selbst, im einzelnen, in den Details ist noch das gleiche Formalschema wirksam. Es werden da ganze Strecken von bestimmten Punkten aus vorweg empfunden, aber inhaltsleer, nur in ihrer Dynamik und ungefähr in ihrer Länge. Da hinein, in diesen Schlauch strömt die Phantasie und füllt ihn aus. Ich möchte von einem Spannungsnetz, von einem dynamischen Netz sprechen, das sich allmählich über das ganze Werk ausdehnt, an bestimmten Konzeptionen befestigt wird, und in dieses Netz werden Handlungen und Personen eingebettet. Und Sie erkennen hier, daß epische Werke dieser Art weder gleichen dem grenzenlosen alten epischen Typ noch dem schlechten modernen dramatischen Romantyp. Ich spreche hier von einem sich entwickelnden Typ moderner epischer Kunstwerke, die ganz bestimmte Formgesetze in sich tragen. Ich habe leicht analysierbare Beispiele in meinen eigenen Büchern gegeben.

Fragt man, wem diese Werke, Werke mit diesen Formgesetzen ähnlich, so hat die bisherige Zergliederung es schon gezeigt: symphonischen Werken. Es ist ja auch begreiflich, daß die beiden Zeitkünste, Musik und Dichtung, wenn sie sich auf ihren Kunstcharakter besinnen, eine Anzahl gemeinsamer Punkte haben werden.

Alfred Döblin, *Der Bau des epischen Werks*, [Vortrag im Audimax der Berliner Universität], Dezember 1928; zit. nach: AW 8, Walter-Vlg., Olten 1963, S. 127

Wenn Sie mein Leben kennen würden, – ich meine, mein ganzes Leben, früher, würden Sie es schon verstehen. Ganz ohne Sadismus. Wie sich das so zusammenläppert, was man Leben nennt. Wenn man es hinterher betrachtet, steckt eine klare Logik drin, der Sinn.

Alfred Döblin, *Im Buch – Zu Haus – Auf der Straße*, Berlin 1928; zit. nach: AW 19, Walter-Vlg., Olten 1980, S. 40

Der Nervenarzt Döblin über den Dichter Döblin:

Dieser Herr scheint ja eine große Phantasie zu haben, ich kann da aber nicht mit. Meine Einnahmen erlauben mir weder Reisen nach Indien noch nach China. Und so kann ich gar nicht nachkontrollieren, was er schreibt. Ich lese außerdem dergleichen Dinge lieber [o]riginal, nämlich direkt Reisebeschreibungen, wovon ich übrigens ein großer Liebhaber bin. Ich kann mit dem Herrn, ich meine den Autor, der denselben Namen trägt wie ich, auch seines Stils wegen nichts anfangen. Er ist mir einfach zu schwer, man darf von abgearbeiteten Leuten nicht verlangen, sich durch so etwas freiwillig durchzuarbeiten. Erlauben Sie mir übrigens eine allgemeine Bemerkung, die etwas politisch oder ethisch klingt. Mehr als die Bücher dieses Autors sind mir seine gelegentlichen Äußerungen bekannt, die mir meine Zeitung bringt, die ich natürlich lese. Ich muß gestehen, ich werde aus dem Mann nicht klug, politisch und allgemein. Mein Appetit, ihn kennen zu lernen, wächst nach diesen Äußerungen keineswegs. Manchmal scheint es mir, er steht bestimmt links, sogar sehr links, etwa links hoch zwei, dann wieder spricht er Sätze, die entweder unbedacht sind, was bei einem Mann seines Alters durchaus unzulässig ist, oder tut so, als stünde er über den Parteien, lächle poetische Arroganz. [...]

Der Dichter Döblin über den Nervenarzt Döblin:

Der Mann macht einen lebhaften und nicht gerade schlechten Eindruck. Ich war in seiner Sprechstunde, habe in seinem Wartezimmer gesessen. Solch Wartezimmer ist das merkwürdigste Milieu, das man sich denken kann. Und als ich mich dem Herrn vorstellte und wir uns angelacht hatten – wir stammen, weiß Gott, aus den verschiedensten Gegenden –, da erzählte er mir vieles, was ich mir sogar mit seiner Erlaubnis sofort notierte. Diese Kassenärzte sind nicht zu beneiden. Ich sah die eigentümlich drang-

volle Arbeit, in der er sich bewegte, und dabei noch mit besonders gearteten Kranken. Ich bin überzeugt, er ist kein besonderes Exemplar in dieser Branche, aber gerade so, wie er da anonym arbeitete, gefiel er mir ganz gut. Er ist mein gerades Gegenstück, fiel mir zwischendurch ein, wie er da sachlich hantierte, sprach, aufmerkte: ich immer ein Einzeltänzer, Primadonna, wie einmal mein Verleger sagte, er grauer Soldat in einer stillen Armee.

Alfred Döblin, *Im Buch – Zu Haus – Auf der Straße*, Berlin 1928; zit. nach: AW 24, Walter-Vlg., Olten 1986, S. 103 ff

Der Essayist Döblin [besaß] in der Tat ein sehr ausgeprägtes Talent [...], sich zwischen alle möglichen Stühle zu setzen; heute jedoch, da man in der Lage ist, den größten Teil seines umfangreichen Œuvre zu überblicken, fallen solche Widersprüchlichkeiten und »Ungereimtheiten« nicht allzu sehr ins Gewicht. Denn das, was ich vorher seine »ärztliche Sehweise«, sein »medizinisches Ethos« genannt habe, sein Mitgefühl für die Armen und Unterdrückten dieser Welt, gekoppelt mit einer ihm eigenen intellektuellen Redlichkeit, heben meines Erachtens alle Einwände gegen seine in Wort und Schrift geäußerten, in ständigem Wechsel erscheinenden Meinungen auf. Er hatte den Mut, Gegenpositionen einzunehmen, gegen den Strom zu schwimmen, selbst dann, wenn er, einer der progressivsten und engagiertesten deutschen Schriftsteller in der ersten Hälfte unseres Jahrhunderts, Gefahr lief, wegen seiner »unbedachten«, unorthodoxen und mit lächelnder »poetischer Arroganz« vorgetragenen Ansichten gerügt oder gar verfemt zu werden.

Anthony W. Riley, *Nachwort* zu AW 23, Walter-Vlg., Olten 1985, S. 431

Der Rat der Dichter tagt ...

Eine Sitzung der Dichterakademie

Alfred Mombert, Eduard Stucken und Wilhelm v. Scholz

Im Kreis: Gespräche nach der Sitzung Leonhard Frank und Heinrich Mann

Ludwig Fulda und Walter v. Molo, der Präsident der Sektion für Dichtkunst

Fritz v. Unruh, Leonhard Frank, Heinrich Mann und Max Halbe

Die Dichterakademie tagt, oder richtiger: die Sektion für Dichtkunst an der Preussischen Akademie der Künste ... Der gar nicht ungewöhnliche Sitzungssaal im Ministerium steigt dann in olympische Etagen, der ganz einfache Konferenztisch und die höchst alltäglichen Bureausessel werden plötzlich, wie vom Blitz verwandelt, Raum und Stuhl im deutschen Dichterwald; ehrfürchtig beginnen wir an solchen Sitzungstagen zu rauschen, wenn wir an solchen Sitzungstagen den unter tausend Menschenschritten sofort erkennbaren Dichterschritt sich der Saaltür nähern. Unsichtbare Hände, denkt man, müssten dann rasch die Fenster öffnen: heraus mit der Alltagsluft, die noch zittrig ist von politischen Unterhaltungen und ministeriellen Erlässen; her den frischen Wind; rein muss die Luft sein, wenn Deutschlands Dichter tagen ...

Und dann kommen sie, einer nach dem anderen. Auf jedem Haupte ruht ein bekannter Name, und hinter jedem stehen die Titel berühmter Bücher. Das sind die "Unsterblichen", oder vielmehr, das ist die Amtsbezeichnung der französischen Akademiekollegen. In Deutschland gibt es die Dichterakademie bekanntlich erst seit ein paar Jahren; die institution ist noch zu jung, um schon für solche Titel reif zu sein. Aber es genügt: das sind die Arrivierten, die Berühmten, die Anerkannten; das sind die Dichter, von denen das Volk hoffen möchte, dass ihre Werke einmal als gesegnete Vorbilder ins Himmelreich eingehen.

Sie tagen also, die Dichter, und die Welt draussen brennt vor Neugierde zu erfahren, wie sie tagen, worüber sie sprechen, worum sie sich stritten, was sie bewegt. Was gäbe mancher darum, ein einziges Mal diese olympischen Gespräche zu belauschen; welcher Traum, sie einmal beieinander sitzen zu sehen, alle, deren Werke in den Buchläden ganz oben liegen, deren Bücher die unscheinbare, aber so tausendfach wertvolle Aufschrift tragen: "M.d.A."

Jedesmal nach solchen Sitzungen, bekommen die Redaktionen vom "Amtlichen Preussischen Pressedienst" ein Bulletin: "Die Sektion für Dichtkunst an der Preussischen Akademie der Künste beschloss in ihrer gestrigen Sitzung ..." Das ist alles. Und worüber haben sie sich sonst noch unterhalten? Da schweigt der Pressedienst.

Aufnahmen: Alfred Eisenstaedt.

Alfred Döblin und Jakob Wassermann

Thomas Mann und Ricarda Huch

4

3

Zur Rundfrage im Rundfunk: "Was hörten Sie das erste Mal" äusserten sich u.a.: Alfred Döblin, Katharina von Kardorff-Oheimb und Dr. Alfred Kerr

9

11

Berlin-Alexanderplatz
Roman von Alfred Döblin in der Frankfurter Zeitung

"Berlin am Morgen"
Die Tageszeitung für alle!
Gehört in jedes Haus!

10

Ein erschütterndes
Menschenschicksal
Ein atemraubender
Kriminalroman
Ein Sittenbild der
Berliner Unterwelt
Ein Ereignis in der
heutigen Erzählungskunst

IST

BERLIN
ALEXANDERPLATZ
Die Geschichte vom Franz Biberkopf
von
ALFRED DÖBLIN
Auflage 20.000   Ganzleinen 9.50 RM

S. FISCHER VERLAG

1929 16. Januar. Teilnahme Döblins an einer Sendung der *Berliner Funkstunde* über Lessing in der Sendereihe *Jugendbühne*.
26. Februar. In der Rundfunksendung *Vater und Sohn* unterhält sich Döblin mit seinem knapp 14jährigen Sohn Wolfgang.
19. März. Lesung aus dem Manuskript des Romans *Berlin Alexanderplatz* im *Verein der Literaturfreunde*.
22. März. Vortrag *Der moderne Verlag* zum Tag des Buches in der *Berliner Singakademie*. Weitere Reden halten u.a. Julius Bab, Monty Jacobs, Ernst Rowohlt.
Sommer. Urlaub an der Ostsee.
8. September bis 11. Oktober. Vorabdruck von *Berlin Alexanderplatz* in Fortsetzungen in der *Frankfurter Zeitung*.
9. September. Lesung in der *Berliner Funkstunde*.
29. September – 2. Oktober. Kassel, Arbeitstagung *Dichtung und Rundfunk*, veranstaltet von der *Preußischen Akademie der Künste* und der *Reichsrundfunkgesellschaft*. Neben Döblin nehmen teil: Bronnen, Däubler, Herbert Eulenberg, Ludwig Fulda, Ernst Glaeser, Ernst Hardt, Herbert Ihering, Kasack, Edlef Köppen, Hans Kayser, Loerke, Alfred R. Meyer, Walter von Molo, Arnold Zweig u.a.
30. September. Referat *Literatur und Rundfunk* in Kassel.
1. Oktober. Zweiter Sitzungstag. Krach durch antisemitische Äußerungen Bronnens. Heftige Entgegnung Döblins.
29. Oktober. Lesung in der *Berliner Funkstunde*.
30. Oktober. Als Vertreter der *Sektion für Dichtkunst der Akademie* spricht Döblin auf der Trauerfeier für Arno Holz (Krematorium Wilmersdorf).

Oktober. *Berlin Alexanderplatz* erscheint bei *S. Fischer*.
2. November. Herbert Ihering im *Berliner Börsencourier*: »Döblin wäre der einzige deutsche Kandidat für den Nobelpreis«.
12. November. Nobelpreis für Literatur an Thomas Mann.
Mitte November. Döblin besucht Gerhart Hauptmann im Berliner *Franziskuskrankenhaus*.
1. Dezember. *Berliner Funkstunde*. Improvisierte Erzählungen. Erste Sendung des Berliner Rundfunks ohne Manuskript mit Döblin, Rudolf Arnheim, Kasack und Arnold Zweig, Leitung Etlef Köppen.
14. Dezember. Rede *Vom alten zum neuen Naturalismus* bei der Gedenkfeier für Arno Holz in der *Sektion für Dichtkunst* der *Akademie*.
29. Dezember. Matinee im Theater des Westens: *Die Aufgaben des Schriftstellers in unserer Zeit*, vom Rundfunk übertragen. Teilnehmer: Becher, Brecht, Döblin, Manfred Georg, Herbert Ihering, Alfred Kerr, Kortner, Gerhard Pohl und F.C. Weiskopf. und ...
Bis 1930 entsteht das Theaterstück *Die Ehe*, begonnen in einer Arbeitsgruppe mit Brecht, Piscator, Fritz Sternberg u.a., die sich in Brechts Wohnung treffen.
Max Liebermann wird Präsident der *Preußischen Akademie der Künste*. Kurt Weill, *Mahagonny*. Remarque, *Im Westen nichts Neues*. Erste Fernsehsendung in Berlin. Rosenberg gründet den NS-»Kampfbund für deutsche Künstler« in München. Die *NSDAP*-Presse wächst auf 50 Tageszeitungen an.

1 Verlagsanzeige (4) **2** Fotos von Alfred Eisenstaedt aus einer Sitzung der *Sektion für Dichtkunst* der *Preußischen Akademie der Künste* am 28. Oktober 1929, erschienen in der Nr. 24 des *Weltspiegels* (4) **3** Foto aus dem Film *Berlin, die Sinfonie der Großstadt* von Walter Ruttmann, über den Alfred Kerr schrieb: »Expressionismus in Bewegtheit. Ein Rausch für die Pupille ...«, 1927 (22) **4** Sitzung der *Sektion für Dichtkunst der Preußischen Akademie der Künste*, wahrscheinlich am 28. Oktober 1929 (von links nach rechts: Alfred Döblin, Th. Mann, R. Huch, B. Kellermann, H. Stehr, A. Mombert, E. Stücken), Foto: Erich Salomon (14) **5** Schutzumschlag der Erstausgabe nach Entwürfen von Georg Salter, 1929 (4) **6** Verlagsreklame (4) **7** Döblin am Strand, o.J. (4) **8** Stempel der Prüfstelle München für »Schund- und Schmutzschriften« (42) **9** Rundfunkinterview, um 1929 (4) **10** Döblin, vermutlich im Garten des befreundeten Bankiers Arthur Rosin, Juni 1929 (1) **11** Umschlag einer Werbebroschüre der *Frankfurter Zeitung*, September 1929 (4) **12** Programmzettel der Piscator-Bühne, 1929 (14)

1929

Von Osten her, Weißensee, Lichtenberg, Friedrichshain, Frankfurter Allee, stürmen die gelben Elektrischen auf den Platz durch die Landsberger Straße. Die 65 kommt vom Zentralviehhof, der Große Ring Weddingplatz, Luisenplatz, die 76 Hundekehle über Hubertusallee. An der Ecke Landsberger Straße haben sie Friedrich Hahn, ehemals Kaufhaus, ausverkauft, leergemacht und werden es zu den Vätern versammeln. Da halten die Elektrischen und der Autobus 19 Turmstraße. Wo Jürgens war, das Papiergeschäft, haben sie das Haus abgerissen und dafür einen Bauzaun hingesetzt. Da sitzt ein alter Mann mit einer Arztwaage: Kontrollieren Sie Ihr Gewicht, 5 Pfennig. O liebe Brüder und Schwestern, die ihr über den Alex wimmelt, gönnt euch diesen Augenblick, seht durch die Lücke neben der Arztwaage auf diesen Schuttplatz, wo einmal Jürgens florierte, und da steht noch das Kaufhaus Hahn, leergemacht, ausgeräumt und ausgeweidet, daß nur die roten Fetzen noch an den Schaufenstern kleben. Ein Müllhaufen liegt vor uns. Von Erde bist du gekommen, zu Erde sollst du wieder werden, wir haben gebauet ein herrliches Haus, nun geht hier kein Mensch weder rein noch raus. So ist kaputt Rom, Babylon, Ninive, Hannibal, Cäsar, alles kaputt, oh, denkt daran. Erstens habe ich dazu zu bemerken, daß man diese Städte jetzt wieder ausgräbt, wie die Abbildungen in der letzten Sonntagsausgabe zeigen, und zweitens haben diese Städte ihren Zweck erfüllt, und man kann nun wieder neue Städte bauen. Du jammerst doch nicht über deine alten Hosen, wenn sie morsch und kaputt sind, du kaufst neue, davon lebt die Welt.

Die Schupo beherrscht gewaltig den Platz. Sie steht in mehreren Exemplaren auf dem Platz. Jedes Exemplar wirft Kennerblicke nach zwei Seiten und weiß die Verkehrsregeln auswendig. Es hat Wickelgamaschen an den Beinen, ein Gummiknüppel hängt ihm an der rechten Seite, die Arme schwenkt es horizontal von Westen nach Osten, da kann Norden, Süden nicht weiter, und der Osten ergießt sich nach Westen, der Westen nach Osten. Dann schaltet sich das Exemplar selbsttätig um: Der Norden ergießt sich nach Süden, der Süden nach Norden. Scharf ist der Schupo auf Taille gearbeitet. Auf seinen erfolgten Ruck laufen über den Platz in Richtung Königstraße etwa 30 private Personen, sie halten zum Teil auf der Schutzinsel, ein Teil erreicht glatt die Gegenseite und wandert auf Holz weiter. Ebenso viele haben sich nach Osten aufge-

macht, sie sind den andern entgegengeschwommen, es ist ihnen ebenso gegangen, aber keinem ist was passiert. Es sind Männer, Frauen und Kinder, die letzteren meist an der Hand von Frauen. Sie alle aufzuzählen und ihr Schicksal zu beschreiben, ist schwer möglich, es könnte nur bei einigen gelingen. Der Wind wirft gleichmäßig Häcksel über alle. Das Gesicht der Ostwanderer ist in nichts unterschieden von dem der West-, Süd- und Nordwanderer, sie vertauschen auch ihre Rollen, und die jetzt über den Platz zu Aschinger gehen, kann man nach einer Stunde vor dem leeren Kaufhaus Hahn finden. Und ebenso mischen sich die, die von der Brunnenstraße kommen und zur Jannowitzbrücke wollen, mit den umgekehrt Gerichteten. Ja, viele biegen auch seitlich um, von Süden nach Osten, von Süden nach Westen, von Norden nach Osten. Sie sind so gleichmäßig wie die, die im Autobus, in der Elektrischen sitzen. Die sitzen alle in verschiedenen Haltungen da und machen so das außen angeschriebene Gewicht des Wagens schwerer. Was in ihnen vorgeht, wer kann das ermitteln, ein ungeheures Kapitel. Und wenn man es täte, wem diente es? Neue Bücher? Schon die alten gehen nicht, und im Jahre 27 ist der Buchabsatz gegen 26 um soundsoviel Prozent zurückgegangen. Man nehme die Leute einfach als Privatpersonen, die 20 Pfennig bezahlt haben, mit Ausnahme der Besitzer von Monatskarten und der Schüler, die nur 10 Pfennig zahlen, und da fahren sie nun mit ihrem Gewicht von einem Zentner bis zwei Zentner, in ihren Kleidern, mit Taschen, Paketen, Schüsseln, Hüten, künstlichen Gebissen, Bruchbändern über den Alexanderplatz und bewahren die geheimnisvollen langen Zettel auf, auf denen steht: Linie 12 Siemensstraße DA, Gotzkowskistraße C, B, Oranienburger Tor C, C, Kottbusser Tor A, geheimnisvolle Zeichen, wer kann es raten, wer kann es nennen und wer bekennen, drei Worte nenn ich dir inhaltschwer, und die Zettel sind viermal an bestimmten Stellen gelocht, und auf den Zetteln steht in demselben Deutsch, mit dem die Bibel geschrieben ist und das Bürgerliche Gesetzbuch: Gültig zur Erreichung des Reiseziels auf kürzestem Wege, keine Gewähr für die Anschlußbahn. Sie lesen Zeitungen verschiedener Richtungen, bewahren vermittels ihres Ohrlabyrinths das Gleichgewicht, nehmen Sauerstoff auf, dösen sich an, haben Schmerzen, haben keine Schmerzen, denken, denken nicht, sind glücklich, sind unglücklich, sind weder glücklich noch unglücklich.

Rumm rumm ratscht die Ramme nieder, ich schlage alles, noch eine Schiene. Es surrt über den Platz vom Präsidium her, da nieten sie, da schmeißt eine Zementmaschine ihre Ladung um. Herr Adolf Kraun, Hausdiener, sieht zu, das Umkippen der Wagen fesselt ihn enorm, du schlägst alles, er schlägt alles. Er lauert immer gespannt, wie die Lore mit Sand auf der einen Seite hochgeht, da kommt die Höhe, bums, und nun dreht sie sich. Man möchte nicht so aus dem Bett geschmissen sein, Beine hoch, runter mit dem Kopf, da liegst du, kann einem was passieren, aber die machen das egalweg.

Alfred Döblin, *Berlin Alexanderplatz. Die Geschichte vom Franz Biberkopf,* Berlin 1929; zit. nach: AW 3, Walter-Vlg., Olten 1972, S. 181ff

Um die schöne Sommerzeit marschiert Franz Biberkopf wieder auf die Straße, er wieder ganz allein, der alleinige Franz Biberkopf, wacklig, aber er geht. Die Kobraschlange, seht, sie kraucht, sie läuft, ist beschädigt. Es ist noch die alte Kobraschlange, wenn auch mit schwarzen Ringen um die Augen, und das dicke Tier ist mager und eingefallen.

Einiges ist dem alten Burschen, der sich jetzt durch die Straßen schleppt, um nicht in der Bude zu verrecken, einiges ist dem alten Burschen, der vor dem Tod wegläuft, doch schon klarer als vorher. Das Leben hat ihm doch etwas genützt. Jetzt schnüffelt er in der Luft, beschnüffelt die Straßen, ob sie ihm noch gehören, ob sie ihn annehmen wollen. Er begafft die Litfaßsäulen, als wären die ein Ereignis. Ja, mein Junge, jetzt läufst du nicht breit auf zwei Beinen, jetzt krallst du dich an, klammerst dich fest, jetzt nimmst du soviel Zähne, Finger, wie du hast, zusammen und hälst dich fest, bloß um nicht abgeschmissen zu werden.

Ein höllisches Ding, nicht, das Leben? Hast es schon einmal gewußt, im Lokal von Henschke, als sie dich rausschmeißen wollten mit deiner Binde und der Kerl dich angriff, und du hattest ihm gar nichts getan. Und ich hab gedacht, die Welt ist ruhig, es ist Ordnung da, und es ist etwas nicht in Ordnung, die stehen da drüben so schrecklich. Das war im Moment, hellseherisch.

Und nun komm her, du, komm, ich will dir etwas zeigen. Die große Hure, die Hure Babylon, die da am Wasser sitzt. Und du siehst ein Weib sitzen auf einem scharlachfarbenen Tier. Das Weib ist voll Namen der Lästerung und hat

7 Häupter und 10 Hörner. Es ist bekleidet mit Purpur und Scharlach und übergüldet mit Gold und edlen Steinen und Perlen und hat einen goldnen Becher in der Hand. Und an ihrer Stirn ist geschrieben ein Name, ein Geheimnis: die große Babylon, die Mutter aller Greuel auf Erden. Das Weib hat vom Blut aller Heiligen getrunken. Das Weib ist trunken vom Blut der Heiligen.

Franz Biberkopf aber zieht durch die Straßen, er trabt seinen Trab und gibt nicht nach und will nichts weiter, als mal ordentlich zu Kraft kommen, stark in den Muskeln. Es ist warmes Sommerwetter, Franz zieht sich von Kneipe zu Kneipe.

Er weicht der Hitze aus. In der Kneipe fahren vor ihm die großen Mollen Bier an.

Die erste Molle sagt: Ich komme aus dem Keller, aus Hopfen und Malz. Jetzt bin ich kühl, wie schmeck ich?

Franz sagt: Bitter, schön, kühl.

Ja, ich kühl dich, ich kühle die Männer, dann mach ich ihnen warm, und dann nehme ich ihnen die überflüssigen Gedanken weg.

Überflüssige Gedanken?

Ja, die Mehrzahl aller Gedanken sind überflüssig. Etwa nicht? – Ob. Recht sollst du haben.

Ein kleiner Schnaps steht hellgelb vor Franz. Wo haben sie dir hergeholt? – Gebrannt haben sie mir, Mensch. – Du beißt, Kerl, du hast Krallen. – Nanu, dafür bin ich dochn Schnaps. Hast wohl lange keinen gesehen? – Nee, war beinah tot, du Schnäpschen, ich bin beinah tot gewesen. Abgefahren ohne Retourbillet. – So siehste auch aus. – Siehste aus, quatsch doch nich. Wollen dir mal nochmal probieren, komm mal ran. Ah, du bist gut, du hast Feuer, Feuer hast du, Kerl. – Der Schnaps rieselt ihm durch die Kehle: son Feuer.

Der Rauch von dem Feuer steigt in Franzen auf, macht ihm den Hals trocken, er muß noch eine Molle nehmen: Du bist die zweite Molle, ich hab schon eene genommen, was willst du mir sagen? – Dicker, erst schmeck an mir, dann kannst du reden. – Also.

Da sagt die Molle: Paß mal auf, du, wenn du noch zwee Mollen trinkst und noch een Kümmel und noch eenen Grog, dann quillst du auf wie Erbsen. – So? – Ja, dann wirst du wieder dick, wie siehst du denn aus, Mensch? Kannst du denn so unter die Menschen laufen? Schluck nochmal. Und Franz packt die dritte: Ich schluck schon. Kommt eene nach der andern. Immer Ordnung halten.

Er fragt die vierte: Wat weeßt du, Liebling? – Die gröhlt bloß wonnig. Franz gießt sie sich hinter: Glaube ich. Alles, was du sagst, Liebling, glaub ich. Bist mein Schäfken, wir gehen zusammen uff die Weide.

Alfred Döblin *Berlin Alexanderplatz. Die Geschichte vom Franz Biberkopf*, Berlin 1929; zit. nach: AW 3, Walter-Vlg., Olten 1972, S. 259 ff

Spiegel: [...] Sie schreiben in Ihrer 1971 erschienenen Autobiographie »Bedroht – Bewahrt«, Ihr neues Leben als Verleger sei der Eintritt in eine »Märchenwelt« gewesen. Könnte man sagen, daß Sie Ihr Gesellenstück in dieser Märchenwelt ablieferten, als Sie Alfred Döblins »Berlin Alexanderplatz« für den Verlag retteten?

Gottfried Bermann Fischer: Alfred Döblin war ein schlimmer Partyschreck mit einer unglaublich gehässigen Zunge. Wann immer er in das Haus meiner Schwiegereltern kam, verspottete er die gerade Anwesenden, die ihm natürlich gar nichts getan hatten.

Brigitte Bermann Fischer: Thomas Mann war Döblins Spezialfall, obwohl Thomas Mann über ihn sehr wohlwollend geschrieben hatte. Wenn wir Sigmund Freud damals schon gekannt hätten, wir hätten ihn hundertprozentig um eine Analyse dieser rätselhaften Schmähungen gebeten. Aber leider kannten wir damals nur Freuds Sohn Ernst, der Innenarchitekt war und in Berlin unsere erste eheliche Wohnung eingerichtet hatte.

Gottfried Bermann Fischer: Thomas Mann war für Döblin ein rotes Tuch, auf das er wie ein Stier losging, und er machte auch S. Fischer gegenüber aus seiner Abneigung nicht den geringsten Hehl. So daß meinem Schwiegervater eines schönen Tages der Kragen platzte und er beschloß, Döblin nicht mehr zu empfangen und seine Bücher nicht mehr zu verlegen. Ich selber verstand mich mit Döblin ganz gut und wußte, daß er gerade ein außerordentliches Buch vollendet hatte. Aus diesem Grunde bat ich Hedwig Fischer, sie möge Döblin zu einer abendlichen Lesung in das Grunewalder Haus einladen und ihren Mann erst im letzten Moment in den bevorstehenden Auftritt des alten Zynikers einweihen.

S. Fischer ließ die schreckliche Nachricht schweigend über sich ergehen, und siehe da: Döblin erschien ausnahmsweise in zahmer Laune, las aus »Berlin Alexanderplatz« und machte damit auf seine Zuhörer einen so überwältigenden Eindruck, daß S. Fischer die Streitaxt zähneknirschend begrub und den Roman verlegte. Da dieses Erlebnis 1929 stattfand, war mein Beitrag zu seinem Gelingen übrigens kein Gesellenstück mehr; ich darf es in aller Bescheidenheit als meine Meisterprüfung bezeichnen.

»Nach Hause sind wir nie zurückgekehrt«. Spiegel-Gespräch mit Gottfried und Brigitte Bermann Fischer über die 100jährige Geschichte ihres Verlages, in: *Der Spiegel*, 1987, Nr. 1, S. 98 f

Dieser 1929 veröffentlichte Roman war Döblins einziger großer Erfolg. In den paar Jahren, die bis zur Katastrophe noch blieben, wurden davon gegen 50 000 Exemplare verkauft. Er wurde verfilmt (mit Heinrich George als Biberkopf) und übersetzt: 1930 erschienen eine italienische und eine dänische, 1931 eine englische und eine amerikanische, 1932 eine spanische, 1933 eine französische, 1934 eine schwedische, 1935 eine russische und eine tschechische, 1958 noch eine ungarische Ausgabe.

Walter Muschg über *Berlin Alexanderplatz, Nachwort* zu AW 3, Walter-Vlg., Olten 1972, S. 509

Berlin, Berlin, Berlin – aber es gibt eigentlich keinen Berliner Roman mehr seit Fontane. Was sich so nennt, hält mit dem Wachstum des Kolosses lange nicht Schritt. Es sind Episoden höchstens, bürgerliche oder proletarische. Von jenem Nirgendwo zu schweigen, wo sich jene »gehobenen« Romane abspielen, deren spekulative Verfasser die modischen Wunschbilder ihrer Leser in Großaufnahmen reproduzieren. Es bleibe unerörtert, was einem Berliner Roman im heutigen Maßstab widersteht: das Anonyme, Unpersönliche, der riesige Arbeitsmechanismus, der den einzelnen hineinreißt, verschwinden macht, ihn als Person auspowert, unergiebig erscheinen läßt. Der Name einer Stadtgegend weckt in den wenigsten eine bestimmte Vorstellung, eine Landschaft. Die Geschichte hat im Bilde der Stadt nicht wie eine zweite Natur gewirkt, Schichten sichtbarer Jahresringe angesetzt. Es gilt für das Wesen dieser Stadt erst eine lesbare Legende zu schaffen, eine gemeinverständliche, heutige, als Hintergrund für die Berichte über ihr Leben, ihre Menschen. Und wie immer hier, wachsen die Dinge nicht langsam und vielfältig aus einem gemeinsamen Erdreich. Einer kommt, nimmt die ganze Last auf sich und will es schaffen.

Efraim Frisch über *Berlin Alexanderplatz*, in: *Frankfurter Zeitung*, 29. Dezember 1929

Nach einem Bericht in deutschen Zeitungen hat Thomas Mann in Stockholm sich auch über andere deutsche Epiker geäußert. Er soll über Alfred Döblin gesagt haben: »... Es gibt sehr wenige Leute, die Döblins Bücher bis zu Ende lesen können. Aber viele kaufen sie, und auf jeden Fall steht fest, daß Döblin ein großer Erzähler ist, obwohl man zugeben muß, daß er schwer zu lesen ist...«
Thomas Mann, auf dem Gipfel seines Ruhms, als Empfänger des Nobelpreises, Vertreter der deutschen Literatur vor der Welt, ist eine geistige Macht. Er hat diese Macht benutzt, um alle möglichen und unmöglichen Bücher zu empfehlen, mit Vorreden und Bauchbinden hinauszuschicken, Lob verschwendend, das Füllhorn seiner Überschätzungen ausgießend auf Gerechte und Ungerechte. Und nun? Jetzt gibt es wirklich ein deutsches Epos, jetzt gibt es wirklich einen deutschen Roman, der mit einem neuen Inhalt zugleich eine neue Form findet, jetzt gibt es Döblins »Berlin Alexanderplatz«. Und nun? Nun erkennt Thomas Mann zwar an, wann täte er es nicht, sagt aber dem dänischen Berichterstatter warnend, daß nur sehr wenige Leute Döblin zu Ende lesen könnten. So der Verfasser des »Zauberberg« über das wichtigste deutsche Epos in Stockholm.
Zuhälter und Zeitungshändler, Einbrecher und Heilsarmee, kleine Ehrenmänner und große Gauner, Kneipen und Kaschemmen, Untergrundbau und Reklameschilder, Schlager und Bibelstellen, alles ordnet sich zu einem funkelnden, zuckenden Bildstreifen, zu dem Wortfilm »Berlin Alexanderplatz«. [...] In die Geschichte von Franz Biberkopf schneidet Döblin Daten und Zeitungsfetzen, Nachrichten und Gerüchte, Wirklichkeiten und Warnungen, geistige Leitmotive und heimliche Ängste. Alles, was unterhalb des Bewußtseins bleibt, alles, was von außen das Bewußtsein kaum ritzt, alles ist für Döblin wichtig, um die Einwirkung auf einen Menschen zu zeigen, um den ungleichen Kampf der Kräfte abzustecken. Eine Piscatoraufführung als Roman.

Herbert Ihering über *Berlin Alexanderplatz*, in: *Berliner Börsen-Courier*, 19. Dezember 1929

In dem Jahrzehnt vor 1933 hatten sich viele, zumal jüngere Literaturkritiker daran gewöhnt, in Thomas Mann und Alfred Döblin entgegengesetzte Pole künstlerischer und geistiger Möglichkeiten zu sehen. In diesem Schema war Thomas Mann, aller formalen Kühnheiten ungeachtet, der Repräsentant glanzvoller Vollendung des bürgerlichen europäischen Romans der Vergangenheit; auf der anderen Seite galt Döblin, nach dem Erfolg des »Berlin Alexanderplatz« kaum weniger selbstverständlich und ebenso simplifizierend, als deutscher Repräsentant voraussetzungsloser Modernität und experimenteller Erneuerung der Romanform. In dem einen sah man Höhepunkt und Abschluß der Tradition, im andern so etwas wie den Anfang und die erste Verwirklichung einer neuen Entwicklung. Dabei ging das Lob des einen oft auf Kosten der Anerkennung des andern; viele Bewunderer Döblins betrachteten Thomas Manns Werk mit Skepsis – und umgekehrt.

Jochen Meyer, Katalog zur Ausstellung des Deutschen Literaturarchivs Marbach. *Alfred Döblin 1878 · 1978*, Deutsche Schillergesellschaft, Marbach am Neckar 1978, S. 406

Nun ist es wahr, daß selten auf solche Weise erzählt wurde, so hohe Wellen von Ereignis und Reflex haben selten die Gemütlichkeit des Lesers in Frage gestellt, so hat die Gischt der wirklichen gesprochenen Sprache ihn noch nie bis auf die Knochen durchnäßt. Aber es wäre nicht nötig gewesen, darum mit Kunstausdrücken zu operieren, vom »dialogue intérieur« zu reden oder auf Joyce zu verweisen. In Wirklichkeit handelt es sich um etwas ganz anderes. Stilprinzip dieses Buches ist die Montage. Kleinbürgerliche Drucksachen, Skandalgeschichten, Unglücksfälle, Sensationen von 28, Volkslieder, Inserate schneien in diesem Text. Die Montage sprengt den »Roman«, sprengt ihn im Aufbau wie auch stilistisch, und eröffnet neue, sehr epische Möglichkeiten. Im Formalen vor allem. [...] Das Buch ist ein Monument des Berlinischen, weil der Erzähler keinen Wert darauf legte, heimatkünstlerisch, werbend zur Stadt zu stehen. Er spricht aus ihr. Berlin ist sein Megaphon. Sein Dialekt ist eine von den Kräften, die sich gegen die Verschlossenheit des alten Romans kehren. [...]
[...] kaum hat der Held sich selber geholfen, so hilft uns sein Dasein nicht länger. Und wenn diese Wahrheit am großartigsten und am unerbittlichsten in der »Education sentimentale« an

den Tag tritt, so ist die Geschichte dieses Franz Biberkopf die »Education sentimentale« des Ganoven. Die äußerste, schwindelnde, letzte, vorgeschobenste Stufe des alten bürgerlichen Bildungsromans.

Walter Benjamin, *Krisis des Romans. Zu Döblins »Berlin Alexanderplatz«*, in: *Die Gesellschaft*, 1930, Band I, S. 564 ff

Koalition durch Kollision. Dieses Verstörungsverfahren ist eine der Voraussetzungen für das gleichsam alchimistische Verhältnis zwischen Gegenstand und Sprache im »Alexanderplatz«, welches Beliebiges mit Beliebigem sich verbinden läßt, solang der Erzähler die Quintessenz dazu beisteuert. Weil die unbegrenzt absorbierkräftige Stadt alles, auch das Abartigste, das in ihren Bannkreis gerät, vereinnahmt, verlangt sie nach entsprechend potenter Rede. Jeden Gegendruck verkraftend, unbekümmert um Mißklänge, erst recht nicht erpicht, sie auszugleichen, kommt diese den Anforderungen jener entgegen: vielstimmig, zitierlustig, buntscheckig in Wortschatz und Konstruktionen, um ihrerseits die Stadt in all ihrer widerspenstigen Vielfalt zu vereinnahmen.
Ohne das Ferment der Berliner Umgangssprache wäre diese Leistung schwerlich zu erbringen. Jedenfalls nicht in dem Maß, wie es hier geschieht. Gemeint ist ihre unverdrossene Aufnahmesucht, ihr Dauerverbrauch an Fremdstoffen, das dreiste, kaum bewußte Verarbeiten vorgeprägter, von außen angelieferter Redensarten.

Volker Klotz, *Die erzählte Stadt*, Hanser Vlg., München 1969, S. 393

Exemplarisch ist die enge Verknüpfung von Schreibprozeß und fiktionaler Projektion am Roman »Berlin Alexanderplatz« ablesbar. Äußerlich markieren diesen Sachverhalt die Daten im Text, die nur nachvollziehbar machen, was für die Konstitution des Romans wohl generell anzusetzen ist: Das Material der »Geschichte vom Franz Biberkopf« dokumentiert die Erlebens- und Schreibwelt Döblins 1928. Seine Kristallisationsfigur im Großstadtkosmos Berlins dient ihm als »Sonde«, eigene, komplexe Erfahrungen darzustellen. Der Roman erhält dadurch insgesamt den Status »Das bin ich«.

Erich Kleinschmidt über *Berlin Alexanderplatz*, *Nachwort zu AW 24*, Walter-Vlg., Olten 1986, S. 760

Döblin spricht vom »Bau des epischen Werks«, und seine montierende Konstruktion Berlins ähnelt dem Bau einer Stadt, die aus Worten, insbesondere aus Zitaten errichtet wird und schließlich in die Konstruktion eines verzweigten, weitgespannten Bewußtseinsfeldes führt, das wie eine Stadt aufgebaut und verräumlicht ist.

Die verzweigte Fläche, zu der das Material ausgebreitet ist, besitzt eine generative, mit sich kommunizierende und sich reproduzierende Funktion. Als sprachliches Bedeutungs- und Kraftfeld tritt sie statt eines »festen Ichs« an die Stelle des Textsubjekts. [...]

Dieser Funktion kommt das Stadtsubjekt in idealer Weise entgegen. Denn es gibt die reale Basis für das rauschende Sprachfeld ab, aus dem die näheren Gestalten des Buches gleich der Metapher vom inspirativen Meer hervorsteigen. Die literarisch reproduzierte Stadt wird zu einem Modell für die unterschwellige, unbewußte Arbeit der Inspiration und Intuition, des Gedächtnisses und der Erinnerung. Die Vorstellung des alltäglichen, lärmenden Stimmengewirrs in den Straßen, der dahintreibenden Eindrucksvielfalt und der die Wahrnehmung durchzuckenden Reize dient als plausible Basis für die Automatismen der Textentstehung. Auf ihr schlägt der Naturalismus der Stadtschilderungen in fließenden Übergängen in die surrealistischen Automatismen um. [...]

Die Affinität der Metaphern von Stadt und Unbewußtem wäre nicht vollständig ohne den Passanten, der die Stadt durcheilt, und ohne das Ich und den bewußten Gedanken, der die Gespinste des Unbewußten durchstreift und durchschneidet. Der krisenhafte Weg des Passanten durch den Tumult, der erbitterte Kampf Biberkopfs mit der eigenmächtigen Stadt, wird im analogen Konflikt zwischen Autor-Ich und den Automatismen des Textes als Konstruktion der Subjektkritik dechiffriert. Die Stadt erscheint als die Nachtseite des Subjekts, als das anonyme Selbst des abstrakten Ichs, das in seinen Selbstbestätigungszirkeln leer und fiktiv geworden ist. Auf den Autor bezogen: Die Stadt vertritt die anonymen Felder der Inspiration, die dem Ich des literarischen Plans entgegenstehen und es zugleich ergänzen. Vermutlich in diesem Sinn schrieb Benjamin in seiner Rezension des »Berlin Alexanderplatz«: »Berlin ist sein (Döblins) Megaphon.« Die Stadt fungiert als Sprachrohr und Stimmverstärker: als soufflierender Apparat zum Hörbarmachen »innerer Stimmen«.

Die wirkliche Stimme des Autors, die seines bewußten Ichs, benötigt sicherlich keinen Verstärker; die Stadt ist nur dann ein sinnvolles Megaphon, wenn es Stimmen aus der Innenwelt des Subjekts zur Sprache bringt, die auf andere Weise keinen Ausdruck fänden und von der tatsächlichen Stimme und der ihr inhärierenden Kontrolle unterdrückt werden. Als ein Kaleidoskop von Zitaten wird Döblins Berlin zu einem Synonym des anonymen, der intentionalen Verfügung entzogenen Gedächtnisses. Es bildet eine Produktionsinstanz, die dem Autor-Ich entgegensteht und doch auch ihm innewohnt. [...]

Man kann die These, die literarische Stadt wäre das Megaphon der Innenwelt, auch umdrehen und formulieren: Döblin konstruiert im »Berlin Alexanderplatz« das Subjekt als eine Stadt. Im Gegenzug zu allen sich auf das Cogito verpflichtenden Selbstdeutungen, worin das Subjekt sich auf den ›Punkt‹ der Identität zusammennimmt, legt Döblin es als ein prärationales Bewußtseinsfeld aus. Das Subjekt – Leser wie Autor – erfährt sich als ein unausmeßbar weites Feld anonymer Quartiere. Es tritt aus der Identität des Ichs heraus und angesichts jenes depersonalen Flickwerks vagierender Zitate an den Rand seiner selbst, von wo aus es sich als weitläufig, vielstimmig und im einzelnen unbekannt erblickt: eine flimmernde, große Stadt.

Harald Jähner, *Erzählter, montierter, soufflierter Text. Zur Konstruktion des »Berlin Alexanderplatz« von Alfred Döblin,* Vlg. Peter Lang, Frankfurt am Main 1984, S. 36 und 146 ff

[...] eine Welt auf die Ausmaße eines Menschen verengert: es gibt ein Buch, in dem das nicht geschieht, in dem die Welt Welt und der Mensch Mensch bleibt, in dem die Welt mit dem Menschen und der Mensch mit der Welt spricht, und beide, das Ich und die Gesellschaft, festere Konturen gewinnen als in den siebenundzwanzig Bänden Jules Romains': wir meinen »Berlin Alexanderplatz« von Alfred Döblin, die Geschichte des Transportarbeiters Biberkopf, der sich, gerade aus dem Gefängnis entlassen, auf den Weg macht, um die Stadt Berlin zu erobern. Aber die Stadt wehrt sich, sie ist listig und voller Geheimnisse, und ihre Verlockungen sind ebenso groß wie die Wunder, die sie zu verschenken hat. [...]

Alfred Döblins »Berlin Alexanderplatz«, sieben Jahre nach dem »Ulysses« und vier Jahre nach »Manhattan Transfer«, 1929, im Erscheinungsjahr von Faulkners »The Sound and the Fury« publiziert, faßt das Individuelle und das Gesellschaftliche, Mythos und Zeit, in einer Hand und auf einer Ebene zusammen: am Alexanderplatz begegnen sich die Stadt und der Mensch. Die Trennungslinie zwischen Ich und Welt verdünnt sich, die Zeiten berühren einander, die Sprache der Bibel vermischt sich mit dem Jargon der Großstadt, und wenn sich am Ende der vielfach getönte cockney Berlins zu pathetischem Hymnus erhebt: »es ziehen mit uns hundert Spielleute mit, sie trommeln und pfeifen, widebum, widebum«, dann wird zum ersten Mal die Dimension der Zukunft wieder sichtbar; die verstümmelte Zeit gewinnt durch die Hereinnahme des Futurs – »es geht in die Freiheit, die Freiheit hinein« – neue Bedeutung, wird heil und zeigt sich, im wiedergewonnenen Spiel der tempora, in der Fülle ihrer Erscheinungen.

Walter Jens, *Statt einer Literaturgeschichte,* Neske-Vlg., Pfullingen 1957, S. 46 ff

Die permanent verzweifelten Situationen, die den Zuschauer im Alltag zermürben, werden in der Wiedergabe, man weiß nicht wie, zum Versprechen, daß man weiter existieren darf. Man braucht nur der eigenen Nichtigkeit innezuwerden, nur die Niederlage zu unterschreiben, und schon gehört man dazu. Die Gesellschaft ist eine von Desperaten und daher die Beute von Rackets. An einigen der bedeutendsten deutschen Romane des Vorfaschismus wie »Berlin Alexanderplatz« und »Kleiner Mann, was nun« kam die Tendenz so drastisch zutage wie am durchschnittlichen Film und an der Verfahrungsweise des Jazz. Im Grunde geht es dabei überall um die Selbstverhöhnung des Mannes. Die Möglichkeit, zum ökonomischen Subjekt, Unternehmer, Eigentümer zu werden, ist vollends liquidiert. Bis hinab zum Käseladen geriet das selbständige Unternehmen, auf dessen Führung und Vererbung die bürgerliche Familie und die Stellung ihres Oberhaupts beruht hatte, in aussichtslose Abhängigkeit. [...]

Das Wunder der Integration aber, der permanente Gnadenakt des Verfügenden, den Widerstandslosen aufzunehmen, der seine Renitenz hinunterwürgt, meint den Faschismus. Er wetterleuchtet in der Humanität, mit der Döblin seinen Biberkopf unterschlupfen läßt, ebenso gut wie in sozial getönten Filmen. Die Fähigkeit zum Durch- und Unterschlupfen selber, zum Überstehen des eigenen Untergangs, von der die Tragik überholt wird, ist die der neuen Generation; sie sind zu jeder Arbeit tüchtig, weil der Arbeitsprozeß sie keiner verhaften läßt. Es erinnert an die traurige Geschmeidigkeit des heimkehrenden Soldaten, den der Krieg nichts anging, des Gelegenheitsarbeiters, der schließlich in die Bünde und paramilitärischen Organisationen eintritt. Die Liquidation der Tragik bestätigt die Abschaffung des Individuums.

Max Horkheimer/Theodor W. Adorno, *Dialektik der Aufklärung*, S. Fischer Vlg., Frankfurt am Main 1971, S. 137f

Nur in diesem großen Roman ist jene wüste Stadt, die wir vor dreißig Jahren gekannt, geliebt und verabscheut hatten, und die unterdessen – und nicht nur durch ihre Bebombung – untergegangen ist, wirklich aufbewahrt worden. Dies: durch ›fiction‹ das einmal wirklich Gewesene gerettet zu haben, ist aber nicht das einzige Verdienst Döblins. Denn außerdem gehört sein Buch zu den ganz wenigen Dokumenten, in denen die literarische Zerstörung der Realität legitim war – denn diese war gefordert durch das sujet: die Realität der Zerstörung.

Günther Anders, *Der verwüstete Mensch. Über Welt- und Sprachlosigkeit in Alfred Döblins »Berlin Alexanderplatz«*, in: ders., *Mensch ohne Welt*, Vlg. C. H. Beck, München 1984, S. 3

Meine Deutung von Döblins »Berlin Alexanderplatz« hat innerhalb meiner Schreibvita eine wichtige Rolle gespielt. Einen literarischen Text hatte ich nie zuvor zum Ausgangspunkt philosophischer Überlegungen gemacht, über Geschriebenes zu schreiben, hatte ich verachtet. – Ich erinnere mich noch, wie ich den Roman sehr bald nach seinem Erscheinen verschlungen habe. Was mich erregte, war nicht etwa nur seine Dos Passoshafte, in der damaligen deutschsprachigen Romanliteratur erstmalige film- und montagehafte Anlage, sondern und vor allem die Darstellung von Menschen, die, im Gegensatz zu Heideggers »In-der-Welt-Sein«, als Arbeitslose, Kriminelle und zur Aussteigerei Verdammte in »keiner Welt waren«. Deren Art von Dasein, namentlich deren zerfallende Sprache, die die zerfallene Weltbeziehung reflektierte, versuchte ich also – ich war zu meinem eigenen Erstaunen schon mitten im Notie-

ren, ehe ich noch ausdrücklich begonnen hatte – ins Philosophische zu übersetzen. Nach der raschen Niederschrift rief ich den mir unbekannten Arzt Dr. Alfred Döblin an. Der bestellte mich, begann sofort, den Text zu lesen, anfangs kopfschüttelnd (denn als Mediziner war er nur an naturwissenschaftliche Philosophie gewöhnt), hörte langsam mit dem Schütteln auf, meinte dann zwischendurch auf Berlinerisch, ich schiene ihm ein »janz Schlauer« zu sein, und als er nach mehr als einer Stunde durch war, fand er »die Chose drollig, aber joldrichtig«. »Drollig« bin ich nie wieder genannt worden. Unvergeßlich, wie er, als wir über irgendeine meiner Behauptungen nicht ganz einig waren, zu meinem nicht geringen Staunen (nein: Erschrecken) im Telefonbuch nach der Nummer von Franz Biberkopf zu suchen begann, *der* sollte den Streit schlichten; und daß er seine nervöse Sucherei – schon damals waren seine Brillengläser fingerdick – erst aufgab, als ich ihn darauf aufmerksam gemacht hatte, daß Franz B. ja 1. durch seinen, Döblins, Machtspruch bereits tot sei (was ihn zusammenzucken ließ); daß Franz sich ja 2., selbst wenn er noch am Leben wäre, gewiß keinen Telefonanschluß leisten könnte; und daß er 3. doch leider nur eine von ihm, Döblin, erfundene Puppe sei – was der schließlich, kinnkraulend »nicht janz bestreiten« konnte. So verspielt oder so verrückt war dieser geniale Schneidersohn aus Stettin.

Günther Anders, *Mensch ohne Welt*, Vlg. C. H. Beck, München 1984, S. XXVII f

Die zwanziger Jahre zeigen besonders in Berlin einen Wendepunkt im Verständnis der Stadt. Es handelt sich nicht einfach nur um den Übergang von der antiquierten wilhelminischen Architektur zur »modernen«, zum »Neuen Bauen«. Sondern der Bruch geht viel tiefer: An die Stelle einer gebäudeorientierten Stadtbaukunst tritt eine technische Stadtplanung, die die Stadt organisieren will wie Henry Ford seine Autofabrik. Die Wende macht sich in Berlin an den Personen der Stadtbauräte fest: vom Künstler Ludwig Hoffmann zum Manager Martin Wagner. Der Ort, an dem diese Wende im Berlin der zwanziger Jahre deutlich wurde, war nicht etwa Britz, sondern allein der Alexanderplatz. [...]
Es ist der Großgrundbesitzer Heinrich Mendelsohn, der erklärt, warum die Umgestaltung des

Alexanderplatzes »notwendig« sei. Der Platz solle jenes andere Zentrum, das sich im Westen spontan gebildet habe, ausgleichen; er müsse ein »Magnet« werden, der in der Lage wäre, Touristen aus dem Osten Deutschlands anzuziehen, Besucher, die nach Berlin kommen würden, um »Stadtluft zu atmen«: Der Platz solle ein Geschäftszentrum von hohem Niveau werden. [...]
Somit ist es auch kein Zufall, wenn der Alexanderplatz in den 20er Jahren zum Symbol der Weltstadt Berlin wird. Er ist der Ausgangspunkt einer umfassenden Strategie zur städtischen Erneuerung und zur Vorherrschaft des Dienstleistungssektors im alten Zentrum.

Ludovica Scarpa, *Abschreibungsmythos Alexanderplatz*, in: *Die Metropole, Industriekultur in Berlin im 20. Jahrhundert*, hrsg. von Hermann Glaser, Band 2, Vlg. C. H. Beck, München 1986, S. 126 u. 129

Etwa fünf Jahre später habe ich »Berlin Alexanderplatz« wieder gelesen. Diesmal hat mich etwas ganz anderes umgehauen, oder wach gemacht für eine Erfahrung, die mir wiederum geholfen hat, vieles zu begreifen, von dem, was das ist, ich, eine Erfahrung, die mir geholfen hat, nicht unbewußt etwas zu tun, das ich mal ganz salopp »ein Leben aus zweiter Hand zu leben« nennen möchte. Beim zweiten Lesen also wurde mir von Seite zu Seite mehr und mehr klar, staunend erst, dann mehr und mehr beängstigt, so betroffen zuletzt, daß ich beinahe gezwungen schien, Augen und Ohren zu schließen, zu verdrängen also, wurde mir klarer und klarer, daß ein riesiger Teil meiner selbst, meiner Verhaltensweisen, meiner Reaktionen, vieles eben, das ich für mich, für mich selbst gehalten hatte, nichts anderes war, als von Döblin in »Berlin Alexanderplatz« Beschriebenes. Ich hatte also, ganz einfach, unbewußt Döblins Phantasie zu meinem Leben gemacht. Und doch, es war nicht zuletzt dann doch wieder der Roman, der mir dabei half, die folgende beängstigende Krise zu überwinden und an etwas zu arbeiten, was zuletzt, wie ich hoffe, relativ sehr das werden konnte, was man eine Identität nennt, soweit das in all dem verkorksten Dreck überhaupt möglich ist.

Rainer Werner Fassbinder, *Die Städte des Menschen und seine Seele*, in: *Der Film »Berlin Alexanderplatz«. Arbeitsjournal von Rainer Werner Fassbinder und Harry Baer*, Verlag der Autoren, Frankfurt am Main 1980, S. 7

Döblin hielt in einer öffentlichen Veranstaltung der Akademie die Gedenkrede auf den verstorbenen Arno Holz; mitten in seiner Rede sprach er vergnügt: »Hören Sie ihn selber.« Damit setzte er die Nadel auf eine bisher verborgen gehaltene Grammophonplatte, und tatsächlich sprach nun Arno Holz selbst in seiner Totenfeier über sich zu uns.

Döblin benutzte überhaupt die technischen Erfindungen eigenartig. In einer Rundfunkdebatte mit Loerke fiel uns auf, daß gegen Ende der Unterhaltung Loerke überhaupt nicht mehr das Wort nahm, sondern alles mit einem langen Monolog Döblins endete, der auf diese Art recht behielt.

Loerke erzählte uns nachher: »Döblin hat einfach das Rundfunkgerät an sich genommen und vor sich hergetragen, so daß ich nicht mehr reden konnte!«

Walter von Molo, *Die »Dichterakademie« in Berlin*, in: Italiaander/Haas, *Berliner Cocktail,* Hamburg-Wien 1957, S. 271

[...] es ergibt sich [...] das Merkwürdige, daß von zwei Seiten her der Kassenarzt scheel angesehen und nicht voll genommen wird und daß er weder bei dem bürgerlichen Publikum noch bei der Arbeiterschaft sich zu Hause fühlen darf. Er schwebt in der Luft. [...]

Ökonomisch steht der Kassenarzt zwischen dem freien Beruf, dem Beamten, dem Arbeitnehmer, aber – er schwebt zwischen den dreien, und ebenso schwebend ist seine ideelle Situation. Es ist die tragische Unklarheit, der tragische Zwischenzustand dieser Berufsgruppe.

Alfred Döblin, *Kassenärzte und Kassenpatienten*, in: *Der Querschnitt*, Mai 1929, H. 5; zit. nach: AW 14, Walter-Vlg., Olten 1972, S. 241 und 244

Berlin ist ein Apostel des Amerikanismus, und die Feuerzeuge sind hier Gegenstand eines besonderen Kults. Alfred Döblin, der Autor des Romans »Berlin Alexanderplatz«, lud mich zu sich ein. Ihn bedrückte die mechanische Zivilisation; er sagte, er sei in Polen gewesen, hätte mit den Bauern gesprochen und in den entlegenen polnischen Dörfern mehr Menschlichkeit gefunden als in Deutschland.

Ilja Ehrenburg, *Menschen – Jahre – Leben*, Kindler Vlg., München 1965, S. 209

Alfred Döblin: Alexanderplatz wird Ehrenmitglied von "Immertreu"

Der Dichter "Theodor Däubler" breitet sich weiter aus.

Thomas Mann für Döblins „Ehe"

Das Münchener Polizeiverbot

München, 13. Dezember

Eigener Drahtbericht

Döblins von der Münchener Polizei den Kammerspielen plötzlich verbotene „Ehe" ist eine Anklage gegen ihre Zerstörer, ein verzweifeltes Bekenntnis zur Familie, das mitfühlend-mahnende Plädoyer eines Anwalts der Volksnot.

Die hochkünstlerische Darstellung unterstützte diese positiven Tendenzen, so daß jede Vorstellung in würdiger Ruhe und bei stärkstem Beifall vor sich ging. Es ist für die heutige künstlerische Stellung Münchens auf das tiefste zu beklagen, daß nach Unterdrückung von Bruckners „Verbrechen" erneut eine polizeiliche Strafe über

DIE LINKS-KURVE

20 Pfg

Deutsche Intellektuelle wählen einen politischen Standpunkt

Jakob Wassermann, Kurt Großmann
Alfons Goldschmidt, Dr. K. A. Wittfogel

Johannes R. Becher: **Vor dem Literaturkongreß**
J. Kraus: **Nach den Wahlen — vor der Entscheidung**
N. Tokunaga: **Die Fahnen**
D. Fudimori: **Proletarische Literatur in Japan** u. a.
25 Jahre Weltbühne / Die Beherrscher der USA / Herr Döblin wird gestrichen

1930 Anfang Januar. Alfred und Erna Döblin einige Tage in Prag.

Januar. Polemischer Artikel Johannes R. Bechers gegen *Berlin Alexanderplatz* in *Die Linkskurve*.

9. Februar. Döblin auf dem Berliner Ärzteball.

19. Februar. Döblin in der Jury des *Kunstblatt*-Preises.

1. April. Peter Döblin beginnt eine Schriftsetzerlehre.

21. April. Döblin liest Autobiographisches in der *Berliner Funkstunde*.

28. April. Döblins Bruder Ludwig begeht im Alter von siebenundfünfzig Jahren Selbstmord am Bahnhof Friedrichstraße.

29. April. Döblin als Vertreter der Akademie – Sektion für Dichtkunst – im Kuratorium des *Frankfurter Goethe-Preises*. Er votiert für Sigmund Freud.

3. Mai. Döblin antwortet auf Johannes R. Becher mit *Katastrophe in einer Linkskurve* in *Das Tagebuch*.

Juni/Juli. Mastdarmoperation und Kuraufenthalt in Bad Gastein.

3. Juli. In Abwesenheit Döblins zweite Kuratoriumssitzung des *Frankfurter Goethe-Preises* in Bad Nauheim. Döblins Votum für Freud wird verlesen und ist nun erfolgreich.

5. Juli. Im *Tage-Buch* antwortet Döblin programmatisch auf einen offenen Brief des Bonner Studenten Gustav (René) Hocke. Die jetzt beginnende Artikelserie mündet später in die Schrift *Wissen und Verändern!*

6. Juli. Nachkur in der Steiermark. Besuch bei Jakob Wassermann.

13. August. In der Reihe *Gedanken zur Zeit* der *Berliner Funkstunde* diskutiert Döblin mit dem Jesuiten Friedrich Muckermann über den Begriff »Kulturbolschewismus«.

28. August. In Frankfurt Verleihung des Goethe-Preises an Sigmund Freud, vertreten durch seine Tochter Anna.

14. September. NSDAP zweitstärkste Partei bei den Reichstagswahlen.

30. September. Ursendung der Hörspiel-Bearbeitung von *Berlin Alexanderplatz* mit Heinrich George als Franz Biberkopf und Hilde Körber als Mieze in der *Berliner Funkstunde*.

4. Oktober. Lesung im *Volksbühnen*-Verein.

13./14. Oktober. Vollversammlung der *Sektion für Dichtkunst*. Auf Initiative von Thomas Mann und Alfred Döblin wird ein Hilfskomitee für bedürftige Schriftsteller gegründet. Heftige Entgegnung Döblins auf Kolbenheyers Akademie-Rede *Die Möglichkeiten und die Art einer Dichter-Akademie*. Vehemente Auseinandersetzungen zwischen der völkisch-nationalistischen Gruppe und den übrigen Akademiemitgliedern.

26. Oktober. Rede zum Todestag von Arno Holz in der *Berliner Funkstunde*.

Oktober. Eine geplante russische Übersetzung von *Berlin Alexanderplatz* erscheint nach Protest des *Internationalen Büros für revolutionäre Literatur* nicht.

8. November. Lesung in Stettin.

11. November. Lesung im *Curio*saal in Hamburg.

29. November. Döblin in München zur Uraufführung seines Stückes *Die Ehe* im Studio der *Kammerspiele*. Regie: Otto Falckenberg.

2. Dezember. Döblin in Leipzig zu einer weiteren Inszenierung seines Stückes *Die Ehe*. Zwei Wochen nach der Premiere verbietet die Polizei die Münchener Aufführung wegen angeblicher kommunistischer Propaganda. Proteste gegen das Verbot u.a. von Thomas Mann.

13. Dezember. Döblin bestreitet einen kommunistischen Charakter seines Stückes. Am selben Tag wendet er sich gegen das Verbot des pazifistischen Films *Im Westen nichts Neues* nach Erich Maria Remarque.

und ...

Eine holländische Übersetzung von *Berlin Alexanderplatz* erscheint in Utrecht.

1 Valeska Gert, *3-Groschen-Oper*, 1930 (43) **2** Während der Dreharbeiten der *3-Groschen-Oper*, 1930 (43) **3** Die Friedrichstraße, um 1930 (6) **4** *Literatur 1930*, Karikatur von Martin Koser, erschienen am 3. Januar 1930 in der Zeitschrift *Ulk* (14) **5** Erna und Alfred Döblin, um 1930 (1) **6** Titelblatt einer Beilage der *Vossischen Zeitung*: »Im Haus des Dichters. Alfred Döblin mit seinen jüngsten Söhnen« **7** Titelblatt des Sonderheftes *Der Arzt auf Seitenwegen*, das anläßlich des Berliner Ärzteballs, an dem auch Döblin teilnahm, herausgegeben wurde, 9. Februar 1930 (4) **8** Titelblatt der Zeitschrift, in der die IV. Fortsetzung der Antwort Döblins auf den offenen Brief R. Hockes erschien: *Führer für junge Wanderer durchs Labyrinth*, 11. Oktober 1930 **9** Döblin mit einem Unbekannten in Berlin, Foto: Eugen Pogade, 1930 (4) **10** In der *Linkskurve* vom Oktober 1930 erschien auf S. 36 die redaktionelle Mitteilung *Herr Döblin wird gestrichen*. Auf die Vorbereitungen des Moskauer Verlages *Semlja Fabrika* zur Herausgabe des Romans *Berlin Alexanderplatz* reagierte das *Internationale Büro für revolutionäre Literatur* mit entschiedenem Protest. *Berlin Alexanderplatz* wurde daraufhin aus dem Verlagsplan gestrichen. (4) **11** Bericht über die Kritik Thomas Manns am Aufführungsverbot für Döblins Theaterstück *Die Ehe*, erschienen am 13. Dezember 1930 in der *BZ am Mittag*. (4)

1930

75

Wie wird sich einmal die Literaturgeschichte, auf der Suche nach dem Stil unserer Epoche, in den Welten zurechtfinden, die beispielsweise zwischen Thomas Manns »Zauberberg« und Döblins »Berlin Alexanderplatz« liegen? [...] es ist wie Nacktkultur des Wortes, was Döblin in seinem Biberkopf produziert, ist Naturlaut aus dem urwäldlichen Sprachgebiet der Großstadt. Thomas Manns Prosa gedieh stets und gedeiht weiter in einem gepflegten französischen Garten von erlesenem Geschmack und überlegener Architektur. Döblin hat kaum einen Vorläufer, Thomas Mann setzt die Kunstnovelle [...] fort.

Stephan Ehrenzweig, in: *Das Neue Tagebuch*, 5. Juli 1930; zit. nach: Jochen Meyer, Katalog zur Ausstellung des Deutschen Literaturarchivs Marbach, *Alfred Döblin 1878 · 1978*, Deutsche Schillergesellschaft, Marbach am Neckar 1978, S. 408

Thomas Mann steht an der Schwelle des Lebens. Als Künstler ist ihm verwehrt, diese zu übertreten. Halb sehnsüchtige, halb ironische Blicke werden hinübergeworfen, doch es bleibt immer bei einem Dualismus, denn die Kunst, der Verstand, der Geist verbieten innigste Vertrautheit. Döblin dagegen springt kopfüber ins Leben hinein. Der Verstand, der hemmende, bändigende und mäßigende, ist überhaupt bei ihm nicht da. [...]
Döblin, verglichen mit der Mannschen peinlichen Sauberkeit, die kein Stäubchen duldet, mit so viel kunstvoll sparsamer Berechnung, die kein Gran der Kraft des Autors verlorengehen läßt, und mit all diesen Reizen einer biedermeierischen Selbstgefälligkeit und einer ängstlichen Dezenz und Delikatesse, erscheint derb und sogar brutal. Bei ihm: keine in ihrem Einzeldasein peinlich gepflegten Ich-Gestalten, sondern eine Levée en masse; keine Sparsamkeit in Sprache und Handlung, sondern Verschwendung und Gleichgültigkeit; kein Verstand, welcher kapitalistisch abwägt und berechnet, dagegen eine ursprüngliche Naturkraft, wie sie die Bourgeoisie, die auf Einzeldasein gestellt ist, niemals gekannt hat.

Ferdinand Lion, *Thomas Mann und Alfred Döblin*, in: *Europäische Revue*, November 1930; zit. nach: Jochen Meyer, Katalog zur Ausstellung des Deutschen Literaturarchivs Marbach. *Alfred Döblin 1878 · 1978*, Deutsche Schillergesellschaft, Marbach am Neckar 1978, S. 408 f

Döblin ist ein bürgerlicher Schriftsteller, ein Dichter der Bourgeoisie. Diese Bourgeoisie und ihre Gesellschaftsordnung befinden sich im Niedergang. Und deshalb ist auch ihre Literatur im Niedergang; deshalb ist die bürgerliche Romanform zum Untergang verurteilt. Döblins großer Roman »Berlin Alexanderplatz« ist ein Exempel für die Zersetzung dieser Literaturform. Und mithin ein Zeugnis für die Richtigkeit des Satzes von der Pleite des großen deutschen Romans.

Franz Carl Weiskopf, *Die Pleite des großen deutschen Romans. Döblin, der deutsche Normaleinheits-Joyce*, in: *Berlin am Morgen*, 2. Februar 1930, Nr. 28; zit. nach: *Materialien zu Alfred Döblins »Berlin Alexanderplatz«*, hrsg. von Matthias Prangel, Suhrkamp Vlg., Frankfurt am Main 1975, S. 103

[...] unsere Dichter werden es bestimmt nicht nötig haben, wenn sie einen Roman »Berlin Alexanderplatz« schreiben, in einer trotz ihrem Ultrarealismus ganz unrealistischen Methode zu arbeiten, nur um eine wahnwitzige, lebensunfähige Konstruktion zu verdecken: der Transportarbeiter unseres Romans wird ein Klassenmensch, ein Transportarbeiter sein und nicht ein künstlich gepreßtes Laboratoriumsprodukt wie der *Transportarbeiter* Döblin, der seinen Existenzbeweis dadurch zu erbringen sucht, daß er einen nachstenographierten Berliner Dialekt quatscht und sich verdächtig genug die Nummer jeder Elektrischen notiert, die über den Alex fährt. Wer sich so hemmungslos atomisieren läßt, sich in Details auflöst und glaubt, daß das Summieren dieser Details ein Ganzes ergibt – der schafft keine neue Kunstform, wie es die bürgerlichen Kritiker behaupten, die eben um jeden Preis *verklären* müssen, sondern der bestätigt, wenn auch sehr gegen seinen Willen, daß die bürgerliche Literatur am Ende ist.

Johannes R. Becher über *Berlin Alexanderplatz*, in: *Die Linkskurve*, 1930, Nr. 1, S. 4 f

[...] – wenn ich Alexanderplatz meine, sage ich Alexanderplatz, und wenn ich Quatschkopf meine, sage ich Becher. [...] Die Realität aufzeigen, wie sie ist, die wirklichen Bedürfnisse der Masse demonstrieren und daraus und dazu die Theorie machen, das wäre marxistisch. Entschuldigen Sie, wenn ich mich erfreche, wieder den unbekannten Karl Marx zu zitieren: »Die Theorie wird in einem Volke immer nur so weit verwirklicht, als sie die Verwirklichung seiner Bedürfnisse ist.« Ein andermal: »Man muß die versteinerten Verhältnisse der deutschen Gesellschaft schildern und sie dadurch zum Tanzen zwingen, daß man ihnen ihre eigene Melodie vorsingt. Man muß das Volk vor sich selbst erschrecken lassen, um ihm Courage zu machen.« Vergleichen Sie diese wirklich harten Sätze mit dem Milchbrei der Phrasen des Kommunistenhäuptlings Becher. Vergleichen Sie die Realitätsnähe dieser Aussprüche mit der Furcht des Lyrikers vor den Details. Vergleichen Sie die Wahrhaftigkeit dieser Sätze und ihre Weite mit den Stammelworten der »Linkskurve.« »Das Gedicht dem Betriebe zu«, singt Becher. Nee, mein Sohn: Tatsächlich schreibt er das Gedicht der Zeitschrift »Sturm« zu. Sie hassen die Realität. Diese sauberen historischen Materialisten wagen sich nicht an die Realität heran. Sie glauben, es ist getan, wenn sie über der Realität ihr rotes Kinderfähnchen schwingen. [...]
Das ist die zum Lachen armselige literarische Vertretung der deutschen KP: Rote Kinderfähnchen über einer Wirklichkeit, die man nicht kennt, der man mit Schmockphrasen aus dem Wege geht. Wer wundert sich da politisch noch über was?

Alfred Döblin, *Katastrophe in einer Linkskurve*, in: *Das Tagebuch*, 3. Mai 1930, H. 18; zit. nach: Jochen Meyer, Katalog des Deutschen Literaturarchivs Marbach. *Alfred Döblin 1878 · 1978*, Deutsche Schillergesellschaft, Marbach am Neckar 1978, S. 269

Der also, der hier schreibt, trifft keine Wahl. Er stellt bei sich den Tatbestand einer Heimat und der Verbindung mit ihr fest. Wirklich, es ist eine Schicksalsverbundenheit mit den »kleinen Leuten«, und er gibt ruhig zu, daß seine Gefühle und Urteile von hier aus – nicht nur von hier aus – bestimmt werden. Und so geht das, was ich sage, viele nicht an, aber ich kann nicht aus meiner Haut heraus. Ich bin nicht verbürgerlicht wie viele auch der kleinen Leute, die nur ein besseres Einkommen und Auskommen haben wollen, – ich habe einen Widerwillen gegen die »Feinheit«, gegen den Wohlstand und seine geschminkten und gesättigten Menschen; ich habe eine Abscheu gegen den Gesellschaftsbetrieb der Reichen, gegen ihre freche und widerliche Art[,] die Kunst zu mißbrauchen als eine Abendunterhaltung. Ein verbürgerlichter und ein kämpferischer Menschenschlag ist unter uns kleinen Leuten; ich kann nicht anders, gelegentlich verstehe ich und freue mich an den bürgerlichen Gütern, aber ich halte es nicht aus, zuviel Verwahrlosung, Verkommenheit, Gefühlsrohheit, Vergessen der einfachen Menschennatur ist da, und ich will nicht. Darum, wer etwas anderes weiß, lese das nicht, was ich für mich schreiben werde.

Ich weise hin auf die Formulierung meines Satzes vorhin: »Er gibt ruhig zu, daß seine Gefühle und Urteile von hier aus – nicht nur von hier aus – bestimmt werden.« Was aber dies andere »von hier aus« ist, will ich sagen. Es ist die Disposition des geistig und also religiös eingestellten Menschen von heute in Deutschland, zu denselben »kleinen Leuten« zu gehören wie ich und auch ohne mit ihnen ausgerissen zu sein. Das ist meine Behauptung. Die wirkliche, ich sage, wirkliche Bildungsschicht Deutschlands gehört nicht zur Besitzschicht, sondern hat sich abgelöst von ihr, löst sich weiter von ihr und ist im Begriff[,] den Platz einzunehmen, den ihr ihr Instinkt und die Geschichte vorschreibt: an der Seite der Arbeiterschaft. Das sagte ich gestern, sagte ich heute und werde ich morgen sagen, und wenn einige mich angreifen, und zwar besonders von Seiten der Arbeiterliteraten, denen ich, weil sie heimatlos und instinktlos [sind], nicht nach dem Mund rede.

Ich habe deutsche Kultur erfahren, mit sechzehn Jahren war mein größtes Erlebnis der »Prinz von Homburg« von Kleist, die »Penthesilea« konnte ich nur halbseitenweise lesen, so drang das in mich ein, den »Hyperion« von Hölderlin trug ich bis zu meinem Abiturium jahrelang in meiner Brusttasche mit mir herum, bis das Heft nur noch aus losen Blättern bestand; dann wurde in der Prima Nietzsche mein zitterndes, unvergessenes Erlebnis. Ich gestehe, weder mit Goethe noch mit Schiller habe ich etwas anzufangen [gewußt], Goethe dämmerte mir sehr spät, aber er wurde nie mein Mann. Mit diesen geliebten Geistern wuchs ich unter den Fabrikmauern auf, ein kleiner Mann unter kleinen Männern[.]

Alfred Döblin, *Mein Standort*, [Manuskript um 1930], in: AW 24, Walter-Vlg., Olten 1986, S. 193f

⌐ Döblin verstand es, seine Selbstdarstellung, obwohl sie nicht einem wirklichen, eigenen Schreibanliegen entsprang, publizistisch wirksam zu betreiben. In dem Maße, wie er sich allerdings als kunstvoller Stilist dabei erweist, wird auch erkennbar, daß die Darstellungsaufgabe ihn herausforderte und reizte. Trotz der internen Sperren entwickelte der Schreibprozeß

seine eigene Suggestivität. Das entworfene Bild erscheint entsprechend eindrücklich. Sein Realitätsgehalt ist aber nur mit Vorbehalten glaubhaft. Es trifft insofern sinnvoll zu, als Döblin sich literarisch inszenierte und der dabei beanspruchte Gestus schon eine relevante Dimension seines schriftstellerischen Selbstverständnisses mitteilt. Das Bemühen um Repräsentanz als zeittypischer Autor wird dabei im Modus kritischer und gebrochener Selbstreflexion erkennbar. Nicht die Sicherheit und Souveränität des bürgerlich etablierten Schriftstellers führt Döblin vor, sondern er stellt sich als Mensch dar in aller seiner leidenschaftlichen Umgetriebenheit und seinem Bemühen um »ein komplexeres Sehen und Denken, ein tieferes Einfühlen«.

Erich Kleinschmidt, *Nachwort* zu AW 24, Walter-Vlg., Olten 1986, S. 769f

⌐ Ich erkenne die Macht der zensurübenden Gewalten an –, das heißt noch lange nicht: ich gebe ihnen recht! Die Kunst ist *nicht* frei, Gott sei dank und hoffentlich nicht, nur Narren sind frei und dürfen schwatzen, – alle andern haben für ihre Dinge einzustehn und sich zu verantworten dafür. Wer Künstler ist und kämpft, hat sich nicht hinter eine nebelhafte Idee, hinter den infamen Schwindel von der »Freiheit der Kunst« zu verstecken, sondern als Mensch und Künstler seine Sache auch tapfer und mit Einsatz seiner Person auszupauken. Ihm gegenüber stehn andere Gestalten, es hat sich zu erweisen, wer und was stärker ist. Jeder vernünftige Mensch und Künstler fühlt sich frei wie gezwungen, das auf seine Weise zu sagen, was ihm vor Augen steht, – aber er fühlt sich auch verantwortlich für das, was er tut, und *wünscht* diese Verantwortung. Das hat nichts mit der kommunistischen Praxis zu tun, die im Gegenteil die fade liberalistische Auffassung von der »Freiheit« benutzt, um illegale Dinge einzuschmuggeln –, ich bin, um die Kunst wieder ehrbar zu machen, gegen solchen Schmuggel, aber auch gegen die unverschämte »Freiheit«, die man uns aufhalsen will.

[Döblin distanziert sich vom „liberalistischen" Freiheitsbegriff der „Aktionsgemeinschaft für geistige Freiheit".]

Alfred Döblin, *Brief an Franz de Paula Rost*, in: *Stimme der Freiheit*, März 1930; zit. nach: AW 14, Walter-Vlg., Olten 1972, S. 258

Wenn ich hier antanze, meine Herrschaften, und mich zum ersten Mal verbeuge, so geschieht es, weil ich Lust dazu habe, vor Ihnen zu sprechen, und weil ich ein höflicher Mann bin. Man hat mir gesagt, ich solle nicht bloß privatim herumraunzen, es würde für andere, vielleicht für mich selber amüsant sein, öffentlich zu raunzen. Öffentlich, das heißt auf dem Papier, das die Welt bedeutet (Abonnementspreis je nachdem, Einzelpreis je nachdem, wunderbar, man kann diese Welt abbestellen, leider nur diese). Nun folge ich also, bin da, fühle mich nicht ganz wohl, aber ich will etwas erzählen.

Alfred Döblin, *Selbstschändung des Bürgers*, [Typoskript]; zit. nach: AW 14, Walter-Vlg., Olten 1972, S. 253

⌐ Mein Denken und Arbeiten geistiger Art gehört, ob ausgesprochen oder nicht ausgesprochen zu Berlin. Von hier hat es empfangen und empfängt es dauernd seine entscheidenden Einflüsse und seine Richtung, in diesem großen nüchternen strengen Berlin bin ich aufgewachsen, dies ist der Mutterboden, dieses Steinmeer der Mutterboden aller meiner Gedanken. [...] Diese Mietskasernen und Fabriken sind durch Jahrzehnte mein Anschauungs- und Denkmaterial gewesen, und ob ich von China, Indien und Grönland sprach, ich habe immer von Berlin gesprochen, von diesem großen starken und nüchternen Berlin.

Alfred Döblin, [*Typoskript* ohne Titel, um 1930]; zit. nach: Jochen Meyer, Katalog zur Ausstellung des Deutschen Literaturarchivs Marbach. *Alfred Döblin 1878 · 1978*, Deutsche Schillergesellschaft, Marbach am Neckar 1978, S. 214

⌐ Ricarda Huch hatte einen Streit mit Döblin, ihrem geliebten Gegner in allem, der es nicht unterlassen konnte – er war Arzt und kam von seinen Patientenbesuchen in die Sitzungen – , ganz unerwartet, wenn sie ruhig neben ihm saß, mit derselben elektrischen Taschenlampe, mit der er in die offenen Münder seiner Patienten zu leuchten pflegte, ihr plötzlich ins Gesicht zu blinkern. Beleidigt und zurückfahrend rief die Huch zu mir herüber: »Ich bitte unseren Herrn Vorsitzenden, mir denn doch einen anderen Platz anzuweisen!« Ich antwortete versöhnlich: »Aber wir sind doch wirklich alt genug, um uns unsere Plätze selber auszusuchen.« Die Antwort war spitz und lautete: »Es scheint eben doch nicht!«

Beim nächsten Male kam die Ricarda Huch zu spät, aber es waren noch mehrere Plätze frei; neben Thomas Mann, Döblin und mir. Wir waren überzeugt, sie würde sich diesmal nicht wieder neben Döblin setzen, aber im Gegenteil, sie ließ sich wieder neben ihm nieder – um bald darauf von neuem mit ihm in ein Gefecht verwickelt zu sein. – Als er überraschend für uns alle vorschlug, jeder junge Dichter müsse einige Semester Psychoanalyse studieren, und das näher ausführte, wobei er immer breitspuriger wurde, weil ihn unser allgemeines Schweigen unsicher machte, fragte er unerwartet seine Nachbarin: »Nun, was sagen Sie denn dazu?« Die Huch erwiderte: »Das ist mir zu dumm!« Er replizierte: »Gott, was sind Sie für eine gescheite Frau!« Da Döblin Psychiater war, betrachtete und behandelte er meist alle Menschen, mit denen er zu tun hatte, als Patienten, wodurch er begreiflicherweise schnell bei ihnen Ärger und oft Feindseligkeit hervorrief.

Walter von Molo, *Die »Dichter-Akademie« in Berlin*, in: *Berliner Cocktail,* hrsg. von Italiaander/Haas, Vlg. F. Stadler, Hamburg – Wien 1957, S. 266 f

Wenn ich Döblin einmal vierzehn Tage lang oder einen Monat gar nicht gesehen hatte, war ich auf jede Überraschung gefaßt.

Hermann Kesten, *Lauter Literaten*, Kurt Desch Vlg., Wien – München – Basel 1963, S. 412

Diese Stimme aus der Großstadt, Döblins Stimme, und Döblins Schilderung von Berlin, das zog mich an. Und als ich mal eine Gelegenheit hatte, nach Berlin zu fahren, wollte ich Döblin aufsuchen. [...] ich war gar nicht mutig genug, zu ihm zu gehen und ihm zu sagen, ich verehre ihn als Dichter und möchte ihn sehen, sondern ich dachte mir aus, weil ich gehört hatte, daß er Arzt sei, daß ich als Patient zu ihm gehen wollte. [...] ich kam zu dem Haus und fand auch das Schild an der Tür und sah nun die Realität, daß er wirklich Arzt war, daß da Patienten hineingingen und daß alles ganz ernst zu nehmen war, und ich hatte dann nicht mehr den Mut, als Patient reinzugehen und zu ihm zu sagen, Herr Doktor, ich bin irre, wollen Sie mich nicht untersuchen? Sondern ich stand lange vor dem Haus [...]
Einmal habe ich Döblin gesehen. Das war in dem Berliner Romanischen Café. Da gab es oben eine Galerie, da saßen die Schachspieler [...] Da saß einmal unter ihnen Döblin, und ich beobachtete sein Gesicht. Ich habe mir eine Notiz darüber gemacht: Ein Gesicht, blaß, spitznasig. Das Gesicht hätte über dem Halskragen eines Geistlichen sitzen können, jesuitisch, was ich als positiv zu verstehen bitte. Belesen, scharfsinnig, asketisch, beherrscht. Aber die Augen hinter der, wie ich glaube, drahtgefaßten, jedenfalls schmalen Brille: müde, abwesend, jenseitig, dabei doch das Schachbrett, die Spielfiguren beobachtend, wie ein Jäger, wach, aber nicht ganz da. Es war klar, er wollte die Partie gewinnen, er gewann sie. Aber schon war es ihm gleichgültig. Vielleicht sah er sich selber zu, sah in sich hinein, dachte, was tue ich hier, ich muß nach Babylon.

Wolfgang Koeppen, in: Leo Kreutzer, *Das Porträt. Alfred Döblin.* Fernsehfilm des Westdeutschen Rundfunks, Köln, 11. Oktober 1968; zit. nach: Jochen Meyer, Katalog zur Ausstellung des Deutschen Literaturarchivs Marbach. *Alfred Döblin 1878 · 1978,* Deutsche Schillergesellschaft, Marbach am Neckar 1978, S. 511 f

FRANZ: Wolln wirn bißchen gehn, Straßen runter.
MIEZE: Na ja.
FRANZ: Du heißt Sonja[?]
MIEZE: Mensch, du hast ja bloß einen Arm.
FRANZ: Ja.
MIEZE: Bist ausm Krieg[?]
FRANZ: Ja ausm Krieg.
MIEZE: Jefall ich dir, Franz?
FRANZ: Bist hübsch, Mädel. Wieviel wiegst du denn?
MIEZE: So in die Sachen 105.
FRANZ: Nanu, mehr wiegst du nich[?]
MIEZE: *(kreischt)* Reg mir doch nich uff uff die Straße, wat denken die Leute.
FRANZ: Wat Richtiges.
MIEZE: Wat denn[?]
FRANZ: Wat der mit seinem einen Arm kann und det is n feines Mädel.
MIEZE: Laß los, Franzeken.
FRANZ: Komm mit zu mir, ich zeig dir meine Bude. Kuck da bin ich, hier wohn ich, is nich groß, wie gefällts dir[?]
MIEZE: Ick muß mir erst hinsetzen, Franz.
FRANZ: Nu bin ick froh, ick jeh tanzen, n Mädel hab ick, die heißt aber nich Sonja, die muß Mieze heißen, Miezeken, du, ick han noch nie n Mädel gehabt, die Mieze heißt.
MIEZE: Ick heiße ja auch garnich Sonja, hat die Eva bloß jesagt, weil die alle so heißen.
FRANZ: Paß uff, Mieze, hier wohnst de und ick geh für dich verdien.
MIEZE: Laß man, du hast bloß een Arm, ick tu schon.
FRANZ: Ick wer verdienen, was haste gern, na wat?
MIEZE: Kleen Stieglitz.
FRANZ: Koof ick. Wat noch[?]
MIEZE: N Korbstuhl, zwee Korbstühle, für die Ecke, wo wir dran sitzen können, und denn [n] runder Tisch vor.
FRANZ: Koof ick alles.
MIEZE: Wo kriegste det Geld her[?]
FRANZ: Meine Sorge.
MIEZE: Ick helf dir.
FRANZ: Mach mal die Oogen zu. Wat is det[?]
MIEZE: Jott, hundert Märker.
FRANZ: Mach noch mal zu. Na warum weenst du denn[?]
MIEZE: Frei mir so. Mit dir Franze. Hab es so schlecht gehabt. Bin aus Bernau, die haben mir da rausgeschmissen und die Menschen sind alle so schlimm, du aber nich.
FRANZ: Ich nich, Mieze.
MIEZE: Will bei dir bleiben, Franze.
Musik: »Wenn die Soldaten durch die Stadt marschieren«.
FRANZ: Ick hab noch wat zu besorgen, Mieze.
MIEZE: Wo jehste hin, Franz[?]

Die Geschichte vom Franz Biberkopf, [Transkription des Hörspiels von 1930], in: AW 22, Walter-Vlg., Olten 1983, S. 294 ff

Das literarische Hörspiel kann sich bezüglich »Sprache und Phantasie« nicht auf der Ebene des Buchromans bewegen, sondern es muß den rezeptiven Gegebenheiten des Radios Rechnung tragen. Diese aber erfordern eine einfache, überschaubare Struktur bezüglich Inhalt, Personen und Textgestalt. Döblin versuchte es in der »Geschichte vom Franz Biberkopf«.
Der erhaltene Entwurf, noch mehr als die Sendefassung, ging ohnehin bis an die Grenzen der damals für möglich gehaltenen Hörspielgestalt. Die Kritiker, die eine zu große Zahl der »Stimmen« monieren, deren akustische Differenzierung schwierig sei, belegen nur eine von Döblin möglichst komplex gehaltene Textstruktur, die innerhalb des Hörmediums wenigstens eine Andeutung der produktiven Idee von »Berlin Alexanderplatz« bewahren sollte. Der Roman

wie das Hörspiel wollten keine »Schablonenarbeit« sein. [...]

Die Sendefassung ist vor allem ein in sich gestraffter Text. [...]

Die Straffung könnte [...] durchaus eine Entscheidung Döblins gewesen sein, zumal seine Arbeitstechnik auch sonst häufig darauf hinauslief. Der Verdacht eines relativ selbstherrlichen Regieeingriffs aus politischen oder auch vermeintlich sachlichen Glättungsgründen drängt sich natürlich ebenfalls auf. Ein Punkt, der in diesem Zusammenhang bedeutendes Gewicht erlangt, ist die Tatsache, daß »Die Geschichte vom Franz Biberkopf« 1930 und in den Jahren danach nie gesendet worden ist. Nach mehreren Verschiebungen war zwar für den 30.9.1930 die Ausstrahlung von 20.35 bis 22.15 Uhr angesetzt worden, wurde dann aber kurzfristig auf den 1.10. verschoben, um schließlich endgültig abgesagt zu werden. Die erhaltene Plattenaufnahme hat demnach gerade in dieser Absetzung ihren Grund, da man die Produktion mit den eingesetzten Spitzenkräften für einen späteren Sendetermin konservieren wollte.

Erich Kleinschmidt über das Hörspiel *Die Geschichte vom Franz Biberkopf*, *Nachwort* zu AW 22, Walter-Vlg., Olten 1983, S. 646 ff

Morgens früh aus dem Bette raus,
    In die Strümpe rin,
Die Hosen an, –
Morgens früh kaltes Wasser ins Gesicht,
Brot ins Papier,
Die Kanne in die Hand,
In die Elektrische, in die Untergrund,
Und in die Fabrik, – und in die Fabrik, –
    und in die Fabrik.
Ah, das geht so Tag um Tag,
Tagschicht, Nachtschicht, Nachtschicht,
    Tagschicht.
Frühling, Sommer, Herbst und Winter,
Montag, Dienstag, Mittwoch, Donnerstag,
Mittwoch, Donnerstag, Freitag, Sonnabend.
Und am Sonntag schläft man aus, aus, aus.
Ah, das geht so Tag um Tag,
Ah, das geht so Jahr um Jahr,
Ah, das geht das Leben lang,
Rücken krumm, Schläfen grau, Schädel blank,
Ah, das geht so Tag um Tag.

Alfred Döblin, *Arbeiterlied*, [aus dem Stück *Die Ehe*], in: *Das Unterhaltungsblatt der Vossischen Zeitung*, 5. Oktober 1930

Es war ein rauschender Erfolg, ein Erfolg, der aus den Herzen, den aufgerührten Herzen unter Ausschaltung der Gehirne, vielleicht sogar der Seelen kam, ein Opernerfolg eigentlich, der nach einem Opernfinale tosend einsetzte. Alfred Döblin zeigte sich viele, viele Male und winkte dem Publikum zu, neben ihm Carol Rathaus, der Komponist des Abends, Otto Falckenberg, Julius Gellner, die beiden Regisseure, Hermann Ludwig, der Kapellmeister und alle hochverdienten Darsteller. Es war eine vorzügliche, eine hervorragende Aufführung, mit brillanten Leistungen und einem unvergeßlichen Bild, dem Schlußbild des ersten Aktes, das bestimmend und hinreißend geführt wurde durch die Musik, eine ungeheuer geschickte Musik, die ihrer modernen Mittel unter Einbeziehung des Alten durchaus sicher war.

Das Stück? Der erste Akt – der beste –, eine aufpeitschende Demonstration auf der Basis des § 218. Der zweite – der schwächste –, eine skeptizistische Revue über gewisse Formen der Ehe unter den Reichen, des Grundgedankens, daß auch diese Glücklichen vielleicht nichts zu lachen haben. Der dritte – der unklarste –, eine bittere Anklage gegen das Wohnungselend mit seiner familienzerstörenden Wirkung, ausmündend in einen durch nichts Vernunftgemäßes gerechtfertigten Herzensoptimismus. Das Ganze, lose vergleichbar etwa einem Epos vom Menschenleben, von dreierlei verschiedenen Standpunkten aus gesehen, einem starr materialistischen, einem leicht frivol gesellschaftskritischen und einem unrein und unentschlossen metaphysischen, nicht unter einen Hut zu bringen, gedanklich verworren und nur zusammengehalten durch das Gefühl, ein sehr starkes und echtes Mitleidensgefühl, durch guten, besten, allerbesten Willen. Döblin ist Arzt, aber der kranken Welt verschreibt er eine nur symptomatische Kur; sein Stück, das »Die Ehe« heißt, heißt in Wahrheit »Das Geld«, in seinen auf der Milieutheorie fußenden leidenschaftlichen Klagen über die Zustände ist die Ehe nichts als eine soziale, fast überlebte Funktion. Aber die Konsequenzen dieser materialistischen Weltanschauung zieht er nicht, sondern im dritten Akt flüchtet er kraft seines Herzens in eine etwas nebelhafte Metaphysik, daß nämlich der Mensch doch nicht nur das Produkt der Dinge sei, sondern vor ihnen, über ihnen stehe infolge höherer Ordnung, als das Soziale sie vermag, und damit verurteilt er recht eigentlich am Ende seinen ersten Akt, den evolutionistisch-propagandistischen, auf dem seine ganze Betrachtung über Welt und Leben fußt. [...] Döblin wirft sein »j'accuse« mit diesem Stück hin, aus der heißen Anklage allein befeuert sich ja das Herz des Hörers, und dieser Anklage gegenüber muß man aussprechen, daß sie auf zwar verführerischen, doch schwachen Füßen steht. Sie richtet sich gegen den Zustand statt gegen den Menschen selbst.

Rudolf Schneider-Schelde über *Die Ehe*, in: *Berliner Börsen-Courier*, Abendausgabe, 1. Dezember 1930

Hans I. Rehfisch und Wilhelm Herzog: Justizmord am Schuldigen. (Ein deutsches Trauerspiel.)

Emil Ludwig: Mussolini, »der Mann des Schicksals«.

Arnolt Bronnen: Adolf Hitler – eine Monographie.

Alfred Kerr: Philosophie des Nicht-Ich. Essay.

Herbert Ihering: Die Schaubühne als politische Anstalt.

Leopold Jessner: Neuinszenierung des »Torquato Tasso« – Revolutionsdrama in vier Akten und einem Zwischenspiel von Goethe.

Alfred Döblin: Aus meiner ärztlichen Schreibstunde, eine Polyepik.

Bert Brecht: Plagiat oder aus Nichts wird Etwas – ein Drama aus Wild-West.

Joseph Ponten: Marslandschaft.

Egon Erwin Kisch: Wie ich es sah und nicht sah. Eindrücke einer Reise.

Clara Viebig: Die mit den tausend Vätern. Roman.

Peter Martin Lampel: Aufruhr des Embryo. Drama.

Woran unsere Literaten arbeiten, in: *Die Literatur*, Januar 1930, H. 4, S. 190

5

VOLKSBÜHNE

THEATER AM BÜLOWPLATZ

Montag, den 11. Mai 1931, abends 8 Uhr

DIE EHE

Der Sprecher — Ernst Busch

Vorspiel

Der Schuster — Bruno Ziener
Der Hauswirt — Paul Kaufmann
Der Wohnungsbeamte — Josef Almas
1. Spekulant — Heinrich Greifer
2. Spekulant — Sigurd Lohde
Die Dame — Eddie Peppler Kollwitz
1. Herr — Jacob Sulzer
2. Herr — Ernst Schlatt
Arbeiter — Josef Dahmen
Pfadfinder — Herbert Berghof
Wachtmeister — Paul Kaufmann
1. Schwester — Beate Finkh
2. Schwester — Auguste Welten

Frau — Berthe Drews
Mann — Hermann Speelmans

DIE KUNST DEM VOLKE

6

Kunstwerk im Werde

Bei Allianzfilm entsteht
„Berlin-Alexanderplatz"

Rechts: *Heinrich George,*
der Darsteller des Franz Bieberkopf

Links: *Piel Jutzi,*
von Pressburger mit der Inszenierung betraut

Unten: *Alfred Döblin,*
Verfasser des Romans und des Tonfilmbuches

Die Allianz, vorwärtsstrebend in der Wahl ihrer Stoffe und Mitarbeiter, hat jetzt bekanntlich das große Werk Alfred Döblins „Berlin-Alexanderplatz" zur Verfilmung erworben. Um es ganz im Geist und in der Anschauungswelt des Dichters zu gestalten, hat man Döblin selbst für das Film-Szenario gewonnen und wird das Drehbuch gemeinschaftlich mit Hans Wilhelm bearbeiten. — Für die Inszenierung verpflichtete die Allianz Piel Jutzi. Jutzi führt hiermit zum ersten Male Tonfilm-Regie. — Heinrich George wurde für die männliche Hauptrolle verpflichtet. Er spielt den „Franz Bieberkopf" — eine Figur, die Döblin ihm direkt auf den Leib geschrieben haben könnte. Dieser Allianz-Tonfilm ist Heinrich Georges erster Film, den er nach seiner Rückkehr aus Hollywood dreht.

7

4

„Vergessen Sie nicht, uns zu wecken, wenn wieder mal einer austreten will."

3

Wie sich der kleine Fritz eine Sitzung der Dichterakademie vorstellt

1

2

HEINRICH GEORGE

BERLIN ALEXANDERPLATZ

Die Geschichte vom Franz Biberkopf
Nach dem Roman von ALFRED DÖBLIN
S. Fischer Verlag / Berlin
Manuskript: Alfred Döblin und Hans Wilhelm

Regie: PHIL JUTZI

Dialogleitung: Karl Heinz Martin
Fotografische Leitung: Nikolaus Farkas / Bauten: Julius v. Borsody
An der Kamera: Erich Giese / Kompositionen: Allan Gray
Standfotograf: Fritz Vogel
Musikalische Leitung: Arthur Guttmann
Ton: Fritz Seeger / Schnitt: Géza Pollatschik

Tonsystem: Tobis-Klangfilm

Produktionsleitung: Dr. Wilhelm Szekely

Darsteller:

Heinrich George
Maria Bard
Margarete Schlegel
Bernhard Minetti
Gerhard Bienert
Albert Florath
Paul Westermeier

Ein Heinrich George-Film
der Allianz-Tonfilm G.m.b.H.
im Verleih der
SÜDFILM A.-G.
Berlin / Leipzig / Düsseldorf / Hamburg
Frankfurt a. M. / München / Saarbrücken

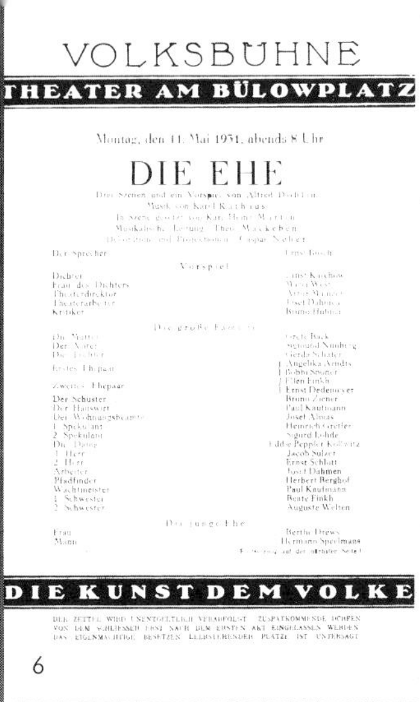

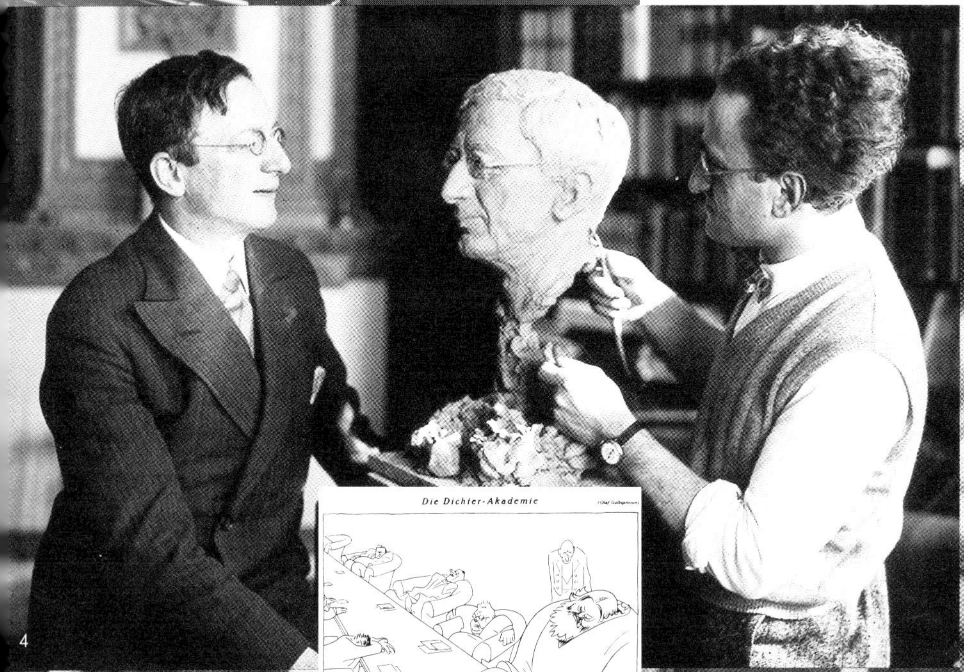

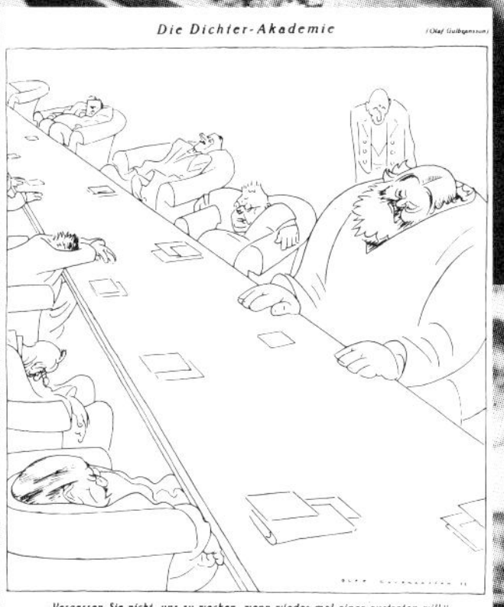

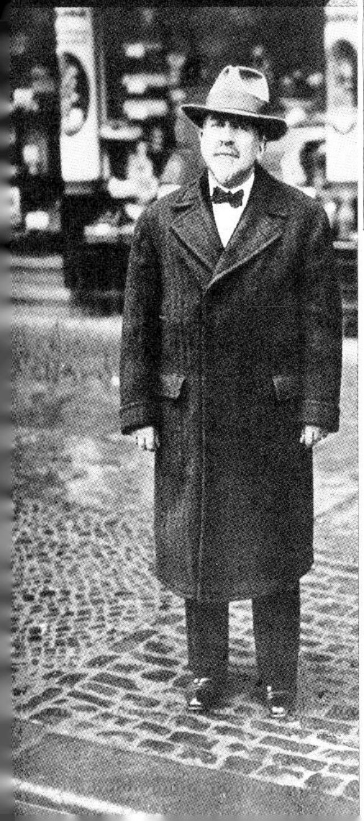

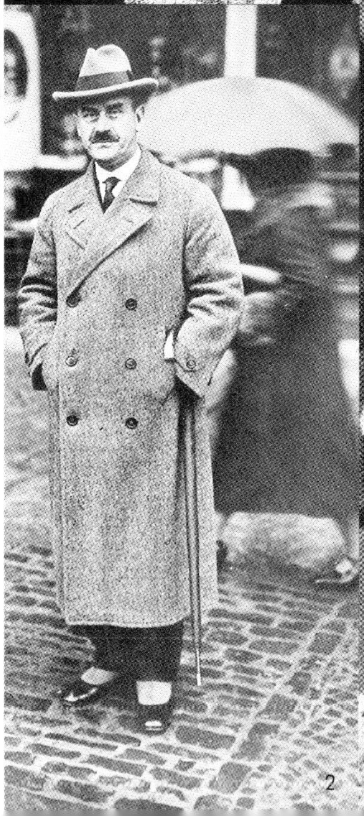

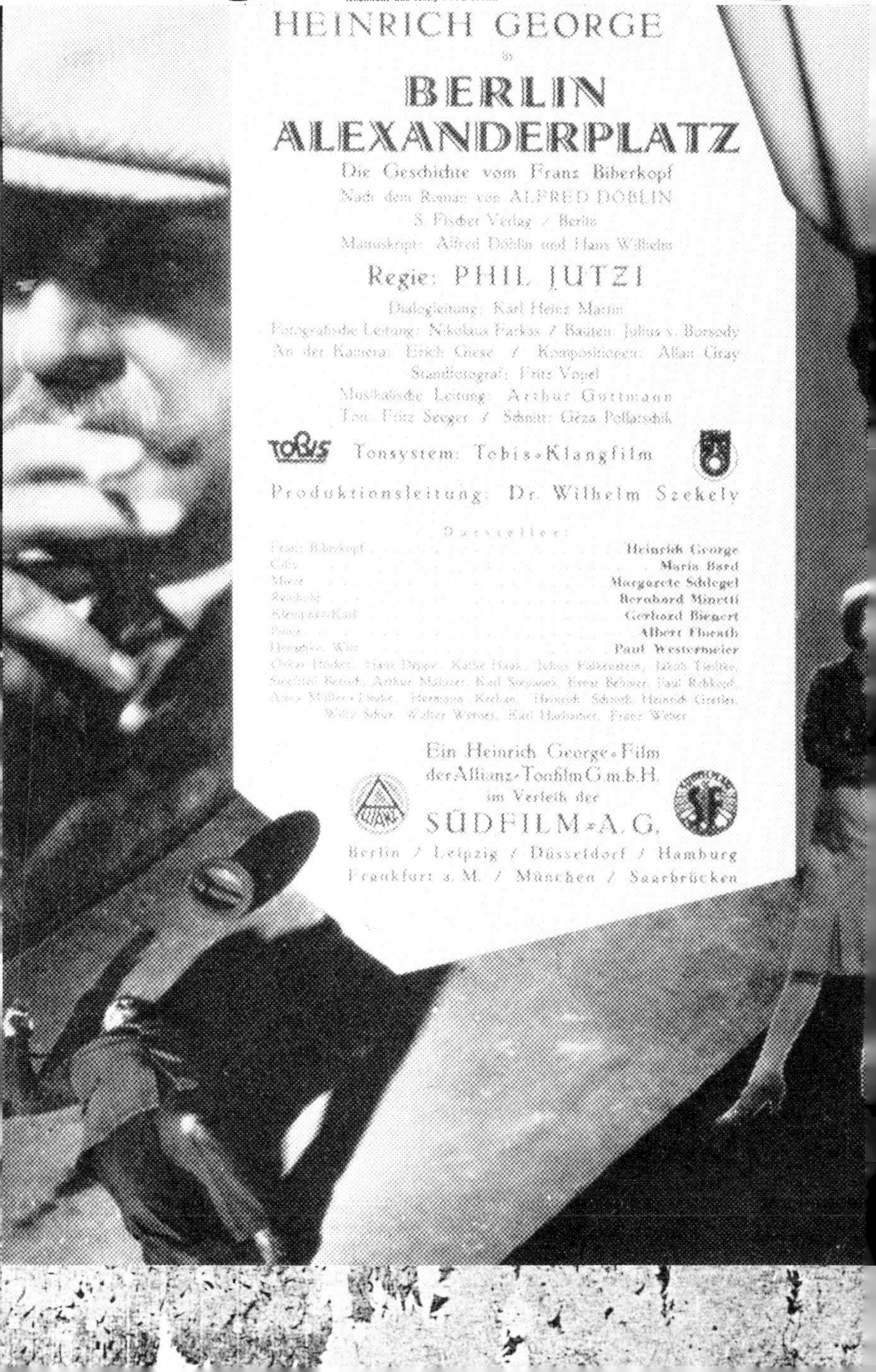

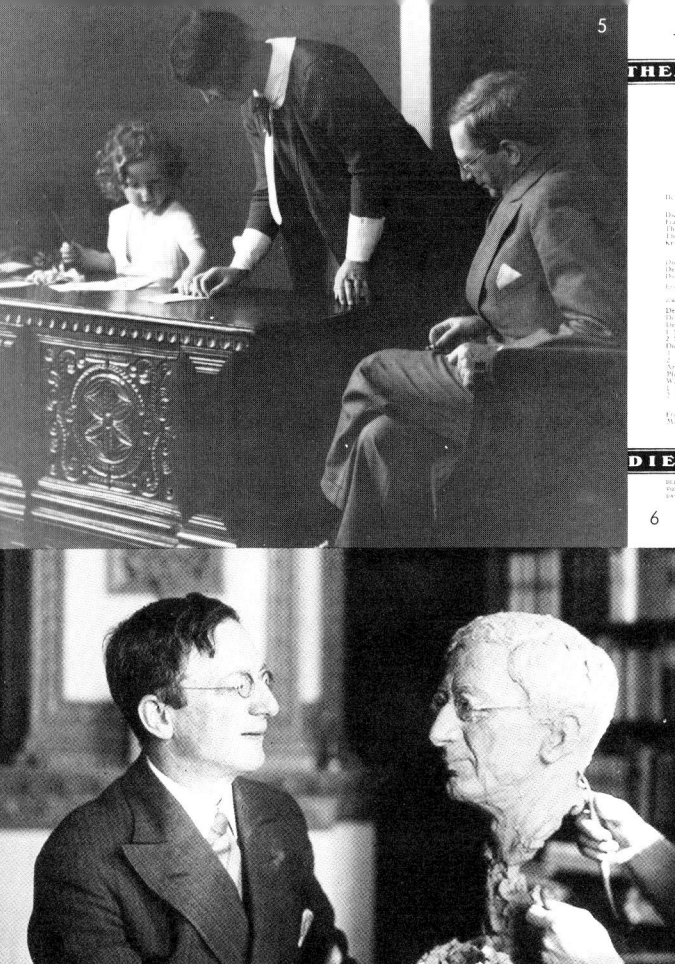

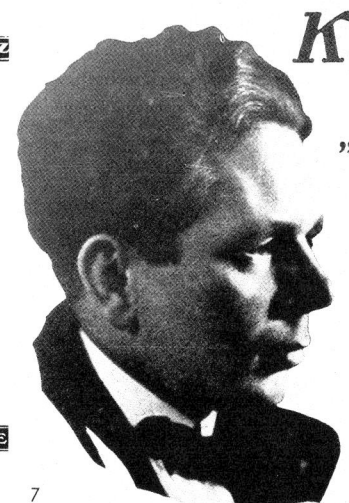

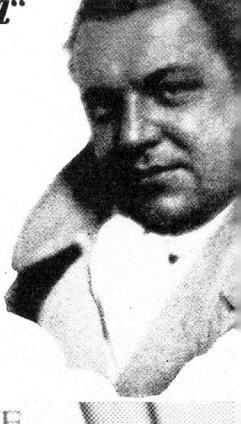

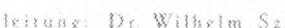

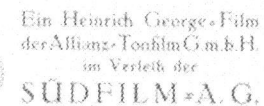

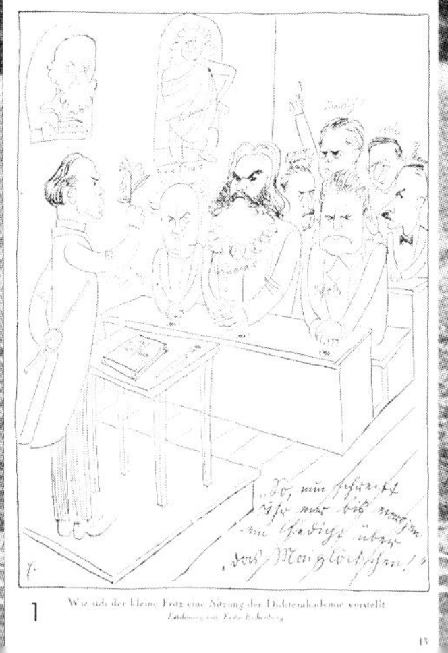

1931 12. Januar. Nach dem Austritt von Kolbenheyer, Wilhelm Schäfer und Emil Strauß aus der *Akademie* fordert Döblin auf einer Sitzung der *Sektion für Dichtkunst* ein eindeutiges Bekenntnis der Sektion zum »neuen Staat«, zur Republik. Diese auch von Heinrich Mann vertretene Position wird von der Mehrheit der anderen Mitglieder abgelehnt.

12.-22. Januar. Vortragsreise durch das Rheinland: Bonn, Aachen, Köln, Bochum, Dortmund und Koblenz.

25. Januar. *Bilanz der Dichterakademie*, Polemik Döblins gegen die »Herren vom allzu platten Lande« in der *Vossischen Zeitung*.

27. Januar. Außerordentliche Sitzung der *Sektion für Dichtkunst*. Döblin legt ein Fünf-Punkte-Programm vor. Heinrich Mann und Ricarda Huch werden zu Vorsitzenden gewählt.

Januar. Umzug der Familie Döblin aus der Frankfurter Allee 340 in einer größere Wohnung im Berliner Westen, *Kaiserdamm 28*. Verlust der Kassenpraxis.

Februar. *Wissen und Verändern!* erscheint bei *S. Fischer*.

9. März. Döblin, Loerke und Heinrich Mann beim preußischen Kultusminister Grimme. Gespräch über eine mögliche Einflußnahme der *Sektion für Dichtkunst* auf den Schulunterricht. Döblin und Heinrich Mann beginnen, ein Lesebuch für preußische Schulen vorzubereiten.

27. März. Empfang zum 60. Geburtstag von Heinrich Mann in der *Akademie*. Döblin überreicht eine Huldigung für Heinrich Mann, redigiert von ihm, Wilhelm Herzog und Hermann Kesten, unterzeichnet von 130 Autoren, erschienen im *Berliner Tageblatt*.

11. April. Döblin eröffnet die 64. Ausstellung der *Berliner Sezession*. Die Rede wird von der *Berliner Funkstunde* übertragen

und ruft heftige Proteste der Zuhörer hervor. Am Abend Berliner Premiere des Stückes *Die Ehe* in der *Volksbühne*.

16. April. In der *Berliner Funkstunde* diskutiert Döblin die Thesen seiner Sezessionsrede mit Max Osborn und Adolf Behne: *Hat die Malerei heute noch kulturelle Bedeutung?*

18. April. Im *Berliner Tageblatt* erscheint ein aggressiver Verriß der *Ehe* von Alfred Kerr.

27. Mai. Beginn der *Donnerstagsabende*, Gespräche mit jungen Leuten über politische und kulturelle Probleme, über die in *Wissen und Verändern!* behandelten Fragen in Döblins Wohnung. Beteiligt sind Vertreter ganz unterschiedlicher politischer Richtungen, u.a. Mühsam, Korsch, Loerke, Bermann-Fischer, Monty Jacobs, Osborne (Redakteure der *Vossischen Zeitung*), Klaus Mehnert, Axel Eggebrecht, Irmgard Keun, Harro Schulze-Boysen.

Sommer. Der Film *Berlin Alexanderplatz* entsteht.

3. September. Döblin wendet sich in der *Roten Fahne* gegen eine Kampagne des deutschen Radios gegen Moskau: *Ich höre lieber Moskau.*

23. September. Diskussionsabend der *Jugendliga für Menschenrechte* mit Döblin: *Wo steht die deutsche Jugend, wo soll sie stehen?*

Oktober. Premiere des Films *Berlin Alexanderplatz* in Berlin.

8. Oktober. Döblin wird für drei Jahre in den Senat der *Preußischen Akademie der Künste* gewählt.

Herbst. Das Theaterstück *Die Ehe* erscheint als Buch bei *S. Fischer*.

und ...

Berlin Alexanderplatz erscheint in englischer und italienischer Ausgabe. *Wallenstein* erscheint in tschechischer Ausgabe.

1 *Wie sich der kleine Fritz eine Sitzung der Dichterakademie vorstellt*, Karikatur von Fritz Eichenberg, die im Mai 1929 im *Uhu* erschien. (4) **2** Heinrich und Thomas Mann vor dem Anhalter Bahnhof, 1928 (20) **3** *Vergessen Sie nicht, uns zu wecken, wenn wieder mal einer austreten will*, Karikatur einer Sitzung der Dichterakademie von Olaf Gulbransson aus dem *Simplicissimus* vom 9. Februar 1931. (14) **4** Döblin mit dem Bildhauer Harald Isenstein, 1929, Foto: Joseph Schmidt (7) **5** Erna und Alfred Döblin mit Stefan, um 1931 (21) **6** Programmzettel der Berliner *Volksbühne* für eine Aufführung am 11. Mai 1931 (4) **7** und **8** Werbung der *Südfilm-AG*, 1931 **9** Döblin bei der Verfilmung seines Romans *Berlin Alexanderplatz*, 1931 (6) **10** Döblin hält die Eröffnungsrede zur 64. Ausstellung der *Berliner Sezession Künstler unter sich*, ihm gegenüber der Maler Eugen Spiro (4) **11** Programmheft zum Film *Berlin Alexanderplatz*, 1931 (4)

Was für eine Meinung vertreten Sie eigentlich? Ihre Stellung und Ihr Ruf in diesem Stadtteil sind sehr sozialistisch.

»Ich vertrete das, womit man uns so lange gefüttert hat, bis es ins Lächerliche gezogen wurde. Ich vertrete, ohne daß man es mir dankte, – ich gestehe es – die Humanität, die Menschlichkeit und die Menschheit: ›Menschentumsart‹. Heute ist meine Einstellung nicht populär, weil sie nicht eindeutig genug ist. Keine geistige Macht ist überzeugend genug, weil sie anfangs nie ein fertiges Programm vorweisen kann. Ich bin gegen jede Form von Diktatur, jede Revolution, jede Bourgeoisie. Das heißt heute, jede Mode zu verleugnen. Goethe, Nietzsche und die modernen Naturwissenschaften prägten unsere Zeit. Von da sind wir gekommen und hier sollten wir weitermachen. Keinesfalls aber auf dem Weg zum proletarischen Byzantinismus, zu dem sich Deutschland galoppierend hinbewegt.«

Warum schreibt in Deutschland niemand Poesie? Es scheint mir, als wäre sie eine ganz verlassene Stadt.

»Bei uns hat die Poesie keine Möglichkeit zu existieren. Es gibt hier noch nicht einmal den Ansatz dazu, diese sportliche Poesie oder diesen poetischen Sport zu betreiben. Es wird wenig Lyrik produziert, wenig gedruckt. Wir sind ein unruhiges Land. Ein Land, das die Realität braucht. Wenn die Lage ruhiger wäre, würde es gehen. Wir haben aber dafür nicht die volkswirtschaftliche Grundlage. Sie fehlt. Man kann sie auch nicht aus Frankreich holen. Frankreich teilt mit uns auch nicht die gleiche Beziehung zu Geist und Materie. Blicken Sie zurück. Wie still und friedlich war die Geschichte, wie langweilig die Historie, als Dehmel und Rainer Maria Rilke dichteten. Das geht jetzt nicht. Die Realität drängt sich immer wieder vor.«

Adolf Hoffmeister, *Interview mit Alfred Döblin*, in: *Rozpravy Aventina* 6, Praha 1930/31, in: AW 24, Walter-Vlg., Olten 1986, S. 205f

Es meldete sich an der Provinzialismus, Heimatkunst, Kunst der Scholle, des sehr platten Landes, ein altes romantisches Ideal und redete aus orphisch dunkler Tiefe – uns an, protestierte gegen Berlin, wo Betrieb um des Betriebes willen herrscht, und riet, ganz repräsentativ zu verharren, völlig zu schweigen. Bei einigen verband sich dies mit wohlbekannten aggressiven Tönen, das zweite Wort war »deutsch«,

»Volkstum«; die geforderte Definition des »Deutschen«, von andern Urdeutschen gefordert, blieb aber aus; die orphische Tiefe gab nicht mehr her. [...] Es war eine ganze Groteske, sie legten uns Berlinern eine Geschäftsordnung vor; die sollte uns den Mund verbieten (ja, wir redeten doch schon gar nichts, wir sahen schon klarer, sie dachten da hinten in der Tschechoslowakei, was wir hier für schreckliche Dinge in dem Sündenbabel ausheckten zum Schaden des total platten Landes). Wir ließen uns konziliant den Mund verbinden, nachher wurde uns die Luft zu knapp, wir baten um etwas Erleichterung, aber das deutsche Volkstum bestand auf unserm Erstickungstod, und als wir, unterstützt von den allernamhaftesten Nichtdeutschtümlern, Zetermordio schrien und die hohe Behörde herbeilief und uns Strick und Bürde abnahm, zogen sie ab; sie protestierten, mit Recht, sie hatten es schriftlich in der Tasche, daß wir vor die Hunde gehen sollten. – Ein Angriff, aber doch nur ein Symptom für das Ganze.

Alfred Döblin, *Bilanz der »Dichterakademie«*, in: *Vossische Zeitung*, 25. Januar 1931

Heinrich Mann, der Sektion Dichtkunst von Anfang an zugehörig, hatte sich lebhaft an ihrer Arbeit beteiligt, war mit Protesten gegen das vorbereitete »Gesetz zur Bewahrung der Jugend vor Schmutz- und Schundschriften« hervorgetreten – ergebnislos, hatte, in besonderer Zusammenarbeit mit Alfred Döblin, ein Lesebuch für die Schulen vorbereitet – sein Inhalt sollten die Arbeiten des Volkes und seine Freuden sein, die Geschichte Deutschlands sollte nicht länger beschränkt werden auf Schlachten, auf den Ruhm von Feldherren und Fürsten. Das Buch wurde fertig, der Minister Grimme, der letzte sozialdemokratische, begünstigte es. Seine Beamten hüteten sich, es in die Schulen einzuführen: das Ende der Republik kam schon in Sicht.

Klaus Schröter, *Heinrich Mann*, Rowohlt Vlg., Reinbek bei Hamburg 1967, S. 112

Meine Arbeiten brachten mir zwar einen gewissen literarischen Namen und die Wahl in die Preußische Akademie der Künste, in dessen Senat ich sitze, aber geringen materiellen Erfolg, so daß Praxis und Schreiben dringend beieinanderbleiben mußten. Dann kam es vor über zwei Jahren zu einer Wendung, und als ich den

ersten, und wahrscheinlich auch einzigen, Erfolg bei einer größeren Anzahl von Menschen hatte, faßte ich einen katastrophalen Entschluß. Man muß lange genug Kassenarzt gewesen sein, um ihn zu verstehen. Ich wollte einmal sehen, wie eine Privatpraxis ist. Ich wollte, nachdem ich nun schon die fünfzig hinter mir hatte, einmal weg von der Bürokratie, von der Schreibarbeit im Sprechzimmer und mich wirklich allein um Krankheiten und ihre Behandlung kümmern. Mir kam vor, ich hatte im Laufe der Jahre schon viel vergessen, aber andererseits mir auch eine andere Vorstellung von Kranksein erworben, und darum wollte ich mich einmal, frei von der Bürokratie der Kassenpraxis, kümmern. Es war ein völlig fantastischer Irrtum. Warum? Ich hatte einfach keine Patienten. Ich hatte ein simples Faktum vergessen: eine Praxis, und nun gar eine Privatpraxis muß aufgebaut werden, langsam, langsam. Aber – soviel Zeit hatte ich ja gar nicht. Weder hatte ich Lust wie ein Anfänger zu warten, dazu gehören Nerven und Jugend und Optimismus, noch (jetzt muß ich es aussprechen) wollte ich ganz ehrlich die »Privatpraxis«. Die »besseren« Leute schon, die ich auf der Straße in der westlichen Gegend sah, wohin ich Wahnsinniger verzog, – ich dachte: ein Experiment, warum soll man einmal nicht experimentieren, – mochte ich alter Berlin-Ostler nicht. Vielleicht wenn ich länger ausharrte und auch hinter die Kulissen schauen könnte, wäre es anders. Aber ich fühlte mich hier am falschen Platz, und schon nach einem halben Jahre meldete ich mich wieder zur Kassenpraxis.

Sie lesen genau »meldete ich mich wieder«. Denn wenn man Dummheiten macht, macht man sie gründlich. Ich hatte mich nämlich – so mir nichts dir nichts – abgemeldet, denn ich meinte es wirklich ernst mit der Privatpraxis, komisch aber wahr, so wenig kennt man sich. Jetzt nun zeigt sich zum Überfluß, ich hatte die Rechnung ohne den Wirt gemacht. Denn Abmeldung ist leicht, Zulassung schwer, auch die außerordentliche. Ich hörte nichts, ich sah nichts, und als ich mich erkundigte, erfuhr ich (jetzt werden Sie staunen): ich sei Jungarzt. Sie fragen, warum, ich bin doch bald Mitte fünfzig, siebenundzwanzig Jahre approbiert, immer in Berlin niedergelassen, und nun plötzlich Jungarzt? Steinach, Woronoff oder plötzlich[e] Amnesie? Keineswegs. Sondern völlig in Ordnung. Wer nicht kommt zur rechten Zeit, der – wird Jungarzt. Was soviel bedeutet, er zählt unter den Frischgemeldeten.

So steht es. Es gibt wunderbare Dinge auf der Welt, und man erlebt immer Neues und Überraschendes, mit sich und mit anderen. Und man kann dazu stehen, wie man will: das Beste, was das Leben gibt, ist doch die Abwechslung.

Alfred Döblin, *Ein Umzug und seine Folgen*, in: *Fortschritte der Medizin*, 13. Februar 1933; zit. nach: AW 24, Walter-Vlg., Olten 1986, S. 220 ff

Döblin trat furchtlos jedem Publikum entgegen und war oft bereit, es zu brüskieren. Ich erinnere mich, wie er, eingeladen, um in der Kunstausstellung einer Berliner Malervereinigung ihre Bilder einzuführen und zu rühmen, eine Rede hielt, daß er es nicht verstehe, wozu man noch Bilder male, Gemälde hätten keinen Platz mehr in der modernen Architektur. Man brauche keine Bilder mehr. Fröhlich und witzig beendete Döblin, der neue Bilderstürmer, seine Ansprache vor den entsetzten Malern.

Hermann Kesten, *Lauter Literaten*, Kurt Desch Vlg., Wien – München – Zürich – Basel 1963, S. 409

Politisch wie ökonomisch war die Masse bisher kein Moloch, sondern nur ein Opfer, ein beinah willenloser Gegenstand, Material für etwas anderes, das glaubte, politisch und wirtschaftlich Opfer fordern zu können, Material für die Herrenklasse und das Kapital. [...]
In einer Zeit, die allerhand Nord- und Südpolexpeditionen mit modernen Mitteln ausstattet, die Vorstöße in die Stratosphäre plant, ist es unbekannt, daß noch ein ganz neuer Erdteil in der nächsten Nachbarschaft zu entdecken ist, eben die Masse. [...]
Wir reden hier von dem weißen Fleck Masse auf dem Atlas unserer Menschheit. Tatsachensammlungen sind nötig, Statistiken, Vergleiche. Dazu rate ich Ihnen ein Mittel zu benutzen, das Ihnen im übrigen nicht viel gibt, nämlich in Arbeiterparteien einzutreten. Viel leistet auch langer Wohnsitz in Arbeitervierteln, Arbeit in Fabriken.

Alfred Döblin, *Wissen und Verändern! Offene Briefe an einen jungen Menschen*, Berlin 1931; zit. nach: AW 15, Walter-Vlg., Olten 1972, S. 248 ff

Die Menschenfeindlichkeit des Zentralismus und des abstrakten Büros, die Herrschaft des Papiers sind zum Greifen. Ich zeichne hier die Gefahr der Öffentlichkeit. Die normalen und natürlichen Gruppierungen der Menschen in kleinen Verbänden, die wirklich real und unter Kontakt bestehen, sind zurückgedrängt von einer grausig phantastischen und abstrakten Öffentlichkeit. Das schreckliche Gebilde der »Masse«, produziert von der Riesenindustrie und dem Kapital, hat sich gedrängt an den Ort und hinweg über den Ort der natürlichen Gruppe und der wirklichen Gesellschaft.

Alfred Döblin, *Wissen und Verändern! Offene Briefe an einen jungen Menschen*, Berlin 1931; zit. nach: AW 15, Walter-Vlg., Olten 1972, S. 263

Ich finde: sie haben früher die Welt für eine Kaserne gehalten, jetzt halten sie sie für eine Fabrik [...] Es ist eine sehr einseitige Ansicht.

Alfred Döblin, *Wissen und Verändern! Offene Briefe an einen jungen Menschen*, Berlin 1931; zit. nach: AW 15, Walter-Vlg., Olten 1972, S. 173

Die Krise der bürgerlichen Intelligenz drückt sich in einem nervösen Drang nach Selbstkritik und Diskussion aus. Fast täglich mehren sich die Schriften, welche sich mit den »Aufgaben der Zeit«, dem Marxismus, dem neuen »Standort« der Geistigen, beschäftigen. Ein mächtiger Revisionsbetrieb ist am Werke. Er hat einen besonderen Debattiertyp erzeugt. In den literarischen Kreisen Berlins heißt dieser Typ Alfred Döblin. Döblin ist ein Alarmist der geistigen Vertrauenskrise. Er bedient sich gepfefferter Redensarten und wohlplazierter Zwischenrufe. Einmal erschreckt er die Bieder- und Thomasmänner von der Dichterakademie mit der Parole: »Senkung des Gesamtniveaus der Literatur!« Dann bläst er die Berliner Maler an, indem er ganz allgemein den Sinn ihrer Kunst in Frage stellt. Einem dilettierenden Frauenverein schneidet er eine furchtbar sozialistische Grimasse und ruft damenhaftes Wehgeschrei hervor.
Aber Döblin, der »wilde Mann« im literarischen Schutzpark, ist kein Revolutionär. Er fängt Stichworte ab und gibt sie weiter. Seine Parolen, die immer von heute sind, widersprechen sich wie die Tendenzen dieser Zeit selbst. In seinem Stück, »Die Ehe«, zerstören Wohnungsnot und Arbeitslosigkeit die proletarische Ehe, aber Döblin sagt: Erhaltet die Ehe! Er bekämpft die Bedingungen und schont das Resultat. Wenn er im gleichen Stück den Zerfall einer Arbeiterfamilie unter dem kapitalistischen Terror zeigt, vergißt er nicht, uns sofort die Gegenseite zu zeigen: die Besitzenden ohne Besitz an wahrem Glück, die Industrieherren in der Armut ihrer Seele usw. Für das Proletariat wird ein unbestimmter Messianismus gepredigt. (Ungefährer Text: »Da heißt es marschieren und die Fäuste ballen und mit die Sohlen auf Asphalt knallen.«) Marschieren: wohin? Die Fäuste ballen: gegen wen?

Arnim Kesser über *Wissen und Verändern!*, in: *Die Linkskurve*, 1931, Nr. 9, S. 28 f

Ich will mit dem Hinweis auf das Dilemma, in dem sich Hocke befindet, keineswegs das große Verdienst schmälern, das sich Döblin mit seinem Buch erworben hat. Das Verdienst, von einem entscheidenden Punkt aus in eine Debatte eingegriffen zu haben, die bei uns seit langem unter der Oberfläche schwelt. Es geht in ihr um die *Ortsbestimmung* der deutschen Intelligenzschicht. Wohin gehört sie, wo ist sie zu Hause oder nicht zu Hause? Döblin hat zum mindesten ihre fragwürdige Zwischenstellung klar fixiert.

Siegfried Kracauer, *Was soll Herr Hocke tun?*, [über *Wissen und Verändern!*], in: *Frankfurter Zeitung*, 17. April 1931, S. 11

Wie zu Beginn der Republik wendet sich Döblin vor ihrem Ende eindringlich ans Bürgertum, um es zur Verteidigung des bedrohten Staatswesens aufzurufen. 1920 hatte er die Freunde der Republik aufgefordert, sich an die Seite der Arbeiterschaft zu stellen. Zehn Jahre später gab er in »Wissen und Verändern!« einem Studenten und damit den bürgerlichen Intellektuellen den ganz ähnlich lautenden Rat, sich an die Seite des Proletariats zu stellen. Und doch ist ein bemerkenswerter Unterschied insofern zu beobachten, als Döblin 1931 gleichzeitig die parteigebundene Linke diskreditierte und damit vor der politisch-praktischen Konsequenz, den sein Rat hätte haben können, warnte. Indem er an die instinktive Furcht des Mittelstandes vor einer sozialistischen Umgestaltung der gesellschaftlichen Verhältnisse appellierte, verhinderte er, wozu er geraten hatte: die aktive Solidarität mit der Arbeiterschaft.

Heinz Graber über *Wissen und Verändern!*, *Nachwort* zu AW 14, Walter-Vlg., Olten 1972, S. 521

»Ich habe in meinem Buch einen Fehler begangen«, sagte der Dichter, »ich habe mich falsch und ungenau ausgedrückt, und ich will das jetzt berichtigen, indem ich erkläre: Treten Sie *neben* die Arbeiterparteien und gehen Sie in das Proletariat. Ich rate Ihnen ab, zur S.P.D. zu gehen, die reformistisch entartet ist, ich rate Ihnen noch dringender ab, zur K.P.D. zu stehen, die dem ersten Prinzip der Geistigkeit widerspricht und an den Anfang ihres Handelns die Diktatur setzt. Die Arbeiterbewegung ist groß geworden – die sozialistische Idee ist vor die Hunde gegangen.«

Alfred Döblin über *Wissen und Verändern!*, [Zeitungsausschnitt ohne bibliographische Angaben]; zit. nach: Jochen Meyer, Katalog zur Ausstellung des Deutschen Literaturarchivs Marbach. *Alfred Döblin 1878 · 1978*, Deutsche Schillergesellschaft, Marbach am Neckar 1978, S. 310

Im Anschluß an seine politische Schrift »Wissen und Verändern!« (1931) faßte D. den Plan, gleich- und andersgesinnte Menschen periodisch zu versammeln zwecks Diskussion politischer und allgemein kultureller Fragen. Der erste dieser Donnerstag-Diskussionsabende dürfte im Mai 1931 stattgefunden haben. [...] Am 30.10.1931 notiert Loerke in seinem Tagebuch: »Donnerstag, 29. [...] zu Döblin. Dort Diskussion über kulturelle Fragen in kleinem Kreise, 14 Personen, darunter Dr. Bermann und Camill Hoffmann. Das war sehr anregend, aber zu anstrengend.« – Der Kreis traf sich wieder am 8.11.1931. [...] Unter den Studenten, die damals Gelegenheit hatten, an den Diskussionsabenden bei D. teilzunehmen, war Walter H. Perl. In einem Brief an den Verfasser (16.3.1969) schreibt er: »Es gab intellektuelle Diskussionsabende, eben über die Probleme des Sozialismus, wohl als Opposition gegen die aufkommende Flut des Nationalsozialismus. [...] Mir sind diese Abende als merkwürdige Mischung von Intellektuellen, Verlegern und Studenten in Erinnerung, es gab da die Lektoren des Fischer Verlages sowie Dr. Bermann-Fischer und seine Gattin ›Tutti‹, es gab Redakteure der Vossischen Zeitung wie Monty Jacobs oder Osborn, aber es waren auch politische Extremisten wie Führer des Jungdeutschen Ordens oder der später als Widerstandskämpfer bekannt gewordene Harro Schulz-Boysen da. Sicher kam bei den Diskussionen nicht viel heraus.« [...] Angesichts der zunehmenden politischen Krise entstand Mitte 1932 in diesem Kreis der Plan, sich

organisiert-publizistisch gegen den wachsenden Nationalsozialismus zu wenden. (Auf Ende Juli waren Reichstagswahlen angesetzt.) Es wurde beschlossen, einen Aufruf zu veröffentlichen und damit die Anhänger D.s zu sammeln. Mehrere Entwürfe, Vorschläge von Mitgliedern, hervorgegangen aus gemeinsamen Beratungen, lagen bereits vor. D. resignierte offenbar beim Versuch, aufgrund der verschiedenen Vorlagen einen endgültigen Text zu redigieren, und verfaßte darauf das Rundschreiben. [...] Die Zusammenkünfte in D.s Wohnung gingen weiter und fanden noch bis zu seiner Flucht im Februar 1933 statt. Die Gruppe schmolz allerdings rasch zusammen und unterhielt sich nicht mehr darüber, was zu tun wäre, sondern bloß noch darüber, was geschah. – D. schreibt später [...]: »Und zuletzt saß ich dann in Berlin mit einer kleinen Gruppe von Männern zusammen, Absprengsel aller möglichen Parteien, im Grunde lauter Enttäuschte und Desillusionierte. Wir Splitter kamen zusammen, bis uns der Terror auseinandertrieb.«

Heinz Graber, *Anmerkungen* zu AW 13, Walter-Vlg., Olten 1970, S. 555 ff

Widersprüchlich fand ich den Dr. Döblin immer, und widersprüchlich war auch oft mein Eindruck von ihm, selbst wenn er mich öffentlich rühmte, was für Autoren doch meist eine Gelegenheit ist, wo sie keinesfalls widersprechen wollen. Er hatte schon 1931 in der Berliner Zeitschrift von Leopold Schwarzschild »Das Tagebuch« meinen Roman »Glückliche Menschen« das »beste Buch des Jahres« genannt, was mich entzückte; im nächsten Jahr nannte er an derselben Stelle zwar meinen Roman »Der Scharlatan« das »beste Buch des Jahres«, gemeinsam mit zwei anderen Büchern, mit einem Roman von Robert Musil »Der Mann ohne Eigenschaften«, 2. Band, was ich gelassen hinnahm, aber auch mit einem Buch eines der abscheulichsten Autoren jener Jahre, Ernst von Salomon, der an der Fememordaktion gegen Walther Rathenau beteiligt war.

Hermann Kesten, *Lauter Literaten*, Kurt Desch Vlg., Wien – München – Zürich – Basel 1963, S. 410

Was ich dazu sage? Im Ganzen ist diese Bagatellisierung der Liebe da und sie ist auch gut und war endlich notwendig. Aktive und halbkriegerische Zeiten wie die heutigen können sich

nicht so wie andere mit Liebe und Parfüm befassen. Aber im Übrigen wird doch fleißig geliebt. Sie hat entschieden eine gesündere Farbe bekommen. Was aber ihre Sachlichkeit anlangt –. Ich glaube nicht an die sachliche Liebe, – ich meine, bei diesen Jünglingen und Jungfrauen. Man soll sich durch ihre großartige Geste nicht irreführen lassen, sie paßt vorzüglich zu einer technischen, wirtschaftlichen Zeit, es gehört zum Stil dieser Zeit, nicht zu lieben, sondern bloß zu –, Sie haben das Wort auf der Zunge. Aber die Sache stimmt nicht. Warum nicht? Das müssen Sie mich nicht fragen. Ich stelle bloß fest: die Sache stimmt nicht, genauer: sie kommt nicht vor, sie wird bloß aus Angriffsgründen behauptet. Sie müssen wissen, hochverehrte Damen und Herren, werte Hörer und Hörerinnen, Leser und Leserinnen, Lächler und Lächlerinnen, der Mensch ist ein ganzer Organismus und keine Maschinerie, und der Mensch ist ein sehr altes Tier, wenn auch nicht so alt wie es nach einem Blick in unsere langweiligen Tageszeitungen aussieht, er hat durch Jahrtausende geliebt mit Zubehör, und ein bißchen Unterschied im Timbre, bewirkt durch Wirtschaft und Technik, ändert daran wenig oder nur äußerlich.

Alfred Döblin, *Sexualität als Sport?*, in: *Der Querschnitt*, November 1931, H. 11, S. 761

Ich bin nicht im Stande, »Stellung« zur Religion zu nehmen. Denn dazu müßte ich in irgendeiner Weise außerhalb der Religion stehen. Es ist mir aber nicht ein einziger Abschnitt meines Lebens bewußt, in dem nicht Dinge, die ich als »religiös« empfand, mich zentral beherrscht haben. Immer wieder wurde ich zum Aufwerfen von Grundfragen gedrängt, – und es gab verschiedene Fragen, verschiedene Antworten, verschiedene Intensität des Sondierens, wechselnde Radikalität der Forderungen, aber – und das möchte ich gleich sagen – dahinter stand immer ein einziges, gleichbleibendes Grundgefühl, eine Grundsicherheit, eine bald mehr, bald weniger helle Grundeinsicht, die sich »religiös« nannte und die mir so sicher war wie meine eigene Existenz. [...] Woran soll ich anknüpfen? Jesus hat die Geldwechsler aus dem Tempel gejagt, denn dies sei ein heiliger Ort. Aber ich – empfinde die ganze Welt, diese Erde, den Himmel, die Sterne, die Naturgesetze, das Leben, das Geborenwerden,

Wachsen und Sterben so, als heiligen »Ort«. Es ist mein unerschütterliches Wissen, daß hier »Schicksal« und das Wahrste und Heiligste abläuft, dicht bei uns und mit uns und an uns, und ich weiß nicht, wie man da irgend etwas abtrennen kann.

Was fange ich an mit »Glauben«, im Unterschied zu einem »Wissen«, zu dem Wissen etwa, das die Physik, Chemie und Biologie gibt? Hier ist Wahrheit, Realität – und das Geheimnis zugleich und in eins. [...]

In tödlicher Weise hat unsere Epoche »Wissen« und »Religion« auseinandergerissen. Es ist eine Hilflosigkeit, wenn einer da lernt und an einer anderen Stelle betet.

Es ist mir etwas Ungeheuerliches und beinahe Frivoles, wenn man so existiert. Wo doch unmittelbar um uns, mit uns und in uns Schicksal abläuft und das Geheimnis der Welt zum Greifen nah ist. Davor aber darf man nicht flüchten, man muß es ansehen, sich einfühlen und seinen Ort finden. Das heiß ich beten, – zugleich wissen und glauben und sich erhalten und handeln.

Alfred Döblin, *Ich bin nicht im Stande, »Stellung« zur Religion zu nehmen*, in: *Dichterglaube. Stimmen religiösen Erlebens,* hrsg. von Harald Braun, Berlin 1931; zit. nach: AW 24, Walter-Vlg., Olten 1986, S. 206 ff

⌐ Obwohl Döblin an ihm mitgearbeitet und Phil Jutzi die Regie geführt hat, ist er doch ein Kompromiß geworden: ein Kompromiß zwischen den filmischen Möglichkeiten des Romans und den Forderungen der Branche oder des vermeintlichen Publikumsgeschmacks. Der Fall ist umso lehrreicher, als Döblins Buch die Chance bot, einen Film zu schaffen, der Zustände episch vermittelt. Man hat diese Gelegenheit versäumt und das lockere Assoziationsgewebe des Romans [...] zu einer geschlossenen Unterweltsfabel verengt, wie sie nun einmal üblich ist. Ich erinnere an die Schlachthausszene des Romans, an die vielen Stellen in ihm, die scheinbar die Handlung nicht befördern, aber in Wirklichkeit selber Handlung sind. Sie alle fallen unter den Tisch, obwohl doch gerade aus ihnen der Film hätte zusammengestiftet werden sollen. [...] Da das Publikum die erkorenen Stars sehen will, steht in seiner Mitte Heinrich George und nicht das menschliche Miteinander am Alexanderplatz. Kurzum, eine Reihe von Zugeständnissen verdirbt hier das Konzept, und rein durch die Macht der Verhältnisse wird aus einer Dichtung, die sich dem Film zuneigt, ein Film, der sich von ihr abwendet, ohne sich selber damit zu nützen.

Siegfried Kracauer, *Literarische Filme*, [über die Verfilmung von *Berlin Alexanderplatz*], in: *Die Neue Rundschau*, Dezember 1931, H. 12; zit. nach: Jochen Meyer, Katalog zur Ausstellung des Deutschen Literaturarchivs in Marbach. *Alfred Döblin 1878 · 1978,* Deutsche Schillergesellschaft, Marbach am Neckar 1978, S. 253 f

Berlin, den 16. II. 33

Sehr verehrter Herr Dr. Döblin!

Ich schliesse mich allen Beschlüssen,
die die linksstehende Gruppe
unserer Sektion in der Angelegen-
heit Heinrich Mann fassen
sollte, an und autorisiere
Sie hiermit, in meinem
Namen eine dementsprechende
Erklärung, abzugeben.
Mit kollegialem Gruss +
Dank,
Ihr ergebener

Bernhard Kellermann

1932 3. Februar. Öffentliche Diskussion Döblins mit Paul Fechter über das Thema *Der Dichter und seine Zeit. Die Literatur und der Mann auf der Straße* in Hannover.

Februar – März. Vortragsreise durch Deutschland und die Schweiz. Besuche bei dem Psychiater Ludwig Binswanger in Kreuzlingen und bei Ernst Ludwig Kirchner in Davos.

März. *Giganten*, die Neufassung des Romans *Berge Meere und Giganten* von 1924, erscheint bei *S. Fischer*.

Juli. Zusammen mit Heinrich Mann in Gastein. Vortrag über *Die Ehe* in München. Gast Thomas Manns.

August. Döblin, der Dominikaner Strathmann, Präsident des *Friedensbundes Deutscher Katholiken*, die *Labour Party*, der *PEN-Club* und der linke Flügel des *Schutzverbandes Deutscher Schriftsteller* protestieren gegen die Exekution ungarischer kommunistischer Journalisten unter dem Regime Horty.

Ferien der Familie Döblin auf Bornholm.

November 1932 – Februar 1933. Brecht, Döblin, Günther Anders u.a. besuchen einen achtteiligen Kursus von Karl Korsch *Über Lebendiges und Totes im Marxismus* in der Neuköllner *Karl-Marx-Schule*. Die Teilnehmer des Kurses treffen sich jeden Montagabend bei Korsch. Arbeitstreffen zur Diskussion über Texte von Hegel, Marx und Lenin finden in Brechts Wohnung statt.
und ...

Beginn der Arbeit an *Babylonische Wandrung*; eine französische Ausgabe von *Berlin Alexanderplatz* erscheint in Paris; eine spanische Ausgabe des *Wang-lun* erscheint in Madrid; Döblin interessiert sich zunehmend für den jüdischen Territorialismus.

1933 Januar. Döblin kann sich nicht an die bourgeoise Atmosphäre im Berliner Westen gewöhnen und bereitet seinen Umzug nach Berlin-Neukölln in die *Hasenheide 62* vor.

5. Januar. Sitzung in der *Akademie*. Diskussion über Paul Fechters nationalistische Veröffentlichung *Dichtung der Deutschen. Geschichte der Literatur unseres Volkes.*

21. Januar. Döblin gehört zur linken Berliner Gruppe des *SDS*, die die neue Zeitschrift *Der oppositionelle Schriftsteller* gründet. Es werden nur zwei Nummern erscheinen. Außer Döblin werden alle Organisatoren dieses Treffens in der Nacht des 28. Februar verhaftet.

30. Januar. Hitler Reichskanzler.

Ende Januar. Yolla Niclas flieht nach Paris.

6. Februar. Letzte Sitzung der *Akademie* unter Vorsitz Heinrich Manns.

14. Februar. Der *Internationale Sozialistische Kampfbund* veröffentlicht einen dringenden Appell für eine Einheitsfront von *SPD* und *KPD* gegen die *Nationalsozialisten*, unterschrieben u.a. von Käthe Kollwitz und Heinrich Mann.

15. Februar. Außerordentliche Vollversammlung der *Akademie* unter »Schweigegebot«. Die Leitung hat der neue Präsident Max von Schillings, neuer Sekretär ist Rudolf Binding. Auf Druck Max von Schillings und des *Kreiskommissars für das Preußische Kultusministerium*, Rust, werden Heinrich Mann und Käthe Kollwitz gegen den Widerstand Döblins und weniger anderer zum Austritt gezwungen.

20. Februar. Sitzung der *Sektion für Dichtkunst* in Anwesenheit des *Akademie*-Präsidenten. Trotz der Proteste Döblins kommt nur eine halbherzig bedauernde Resolution zum Ausscheiden Heinrich Manns zustande. Letztes Treffen des *Schutzverbandes Deutscher Schriftsteller (SDS)*.

21. Februar. Heinrich Mann verläßt Deutschland.

27. Februar. Reichstagsbrand in Berlin.

28. Februar. Durch Notverordnung Aufhebung der verfassungsmäßigen Grundrechte. Verbot der kommunistischen und sozialdemokratischen Presse. Verhaftungswelle. Döblin wird von einem Mitarbeiter des Polizeipräsidiums vor seiner unmittelbar drohenden Verhaftung gewarnt, fährt zum Anhalter Bahnhof. Er nimmt gegen 22 Uhr den Zug über Stuttgart nach Überlingen.

1 Reichstagsbrand, 28. Februar 1933 (7) **2** Der Brief Kellermanns an Döblin, 16. Februar 1933, gehört zu den letzten Versuchen des Widerstands in der Akademie (46) **3** Aufmarsch der *SA*, 1932 (27) **4** Käthe Kollwitz, aufgenommen um 1925 (6) **5** Döblin mit einer Patientin in seiner Praxis in der *Schönhauser Allee*, um 1932 (6) **6** Die *Abteilung für Dichtung* der *Preußischen Akademie der Künste* nach der »Reinigung« (von links nach rechts: sitzend W. Beumelburg, H.F. Blunck, A. Miegel, H. Johst, E. Strauß, R. Binding; stehend W. Vesper, B. von Münchhausen, H.H. Grimm, E.G. Kolbenheyer, W. Schäfer), 1933 (14) **7** Der Anhalter Bahnhof, 1933 (6) **8** Sitzung der *Abteilung Dichtkunst* der *Preußischen Akademie der Künste* (von links nach rechts: stehend B. Kellermann, Döblin, Th. Mann, M. Halbe; sitzend H. Stehr, A. Mombert, E. Stucken, W. von Scholz, O. Loerke, W. von Molo, L. Fulda, H. Mann), 1932 (14)

1932 BIS FEBRUAR 1933

Die Gegend Berlins, die mir am vertrautesten ist, ist die Gegend von der Blumenstraße bis zum Spittelmarkt. Ihre Achse bildet die Jannowitzbrücke. Das Märkische Museum mit dem Roland steht da, die Spree zieht hier durch, die Fischerbrücke und Waisenbrücke führen über das Wasser. In der Wallstraße bin ich zur Schule gegangen, das Köllnische Gymnasium habe ich vorige Woche, nach einunddreißig Jahren zum erstenmal wieder betreten, und habe auch gegenüber die Buchhandlung wieder getroffen, die früher (lang ist es her) den Namen »Bohne« trug. Hier vor dem Haus verunglückte tödlich, vom Auto hingeworfen, unser Englischlehrer Rosenberg, ich glaube vor 10 Jahren. [...]

Ja, die Jannowitzbrücke (genannt Brünowitz Jacke) ist jetzt im Begriff ein tolles modernes Bauwerk zu werden, ein fantastischer Kran steht darüber, durch Holzgänge muß man sich unten durchwinden, Bettler, Bettler, Zettelverteiler, dann zieht sich die Brückenstraße, die ehemals sehr feine, gutbürgerliche Brückenstraße, nach der Neanderstraße hin, auch einstmals ein guter Wohnsitz (das führt über die Prinzenstraße zum Moritzplatz, ach wieviel Erinnerungen, wie ein Schwamm ist solche Stadt, oder bin ich solch Schwamm?). Gehen Sie durch die Brückenstraße bis zur Köpenicker, sehen Sie sich die alten grauen Häuser an, – da in einem wohnte als Junge der jetzige Professor Gotthold Weil, der nun Ordinarius der vorderasiatischen Sprachen in Frankfurt ist, – er hat sich einmal vergeblich bemüht, mir die hebräischen Anfangsgründe beizubringen, aber ich bin und war und werde sein fremdsprachenblind. Gehen Sie noch durch die Rungestraße am Köllnischen Park vorbei durch die Inselstraße (ich schlage ein Kreuz, mein Herz krampft sich zusammen, einunddreißig Jahre sind um, aber dies ist noch immer das Köllnische Gymnasium), gehen Sie über die Fischerbrücke. Hier ist, Sie wissen es, ältestes Berlin. Den Mühlendamm muß man zu seiner richtigen Zeit gekannt haben, mit den Trödelläden da, wo jetzt die Sparkasse ist. Zwei Kurfürsten stehen sehr gut am Ausgang der Brücke, vom geschäftswilden Spittelmarkt flutet hier das Leben nach dem Alexanderplatz, vorbei an dem Hygienischen Institut der Stadt (das ist das Eckgebäude neben Bernward Leineweber) über den alten vertrauten Molkenmarkt. An einem Eckhaus sehen Sie da Elefanten- oder von wem sonst Zähne oder Rippen hängen; die hat man

hier ausgegraben, – wir sind jetzt zahmer, wenn wir wollen, aber wir wollen nicht immer. Gehen Sie hin und her durch diese Straßen, gehen Sie in ein paar von den kleinen Kneipen, zu den Kahnschiffern an der Fischerstraße, in die Breitestraße (das ist die Grenze dieses Bezirks). Es gibt zu sehen, zu hören, zu riechen.

Alfred Döblin, *Altes Berlin*, in: *Die literarische Welt*, 15. Juli 1932; zit. nach: AW 24, Walter-Vlg., Olten 1986, S. 217 f

Ich brauch meine Phantasie nicht anzustrengen, um mir ein Land zu denken, »in dem ich am liebsten leben möchte«. Ich bin, wie man will, gar nicht anspruchsvoll oder sehr anspruchsvoll. Es muß nur ein Land sein, in dem es einen Sinn hat zu leben. Es muß ein Land sein, in dem nicht der Neid, der Haß und die Mißachtung des andern oben auf sind, – in dem man nicht glaubt, mit fertigen Rezepten und Formeln umgehen zu können und schon ist alles gut, – in dem man nicht, statt seine Augen, sein Hirn und sein Herz zu gebrauchen, sich mit einem -Ismus durch (besser: über) die Welt bewegt und seinen Hochmut spazieren führt. Man müßte zwischen und mit anderen an Dingen arbeiten können, die einen wirklich angehen. Man müßte, statt nur einmal im Jahre ins Freie zu fahren, in dauernder Berührung mit Pflanzen, Tieren und der anderen Natur leben. Sehr müßte das heutige Ich abgebaut und neu aufgebaut werden. Man müßte etwas sagen, schreiben und denken können, und es müßte ein Lob sein, wenn man darauf erfährt: das hat vor 100 oder 1 000 Jahren der auch gesagt. Es müßte ein Land sein, das klein genug ist, um frei zu sein.

Es könnte nicht Deutschland sein, auch nicht ein krisenfreies Amerika, auch nicht Rußland, – es müßte ein Land sein, in dem man sich von *keiner* »*Entwicklung*«, von *keinem* »*Fortschritt*« mehr etwas verspricht und auch nichts zu versprechen braucht wegen seiner leidlich ausbalancierten Verhältnisse, *sondern wo das Dasein gilt.*

Alfred Döblin, *Das Land, in dem ich leben möchte*, in: *Die literarische Welt*, 22. Dezember 1932; zit. nach: AW 14, Walter-Vlg., Olten 1972, S. 302 f

Du mußt dich vor den Massen hüten. Sie sind das Übel von heute und die wirklichen Verhinderer eines menschlichen Daseins. Sie sind anmaßlich und Störenfriede, und vor allem

sind sie in neuer Form und unausrottbar Gewaltherrscher und Absolutisten. Ob sie sich offen Kaiser nennen oder versteckt Öffentlichkeit oder Kollektivum: laß dich nicht betrügen, sie meinen alle dasselbe, sie wollen dich schlucken. [...]

Wo die Öffentlichkeit anfängt, fängt die Zerstückelung an. Wo die Öffentlichkeit nachläßt, ordnen sich die Dinge, und die natürlichen Zusammenhänge stellen sich wieder her. Der Einzelne kommt zu sich, und wenn er zu sich kommt, kommt er zur Gemeinschaft.

Alfred Döblin, *Was mir in dieser Zeit als Wichtigstes am Herzen liegt*, in: *Uhu*, März 1932, H. 6; zit. nach: Jochen Meyer, Katalog zur Ausstellung des Deutschen Literaturarchivs Marbach. *Alfred Döblin 1878 · 1978*, Deutsche Schillergesellschaft, Marbach am Neckar 1978, S. 314

Heinrich Mann hatte, in den letzten Tagen vor der Bestellung Hitlers zum Reichskanzler, gemeinsam mit Käthe Kollwitz und Albert Einstein einen Aufruf des Internationalen Sozialistischen Kampfbundes zur Einigung von SPD und KPD gegen die drohende faschistische Diktatur unterzeichnet. Die Akademie der Künste wurde vom Reichskommissar für das Preußische Kultusministerium, Rust, unter Druck gesetzt, Heinrich Mann zu relegieren, oder die Akademie würde aufgelöst. In der einberufenen Gesamtsitzung warfen Benn, Binding, Döblin und Max von Schillings, derzeit Präsident der Akademie, Heinrich Mann »einen Taktfehler« vor. Im übrigen eröffnete von Schillings den Mitgliedern, daß Heinrich Manns und Käthe Kollwitz' »Austritt erzwungen« werden müßte. Der Ausschluß erfolgte auf jener Sitzung, »wegen parteipolitischer Betätigung«, es war Mittwoch, der 15. Februar 1933. Dienstag, den 21., brachte die Presse eine Erklärung der Sektion Dichtkunst, die den »Austritt des großen Künstlers« Heinrich Mann »tief bedauerte«, ihm auch noch für vergangene Leistungen dankte und sogar versicherte, »auch in erregter Zeit ... die Freiheit des künstlerischen Schaffens zu schützen«. An diesem Dienstag notierte Heinrich Mann in seinem Taschenkalender nur ein Wort: *abgereist.*

Klaus Schröter, *Heinrich Mann*, Rowohlt Vlg., Reinbek bei Hamburg 1967, S. 116

Der *Präsident* teilt weiter mit, daß Frau Kollwitz in Erkenntnis des Unrichtigen ihres Verhaltens heute bereits ihren Austritt aus der Akademie erklärt hat. Es handle sich somit nur noch um den Fall Heinrich Mann, der als Vorsitzender der Abteilung für Dichtung eine besondere Stellung in der Akademie einnimmt.

Dr. Benn fragt, ob Heinrich Mann über den Gegenstand der heutigen Beratung unterrichtet sei und weshalb der Reichskommissar gerade die Abteilung für Dichtung auflösen wolle, nicht auch die für die bildenden Künste.

Der *Präsident* erwidert, weil von der Dichterabteilung der Vorsitzende beteiligt ist. – Er betont, daß er die Alternative stellen müsse, entweder Heinrich Mann scheide aus der Akademie aus, oder er selbst (der Präsident) werde sein Amt niederlegen.

Dr. Fulda fragt ebenfalls, ob Heinrich Mann unterrichtet sei. Nachdem der Präsident dies verneint, wird die Sitzung auf längere Zeit ausgesetzt, und Herr Loerke übernimmt es, Heinrich Mann telefonisch herbeizurufen.

Um ¾ 10 Uhr trifft Heinrich Mann ein. Der Präsident spricht zunächst in seinem Dienstzimmer mit ihm, nur in Gegenwart des Herrn Loerke.

Nach einer kurzen persönlichen Aussprache eröffnet der Präsident die Sitzung wieder und gibt bekannt, daß Herr Heinrich Mann sein Amt als Vorsitzender der Dichterabteilung niederlegt und auf seine Mitgliedschaft verzichtet. – Heinrich Mann erkennt an, daß der Präsident nicht anders handeln konnte, da er an das Wohl und Bestehen des Ganzen denken müsse. Er habe seinen Entschluß gefaßt, um der Akademie aus einer schweren Lage herauszuhelfen.

Dr. Döblin spricht sein Bedauern darüber aus, daß aus der Versammlung heraus kein Einspruch dagegen erhoben wurde, daß Heinrich Mann in dieser Weise zu seinem Entschluß beeinflußt wurde. Er hält auch das Verhalten des Präsidenten nicht für richtig. Heinrich Mann hätte hier vor dem Plenum der Akademie frei seine Meinung sagen müssen. Die Abteilung für Dichtung werde ihre Entschlüsse zu dieser Angelegenheit in einer besonderen Sitzung fassen.

Der *Präsident* entgegnet, daß er, um Heinrich Mann eine unangenehme Situation zu ersparen, mit ihm persönlich gesprochen habe. Er habe dies schon vorher vorgeschlagen; Herr Dr. Fulda, der diesen Vorschlag mit angehört hat, habe dieser Absicht nicht widersprochen. Im übrigen sei Herr Heinrich Mann augenblicklich noch im Präsidentenzimmer zugegen.

Dr. Döblin verlangt nochmalige Befragung des Herrn Heinrich Mann. Dies wird von der Versammlung abgelehnt. – Der Präsident betont, daß es bei der klaren Antwort des Herrn Heinrich Mann, wie er sie soeben mitgeteilt habe, sein Bewenden behalten müsse. [...]

Auf eine Frage des Präsidenten wird beschlossen, daß die Akademie keine Veröffentlichung über die heute besprochenen Vorgänge an die Presse versendet.

Poelzig dankt dem Präsidenten, besonders dafür, daß er die Versammlung vor einer Abstimmung bewahrt hat, die im Grunde genommen völlig unmöglich gewesen wäre, denn in diesem Hause handle es sich nur um Kunst, nicht um Politik.

Schluß der Sitzung: Gegen 11 Uhr.

LV. g. u.

gez. Max von Schillings.   gez. Dr. Amersdorffer.

Aus dem *Sitzungsprotokoll der Preußischen Akademie der Künste* vom 15.2.1933

Riesengewalt haben die Büros, das ist noch zehntausendmal schlimmer als eine Naturgewalt.

Alfred Döblin, *Unser Dasein*, Berlin 1933; zit. nach: AW 9, Walter-Vlg., Olten 1964, S. 427

Sie hatten so ungeheure Sorgen. Sie beschrieben von morgens bis abends tausend Zeitungen mit ihren Sorgen. In allen Ländern gab es Parlamente, die über die Sorgen redeten, die kamen nur manchmal zusammen, aber dann gab es noch Regierungen, die in festen Häusern saßen und sich täglich an Tischen besprachen und telephonierten und in Chiffren nach auswärts telegraphierten, und die Regierungen hatten als besondere Aufgabe, die Sorgen zu verwalten. Großartig waren in allen Ländern die Gebäude, in denen die Regierungen, die Parlamente, die Verwaltungen der Heere, der Finanzen, des Unterrichts, des Wohlfahrtswesens saßen, die sogenannten Träger der Gewalt. Ungeheuer thronte die sogenannte Öffentlicheit in allen Ländern, und alles drängte an ihren kaiserlichen Hof, und sie war im Besitz der höchsten Wahrheit. Die Länder waren für einen Wanderer sichtbar als Ebenen, Hügel, Gebirge, darauf waren Städte, Dörfer errichtet, aber wer etwa im Flugzeug dicht über die Länder flog, erkannte das Netz, das sich auf die Länder, Städte und Dörfer legte, das wie ein dichtes Gespinst an ihre Leiber sich anschloß, sie umschloß, sie einschnürte, sie festhielt: die Eisenbahnschienen, die Telegraphen-drähte, die Hochspannungskabel, und unsichtbar waren da noch von den Funktürmen ausgesandte Wellen. Dieses sichtbare Netz war aber noch lose und weit gegen das ungeheure, enge, das Filzwerk, die Parasitenarbeit, das Schimmelgeflecht – die Öffentlichkeit.

So gewaltig stand die falsche Öffentlichkeit, sie schrie ihre Worte heraus, sie trommelte, blies Trompeten: national, international, Krieg, Frieden, Konferenz, Grenzen, keine Grenzen, Europa, Wahlen.

Und die tausend Millionen armer Menschen, die in den Netzen hingen, was blieb ihnen weiter übrig, als mit zu schreien und zu stammeln: Krieg, Frieden, national, international, und verbrachten ihr Leben unter dem Netz wie eine grüne Pflanze unter dem Netz des Schimmelpilzes, der Pilz saugt sie aus, aber die Pflanze hat bald keinen anderen Ehrgeiz als zu sagen: sieh mal her, was gab ich dem Pilz für Kraft, was leiste ich, wie tüchtig bin ich, schau an, wie wunderbar blüht der Schimmelpilz, aber er muß noch mehr, noch viel mehr blühen, denn er ist das wahre Leben, die Blüte unseres Daseins, seine Krone.

So gewaltig thronte, hauste und herrschte die falsche Öffentlichkeit über die Welt. Und klein, armselig wimmelten die Millionen Menschen unter dem Netz.

Alfred Döblin, *Unser Dasein*, Berlin 1933; zit. nach: AW 9, Walter-Vlg., Olten 1964, S. 422

1933 2. März. Überquerung der deutsch-schweizerischen Grenze zu Fuß. Unterkunft im Sanatorium des befreundeten Psychiaters Ludwig Binswanger in Kreuzlingen.

3. März. Erna, Stefan, Peter und Klaus Döblin treffen in Kreuzlingen ein. Wolfgang bleibt zunächst in Berlin.

5. März. Wahlen zum Reichstag. Die Koalition von *NSDAP* und *Deutschnationalen* erhält 52 % der Stimmen.

14. März. Der Akademiepräsident Max von Schillings versendet eine von Benn entworfene politische Loyalitätserklärung zur Unterschrift an alle Mitglieder der *Akademie*.

18. März. Döblin erklärt brieflich seinen Austritt aus der *Akademie* und beantragt zur Klärung der *Akademie*-Situation vergeblich die Gesamtdemission der *Sektion für Dichtkunst*.

20. März. Das Konzentrationslager Dachau wird errichtet.

März. Weiterfahrt der Döblins nach Zürich. Pensionsunterkunft. Arbeit am Roman *Babylonische Wandrung oder Hochmut kommt vor dem Fall*.

1. April. In Deutschland organisierter Boykott jüdischer Geschäfte.

15. April. Öffentliche Diskussion Döblins mit Oskar Wolfsberg in Zürich über das Thema *Auszug und Aufbau* in einer Veranstaltung der zionistischen Ortsgruppe Zürich und des Vereins *Misrachi*.

April. Döblins philosophische Schrift *Unser Dasein* erscheint bei *S. Fischer* in Berlin. Peter und Klaus kehren nach Berlin zurück, um ihre Berufs- bzw. Schulausbildung abzuschließen.

10. Mai. In Berlin findet die Bücherverbrennung statt; Schriften Brechts, Freuds, Th. Manns, Döblins u.a. werden im öffentlichen Ritual dem Feuer übergeben. »Der Jude meines Namens ist auch dabei.«

Mai – Juni. Zunehmendes Engagement für die Ziele der *O.R.T.*, einer jüdisch-territorialistischen Organisation, die eine jüdische Ansiedlung in Angola anstrebt.

Juli. Klaus und Wolfgang Döblin kommen nach Zürich.

August. Peter Döblin flieht zu Fuß über das Riesengebirge in die Tschechoslowakei und kommt von dort nach Zürich.

22. September. Das *Reichskulturkammergesetz* ordnet Kunst, Presse, Rundfunk dem Staat, d.h. der NS-Politik, unter und verfügt das faktische Berufsverbot für mißliebige Personen.

September. Übersiedlung der Döblins nach Paris, da in der Schweiz keine Arbeitserlaubnis für die älteren Söhne zu erwarten ist. Die bürokratischen Hürden ebnen

Empfehlungen des französischen Botschafters in Berlin, André François-Poncet. Unterkunft in einem Hotel in der *Rue Coulaincourt*. Wolfgang setzt sein Mathematik-Studium an der Sorbonne fort, Klaus besucht eine Handelsschule in Paris und beginnt dort eine Lehre als Dekorateur. Stefan, eingeschult in Zürich, geht nun in Paris zur Schule.

Der *Fischer* Verlag verlangt aus Angst vor Repressionen eine Distanzierung Döblins von Klaus Manns Exil-Zeitschrift *Die Sammlung*, in der Döblin einen Artikel veröffentlicht hatte. Die Erklärung Döblins erscheint, zusammen mit solchen von Thomas Mann und René Schickele mit gleichem Inhalt, im *Börsenblatt für den deutschen Buchhandel*.

19. Oktober. Deutschland tritt aus dem *Völkerbund* aus.

Oktober – 7. November. Döblin kehrt »auf der Flucht vor der mich quälenden Fremdsprache« nach Zürich zurück. Weiterarbeit an der *Babylonischen Wandrung*.

Ab 16. November. Peter Döblin besucht mit Unterstützung der *O.R.T.* die *London School of Printing*, da er in Paris keine Arbeitserlaubnis bekommen hat.

November. Umzug in ein Haus in Maisons-Lafitte bei Paris, *4 Avenue Talma*. Dem Freund Aaron Syngalowski gelingt es, mit seinen eigenen Sachen auch Döblins Möbel und Bibliothek nach Paris zu bringen.

Beteiligung Döblins an der Vorbereitung der *Liga für jüdische Kolonisation*, in deren Vorstand er bis 1936 bleibt.

und ...

Bei *Gallimard* in Paris erscheint eine französische Ausgabe von *Berlin Alexanderplatz*.

1 Bücherverbrennung in Berlin, 1933 (6) **2** NS-Terror gegen jüdische Geschäfte in Berlin, Sommer 1933 (7) **3** Zürich, aufgenommen von Döblin, 1933 (4) **4** Lesesaal der Züricher Stadtbibliothek, in der Döblin an der *Babylonischen Wandrung* arbeitete, o.J. (45)

Man braucht nicht den Charakter zu wechseln, man kann auch das Land wechseln.

Alfred Döblin, *Wadzeks Kampf mit der Dampfturbine*, Berlin 1917; zit. nach: AW 21, Walter-Vlg., Olten 1982, S. 413

[...] mit dem kleinen Koffer in der Hand zog ich ab, allein.
Unten erwartete mich eine Überraschung. Ein Nazi, über der Uniform einen zivilen Mantel, stand vor meinem Arztschild, fixierte mich – und folgte mir zur Untergrundbahn. Er wartete ab, welchen Zug ich nehmen würde, stieg in dasselbe Abteil. Am Gleisdreieck stieg ich aus, er auch. Wenigstens diese Situation hatte ich sofort durchschaut. Er ging hinter mir her. Dann gab es aber ein Gedränge, ein ankommender Zug entleerte sich, ich lief eine Treppe herunter und fuhr von einem anderen Bahnsteig erst in irgendeine Richtung, dann an mein Ziel: Potsdamer Platz, Möckernbrücke. Ich wollte zum Anhalter Bahnhof. Der Zug in Richtung Stuttgart fuhr gegen zehn. Ich fand einen Schlafwagenplatz; das Billett habe ich während der ganzen zwölf Jahre Emigration in meiner Brieftasche mit mir herumgetragen; jetzt habe ich es herausgenommen. Es liegt unter meinen anderen Papieren. Als ich abfuhr, stand ich am Fenster im Gang. Es war finster. Ich bin viele Male diese Strecke gefahren. Die Lichter der Stadt; ich liebe das sehr. Wie war es mir immer, wenn ich von draußen hereinfuhr nach Berlin und dies sah: ich atmete auf, ich fühlte auch wohl, ich war zu Hause. Nun, ich fahre jetzt, ich lege mich schlafen. Merkwürdige Situation, gehört eigentlich nicht zu mir. [...] So trat ich das Exil an. So erging es mir, »als ich Abschied nahm«.

Alfred Döblin, *Abschied und Wiederkehr*, in: *Badische Zeitung*, Februar 1946; zit. nach: AW 19, Walter-Vlg., Olten 1980, S. 429 ff

Preußische Akademie der Künste
Berlin W 8, Pariser Platz 4
den 14. März 1933

Abteilung für Dichtung   Vertraulich!

Sehr geehrter Herr Kollege,
die Sitzung vom 13. d. Mts. unter Teilnahme des unterzeichneten Präsidenten (Tagesordnung »Stellungnahme zu lebenswichtigen Fragen der Abteilung«), zu der Sie eingeladen waren, hat zu folgendem Ergebnis geführt:

In Anbetracht der Lage müssen von der Abteilung sofortige Entschlüsse gefaßt werden. Die Abteilung unternimmt den Versuch, sich aus sich selbst heraus neu zu organisieren; sie sieht sich gezwungen, allen Mitgliedern die anliegenden Fragen vorzulegen, und bittet um sofortige Beantwortung ausschließlich mit ja oder nein und Ihre Unterschrift. Die Antwort muß spätestens am 21. März bei der Akademie eingetroffen sein.

Mit kollegialem Gruß
Max von Schillings

Vertraulich!
Sind Sie bereit, unter Anerkennung der veränderten geschichtlichen Lage weiter Ihre Person der Preußischen Akademie der Künste zur Verfügung zu stellen? Eine Bejahung dieser Frage schließt die öffentliche politische Betätigung gegen die Regierung aus und verpflichtet Sie zu einer loyalen Mitarbeit an den satzungsgemäß der Akademie zufallenden nationalen kulturellen Aufgaben im Sinne der veränderten geschichtlichen Lage.

Ja   Nein
(Nichtzutreffendes bitte zu durchstreichen)
Name: Ort und Datum:

[Von den Mitgliedern der Akademie der Künste verlangte Loyalitätserklärung, die Döblin ins Züricher Exil nachgesandt wurde.
Auf die Anfrage reagierten siebenundzwanzig Mitglieder der Sektion für Dichtkunst. Achtzehn antworteten mit »ja«. Von Rudolf Pannwitz, Thomas Mann, Alfons Paquet, Jakob Wassermann und Alfred Döblin erfolgten Absagen.]

Lieber Lion,
ad I: haben Sie schon mein »Unser Dasein« erhalten? Ich habe in Berlin eine Liste hinterlassen, auf der Sie auch stehen, habe aber festgestellt, daß nicht alles ausgeführt wurde, besonders Auslandssendungen. Bitte orientieren Sie mich gleich.
ad II: wie gehts Ihnen? Was macht Ihre Arbeit? Wie weit sind Sie mit der Reinschrift? Und wie stehts mit dem Druck? Es ist ja jetzt so eine Sache im Lande. Am 10. Mai ist autodafé, ich glaube, der Jude meines Namens ist auch dabei, erfreulicherweise bloß papieren. So ehrt man mich. Aber die Sache hat doch zwei Seiten: nämlich wie wird es später sein, in 1 Jahr, in 2 Jahren, wann

wird die »Gleichschaltung« der Verlage erfolgen? Arzt kann ich nicht mehr sein im Ausland, und schreiben wofür, für wen? Ich mag über dieses fatale Kapitel nicht nachdenken. Was meinen Sie? Rätselraten.
ad III: mein Buch geht avanti. Eine große Hälfte ist überwunden, ich bin in Konstantinopel, und je nach dem Ort, an dem ich lande, (ich meine real) wird das Buch enden in Berlin, Zürich, Paris, London, Straßburg. 75% stehen auf Paris. Ja, ich alter Germane, Pommer. Aber – vielleicht ist mir ein Schuß Paris gesund (ich meine natürlich ein bildlicher Schuß)? Was meinen Sie zu dieser Perspektive? (Was wirtschaftlich mit mir wird, wissen die Dämonen, deren Namen ich nicht nenne).
ad IV: wir leben bescheidenst, 3 in 1 Zimmer, Wolf, der hier Mathem[atik] studiert, in 1, meine Frau macht alle Mahlzeiten selbst, bis auf das Mittagessen. – Ich bitte um eine zuverlässige geschichtliche Prognose, möglich[st] postwendend! Sehr herzlich Ihr   DDöblin

Alfred Döblin, *Brief an Ferdinand Lion*, Zürich, 28. April 1933; zit. nach: AW 13, Walter-Vlg., Olten 1970, S. 179 f

Die Aufgabe, die der öffentlichen Bücherei (Volksbücherei) im neuen Staat gestellt ist, entspricht der Losung Mussolinis: »Buch und Büchse – das ist mein Befehl«. Damit ist gesagt, daß das kulturpolitische Ziel der Volksbüchereien in der geistigen Wehrhaftmachung, der totalen Mobilmachung des deutschen Menschen mit Hilfe des echtbürtigen Schrifttums liegt. Der erste Schritt zu diesem Ziel ist der allerorts spontan eingeleitete Versuch, die Arbeitsmittel und Buchbestände der Büchereien auf das Wesentliche zu konzentrieren. [...] Die Maßstäbe, nach denen die Schwarzen Listen angefertigt wurden, sind selbstverständlich literatur*politischer* Natur. Für sie gilt die fundamentale, für jede politische Entscheidung notwendige Vorfrage: Wer ist der eigentliche Feind? Gegen wen richtet sich der Kampf?
Die Antwort gibt eine grundsätzlich gehaltene Erklärung, die vom Preußischen Ministerium für Wissenschaft, Kunst und Volksbildung anerkannt und für die staatlichen Büchereiberatungsstellen auf dem Lande verbindlich erklärt worden ist. In dieser Erklärung heißt es: »Der Kampf richtet sich gegen die Zersetzungserscheinungen unserer artgebundenen Denk- und Lebensform, d.h. gegen die *Asphaltliteratur,* die vorwiegend

für den großstädtischen Menschen geschrieben ist, um ihn in seiner Beziehungslosigkeit zur Umwelt, zum Volk und zu jeder Gemeinschaft zu bestärken und völlig zu entwurzeln. Es ist die Literatur des intellektuellen Nihilismus.« Der Begriff der Asphaltliteratur wird dann im einzelnen dahin festgelegt: »Diese Literaturgattung hat vorwiegend, jedoch nicht nur *jüdische* Vertreter. Aber nicht jeder jüdische Schriftsteller ist ein Asphaltliterat, z.B. vertritt die Kritik, die der Zionist Emanuel bin Gorion stets an den literarischen Assimilationsjuden geübt hat, das jüdisch-völkische Prinzip. [...]«
[Aus der Schwarzen Liste »Schöne Literatur«:] Asch, Nathan; Asch, Schalom; Becher, Johannes [R.]; Beer-Hofmann, Richard; Bonsels, [Waldemar]: alles außer: Biene Maja, Himmelsvolk, Indienfahrt; Brecht, Bert[olt]; Brod, Max: alles außer: Tycho Brahe; Döblin, Alfred: alles außer: Wallenstein; Essig, H[ermann]; Feuchtwanger, Lion; Frank, Leonhard: alles außer: Räuberbande, Ochsenfurter Männerquartett; Glaeser, Ernst; Goll, Iwan; Graf, Oskar Maria: alles außer: Wunderbare Menschen, Kalendergeschichten; Hasenclever, Walter; Holitscher, Arthur; Kaestner, Erich: alles außer: Emil; Kaus, Gina; Kellermann, [Bernhard]: Der 9. November; Kerr, Alfred; Keun, Irmgard; Kesten, [Hermann]; Kisch, Egon Erwin; Klaeber, Kurt; Koeppen [Edlef]: Heeresbericht; Ludwig, Emil; Mann, Heinrich; Mann, Klaus; Meyrink, [Gustav]; Neumann, Robert: alles außer: Mit fremden Federn; Ottwalt, Ernst; Pinthus, Kurt; Plivier, [Theodor]; Regler, [Gustav]; Remarque, Erich Maria; Renn, Ludwig: nur Nachkrieg; Ringelnatz [Joachim]; Roth, [Joseph]; Rubiner, Ludwig; Schnitzler, Arthur: alles außer: Der Weg ins Freie; Seghers, Anna; Toller, Ernst; Traven: Regierung, Der Karren; Tucholsky, Kurt; Unruh, [Fritz von]: alles außer: Offiziere, Louis Ferdinand; Wassermann, Jakob; Wegner, Armin T.; Weiskopf, [F.C.]; Werfel, [Franz]: alles außer: Barbara, Verdi, Tod des Kleinbürgers; Zweig, Arnold; Zweig, Stefan; ...

Wolfgang Herrmann, *Prinzipielles zur Säuberung der öffentlichen Büchereien*, in: *Börsenblatt für den deutschen Buchhandel*, 16. Mai 1933, Nr. 112, S. 356 ff

⌐ Die für die Ausleihe gesperrten Bücher sind am praktischsten in drei Gruppen einzuteilen:
Gruppe 1 fällt der Vernichtung (Autodafé) anheim, z.B. Remarque.

Gruppe 2 kommt in den Giftschrank, z.B. Lenin, Marx.
Gruppe 3 enthält die zweifelhaften Fälle, die eingehend zu prüfen sind, ob später zu Gruppe 1 oder 2 gehörig, z.B. Traven.

Die Schwarze Liste, in: *Münchener Neueste Nachrichten*, 18. Mai 1933

Es war spät abends, als sein Zug von Basel kam. Wie er vor Zürich zum Fenster hinaus sah in die Dunkelheit und oben an den Bergen und Hügeln Lichter um Lichter erschienen und er zuletzt wie in einen Himmel von Sternen einfuhr, war ihm wohl und leicht, so daß er sagte: Ich will in diesem Tal bleiben.
Die sanfte Stadt war ausgegossen über Hügel an einem sonnenblitzenden See. Hier blieb Konrad und vergaß ein paar Wochen den Tod. Abends konnte er von Zollikon, wo er wohnte, oder von den hohen Straßen vom Zürichberg her das bunte Lichtgewimmel um den See, die Hügel hinauf weit hin nach Winterthur zu sehen. Manchmal kam ihm vor: Ich bin krank. Dann wieder wußte er: Nicht ich bin krank, sondern diese Welt.
Die Bahnhofstraße mit den feinen Geschäften, den kolossalen Bankhäusern. Es kam der liebliche See. Die weiche Herrlichkeit der Hügel, Wiesen und Dörfer, tanzte vor ihm. Wenn das Tod ist, so hat er sich schön geputzt, dann ist er ein großer listiger, lieber Täuscher, er gönnt uns etwas, wir müssen ihm danken.
Wie schön war es, am Quai im Terrassengarten zu sitzen, Kaffee zu trinken oder abends, wir sind und bleiben ein Schlemmer, zu wechseln zwischen dem Garten von Baur au Lac – zaubersüße Musik spielte, im Kanal fuhr über das stille schwarze Wasser ein kleines Boot mit einem Licht (fernes Bagdad) – und zwischen Cerutti, da blickten Bilder von einem Dichter herunter, der segnete, was man unten aß und trank, und wenn er ebenso gut dichtete, wie man hier kochte, war er ein großer Mann.

Alfred Döblin, *Babylonische Wandrung oder Hochmut kommt vor dem Fall*, Amsterdam 1934; zit. nach: AW 5, Walter-Vlg., Olten 1962, S. 508

⌐ Er war nicht in verzweifelter Stimmung, sondern arbeitete in Zürich an seinem neuen Buch weiter, dessen tolles Motiv der verrückten Weltlage entsprach. Um Ruhe zu haben, setzte er sich mit dem Manuskript in den Lesesaal der Zentralbibliothek, wo er alle von ihm benötigten Hilfsmittel bequem zur Hand hatte. Ich sehe ihn noch, wie er diesen schrecklichen Sommer hindurch Tag für Tag mitten unter Studenten und Dozenten unerkannt an seinem mit Büchern umstellten Platz Blatt um Blatt beschrieb. Seine Phantasie war ihm auch jetzt noch die Burg, in der er sich sicher fühlte. Im August zog er dann nach Paris weiter, wo er seine paradoxe Einsiedelei in der Bibliothèque nationale aufschlug. [...]
Die 1934 im Querido Verlag, Amsterdam, erschienene »Babylonische Wandrung« ist das Erzeugnis dieser ersten Flüchtlingszeit. Schon ein Jahr später hätte Döblin sie nicht mehr schreiben können. Aus seiner Bahn geschleudert, vom Schicksal beim Wort genommen, versuchte er seine geistige und materielle Existenz auf einem letzten Fußbreit Boden zu behaupten, indem er freiwillig alles wegwarf, was ihm längst verdächtig war und ihn am Aufbruch in ein anderes Leben hinderte. Er rettete sich in ein ausgelassenes, groteskes Gaukelwerk, um die Katastrophe lachend zu überstehen.

Walter Muschg über *Babylonische Wandrung, Nachwort* zu AW 5, Walter-Vlg., Olten 1962, S. 668 f

1934 Februar. Döblin und seine Frau nehmen Französisch-Stunden. Beginn intensiver Publikationstätigkeit in jüdischen Zeitschriften; Döblin lernt jiddisch. Mitarbeit in der *O.R.T.* und der Liga für jüdische Kolonisation.

Frühjahr. Die Nazi-Behörden erlassen gegen Döblin einen Steckbrief wegen Hinterziehung von 12 000 RM »Reichsfluchtsteuer«.

April. Der Roman *Babylonische Wandrung* erscheint im *Querido* Verlag, Amsterdam. Der Absatz zeigt, daß die Auflage mit 6000 Exemplaren viel zu optimistisch eingeschätzt war.

Bis 1940 erscheinen alle Exil-Publikationen Döblins im *Querido* Verlag.

Juni. Döblin und seine Familie erhalten befristete Aufenthaltsbewilligungen für Frankreich.

Beginn der Niederschrift des Romans *Pardon wird nicht gegeben*.

19. Juli. Rückkehr Peter Döblins aus London, da seine Aufenthaltserlaubnis in England abgelaufen ist.

25. Juli. Nationalsozialistischer Putschversuch in Österreich. Kanzler Dollfuß wird ermordet.

2. August. Nach dem Tod Hindenburgs übernimmt Hitler auch das Amt des Reichspräsidenten.

Dezember. Um Fahrgeld und Miete zu sparen, ziehen Döblins in eine kleine Wohnung in Paris, 5 *Square Henri Delormel.*

und ...

Übersetzungen von Büchern Döblins erscheinen in Italien, Schweden und Ungarn.

1 Schaufenster in der *Avenue des Gobelins* in Paris, Foto: Jean-Eugène Auguste Atget, o.J. (44) **2** Paris, Foto: Henri Cartier-Bresson, aufgenommen 1952 **3** Frühe schwedische Ausgabe des *Berlin Alexanderplatz*, die 1934 im Stockholmer *Albert Boumiers Förlag* erschien (1) **4** Einband einer tschechischen Ausgabe des *Berlin Alexanderplatz*, erschienen 1935 in Prag, Verlag *Julius Albert* (1) **5** In der Sondernummer des *Pariser Tageblatts* vom 12. Dezember 1934 erschienen unter dem Titel *Die Mission des Dichters* Berichte »vom kulturpolitischen und künstlerischen Streben einer Elite, für die das Dritte Reich im Lager der Gleichgeschalteten keinen Ersatz gefunden hat«. Stellungnahmen von Döblin, Brecht, A. Zweig, K. und H. Mann, Mehring, Feuchtwanger, Roth, Kesten, Neumann und Toller **6** Stefan Döblin im Garten vor dem Haus in der *Avenue Talma*, Maisons-Lafitte bei Paris, das die Familie von November 1933 bis 1934 bewohnte (1) **7** Von P. L. Urban gestalteter Schutzumschlag der Erstausgabe, 1934 (5) **8** Handschriftliches Konzept Döblins: »Resolution. Die Versammlung verlangt, daß die Liga für jüdische Kolon[isation] aus der bloßen konspirativen Vereinstätigkeit heraustritt und den ungeordneten Emigrationsdrang der deutschen und östlichen Judenmassen territorialistisch leitet. Sie verlangt eine enge Verbindung zwischen der Liga und diesen Massen, die Aufklärung dieser Massen, Warnung vor Einzelexperimenten, Organisierung von Freilandgruppen für eine einzige concentrierte jüd. Siedlung.« (4) **9** Schutzumschlag der ersten und einzigen Ausgabe, 1933 (5) **10** Das erste Heft der Exilzeitschrift vom September 1933, in dem Döblins Beitrag *Jüdische Massensiedlungen und Volksminoritäten* erschien (4)

Wenige Jahre, nachdem »Berlin Alexanderplatz« erschienen war, gingen wir in die Verbannung. In Paris war er viel mit Arthur Koestler und Manès Sperber zusammen. Es gab zwischen uns unendliche Diskussionen im Pariser Café Weber. In jenem 1933 kam sein philosophisches Buch »Unser Dasein« heraus, 500 Seiten stark – vielleicht das unbekannteste seiner vielen unbekannten Werke. Da war wenig vom dialektischen Marxismus die Rede und sehr viel von Sternen-Haufen und Kristallen, Pflanzen und Tieren. Der Doctor medicinae Alfred Döblin war ein gelernter Naturwissenschaftler; seine Spekulationen gingen vor allem von der Biologie aus.

Als ich »Unser Dasein« las, wurde mir zum erstenmal klar, daß er zwar etwas Mystiker war und etwas Marxist und etwas Pantheist (in Zukunft sollte noch manches Etwas hinzukommen), vor allem aber ein unwandelbarer Skeptiker, ein Agnostiker ... und von dieser Bastion her der gewaltige Nein-Sager.

Die vielen Dogmen, zu denen er sich sukzessive bekannte, ruhten auf Fließendem. Das gab den heiteren Zänkereien mit Döblin ihren Reiz. Wie er im Gespräch alle Positionen berannte! Wie er schwache Punkte fand – und zustieß! Und wie er sich verwickelte – und nicht mehr herausfand. Im philosophischen Buch war diese Skepsis glasklar formuliert. Er mache nicht den Anspruch, schrieb er, »der anonymen Urrealität in die Karten gucken« zu können. »Die Welt«, hieß es da, »ist ihrer Struktur nach nicht zum Verstehen, sondern zum Erleben da«; »Der einzelne weiß von keinem Generalsinn des Daseins«.

Ludwig Marcuse, *Das unruhige Leben des Alfred Döblin*, in: *Stuttgarter Zeitung*, 13. Januar 1962

Inzwischen ist ein Jahr vergangen, Sie werden 50, zu meinem 50. schrieben Sie mir viel. Ich – kann heute nichts schreiben. Die Welt ist so weit auseinander. Dies eine Jahr ist ein halbes Jahrhundert. Ich sehe Sie nicht, ich kenne »Loerke«, aber wie soll ich, ein halbes Jahrhundert älter, Sie, den eben soviel Älteren, ansprechen? Bin ich derselbe, sind Sie derselbe, – wer weiß? – Nehmen Sie und Ihre Frau meinen Gruß an, ich vergesse nicht.

Alfred Döblin, *Brief an Oskar Loerke*, Paris, 26. Februar 1934; zit. nach: AW 13, Walter-Vlg., Olten 1970, S. 189

Dupont heißt ein großes offenes Café, das vor einem Hochbahnhof am Ufer dieses Menschenstroms liegt und keiner weiteren Empfehlung bedarf. Denn wie der Besitzer auf seinem Schild mit Recht versichert: bei Dupont ist alles bon. Dort sich, bevor er sich zu neuen Taten rüstete, niederzulassen, schien Konrad ein Akt der Selbstbehauptung, und zwar um so mehr, als er zu seinem Erstaunen im Hotel erfahren hatte, daß man keine Speisen reiche. Er hätte aber eine kleine Küche neben seinem Zimmer und könne sich dort alles selbst herrichten, was Konrad als humoristisch in die Gruppe unerwarteter Abenteuer verwies. Bei Dupont trank er auf der Terrasse seinen Kaffee, nicht lukrativ, aber dennoch, aß zartes Gebäck dazu, das fantastische Namen hatte, trank noch einen Kaffee, darauf einen Kognak. Dabei geriet er unversehens in eine Unterhaltung erst mit dem Kellner, der hier Knabe hieß, ohne es auch nur annähernd zu sein, und einem älteren Gast. Dieser streckte die Finger nach dem Kognakglase Konrads aus und befahl sich auch einen. Als Konrad höflich den Herrn zu diesem Kognak einlud, staunte der, dankte, und sie sprachen. [...]

Der Fremde (uns fremd, sich selbst nicht, seinen Verwandten durch Blutsbande verbunden, bald auch Konrad mehr vertraut und dann von ihm genannt: der Mehr-Vertraute) berichtete mit dem Blick auf den Bahnhof: Paris hätte einen ungeheuren Fremdenverkehr. Bei einer Zählung hätte sich erwiesen, daß auf den Bahnhöfen von Paris 77 Millionen Menschen im Jahr ankommen und etwa 77 Millionen abreisen. Konrad wunderte sich: dann sei doch eigentlich keiner da. – Doch, sie reisen verschieden ab. – Ah so. Und bleibt keiner da, Paris scheint doch eine große, interessante Stadt? – Gewiß. Aber Paris hat auch seine Mißstände. Zum Beispiel die Metro. Paris hat eine viel zu große Metro! Der ganze Boden von Paris sei unterhöhlt. Er sei Droschkenbesitzer, jetzt befasse er sich nur mit Müllabfuhr. Durch die eigenartige Luft unten sei er darauf gekommen. Was soll man machen. Das sei nun hier der Bahnhof Barbès-Rochechouart.

Konrad hörte sorgfältig hin, ließ sich diesen Namen wiederholen und sagte, es seien etwas viel Namen für einen einzelnen Bahnhof. »Es sind zwei Namen«, bemerkte der Fremde, »Barbès heißt der eine Boulevard hier, und Rochechouart der andere rechts.« »Welchen Grund«, fragte Konrad den Fremden, »hatte man aber, diese beiden Boulevards verschieden zu nennen?« Der Fremde blickte ihn fragend an. Konrad stellte sich als Fremden vor und meinte, ihm scheine doch der Boulevard rechts sehr ähnlich dem links, die Menschen laufen unaufhörlich von einem Boulevard in den andern, es ist durchaus derselbe Boulevard. Auch da verstand der Fremde (Pariser) den Fremden (Babylonier) nicht. Konrad wußte nicht, wie sich ausdrükken. Dann sagte er: »Dies ist ein Glas, und weil es das ist, darum heißt es so. Zwei Boulevards mit denselben Menschen, denselben Häusern, die sollte man nicht unterscheiden.« »Ja, es ist nur, um sich zurechtzufinden!«

Jetzt verstand Konrad, es war ihm aber überraschend, daß man Straßen ohne Rücksicht auf die Namen bloß benannte, um sich zurechtzufinden. Friedlich betrachtete er die rennenden Menschen. »Ich glaubte, man habe diese Namen den Straßen mindestens als Schmuck verliehen, zur Ehrung der Personen. Wer war Barbès? Ich möchte mich an seiner Ehrung beteiligen.« Der Fremde kratzte sich den Kopf, lachte laut; Barbès kam bei der Müllabfuhr nicht vor. Man rief den Kellner. Er lachte auch. Er wußte es also nicht.

Alfred Döblin, *Babylonische Wandrung oder Hochmut kommt vor dem Fall*, Amsterdam 1934; zit. nach: AW 5, Walter-Vlg., Olten 1962, S. 532 ff

Ein einzelner Mensch, wir kennen ihn als Konrad, ist in diese Stadt Paris gekommen und will erfahren, was eine menschliche Stadt ist. Er kennt die Liebe und den Tod. Und nun sieht er die aufgerissene Brust der Stadt. Sie zuerst.

Was stehen da für ungeheure Gebäude, die Hallen, alle Nachbarstraßen sind von Wagen und Händlern und Körben und Kisten erfüllt, drin stapeln sie Früchte, die sie aus der Erde geholt, gepflückt, von den Bäumen gerissen haben. Die Lustigkeit des Obstes, die Körbe voll Äpfel, Birnen, Weintrauben, die Kistenberge voller Apfelsinen. In Becken mit sprudelndem Wasser schwimmen Fische. In langen Reihen hängen die enthaupteten, enthäuteten Schweine und Rinder und Kälber. Von Tag zu Tag füllen sich die Hallen, in einigen Stunden sind sie entleert, die große Stadt hat alles aufgenommen, es ist die Kohle, die in die menschlichen Öfen rollt. Es essen die Millionen Männer und Frauen und Kinder, ihr Körper brennt alles ein, und sie bleiben

erhalten und können die Schlacht weiter bestehen, morgens früh, mittags, nachmittags, abends, dann ins Bett.
Tausend Gerichte und Soßen in hunderttausend Küchen. Zauber, Verzauberung: was hat man vor, wozu die Verlockung, warum heizen die Leiber mit den Früchten und Tieren dieser Erde. Ich esse gern, ich trinke gern, aber jetzt gerate ich ins Zittern – weil ich an Alexandra denke, und es war alles umsonst, und es ist da das Grauen und der sinnlose, gräßliche Tod, Tod und sinnlose Geburt. Wo sehe ich einen Weg? Warum weint man nicht schon bei jeder Geburt?

Alfred Döblin, *Babylonische Wandrung oder Hochmut kommt vor dem Fall*, Amsterdam 1934; zit. nach: AW 5, Walter-Vlg., Olten 1962, S. 547 f

Aber das Autofahren, das erholt. Nervöse berichten, wie sie durch Chauffieren beruhigt werden. Abgespannte fühlen sich durch Autofahren erfrischt. Ich stelle daher hier,

da wir mit modernem Buchdruck ausgerüstet sind, nach den aufregenden Erlebnissen meinen Lesern eine Anzahl bequemer Autos zur Verfügung, in denen sie sich eine kleine Zeit ergehen können. Es sind verschiedene Typen, sie mögen nach Geschmack wählen.

Alfred Döblin, *Babylonische Wandrung oder Hochmut kommt vor dem Fall*, [Illustrationen von P. L. Urban], Amsterdam 1934; zit. nach: AW 5, Walter-Vlg., Olten 1962, S. 415

⌐ Ein äußerst merkwürdiges Buch. Es ist verworren, unzusammenhängend, anekdotenhaft, ein Konglomerat von geschichtlichem, geographischem, astronomischem, technischem Wissen, das zusammenhanglos, wie aus einem Lexikon abgeschrieben, wirkt. Und dann der Stil! Wir sind ja von Alfred Döblin einiges gewöhnt, dies aber übertrifft alles. Sachlicher Bericht, nüchterne Belehrung und Beschreibung, spöttische Bemerkungen, ironische Darstellung, sarkastische Belustigung, bitteres Leid und großen Ernst finden wir wahllos nebeneinandergestellt.

E. Horbach über *Babylonische Wandrung*, in: *De Weegschaal*, 1934, S. 104

⌐ »Sie sind betäubt, alle beide, wissen nicht, woher, warum, und überhaupt, das...« Weniger können sie nicht wissen. Und auch wir stehen betäubt. Denn daß ein babylonisch-assyrischer Gott Konrad heißt; solch ein Gott sich eines Tages abgebaut und ganz und gar verflucht vorfindet: daß er herunterkommt, aus Hunger gezwungen ist, herunterzukommen auf die Erde (vorläufig umzieht, wie er meint); daß solch ein Gott unter tausend opportunistischen Bemäntelungen seiner Flucht sich durchzubringen sucht durch diese unbeherrschte (von ihm nicht mehr beherrschte) Machtwelt; oder, da er saubere Finger behalten will, sich mehr oder minder sauber von seinem Bruder Georg durchbringen läßt; daß ein solcher Konrad es über sich ergehen lassen muß, als laienhafter Museums-Besucher sein eigenes ehemaliges Reich Babylonien zu besichtigen (und das unter den Erklärungen eines Bremenser Herrn); daß solch ein Konrad, als angeblicher persischer Großer, Gott und Teufel in Bewegung setzt, um irgendwo sich zu finden, sich selbst, und sein altes geliebtes total vergessenes Babylonisch wiederzuerlernen; daß solch ein Konrad kleine Mädchen und die Größe der Welt erfahren muß, beispielsweise in Bagdad, Stambul, Zürich; daß solch einer als nirgends Zugehöriger, als Ritzenkratzer der Welt, zwischen Begegnungen mit Ludwig dem Sechzehnten, sportliebenden Calvinisten, redenden Dromedaren und dergleichen, nach Durchkostung aller Erniedrigung und aller Lust dieser Welt schließlich auf einer Pariser Metrotreppe verkommen muß – nein, nicht schließlich, sondern schließlich von seinem (unterdessen mit dem seligen Zaren Alexander auf Du und Du stehenden) Bruder gerettet wird – nein, auch das nicht schließlich, sondern schließlich, um voll zu machen das Kompendium seiner Zufälle, nach ausführlicher Teilnahme an der französischen Revolution von 1789 und hundert Etappen instruktiven Strebens doch noch einmal zur bescheidenen Blüte kommt, um als hochbetagter, familienumringter südfranzösischer Schrebergartenbesitzer die Erde zu preisen, sich klein zu finden und dann endlich das Zeitliche zu segnen – das scheint ungewöhnlich.

Günther Anders, *Der letzte Roman. Gebrauchsanweisung für Döblins Buch »Babylonische Wandrung oder Hochmut kommt vor dem Fall«*, in: ders., *Mensch ohne Welt*, Vlg. C. H. Beck, München 1984, S. 31 f

LE PLUS HORRIBLE BOMBARDEMENT
DEPUIS LE DÉBUT DE LA GUERRE D'ESPAGNE

Mille bombes incendiaires

lancées par les avions de Hitler et de Mussolini

Aucun hasard dans l'atroce extermination, par les fascistes, de la population non-combattante. Marchés fréquentés, églises pleines, quartiers peuplés, voilà les objectifs préférés Jes meurtriers. Ci-dessus, quelques femmes — des mères sans doute — abattues au cours d'un bombardement

reduisent en cendres la ville de Guernica

3 LE NOMBRE DES MORTS ET DES BLESSÉS EST INCALCULABLE

FIGHT

VOL. 2   No. 11

SEPTEMBER 1935   5¢

AGAINST WAR AND FASCISM

IS OPPOSITION TO HITLER GROWING?

NO!
SAYS
JOHN HAYNES HOLMES

YES!
SAYS
JOHANNES STEEL

NEW WAR FRONTS — By A. A. Heller

BIGOT BRIGADES — By Emmett Gowen

HITLERISM OVER THE WABASH

Terre Haute Workers Fight Fascism — By RUTH CRAWFORD

DAS NEUE

TAGE-BUCH

Herausgeber: Leopold Schwarzschild

Pertinax
Lord Runcimans Mission

Otto von Freising
Heinrich Held von Bayern

Joachim Heusel
Die Auto Suggestion des Führers

Hermann Kesten
Alfred Döblin

Alfred Kerr
Unwirkliches England

Juden, die wir nicht vergessen

Alfred Döblin

Wir erinnern uns an den Autor Alfred Döblin, der das Schicksal eines Mannes namens Biberkopf am Alexanderplatz darstellen wollte. Nach der Auffassung des Verfassers, des jüdischer Irrenarzt, Schriftsteller und Mitglied der damaligen „Dichterakademie" war und auch sonst unrühmlich von sich reden machte, wollte er seinem ostjüdischen Herkunftsprinzip den Berlinern einreden, wie ihre Stadt wäre. Grau in grau malte er die Welt als ungläubiger Prophet seiner Systemzeit und berichtete über das Leben eines Transportarbeiters, der den rechten Lebensweg nicht finden kann, weil es dem Autor Alfred Döblin gefiel, das Dasein negativ zu entwickeln. Wir wissen, daß der Berliner rund um den Alexanderplatz ganz anders ausschaut, als er dort wiedergegeben wurde. Wir kennen den „Seelenarzt" Döblin, der zwischen Lichtenberg und dem Alexanderplatz seine merkwürdige Praxis ausübte und von dessen Art und Gehabe ein unverdächtiger Zeuge in einer Anthologie jener Jahre schrieb: „Ein streitbarer Kämpfer um eine Zukunft, die nicht sehr von der russischen Gegenwart entfernt wäre . . ." Damit ist der politische Radius dieses jüdischen Intellektuellen angedeutet. Wer alte Jahrgänge der berüchtigten Zeitschrift „Die literarische Welt" zur Hand nimmt, wird feststellen können, wie dieser Jude in den politischen Kampf sich von der Basis des Schrifttums aus eingeschaltet hat.

In einer für diese Sorte Menschen bezeichnenden Weise „offenbarte" sich der Genannte mit dem Buche „Alfred Döblin, Im Buch — Zu Haus — Auf der Straße", vorgestellt von Alfred Döblin und Oskar Loerke. In einer frechen, fleißig mit Rührung beigemischten Art empfiehlt sich „Meister" Döblin selbst und läßt sich von einem anderen Zeitgenossen dann entsprechend eingruppieren. Zwei Sätze aus diesem Büchlein mögen über den „gigantischen Dichter" Aufschluß geben. Da heißt es einmal: „Wir schreiben 1928, wir haben ein neues Parlament und noch immer kein Geld, das sind unsere Sorgen, unsere einzigen Sorgen. Lebt wohl, winke, winke, das Chaos hat euch, das Chaos soll euch weiter haben, es ist sehr schön im Chaos." Der andere Satz meldet: „Mit Schlappschwänzen, Dummköpfen und Phrasendreschern muß man Fraktur reden. So ist es damals gegangen, und wer Fraktur geredet hat, ob er links oder rechts ist, ich steh' auf seiner Seite." Der letzte Satz ist gut geeignet, die Logik dieses Juden ins entsprechende Licht zu rücken. Er pilgerte 1933 aus dem Reich und begab sich zu den versammelten „Geistern" des jüdisch-international versippten Schrifttums ins Ausland und hetzte gegen sein einstmaliges Gastland. Er ist einer von denen, die wir nicht vergaßen und den man einmal bürgerlich naiv als „Homer des Berliner Proletenkampfes ums Dasein" nannte. Das war das Panoptikum von vorgestern!

Völkischer Beobachter, Berlin

5

1935 21. Januar. Vortrag Döblins über den jüdischen »Freiland«-Gedanken.

April. Im *Querido*-Verlag, Amsterdam, erscheint *Pardon wird nicht gegeben*.

Juni. In Paris erscheint, redigiert von Döblin, die einzige deutschsprachige Nummer der jiddischen Zeitschrift *Freiland* mit dem Beitrag Döblins *Grundsätze und Methoden eines Neuterritorialismus.*

21.-25. Juni. Döblin nimmt als Zuhörer am *Internationalen Kongreß zur Verteidigung der Kultur* in Paris teil.

21.-29. Juli. Konferenz der europäischen *Freiland-Ligen* in London. Döblin hält die Eröffnungsrede.

August/September. Urlaub in Spanien.

September. Peter Döblin, der in Paris keine Arbeit findet, geht nach New York.

15. September. »Nürnberger Rassengesetze«

November. *Flucht und Sammlung des Judenvolkes. Aufsätze und Erzählungen* erscheint im *Querido* Verlag.

21. Dezember. Tucholsky begeht im schwedischen Exil Selbstmord.

und ... Beginn an der Arbeit am Roman *Das Land ohne Tod.* Kierkegaard-Lektüre in der *Bibliothèque Nationale* in Paris. Russische Übersetzung des *Berlin Alexanderplatz.*

1936 1. Mai. Auflösung des *S. Fischer* Verlags.

3. Mai. Sieg der *Volksfront* in Frankreich.

16. Juni. Döblins Vortrag *Der Historische Roman und wir* in Paris im *Schutzverband Deutscher Schriftsteller*, gedruckt im Oktober in der Moskauer Zeitschrift *Das Wort.*

Juli. Abschlußexamen Klaus Döblins an der *Ecole de la Chambre de Commerce de Paris*, er arbeitet ab Herbst als Schaufensterdekorateur.

August. Ferien in der Bretagne.

26. September. Frankenabwertung, erhebliche Verminderung des mitgebrachten Vermögens.

16. Oktober. Döblin und seine Familie werden französische Staatsbürger. Diese Gunst verdanken sie der Fürsprache François-Poncets und der Militärdiensttauglichkeit der Söhne Wolfgang und Klaus.

November. Abschluß des Romans *Die Fahrt ins Land ohne Tod.*

und ... dänische *Alexanderplatz*-Ausgabe.

1937 3. Januar. Im Auftrag der *Liga für jüdische Kolonisation* in Holland.

April. Im *Querido* Verlag erscheint *Die Fahrt ins Land ohne Tod.*

19. Juli. In München wird die Ausstellung »Entartete Kunst« eröffnet.

August/September. Abschluß des zweiten Südamerika-Romans *Der blaue Tiger.* Ferien in der Bretagne.

20. Oktober. Klaus Döblin tritt seinen zweijährigen Militärdienst bei der französischen Infanterie an.

November. Abwendung Döblins von der aktiven Mitarbeit an der territorialistischen jüdischen Bewegung.

18. Dezember. Vortrag an der *Sorbonne* über *Literarische und politische Erinnerungen aus Berlin.* Rundfunkinterview zusammen mit Feuchtwanger und Leonhard Frank über die wechselseitige Beeinflussung deutscher und französischer Literatur. und ... Beginn der Niederschrift von *Bürger und Soldaten 1918.* Französische, englische, russische und italienische Übersetzungen von Werken Döblins.

1938 17. Januar. Vortrag vor dem *Schutzverband Deutscher Schriftsteller im Exil*, gleich darauf als *Die deutsche Literatur (im Ausland seit 1933)* in Paris erschienen.

Januar. Aufsatz *Prometheus und das Primitive* in der Zeitschrift *Maß und Wert.*

26. März. Mathematische Doktorarbeit Wolfgang Döblins an der *Sorbonne.*

Frühjahr. *Der blaue Tiger*, Fortsetzung von *Die Fahrt ins Land ohne Tod*, erscheint im *Querido* Verlag.

4. Mai. Reise mit Robert Minder ins Elsaß, Abstecher nach Hagenau, um Erinnerungen an 1917/18 für das Romanprojekt *Bürger und Soldaten 1918* aufzufrischen.

Juli – September. Die Familie Döblin dehnt ihre Ferien in Trégastel und Dinard angesichts der drohenden Kriegsgefahr bis September aus.

27. September. Nachgeholte Geburtstagsfeier des *Bundes Neues Deutschland* für Döblin: Ansprachen von Heinrich Mann und Anna Seghers.

29. September. *Münchener Abkommen*

14. Oktober. Zweite nachträgliche Geburtstagsfeier für Döblin, veranstaltet vom *Schutzverband Deutscher Schriftsteller im Exil* im Pariser *Institut d'Encouragement.*

3. November. Wolfgang wird zum Militärdienst in Givet eingezogen.

4.-9. November. Podiumsgespräch mit Döblin, Feuchtwanger, Rudolf Leonhard, Friedrich Wolf u.a. während der *Deutschen Kulturwoche* in Paris anläßlich des 30jährigen Bestehens des *Schutzverbandes Deutscher Schriftsteller.*

9./10. November. »Reichskristallnacht« und ... Es erscheinen polnische und tschechische Ausgaben von *Die Fahrt ins Land ohne Tod.*

1 Paris, Foto: André Kertész, 1933 **2** Volksfront-Demonstration, Paris 1936, mit einem von Masereel gezeichneten Portrait Romain Rollands (34) **3** Titelseite der Pariser *Humanité* vom 28. April 1937 **4** Nationalsozialistischer Staatsempfang, 1938 (33) **5** Artikel aus dem *Völkischen Beobachter* vom 11. Dezember 1938 (4) **6** Parade nach der Besetzung Österreichs auf dem Heldenplatz in Wien am 15. März 1938 (10) **7** Nummer vom 12. August 1938 mit H. Kestens Aufsatz zum 60. Geburtstag Döblins (4) **8** Flugblatt der *American League Against War and Facism*, New York, September 1935. Titelblatt mit Holzschnitt von Masereel (34) **9** Döblin im Frühjahr 1935 in Paris (2)

1935 BIS 1938

Nun lassen Sie mich, Herr Mann, etwas zu den Dingen sagen, die uns Alle angehen und die Sie in Ihrem Brief berührten, Thema Deutschland von heute. Es ist sehr schön, daß Sie glauben, das »Schicksal« dann drüben werde sich »verhältnismäßig rasch« erfüllen. Kann sein. Ihr Wort in Gottes Ohr. Aber meinen Sie wirklich, es sei nichts geschehen und nach Hitler sei wieder das alte Deutschland da? Was so viel beklemmender ist als der ganze Hitler, ist, daß er (scheint mir) den Deutschen wie angegossen paßt; – den »Deutschen«, da muß ich sagen, der vorangehend herrschenden demokratischen, liberalen etc. Schicht. [...]
Mit fliegenden Fahnen ging man zu Hitler, nämlich zum Machtrausch und anderen Räuschen, – und was hat also unsere Literatur geleistet? Ich finde (ich nehme mich nicht aus): wir haben unsere Pflicht versäumt. Man hat mich hier neulich aufgefordert, zum 10. Mai, Tag des »verbrannten Buchs«, irgendwo zu sprechen; ich lehnte ab mit der Begründung: jedenfalls meine Bücher sind mit Recht verbrannt. Ich klage uns nicht zu bitter an, denn ich weiß, wir waren gänzlich ohne Schutz und Hilfe. Der Staat sabotierte dauernd seine Selbstrettung.

Alfred Döblin, *Brief an Thomas Mann*, Paris, 23. Mai 1935; zit. nach: AW 13, Walter-Vlg., Olten 1970, S. 206 f

Einmal drehten sie sich nach der Stadt um. Der Himmel war da, aber nicht der große schwarze schweigende Nachthimmel, die schwere feierliche Nacht, die funkelnde Girlanden schwang und so, selig und erhaben, die Landschaft ansah, ihr Kind. Der Himmel war von dieser Erde hochgeworfen, aufgerissen, mit Tausenden und Tausenden Lichtern angeloht. Eine Flammenwölbung von rötlichem Licht hatte die Stadt in der Nacht über sich gerundet, um sich auch in der Nacht von dem Himmel und seinem Geheimnis abzusetzen und Stadt, Stadt, Stadt zu sein. Wie ein Körper, den das Leben verlassen hat und der verwesend phosphoresziert, konnte man die knurrende, rumorende große Stadt im Finstern sehen.

Alfred Döblin, *Pardon wird nicht gegeben*, Amsterdam 1935; zit. nach: AW 2, Walter-Vlg., Olten 1962, S. 66

1934, schon in Maisons-Lafitte bei Paris (ich hatte nun im Exil viel Zeit zu denken), da plänkelte ich herum mit und in einem kleinen Berliner Roman »Pardon wird nicht gegeben«.

Es wurde eine Familiengeschichte mit autobiographischem Einschlag. »Autobiographisch« sage ich. Ich wagte mich also um einen Grad heran.

Alfred Döblin, *Epilog*, in: ders., *Auswahl aus seinem erzählenden Werk*, Wiesbaden 1948; zit. nach: AW 24, Walter-Vlg., Olten 1986, S. 297

[...] aus den Briefmarken und Straßenausrufen ersehe ich, daß hier Frankreich ist, Gott weiß, was ich, ausgerechnet ich, hier zu suchen habe.

Alfred Döblin, *Brief an Bertolt Brecht*, Paris, 28. Januar 1935; zit. nach: AW 13, Walter-Vlg., Olten 1970, S. 201

Den Verfasser von »Berlin Alexanderplatz« stellt man sich häufig genug als Gift und Galle speiend, hemdsärmelig randalierend, vor. Döblin war anders: klein, zierlich gebaut, urban abwartend in seinem Verhalten, nicht ohne Eleganz, mit ironisch geschürzten Lippen und einer typischen Haltung, den Kopf leicht zurückgelegt, hinhorchend und zugleich selbstbewußt, als sei er im Begriff, immer gleich loszukrähen, was er im engeren Kreis mit jungenhafter Provokation gern und ausgiebig tat. Die Augen hinter dicken Gläsern; der Blick teils scharf beobachtend, teils abwesend: der Kurzsichtige mußte sich erst mühsam an die Außenwelt herantasten, die er begierig mitschwingend durch alle Nüstern und Poren aufnahm und die doch letzten Endes aufging in der übermächtig hervorquellenden innern Vision. Unter der Berliner Munterkeit und Härte lag die tiefere Schicht: etwas Leises, in sich Ruhendes, der mystische Kern, um den sein eigenstes Wesen kreiste.

Robert Minder, *Begegnungen mit Alfred Döblin in Frankreich*, in: *Text und Kritik*, Nr. 13/14, Richard Boorberg-Vlg., München 1972, S. 60

In Paris fand ein Weltschriftsteller-Kongreß »Zur Verteidigung der Kultur« statt. Alles, was in der Welt einen Namen hatte, und auch Namenlosere waren erschienen. Ich glaubte schon damals nicht, daß man Kultur verteidigen könne; redete mir aber immerhin noch ein, daß man Raubtiere durch einen Aufmarsch von weltberühmten Männern der Feder, des Pinsels

und ähnlicher niedlicher Waffen einzuschüchtern vermöchte. Inzwischen ist auch dem Ahnungslosesten klargeworden, daß dem nicht so ist. Ein Kampf-Flugzeug und Paul Valéry sind Größen von verschiedener Ordnung und von eindeutiger Beziehung im Distrikte der Macht: der Bomber kann zwar Valéry umbringen, umgekehrt aber geht es nicht. So einfach ist, was der Schwache nicht einsehen will. Übrigens hat das schon Schiller gewußt:
»Die Vernunft hat geleistet, was sie leisten kann, wenn sie das Gesetz findet und aufstellt; vollstrecken muß es der mutige Wille und das lebendige Gefühl.« Es war kein Kongreß von Vollstreckern.
Es wurde lange und, ohne Worte zu sparen, das Selbstverständliche vorgetragen und vorgeworfen: manchmal in Schönheit, meist zum Sterben langweilig.

Ludwig Marcuse, *Mein zwanzigstes Jahrhundert*, Diogenes Vlg., Zürich 1975, S. 203

»Ich sehe außer Kesten und einigen Herren jüdischer Organisationen keinen Menschen hier, Deutsche überhaupt nicht, Emigranten schon gar nicht« (an Gottfried Bermann, 12. Januar 1934): dieser Separatismus bestimmte Döblins Leben im Exil, auch als der französische Freund Robert Minder ihn mit Jules Romains, Jean-Paul Sartre, Simone de Beauvoir und Jean Wahl zusammenbrachte. »Von vornherein fühlte er sich infolge ungenügender Sprachkenntnis französischen Partnern gegenüber unter dem eigenen Niveau, verkrümelte sich, schwieg« (Robert Minder). Über eine Begegnung mit Joyce wußte Döblin nicht mehr zu sagen als: »Wir sahen uns an und schwiegen.« Minder vermittelte Döblin die Mitarbeit an antifaschistischer Propaganda im 1939 gegründeten Informationsministerium. Ein Verhältnis Döblins zum Minister Jean Giraudoux wollte sich nicht herstellen. – Zu den deutschen politischen Gruppen in Paris fehlte jeder Kontakt. Döblin reihte sich nicht den Freundeskreisen der deutschen Volksfront ein, beteiligte sich nur am ersten der 1935, 1937 und 1938 tagenden Kongresse der Internationalen Schriftstellervereinigung zur Verteidigung der Kultur als Gasthörer.

Klaus Schröter, *Alfred Döblin in Selbstzeugnissen und Bilddokumenten*, Rowohlt Vlg., Reinbek bei Hamburg 1978, S. 125

[...] ich war in Berlin zuhause, die Straßen trugen mich, wenn ich so meine täglichen kleinen und großen Spaziergänge machte [...] was kümmerte mich die Debatte um Juden und Jüdisches [...] und auch mit diesem Berlin fühlte ich gar keine Veranlassung, mich auseinanderzusetzen und seine »Politik« zu erörtern, ich war eben mit etwas davon, mit Berlin, und so lebte man, es war das Beste, und so hätte es ruhig weitergehen können.

Alfred Döblin, *Brief an Victor Zuckerkandl*, Paris, 30. Oktober 1936; zit. nach: AW 13, Walter-Vlg., Olten 1970, S. 212

»Ende der Judennot: jüdisches Land« das klingt, als hätte dann alle jüdische Not ein Ende. *Einige Not wird erst anfangen, eine bestimmte heilsame Not wird erst die Möglichkeit haben zu entstehen.* Aber die direkte Lebensbedrohung, die Ächtung, die offene Versklavung und Unterdrückung, die schändliche Abhängigkeit von fremden Hassern, besonders die tödliche Abtrennung von der Natur, von Erde und Himmel hat ein Ende. Bedingungen, Voraussetzungen sind dann geschaffen, daß die aufgeteilten Volksmassen sich zusammenfinden, gesunden, und andere Bedingungen kann man schaffen für den Weg eines neuen jüdischen Volks. Ein fürchterliches Intermezzo ist vorbei, der Phönix will aus dem Feuer steigen –. *Eine Probe naht, später.* [...]
Es steht heute so: *Die Juden haben überall nur die Wahl zu verschwinden oder Eigenland zu suchen.*
Die letzte Verweltlichung fing mit dem Einstaatlichen der Juden an und endete mit ihrer Ausstoßung.
Die Verweltlichung der Juden auf Fremdland im Osten endete als mystischer Chassidismus: religiös sektiererisch, – als Autonomismus: allgemein klassenkämpferisch. (Beide Richtungen waren zum Steckenbleiben verurteilt. Man kann ein Volk nicht entwickeln, wenn es sich nicht festhält, nämlich in geographischen Grenzen.) Die Verweltlichung im Westen hatte von vornherein den Willen zum jüdischen Untergang in sich. Sie hatte den tragischen Charakter eines Massenselbstmords.
Eigenland ist nötig.
Der Weg in Eigenland ist die natürliche und einzige gradlinige Fortsetzung der Verweltlichung. Soll die Verweltlichung nicht in Vernichtung umschlagen, so gehört zu ihr Eigenland. Denn,

wie in der Auseinandersetzung mit der Orthodoxie und Galuthlehre gezeigt werden wird, ist für das Judesein unerläßlich jüdische Gesellschaft und für die jüdische Gesellschaft jüdisches Land. Mehr als andere Völker, die nur zu ihrer wirtschaftlichen und politischen Existenz Land brauchen, bedarf das jüdische eigenen Boden, weil Judesein selber eine Forderung ist, welche Eigenland zur Voraussetzung hat.
Das ist das Leitmotiv dieses Buches. Es klingt aus den Wünschen unzähliger Juden und soll zum Marschlied der auswandernden Hunderttausende werden.

Alfred Döblin, *Flucht und Sammlung des Judenvolkes*, Amsterdam 1935; zit. nach: dass., Reprint, Hildesheim 1977, S. 85 f

Der Romanschriftsteller Alfred Döblin, der in den letzten Monaten eine zumindest zweideutige Haltung eingenommen hat, läßt im Querido-Verlag, Amsterdam, ein Buch erscheinen, das den Titel »Jüdische Erneuerung« trägt. Auch er erblickt in der jüdischen Emanzipation eine Kümmerform, gibt aber die Schuld an dem Verfall den Besitzenden und dem »jüdischen Klerus«. Er ist nicht Zionist, sondern fordert jüdische Massensiedlungen in schwach bewohnten außereuropäischen Ländern. Er fordert überdies völlige Ablösung vom Abendland und Minoritätenrecht sowie Minoritätenpflicht, überall, wo Juden siedeln. Manche Gedanken, die Döblin vorträgt, sind sicherlich beachtenswert, insbesondere die weniger wichtigen, die nicht zu seinem Hauptthema gehören. Man hat aber den Eindruck, daß Döblin noch nicht recht weiß, was er will, und sich noch nicht die Zeit genommen hat, zu dem Judenproblem, das ihm bis vor kurzem gleichgültig war, geistig und seelisch in eine nicht bloß äußerliche Beziehung zu gelangen.

L.W. über *Jüdische Erneuerung*, in: *Bohemia*, Prag, 14. Januar 1934

Es ist heute der 28. September 1935, der gestrige Tag ist verstrichen, und wenn ich mich jetzt, mittags, erinnern soll, was gestern gewesen ist, so fällt mir kaum etwas ein. Es war ein Tag wie jeder andere, ein Tropfen, der aus einer Wolke, die ich nicht kenne, in einen Brunnen fiel oder in einen Sumpf oder in ein Meer, das ich auch nicht kenne, dazwischen liegt der Tag, mein Tag, denn es ist unleugbar, daß ich es war,

der ihn gelebt hat, wie ihn auch Millionen andere gelebt haben, dazu Millionen Tiere, Millionen Pflanzen und die Sterne und das Meer und die Berge, und alles ist jetzt hin, einen Tag älter, auch ich dabei, ich, ich sage ich, aber heute ist mir das zweifelhaft, gestern kam es mir schon eher so vor, sicher ist mir jetzt nur: es gab am 27. einen beginnenden und einen endenden Tag, was der Astronom und der Bauer und der Seefahrer als Sonnenaufgang und Sonnenuntergang, Aufstieg und Abstieg der Sonne bezeichnet, da bin ich dann, dies ich, das hier, was jetzt sitzt und schreibt, wie alles was lichtempfindlich ist, wach geworden, überall hat der Lärm begonnen, wir sind eine Anzahl Stunden herumgewimmelt, man ist um einen Tag älter geworden, das heißt schwächer, um einen Tag abgenutzter, verbrauchter. Man ist ja ein Rädchen, ein Schräubchen oder ein Dampfballen in einer Maschine, die man nicht kennt, und die hat den gestrigen Tag mit Sonnenaufgang und Sonnenuntergang produziert, wie sie heute unabhängig von mir und unweigerlich und nicht zu verhindern den 28. produziert hat, und morgen den 29. und später andere, und unendliche Jahresmassen gänzlich ohne mich, wie sie auch vorher unendliche Jahresmassen ohne mich heraufgezogen hat, ohne dieses eine kleine zweibeinige Menschentierchen, das hier über dem Papier sitzt und an dem Tage von gestern bald hungrig, bald satt, bald schlafend, bald wach die Zeit verbrachte.
Was war nur morgens, beim Aufstehen, vor dem Aufstehen? Richtig, ich wachte auffallend frisch und munter auf, dabei hatte ich jämmerlich geschlafen, mich von 4 Uhr ab hin und her geworfen, hatte die halben Stunden gezählt. (Ich sage immer ich, aber es ist nur mein Bewußtsein, das dies dunkle Wort gebraucht, es ist für den Tagesgebrauch bequem, gemeint ist jenes komplizierte Menschentierchen, das im Augenblick hier die Feder führt und von dem ich sonst genau so wenig weiß, wie jeder andere.) Schließlich bewegte es sich in der Wohnung, das erste Licht kam, es war elektrisches, nebenan aus dem Badezimmer, es war zwischen halb sieben und 7, dies war also der 27. September, ein Tag in einer Woche, in einem Jahr, in einem Jahrzehnt, das Meer schwemmte eine neue Welle an, ich wurde von ihr getragen und war da. Dann, nach dem Licht, weiß ich nichts Bestimmtes. Es kam natürlich das Anziehen des Kleinen, seine Stiefel und später dann bin ich selbst aufgestanden, habe die Fensterläden aufgemacht u.s.w. Meine

Frau wird aufgestanden sein, wahrscheinlich habe ich ihr noch im Bett die große Binde umgelegt, mit der sie ihr krankes Knie schützt. So waren wir denn alle aufgestanden, der volle Tag war da, man ist in der Wohnung hin und hergegangen und wir haben getan, was an uns war, um den Tag auszufüllen, wie es unsere Maschine uns befahl, wir mußten sie waschen, kleiden, füttern, entleeren, zwischendurch atmeten wir, dachten Näheres und Ferneres, wurden von Stimmungen bestürmt, von einigen wußten wir, woher sie kamen, von anderen nicht.

Wir gingen an den Kaffeetisch, ich kann ruhig sagen wir, ohne damit eine andere Person zu meinen als dies ich, aber warum soll ich nicht zu dem, was sich da an den Tisch setzte, auf den grün bezogenen Stuhl mit der geschwungenen Lehne, wir sagen, warum ich, es ist ja gar nichts Einzelnes, es ist unheimlich zusammengesetzt, offenbar eine ungeheure Masse, von der ich nicht den 1000. Teil kenne, was soll die freche Intimität zu dieser komplizierten Masse auf zwei Beinen. Wir blickten auf den Tisch. Briefe waren keine mit der Post gekommen. Wir, also ich erwarte seit gestern eine Nummer des »Neuen Tagebuch«, mir hat einer aus Corsika geschrieben, es sei ein Artikel da gegen mich und der Redakteur Schwarzschild, den ich fragte, hat gleich geantwortet, er sei eigentlich erstaunt, daß ich erst jetzt von dem Artikel höre, er schicke das betreffende Heft gleich mit. Aber bisher ist das Heft noch nicht da und ich bin leicht geärgert, ja es ist im Hintergrund eine finstere Gespanntheit da: was will man schon wieder von mir, und wer will was? Ist es nicht schon genug, daß man hier in einer Ecke, beinah am Grund einer Schlucht sitzt und muß man einen da auch noch hetzen, und zwar einer, der in derselben Schlucht sitzt? Bisher weiß ich nur, daß der Artikel von Ludwig Marcuse ist und den Titel hat »Döblin greift ein«. Meine Frau meint, das sei ironisch, ich weiß nicht, ich habe mich mit Marcuse bei Gelegenheit des Schriftstellerkongresses hier freundschaftlich unterhalten, wir haben unsere Adressen ausgetauscht, – was ist nun das wieder für eine Sache, daß man heute freundschaftlich spricht und morgen einen angreift. Die böse Feder der Schriftsteller! Dieses tödliche Vis-à-vis des Schriftstellers mit dem anonymen leeren Blatt, das ihn tausend Dinge vergessen läßt und eine gefälschte Realität hervorlockt. Als wenn solch Papier hypnotisch wirkt und einen verborgenen andern Menschen hervorlockt. Aber was habe ich alles, seit

ich in der Emigration bin, von Schriftstellern, freilich auch von andern Menschen erfahren. Verlasse deine Heimat, verlasse deinen Einfluß und schon bist du nichts. Da hilft dir nicht, daß du dem und jenem geholfen hast, da hilft dir nicht der Stapel der Bücher, die du selber geschrieben hast. Sie brauchen dich nicht, also bist du nichts, – höchstens braucht man dich noch um sich höhnisch und hämisch an dir zu reiben. Dann kam der Vormittag. Der Satz ist leicht gesagt und die Sprache hilft einem sehr über alle Lücken hinweg. Natürlich kam der Vormittag nicht, es ergab sich allerhand im Herumgehen, Herumstehen, Herumsitzen in der Wohnung, das einfache Existieren, woraus die grobe Masse des Tages besteht, aber die man nicht melden kann. Unsere Sprache ist dafür nicht gemacht, und außerdem, jeder würde sagen, wozu das aufschreiben und melden, das wissen wir ja alle selbst, – aber eigentlich weiß man es nicht selbst, es wäre sehr lohnend, in diese Banalitäten hineinzuleuchten. Denn gewiß hat ein Haus Fenster und Türen, ein Dach, ein Fundament, Zimmer verschiedener Art, eine große Vorderfront und Rückfront, aber alles ist aus Stein gebaut, immer dieselben Ziegelsteine oder derselbe Beton und dabei dasselbe Eisen, bald so bald so geformt, und ich frage: muß man nicht auch wissen, was der Ziegelstein ist und das Eisen und der Beton? Aber der Ziegelstein, der den Tag baut, ist sehr schwer zu beschreiben, ja sehr schwer zu finden, lassen wir jetzt davon, sprechen wir dunkel, geheimnisvoll und fetischistisch wie nun einmal die Sprache ist: es kam der Vormittag. Da ging ich mit dem Staubsauger durch die Zimmer, und zwar diesmal in zwei Abteilungen, denn an diesem Tag sollte der Fußbelag des Eßzimmers mit Salmiak gereinigt werden. So mußte ich also erst und sofort das Eßzimmer bearbeiten, dann warten bis die Schlafzimmer gemacht waren. Und darauf (aber es kam allerhand dazwischen, was ich nicht mehr weiß) kam die schwierige Frage, die ich schon zwischendurch frühmorgens beim Kaffee und auch beim Staubsaugen erwogen hatte: was interessiert mich eigentlich heute, woran soll ich mich setzen, um es zu schreiben, soll ich überhaupt schreiben? Das ist das pythische Orakel. Ich muß die Antwort erwarten von jemand, der ich auch bin und der ich offenbar auch nicht bin. Es ist ja da ein Ding, das absolut nicht pariert. Es hat Launen und ist sehr ähnlich der Maschine, dem Organismus, dem Berg, der auch Hunger hat, ich weiß nicht worauf, und

launenhaft gut und schlecht schläft. Ich bekam nicht gleich von ihm eine Antwort, der Zeiger schwankte, das Orakel konnte sich nicht entscheiden. Da riet mir meine Frau, ich brauchte heute vormittag nicht runter gehen, wir würden ja nachmittags gehen und abends wäre eine Elternversammlung in der Schule, so hätte ich genug Bewegung. Was mir einleuchtete. So nahm ich denn meine Papiere vor und saß am Schreibtisch. Ich gehe in solchen Situationen gern auf die Straße, das Schreiben zwischen vier Wänden ist oft schief und unwahr und es macht schief und unwahr, auf der Straße orientiert man sich rascher, und wenn man schon nicht wie es die Umstände mit sich bringen, die Umstände dieser Gesellschaft, mit und für die Menschen arbeiten kann, so doch wenigstens vor ihnen und unter ihnen. Und dann der Abstraktion, der abstrahierenden Kraft des weißen Papiers entgehen. Welche Realität und Wahrheit, die tausend Lügen zerschlägt, hat schon der einfache Straßenlärm, und dann die tausend Passanten, das sichtbar vor uns aufgebaute Bild eines menschlichen Zusammenlebens, ja des staatlichen Gefüges, der gesellschaftlichen Ordnung, des Treibens der Organismen, die leben wollen.

Ich saß am Schreibtisch und breitete allerhand Papier vor mir aus und meine Blicke versuchten sich an ihm, ich beschnüffelte sie. Das ist nun ein enges Pariser Zimmer, wohnlich, es führt auf einen Hof, im 2. Stock, die anstoßenden Häuser haben 7 Stock, es ist nicht sehr hell und hat vormittag wenig Sonne, aber es hat die Stille, die unter Umständen ein Arbeitsraum auch haben muß. Links steht das Regal mit den Büchern, die ich aus Deutschland retten konnte, vor mir das Fenster mit dem Blick auf andere Fenster, es ist der Schlund des Hofes, aber links ist der Schlund offen, da kann ich allerdings nicht hineinsehen, da hat ein Nachbarhaus Bäume und einen Garten, zur Rechten steht die Chaiselongue. In Berlin hatten alle diese Möbel …
[Hier bricht der Text ab.]

Alfred Döblin, *Der 27. September 1935*, [Typoskript für einen Beitrag in *Den'mira*, einer von M. Gorki und M. Kolzow in Moskau herausgegebenen Zeitschrift]; zit. nach: AW 24, Walter-Vlg., Olten 1986, S. 226 ff

Auf unserem Tisch häufen sich die Bücher der deutschsprachigen Verlage, Romane, essayistische Darstellungen, es fängt in der Gegenwart dicht bei uns an und greift zurück in das Mittelalter und zu fremden Völkern. Diese Bücher stammen allesamt von Emigranten, von einigen aus unserem Trupp, der anderer Meinung ist als die drüben und die es sich von keinem vorschreiben lassen, wann sie »ja« und wann sie »nein« sagen wollen. Es sind Leute, die gar nicht heroisch aus Mutwillen sind und ganz und gar keine unheilbaren Eigenbrödler, sondern aus dem unausrottbaren Geschlecht derer, die den Kopf so lange aufrecht zwischen den Schultern tragen, bis man ihn ihnen abschlägt.

Und da sitzen sie nun in den fremden Städten, die sie vielleicht schon aus Friedenszeiten her kennen, aber jetzt ist es nicht Paris, London, Amsterdam, sondern – das Exil! Der Louvre ist nicht mehr der Louvre; die bunten Boulevards, die Place Clichy, Pigalle, der Montmarte, wie sah das anders im Frieden aus. Und wer die ungeheure Stadt der englischen Weltherrscher durchwandert (ich traf da eines Abends unseren alten guten Herrmann-Neisse, den Lyriker, und den Theaterdirektor Leopold Jessner vom weiland Gendarmenmarkt), der braucht gewiß einen halben Tag, um von einer Verabredung zur anderen zu kommen, aber unendlich mehr Zeit noch in seinem kleinen Zimmer, um – zu sich zu kommen. Und da fragt man sich, wo es etwas Unverlierbares gibt, eine Kostbarkeit, an die man sich halten kann. Wer wundert sich über diese angeblich zu weit hergeholten Geschichten, Romane, Nichtromane, Fastromane aus früheren Jahrhunderten, fremden Ländern? Man klage und triumphiere mit ihnen! Gewiß, es ist eine Art Flucht, aber so, wie in der Ohnmacht das Blut die Körperoberfläche verläßt und in das Innere stürzt; es gibt für eine Weile das Bewußtsein preis, um besser das Leben zu bewahren. Ich spreche von den historischen Büchern, Romanen, Geschichtswerken, Träumereien der Emigration; in der stabilen Gesellschaft spielt die Historie eine andere Rolle.)

Die Sturzbäche historischer Bücher werden vertrocknen, wenn die Bitterkeit, die sie speist, etwas nachläßt. Man denke auch an den materiellen Punkt: die exilierten Autoren sind arm und ohne Hilfe, sie sollen und müssen schreiben; woher aber nehmen, ohne zu stehlen; da stellt sich zur rechten Zeit die Historie ein. [...]

Die exilierte Literatur wird bald wieder ein anderes Gesicht zeigen. Man wird wieder die Augen aufmachen. Der Tag fordert seine Rechte, man kann sich ihm öffnen, ohne treulos zu werden. Ich möchte einige Hinweise geben.

Für die, die in Paris wohnen, scheint mir das Wichtigste: sondert euch nicht zu stark in Lands-

mannschaften ab, tretet in Beziehungen zum französischen Schrifttum. Lernt intensiv die französische Sprache, lest die erscheinenden Bücher, vertieft euch in das Denken und Fühlen des Landes, in dem ihr lebt und dessen Einwohner euch umgeben! Ergreift die Gegenwart! Wagt es! Seid gewarnt vor der Abstraktion! Keiner weiß, wie lange die Emigration dauert, aber es heißt, aus dem Exil Gewinn zu ziehen und nicht zu vertrocknen. [...]

Man lese aber den »Candide« und »Zadig« von Voltaire, lest sie oft, seht in den »Liaisons dangereuses« des Laclos, wie man die erlesenste Psychologie mit der größten Leichtigkeit und mit sprachlichem Raffinement verbinden kann, seht bei den Zeitgenossen, wie handlich solche Romane sind (manchmal dringt schon östlicher Tiefsinn ein). Die Sprache ist klar und rational, aber es dreht sich immer um Menschlichkeiten und man wird seit Jahrhunderten nicht müde, die menschliche Natur zu schildern, – wofür wir noch immer zu fein sind. Was haben sie für Gesellschaftsromane! Sind sie uns nicht weit voraus?

Und wollen wir nicht von ihnen lernen, auf dieser Studienreise wider Willen?

Alfred Döblin, *Historie und kein Ende*, in: *Pariser Tageblatt*, 5. Januar 1936; zit. nach: ders., *Die Zeitlupe*, , Walter-Vlg., Olten 1962, S. 193 ff

Wir kennen Deutschland: Kein Geist hat uns vertrieben, sondern der uralte eingeborene Feind des freien Schriftstellers, der Staat, – und in diesem Falle noch ein besonderer Machtstaat: der deutsche. Was geschah, ist eine Etappe in diesem Kampf. Der Kampf ist nicht abgeschlossen. Mit Schaudern sehen wir, was sich jetzt in der Welt vorbereitet. Mehr als je müssen wir da sein! Die Kanonen werden donnern und werden sich als die wahre Stimme der Welt gebärden. Wir wissen: sie können brüllen und vernichten. Aber Lärm beweist nichts und der Tod ist keine Tatsache. Gedanken, die auf Taubenflügeln schwingen, bewegen und erhalten die Welt.

Alfred Döblin, *Verbrannte und verbotene Bücher*, [Grußwort zur Ausstellung »Das freie Deutsche Buch«, Paris, Februar 1937], in: *Der öffentliche Dienst*, 12. Februar 1937, Nr. 7, S. 2

Die Sprache hat mir seit 1933 oft ein Bein gestellt und hat mir viel das Vergnügen daran verdorben, das Naziland hinter mir zu haben. Natürlich betrat ich Frankreich als Ausländer,

aber ich hätte mein besonderes Ausländerwesen – jedenfalls nach außen hin – ebenso herzlich gern und hundertprozentig liquidiert, so wie die Nazis mich mit ihrer Ausbürgerung liquidierten. Aber wie dazu gelangen. Das einzige Mittel: französisch sprechen. Und wenn ich schon nicht in das Innere der Sprache drang, so mußte ich wenigstens ihr Äußeres lernen. Ich mußte ihren Rockzipfel ergreifen. Aber auch das, sogar das gelang nur schwer, begreiflich bei jemand, dessen geschriebenes Tagewerk unverändert in deutscher Sprache verlief.

Alfred Döblin, *Schicksalsreise*, Frankfurt am Main 1949; zit. nach: AW 19, Walter-Vlg., Olten 1980, S. 194

Unermeßlich weinten und brüllten um sie die Wälder. Sie hörten nichts davon. Die Bäume, die starben und versanken. Die Winde, hochgeschleudert, ihr schreiender Schmerz, abschmelzend von Schnee und Eis die Bäche. Leidend alles. Und die Rehe und die schweren Vögel. Es knarrten die Stämme, die Äste krachten, das zehrende Wasser troff. Schreckliche, sprachlose Welt. Die Würger und Schänder schritten hindurch.

Herauf, herunter, viele Wochen.

Alfred Döblin, *Die Fahrt ins Land ohne Tod*, Amsterdam 1937; zit. nach: AW 7, Walter-Vlg., Olten 1963, S. 106

Sein Schreibtisch war ein Hafen. Von dort gingen seine Zauberschiffe los, Richtung: ins Blaue – auch wenn die Schilder sagten: Berlin, Babylon, Urwald.

Ludwig Marcuse, *Zurück ins trächtige Chaos. Alfred Döblin, wie ich ihn kannte und liebte*, in: *Die Zeit*, 4. Juli 1957

Während die Schmeißfliegen in der Droschke summten, rollte noch über das Berliner Pflaster der finstere Zug und brandete nach dem Osten. Unzählige Menschen bedeckten die Trottoirs und hielten sich an den Fenstern. Der schwarze, feierliche, drohende Zug schob sich wie ein Riesennapf an ihnen vorbei, und sie beschnüffelten ihn. Denn dies war eine gewaltige Stadt, die sich kilometerweit nach allen vier Himmelsrichtungen hinzog, mit langen Straßenzügen, armen und reichen, voller baufälliger und neuer Häuser, unzähligen grauen Mietskasernen, an die sich dunkle Höfe mit Seitenflügeln und Quergebäuden anschlossen. Fabriken und

Werkstätten, Kaufläden, Magazine, Schlacht-
höfe, Molkereien hatten sich hier entwickelt.
Gasleitungen, Lichtdrähte waren gezogen, Was-
serleitungen, Kanalisation verbanden die Häuser. Unaufhörlich fuhren Untergrundbahn,
Elektrische, Autobusse in der Stadt hin und her,
Telefonleitungen spannten sich zwischen Menschen entfernter Stadtteile, sie konnten sich von
ihren Zimmern aus unterhalten. Was eine Großstadt ist, hatten sie allmählich hervorgebracht,
mit schwerer Arbeit, mit zähem Bemühen, es
war durch ihren rastlosen Fleiß unter ihren Fingern so entstanden. Denn sie arbeiteten, arbeiteten unermeßlich, kannten nur Arbeit, wollten
nur Arbeit, dürsteten und hungerten nur nach
Arbeit. Wenn sich ihr natürlicher Hunger und
Durst meldete, so empfanden sie sie als Störung,
beseitigten sie und gaben sich wieder ihrem Ar-
beitsdrang hin. Sie lungerten trist herum, wenn
sie keine Arbeit fanden. Sie sannen auf Geldver-
dienst. Viele verlangten nach Ehre, nach Üppig-
keit, und das waren alles Triebfedern zum Arbeiten. Sie wühlten sich, um sich aufzupeitschen
und weil sie nicht wußten, was mit ihnen war, in
Zeitungsgeschrei ein, das gab ihnen Ärger, Haß,
Groll, manchmal Spaß, Schadenfreude. Sie be-
traten Kinos und ließen sich Liebe, Schönheit
und Abenteuer vormachen. Auf der Straße begegnete ihnen die Prostitution. Man setzte sich
in einen Zirkus, wo sich Boxer niederschlugen.
Sie standen zu Tausenden Spalier auf den Trottoirs und rissen die Augen auf. Die majestätische
Riesenbestie der Öffentlichkeit, der maulauf-
sperrende Lindwurm schob sich, von Musik geführt, an ihnen vorbei. Man hatte die heulenden
fahnenschwenkenden Giganten des Kriegs erlebt; zweifelnd betrachtete man das neue Untier
– die Revolution, die dem Krieg so ähnlich sah.

Alfred Döblin, *November 1918*, Band 1, *Bürger und Soldaten*,
München 1948; zit. nach: dass., Deutscher Taschenbuch Vlg.,
München 1978, S. 258

Wie nachhaltig das Thema »Revolution«
Döblin vexiert haben muß, läßt sich nicht zuletzt daran ermessen, daß er es im Exil unternom-
men hat, die politischen Ereignisse, die unmittelbar auf den Ersten Weltkrieg folgten, in einem
umfassenden Panorama vorzuführen. Deutlich
intendiert als ein repräsentatives Werk über die
Zeit, beherbergt der Roman »November 1918«
an die sechzig namentlich aufgeführte Protago-
nisten und ergießt den Strom seiner Handlungen
über gut 1500 Seiten. Fünf Jahre lang hat Döblin

an diesem monumentalen Opus geschrieben.
Der Beginn des Romanprojekts läßt sich datie-
ren auf die Zeit, da Döblin sich in Paris mit einiger Regelmäßigkeit mit Arthur Koestler und
Manès Sperber zu einer Art Arbeitsgemeinschaft traf, um nach neuen »politischen«
Horizonten zu forschen. Wenn sich »neue Hori-
zonte« aus diesen Unterhaltungen »en petit co-
mité« auch nicht ergaben, so machten dessen
Teilnehmer doch, jeder auf seine Art, ihre literarische Rechnung mit der »Revolution«. Neben
Koestlers »Darkness at Noon« (1940) und Sper-
bers massiver Trilogie »Wie eine Träne im
Ozean« (1961) muß Döblins »November 1918«
als einer der »großen« Versuche gelten, die
»sozialistische« Vergangenheit zu bewältigen.
Während sowohl Koestler als auch Sperber als
gewesene Mitglieder der KP auf Grund konkre-
ter Erfahrungen zu einer Verurteilung des in den
dreißiger Jahren sich klar abzeichnenden sozialistischen Totalitarismus kommen, bleibt Döblin,
der mit der Revolution und der kommunistischen Praxis weit weniger zu schaffen hatte, in
»November 1918« seiner zwischen Kritik der
deutschen Revolution einerseits und Apotheose
des Engagements andererseits schwankenden
Haltung auch weiterhin treu.

Winfried Georg Sebald, *Der Mythus der Zerstörung im Werk
Döblins*, E. Klett Vlg., Stuttgart 1980, S. 30f

Wir leben in der Epoche der Vorherrschaft
des prometheischen Triebes. Wir haben uns
auf das technisch werkzeugliche Leben, Fühlen
und Denken zurückgezogen und eingeengt. Unsere Gedanken und Begriffe sind jetzt selbst nur
noch Hammer und Zange oder ganze Maschinen. Es bleibt aber Tatsache, dass der promethe-
ische Trieb allein nicht die Weltgeschichte macht,
sondern er gegen und mit – ja womit? Mit der
ganzen anderen vieldimensionalen Natur. Wäre
die Geschichte nur Fortschreiten eines prometheischen Geistes, so wäre sie gradlinig, durchsichtig und leicht zu schreiben. Sie ist es nicht.
Unsere Verkapselung in den prometheischen
Drang, die tyrannische Herrschaft, die er besonders über das weisse Menschengeschlecht übt,
hat dazu geführt, dass wir die kleine Fackel, die
da leuchtet, das »Licht« nennen, und die ausge-
breitete ungeheure Helligkeit, für die jedes prei-
sende Wort zu klein ist, das »Dunkel«.

Alfred Döblin, *Prometheus und das Primitive*, in: *Maß und
Wert*, Januar/Februar 1938, H. 3, S. 336

Lieber Lion, Sie brauchten sich wirklich
nicht so entschuldigen. Es ging eben nicht
und es geht nicht. Auch das, was Th. Mann gelegentlich Positives über mich sagt, ändert doch
am Verhalten und der Taktik nichts (Übrigens
quant à Th. Mann: wissen Sie, daß, nachdem
Kesten über meinen letzten Band im »Tagebuch« sehr lobend geschrieben hatte, Thomas
Mann einen empörten Brief an Schwarzschild
schickte, worin er drohte, jede Beziehung zum
»Tageb[uch]« aufzugeben, wenn sowas noch
mal vorkäme, – nämlich wenn man über ein My-
thenwerk superlativisch redet, ohne seinen »Joseph« zu nennen? Wußten Sie das? Ich habe die
Briefe teilweise und die Antwort Schwarz-
schilds, Manns Replik, die folgende schriftliche
Diskussion (fröhlich-heftig) zwischen Kesten
und Mann deshalb selbst gelesen. Qu'en dites-
vous, monsieur? Ihr Gott hat Seiten, die er ca-
chiert, mit Grund) [...]
Und meinen zweiten, noch nicht gedruckten
Band lehnen Sie nach 20 Druckseiten ab! Welch
Kritiker sind Sie, Lion! Das Buch hat etwa 650-
700 Druckseiten; Sie schreiben schon als Vor-
schuß, Sie seien nicht für den Band! Und selbst
wenn Sie nicht dafür wären, sagen Sie mir, was
geht das mich an? Für wieviele meiner Bücher
waren Sie denn überhaupt? Und für die, für die
Sie waren, wieviel Zeit mußte verlaufen, bis Sie
sich überzeugten? Sie haben es vergessen. Eh
voilà! – Und Sie reden dazu noch von dem Ver-
kauf meiner Bücher, als Beweis für sich! Du lieber Gott! Das Argument ist nicht schön. Immerhin, es stimmt nicht einmal. Meine Bücher
gehen wie alle in der Emigration; auch Mann
wird Ihnen bald sein eigenes Lied davon singen;
die Nervosität in der Debatte Mann-Kesten-
Schwarzschild läßt da ja genug erkennen. Ich
aber habe im Ganzen viel Zeit. Ich kann sehr
warten; das wissen Sie doch. Man lernt von mir
und wird noch mehr lernen. Freilich war ich nie
was für die Provinz, zum Beispiel die Schweiz,
und werde es nie sein. – Das Alles stört mich
nicht, Sie schönstens und unverändert zu grüßen!   Ihr DDöblin

Alfred Döblin, *Brief an Ferdinand Lion*, [Paris], 18. Januar
1938; zit. nach: AW 13, Walter-Vlg., Olten 1970, S. 221f

Hier soll von den neudeutschen Versuchen,
sich der Schule zu bemächtigen, die Rede
sein. Denn es ist natürlich zweierlei: der politische Herr der Schule sein und sie wirklich besitzen. [...]

In dem Büchlein von Borst, auf das ich zuerst hinweisen will, findet sich durchgeführt der Satz, dass die »Fachschule« Teil der Wehrmacht des neuen Staates sei. [...]

Er zeigt Ihnen, wie das Dritte Reich es machen will, und wie es doch sehr schwerhält. Mit Druck und Gewalt kann man ein Land (äusserlich) erobern, aber kein geistiges, natürliches, gewachsenes Gebilde verändern, umschaffen. »Meisterschule und totaler Krieg« heisst mit liebenswürdiger Offenheit des Herrn Borst Broschüre (in 2. Auflage 1937 im Verlag Langguth-Esslingen). Der Ingenieur, sicher Parteibeamter, stellt sich vor die »Berufsführerschule« und dekretiert ihre Aufgaben in Technik und Wirtschaft. Dieser Mann hat sich ein besonders schweres Thema gewählt. Er weiss als Fachmann genau, worauf es in Technik und Wirtschaft ankommt: auf Qualitätsleistung und Fachkönnen. »Qualität bedeutet für uns Deutsche im Kreise der Völker unsere Existenz. Qualitätsänderung bedeutet Schwächung der Nation.« [...]

Und er redet hin und her, von einer »Ordensburg des Berufs«, er giesst den ganzen Kübel bekannter Redensarten über seine Hörer aus, weil es ihm ja auf normale Weise nicht gelingt und nicht gelingen kann, zu beweisen, dass das »Frontsoldatentum an der Werkbank« die Qualität steigert. Von der »unteilbaren Einheit von Kopf, Herz und Hand« ist die Rede, hören Sie folgenden Schwulst, gesprochen vor Technikern, aus dem Mund eines Fachmanns, der nicht weiter kann: »Die Berufsführerschulen müssen die ganze Dynamik der Betriebe ihres Bezirks, das Leben der landsmannschaftlich gebundenen Wirtschaft einatmen und wieder ausatmen.« Ich denke mir, dass es schwer ist, so zu neuen Modellen zu kommen.

Alfred Döblin, *Von neudeutschen Schulen*, in: *Das Neue Tagebuch*, 28. Mai 1938, H. 21, S. 521 ff

Ein ganz großer, ein besonders schöner und beglückender Abend wurde die Feier, die der SDS am 14. Oktober vor einem dichtgedrängten Auditorium anläßlich des sechzigsten Geburtstages Alfred Döblins veranstaltete. Vier Schriftsteller, so verschiedener Art und so hohen Ranges wie Arnold Zweig, Anna Seghers, Hans Siemsen und Ludwig Marcuse hatten sich vereinigt, um ihren Kollegen, den großen Romancier Döblin zu ehren. Es ging nicht zeremoniell zu, sondern recht kameradschaftlich und es erwuchs aus diesem Abend ein echtes Zusammengehörigkeitsgefühl. Das heute Entscheidende brachte diese herzliche Kundgebung für den Schriftsteller-Kämpfer Döblin ganz natürlich zum Ausdruck: daß wir unseren schweren Kampf nur gemeinsam führen können. Döblin selbst, der am Schlusse des Abends das Wort ergriff, formulierte es als Schlußfolgerung aus einem kurzen Rückblick auf vergangene, längst wesenlos gewordene Literatenkämpfe: »Wie nötig es ist, gemeinsam zu sein, und wie schrecklich, allein zu bleiben.«

N.N., *Wir feiern Alfred Döblin*, in: *Deutsche Volks-Zeitung*, 23. Oktober 1938, S. 7

Lieber Döblin, da es eigenlich gleichgültig ist, an welchem Tag man sich für Empfangenes bedankt, kann es ganz gut auch Ihr Geburtstag sein, einer Ihrer Geburtstage. Gestatten Sie mir, daß ich an diesem Ihrem Geburtstag, den Gepflogenheiten treu bleibend, von mir rede. Ich möchte die Aufmerksamkeit möglichst vieler also auf meinen außerordentlichen Fleiß lenken, mit dem ich Ihre literarischen Werke studiert und die vielfachen Neuerungen, die Sie in die Betrachtungs- und Beschreibungsweise unserer Umwelt und des Zusammenlebens der Menschen eingebracht haben, mir zu eigen gemacht habe. Ich kann mir kaum vorstellen, wie jemand, der an die Beschreibung von Bewegungen großer Menschenmassen gehen will, ohne Studium Ihrer auf diesem Feld bahnbrechenden Beschreibungstechnik auskommen könnte. Auch für die Beschreibung der Stellung des Individuums in Massenvorgängen und seiner Entwicklung haben Sie der Epik völlig neuartige Gesichtspunkte überliefert. Von großer Bedeutung für die Epik scheint mir auch Ihre Theorie von der Autonomie der Teile und Ihre Stellung zum Phänomen der Einfühlung. Ich bin mir natürlich bewußt, daß ich mich mit solchen Hinweisen technischer Art in Gegensatz zu den Verfechtern konventioneller Ästhetiken setze, dies ist aber notwendig im Interesse derjenigen literarischen Produktion, welche bestrebt ist, zu gesellschaftlich eingreifenden Beschreibungen des Zusammenlebens der Menschen in unserer Epoche zu gelangen. Ich halte Ihre Werke für eine Fundgrube des Genusses und der Belehrung und hoffe, daß meine eigenen Arbeiten Funde daraus enthalten. Ich glaube, ich kann mich in keiner würdigeren Form als der des Exploiteurs bei Ihnen einstellen.

Mit den allerherzlichsten Grüßen in der trübsten Zeit

Ihr Ihnen sehr ergebener brecht

Bertolt Brecht, *Brief an Alfred Döblin*, Skovsbostrand, August 1938, in: ders., *Briefe*, hrsg. und komment. von Günter Glaeser, Suhrkamp Vlg., Frankfurt am Main 1981, S. 375

Da schlendert nun ein älterer Herr, Zigarette im Mund, Hände in den Manteltaschen, trägt eine scharfe Brille, hat ein glattes lebendiges Gesicht. Es ist Alfred Döblin, der in Paris ebenso spaziert wie einst in Berlin. Nur Arzt darf er hier nicht sein; wie würde er sich erst über die Pariser freuen, wenn sie deutsch sprächen und ein bißchen berlinerten. (Er wird eben sechzig, ein Stettiner.) Es ist lange her, daß er sich (1900-1910) in die Wellen der neuen geistesrevolutionären Strömung warf. Nach einigem Herumplanschen hier (siehe einige Novellen und Essays) bekundete er Realistik und Phantasie (dazu eine philosphisch-mystische Unterströmung) in den Romanen »Wang-lun« (1916), »Wallenstein« (1920), bis zum »Berlin Alexanderplatz« (1929). Im Ausland legte er ein bilderreiches Buch »Babylonische Wandrung« vor, die tragisch-burleske Emigration eines Gottes, dann ein knapperes Werk »Pardon wird nicht gegeben«, gesellschaftskritisch, zuletzt das zweibändige »Land ohne Tod«, ein Gegenüber der mythischen Welt südamerikanischer Indianer und der europäischen Zivilisation, eine Art epischer Generalabrechnung mit unserer Zivilisation.

Alfred Döblin, *Selbstportrait*, in: *Die Zukunft*, Februar 1939, Nr. 8; zit. nach: AW 19, Walter-Vlg., Olten 1980, S. 98

1939 3. März – 7. Juli. Vorabdrucke aus *Bürger und Soldaten 1918* in der Pariser Exil-Wochenzeitschrift *Die Zukunft*.
Ab 31. März. Nach einem Autounfall in Paris einige Wochen Klinikaufenthalt.
6. Mai. Nach einwöchiger Überfahrt Ankunft in New York zum Jahreskongreß des *Internationalen PEN-Clubs*. Begeisterte Eindrücke vom New Yorker Straßen- und Alltagsleben. Wiedersehen mit dem Sohn Peter und den Berliner Freunden Arthur und Elvira Rosin. Gespräche mit Ernst Toller kurz vor dessen Selbstmord (22. Mai).
31. Mai. Rückkehr nach Paris.
Juni. Werkbeihilfe der *American Guild for German Cultural Freedom*.
August. Urlaub in Comblou, Haute Savoie.
1. September. Beginn des 2. Weltkriegs.
2. September. Generalmobilmachung in Frankreich. Döblin läßt sich, obwohl nicht mehr dienstpflichtig, als Arzt für den Kriegsdienst registrieren.
Oktober. Anstellung Döblins im französischen *Informationsministerium* unter dem Minister Jean Giraudoux. Zu Döblins Aufgaben gehört das Verfassen von Pamphleten für die Gegenpropaganda gegen Nazi-Deutschland zusammen mit einer Gruppe französischer Germanisten (Pierre Bertaux, Albert Fuchs, Robert Minder, Ernest Tonnelat, Edmond Vermeil u.a.). Zusammenarbeit mit Masereel.
24. Oktober. *Bürger und Soldaten 1918*, Teil 1 des geplanten Zyklus über die Novemberrevolution, erscheint im *Querido* Verlag.
23. November. In Deutschland und den besetzten Gebieten werden Juden verpflichtet, den gelben Stern zu tragen.
Dezember. Umzug nach St. Germain en Laye bei Paris.
1940 Februar. Für den New Yorker Verlag *Longmans, Green & Co.* bearbeitet Döblin eine *Konfuzius-Auswahl*, erschienen im Herbst des Jahres. Vergebliche Verlagsverhandlungen. Bis zum Kriegsende bleiben alle weiteren Bemühungen Döblins um Veröffentlichung seiner neuen und Übersetzung seiner schon vorliegenden Bücher erfolglos.
16. Mai. Abschluß des zweiten Teils des *November-1918-Zyklus* im Manuskript.
Mai. Mit dem Angriff Deutschlands auf die Niederlande, Belgien, Luxemburg und Frankreich beginnt der »Blitzkrieg« im Westen. In Auschwitz wird das KZ eingerichtet.
26. Mai. Vormarsch der deutschen Truppen. Alfred, Erna und Stefan Döblin fahren mit dem nötigsten Handgepäck nach Paris. Erna fährt mit Stefan weiter nach Le Puy.
10. Juni. Evakuierung der Pariser Behörden. Döblin flieht mit seiner Dienststelle nach Cahors.
14. Juni. Paris wird kampflos besetzt.
19. Juni. Döblin trennt sich von seiner Dienststelle und bricht zur Suche nach seiner Familie nach Le Puy auf. Das Manuskript des zweiten *November 1918*-Teiles übergibt er Robert Minder.
21. Juni. Wolfgang Döblin nimmt sich in dem Vogesendorf Housseras das Leben, um nicht in deutsche Gefangenschaft zu geraten. Seine Eltern erhalten die Nachricht von seinem Tod erst im März 1945.
24. Juni. Als Döblin Le Puy nach einer Irrfahrt erreicht, ist seine Frau bereits nach Rodez abgereist, um ihn ihrerseits zu suchen. Fahrt nach Mende, wo Döblin erfährt, daß seine Familie bereits wieder Rodez in Richtung Bordeaux verlassen hat. Vorläufige Aufgabe der Suche und Unterkunft im Flüchtlingslager *Camp de la Vernede* in Mende. Tiefe religiöse Erlebnisse.
10. Juli. Nach telegrafischer Nachricht Wiedersehen der Familie in Toulouse. Telegrafische Bitte an Peter in New York, Visa und Billets für die Überfahrt zu besorgen.
30. Juli. Nach dramatischen Bemühungen um die notwendige Verlängerung der französischen Pässe, um Ausreisevisa für die USA über Spanien und Portugal, Notvisa für die USA und spanische und portugiesische Transitvisa gelingt es Döblins, am Tag des Ablaufs der Ausreisevisa, mit finanzieller Hilfe eines Präfekturbeamten in Marseille Frankreich zu verlassen. Klaus Döblin, der, aus dem Militär entlassen, seine Eltern nicht mehr rechtzeitig antrifft, bleibt in Frankreich.
3. August. Ankunft in Lissabon.
August. Eingeleitet von Peter Döblin und organisiert von Hermann Kesten in New York können durch vielfältige private und amtliche Initiativen die Kosten für die Überfahrt aufgebracht und die bürokratischen Hindernisse überwunden werden.
3. September. Abfahrt aus Lissabon mit dem griechischen Schiff *Nea Hellas*.

1 Deutsche Soldaten vor der Kirche *Sacre Cœur* in Paris, 1940 (9) **2** Franzosen vor dem Haus der Zeitung *Deutsche Front*, 1940 (9) **3** Hier, im Vogesendorf Housseras, beging Wolfgang Döblin am 21. Juni 1940 Selbstmord (4) **4** Wolfgang Döblin als französischer Soldat, um 1939 (2) **5** Passierschein des *Ministère de l'Information*, Paris, 9. Juni 1940 (4) **6** Das Postamt in Lissabon, 1940 (30) **7** Titelblatt einer Sondernummer der *Zukunft* vom 28. April 1939 **8** Ausreisevisum für die USA in Döblins französischem Reisepaß, ausgestellt in Toulouse am 22. Juli 1940 (1) **9** Wolfgang Döblin (dritter von links) in französischem Militärdienst, 1939 (1)

Möge jeder, der sich einbildet, er könne bei einem neuen Krieg gewinnen, auf das Ergebnis des letzten blicken, möge er gewarnt sein! In der Tat ist der letzte Krieg nur abgebrochen worden, das wirkliche Kriegsende nach dem endlich erreichten Waffenstillstand steht noch bevor: der Friedensschluss, die Organisation Europas.

Krieg ist blödsinnige Schwerkraft, Sturz eines wackligen Felsblockes unter Mitreissen eines halben Gebirges. Krieg ist absolut keine Kraft, sondern Schwäche. Faulheit, physische Nachgiebigkeit, blosse Hingerissenheit, Ohnmacht gegenüber einem stupiden Naturphänomen. Solche Naturphänomene zu bezwingen und niederzuwerfen, *darin* hat bis zum heutigen Tage die ganze Entwicklung und Erhaltung der prometheïschen Gestalt des Menschen bestanden.

Alfred Döblin, *Der Friede von morgen*, in: *Die Zukunft*, 28. April 1939, Nr. 17, S. 4

Man zeigt mir rechts und links beim Durchfahren Hochhäuser. [...] Es wurde kein Staunen wie vor Kolossen, wie vor steinernen Ungetümen, vor einer modernen Sorte von Icht[h]yosaurus aus Eisen und Beton. Nein, wie ich durch die Straßen fuhr, sah ich aus hunderten und hunderten kleinen Fenstern Licht blitzen. Bis zu einer Höhe, die mein Blick nicht erreichen konnte, funkelten überall rechts und links kleine Lichter, und die erhoben sich über dem bunten Gefunkel der Filmtheater und der Magazine. Es war ein überaus freundliches, wohltuendes, ja, man staune, heimliches Bild. [...] Es gelang keinem dieser Riesengebilde mir wirklich zu imponieren; sie konnten es machen wie sie wollten, sie konnten eine Spitze haben, oben einen Hahn aufstecken, sich quadratisch glatt hochrichten, eine einzige Mauer bilden oder sich nach oben verjüngen, – sie gefielen mir und ich hatte sofort ein natürliches Verhältnis zu ihnen. Nach wenigen Tagen erkannte ich, daß sie schön waren. Sie waren gar nicht groß. [...] Sie stimmten vollkommen. [...] Es war ein neuartiger Stadttyp, der dem Stand der modernen Technik entspricht und zugleich sofort alles mitbrachte, was die Ästhetik erfordert. Ja, die Ästhetik.

Alfred Döblin, *Eindrücke von New York*, [Manuskript von 1939 für einen Bericht über seine Amerikareise vor Freunden der Wochenzeitung *Die Zukunft*]; zit. nach: AW 21, Walter-Vlg., Olten 1986, S. 250f

Neun Monate waren vergangen, seit Jean Giraudoux uns in sein neugegründetes Informationsministerium berufen hatte, das im Hotel Continental [...] untergebracht war. Die Gegenpropaganda wurde uns fünf oder sechs Mann anvertraut – ein richtiges Professorenkollegium: Vermeil und Tonnelat aus Paris, Albert Fuchs aus Straßburg, später stießen ein paar andere dazu, wie Pierre Bertaux. Die gelegentlichen äußeren Mitarbeiter waren zahlreicher, von Kurt Wolff und Paul Landsberg bis zu emigrierten Politikern und Publizisten. Flugzeuge sollten unsere Produkte abwerfen und die Deutschen aufklären, vielleicht gar zur Revolte treiben – eine absurde Idee. Giraudoux selber glaubte wohl kaum daran. [...]

Galgenhumor hielt uns aufrecht. Einen Teil der Produktion habe ich retten können: den getarnten »Taschenkalender für Soldaten«, Flugblätter und Manifeste jeder Art sowie die Manuskripte unserer satirischen Zeitung, die natürlich »Fliegende Blätter« hieß. Zeichner vom Rang Eduard Thönys und Franz Masereels haben sie illustriert. Ende Mai saßen wir mit Masereel in einem kleinen Café in der Rue de Rivoli zusammen, um seine hervorragenden Bilder zu Döblins Schauerballade von den »Drei Räubern« – Hitler, Göring, Goebbels – mit dem Text in Einklang zu bringen. Die Deutschen standen in Paris, ehe der Drucker die Arbeit hatte abliefern können. [...]

Eine andere Idee tauchte in den Büros auf. Lautsprecher sollten unsere Produkte unmittelbar in die Schützengräben der deutschen Front hinübertragen. Döblin fühlte sich in die Zeit Homers zurückversetzt, wo die Helden vor dem Kampf sich gegenseitig beschimpfen. In einer Art von Kollektivverfahren stutzten wir die »Loreley«, »Lippe-Detmold«, »Steh ich in finsterer Mitternacht« und andere Lieder satirisch zurecht, läuteten bei der Operndiva Germaine Hoerner an, ließen sie die Texte auf Platten übertragen. Ob noch Exemplare davon existieren, scheint fraglich. Unsere eigenen ruhen auf dem Boden des Flusses Allier bei Moulins, unserer zweiten Rückzugsstation – nach Tours und vor Cahors. Die offiziellen Dokumente sind damals im Hof des requirierten Mädchengymnasiums von Moulins verbrannt worden, die Platten haben wir wütend und ohnmächtig ins Wasser geschleudert.

Robert Minder, *Begegnungen mit Alfred Döblin in Frankreich*, in: *Text und Kritik*, H. 13/14, Richard Boorberg-Vlg., München 1972, S. 62f

D. hatte die Situation in Deutschland so genau studiert wie möglich. Der Nachlaß enthält eine Sammlung eingeklebter Ausschnitte aus reichsdeutschen Zeitungen von 1940, von D. datiert und beschriftet, worin sich die Justiz in Deutschland spiegelt. Die unzähligen Nachrichten von Verurteilungen vermittelten ihm ein Bild davon, wer wofür wie schwer bestraft wurde. – Unter den von D. berücksichtigten Rubriken sind: Diskriminierung von Juden, »Rassenschande«, »Ehrlose Frauen« (ihr Umgang mit polnischen Kriegsgefangenen), Sittlichkeitsverbrechen, Jugendkriminalität, Nachrichten über Hinrichtungen von »Volksschädlingen«, Zuchthaus und Ehrverlust für »Rundfunkverbrecher«, Gefängnis für »Meckerer«, Brandstiftung, Preistreiberei, Hamstern. – Aufgrund solcher Einblicke schrieb er die »Hinweise und Vorschläge«.

Heinz Graber, *Anmerkungen* zu AW 14, Walter-Vlg., Olten 1972, S. 511

Man muß der Kritik grobes und sinnfälliges Material reichen. Wahrscheinlich ist in sehr vielen Fällen das Bild, die Karikatur des Zeichners bündiger und wirksamer als das Wort. Man kann die Führer, die Bonzen in Einzelbildern, die sehr exakt sein müssen, in Steckbriefen charakterisieren. [...] Da der Nazismus eine gänzlich humorlose Angelegenheit ist, stellt man das normale Individuum, das also mit den schlechten Suggestionen fertig werden soll, auch durch allerhand Humoristika, durch unpointierte Satire, her. Grundsätzlich kann man nicht oft genug wiederholen, daß man diskret vorzugehen hat, um kein Mißtrauen aufkommen zu lassen, und daß dicke Pointen die ganze Arbeit zunichte machen können.

Das Allerwichtigste, das die Gegenpropaganda leisten muß, ist die Beibringung von Daten, Vorfällen, die wahr und glaubhaft sind, aber die die Nazipropaganda Grund hat im Dunkeln zu lassen und zu unterschlagen. Die Mitteilung solcher Daten, im Radio oder Trakt, kann nicht kalt und scharf genug erfolgen. Je mehr bloß konstatierenden Charakter die Mitteilung hat, um so mehr Chance hat sie, einen sofortigen Widerstand herauszufordern, und vermag sich also festzusetzen und irgendwann ihre Wirkung zu üben.

Aflred Döblin, *Hinweise und Vorschläge für die Propaganda nach Deutschland hinein*, [Typoskript von 1940]; zit. nach: AW 14, Walter-Vlg., Olten 1972, S. 409

Deutsche Soldaten.

Adolf Hitler verriet die Balten. Er wollte Rußland kaufen. Rußland hilft ihm nicht. Rußland kann nicht helfen. Deutsches Blut wurde umsonst verschachert.

Adolf Hitler verriet Südtirol. Er wollte Italien kaufen. Italien bleibt mit Gewehr bei Fuß. Es mißtraut dem Spießgesellen Stalins. Deutsches Land wurde umsonst verschleudert.

Adolf Hitler verschiebt deutsche Bauern nach Polen. Aber Polen wird auferstehen. Die deutschen Bauern werden geprellt sein. Deutsche Männer und Frauen wurden umsonst verschleppt.

Das heißt Lebensraumpolitik.

Was sterbt Ihr für einen Narren?

[...]

Deutsche Soldaten.

Warum schweigt Ihr zuhaus so oft vor Eueren Kindern?

Warum tut die HJ inneren Späh- und Horchdienst?

Warum erschoß man Generaloberst von Fritsch?

Warum erschoß sich Kapitän von Langsdorff?

Warum gibt es so viele Eisenbahnunglücke im Dritten Reich?

(Warum gibt es so wenig Leder im Dritten Reich?)

(Warum fürchtet Adolf Hitler den Block Frankreich-England?)

Warum fälscht Goebbels die finnischen Heeresberichte?

Warum hat Adolf Hitler eine Geheimlehre für die Parteispitzen?

Warum darf der gewöhnliche Pg. diese Geheimlehre nicht kennen?

Warum dürft Ihr keine neutralen Zeitungen lesen?

Warum dürft Ihr keinen fremden Rundfunk hören?

Warum brauchen die Nazi so viele Kämpfer für die innere Front?

Warum braucht Adolf Hitler eine so starke Leibwache?

Warum kennt nicht jeder Hitlers Leibwache?

(Warum kennt Hitlers Leibwache jeden?)

Warum?

Weil Euch ein Nachtwandler führt.

Folgt ihm nur weiter!

Alfred Döblin, *Disques pour le front*, [Typoskript für Propagandadurchsagen an der Front]; zit. nach: AW 14, Walter-Vlg., Olten 1972, S. 416 ff

Es geschah mir in diesem Sommer 1940, daß ich wie Robinson auf den Strand einer fernen Insel im Weltmeer, so in das Innere Frankreichs verschlagen wurde.

Ich bin in Mende. Im Flüchtlingslager.

Die alte Frau sitzt wieder im Mittelraum der Baracke, böse, allein auf der Bank. An der Tür stricken und klatschen einige andere Frauen. Zwei kleine Jungen ziehen ihre quietschenden Wägelchen auf den Brettern der Baracke mit großem Lärm hin und her, unermüdlich.

Ich sitze, mit krummem Rücken und den Kopf gesenkt, um nicht oben anzustoßen, in meiner Koje auf dem Bett. Ich bin in einem finstern Durcheinander. [...]

Radio gibt es im Lager nicht, Zeitungen selten. Ich erwische einmal eine und lese die Artikel des Waffenstillstandes. Soweit sie abgedruckt sind, scheinen sie reichlich allgemein. Die Besetzung der atlantischen Küste war vorauszusehen. Zweifellos gibt es aber auch Bestimmungen über Abgabe der Waffen, der Flugzeuge, Kanonen, über die Schleifung von Festungen, vielleicht der Maginot-Linie. Darüber lese ich nichts. Man hat keinen Grund, die allgemeine Depression zu steigern.

Ich stoße auf den Artikel 19. Er enthält Bestimmungen über die Auslieferung von Personen in Frankreich selbst und in den Kolonien, die Deutschland anfordern wird. Ein hinterlistiger Artikel. Freilich, so spekuliere ich, sind das ja nur Bestimmungen, gültig für eine gewisse Zeit, für den Waffenstillstand. Bestimmungen können auch umgestoßen werden. Ich versuche mir das einzureden, aber ich glaube es nicht recht.

Zu Hause, im Lager, wenn ich auf dem Bettrand sitze oder mich nach Tisch ausstrecke, oder nachts, wenn ich durch das Husten der Alten geweckt werde, denke ich nach. Ich grüble.

Dies ist die Zeit der Beraubung. Mein Ich, meine Seele, meine Kleider wurden mir weggenommen. Ich weiß nicht, was eigentlich von mir noch Bestand hat. Meine Apathie, meine Skepsis ist vollständig und gerechtfertigt. Und darum bin ich zugleich kalt und hilflos, gleichgültig und dumpf unruhig. Etwas in mir ist nicht einverstanden. Darum muß ich denken und denken.

Nichts von dem, was ich besaß, hält stand. Ich könnte mir selbst irgend einen Balken zimmern, der mich über das Wasser trägt. Es scheint mir lächerlich. Wie soll mich das tragen, was ich kleiner Wicht, ich, Spielball der Wellen, produziere? –

Ich frage immer wieder nach der Ursache dieses Zustandes. Ängstige ich mich, weil Frankreich eine Niederlage erlitten hat? Ängstige ich mich um meine Familie? Ängstige ich mich um mich? Meine Unruhe wirft mich bald auf dies, bald auf jenes Objekt. Furcht vor den Nazis? Ich denke selten an sie. Ich mag nicht an sie denken, ich mag keine Bilder von ihnen sehen. Nach dem Verlassen Deutschlands habe ich Naziblätter nur mit Ekel anrühren können. [...]

Sonntag ist über das Lager gekommen. In der Nacht gab es ein Hin und Her in der Baracke. Eine Schar Radfahrer besetzte die leeren Betten. Als sie Ruhe gaben, fingen die Kinder zu husten an, fast alle hatten Keuchhusten. Bald beginnt in der einen, bald in der anderen Box ein Anfall. Ich liege wach und ringe um Beruhigung. Gedanken von Tod und Sterben haben mich befallen. Ich suche gegen den Tod eine gute, bejahende Haltung einzunehmen. Furchtbar langsam verlaufen die Stunden. Morgens auf der Straße. Ich folge Kirchgängern, sitze in der Kathedrale. Ich betrachte das Kruzifix. Ich suche festzuhalten: »Herr, dein Wille geschehe«. Und dann denke ich darüber nach, was die Predigt gesagt hat und was die Messe verkündet: »Die Welt ist unglücklich und mangelhaft, durch unsere Schuld und unsere Schwäche. Aber die Gnade, die Liebe, die Erlösung wurde in die Welt geschickt. Gott kennt unsern Zustand. Er nimmt sich unserer an. Wir müssen nur kommen und wollen.« Ich spreche mir das vor. Nur kommen, nur wollen. Ich – möchte schon. Ich möchte. Aber es – gelingt mir nicht. Das Öl der Beruhigung fließt nicht in mich.

Zurück ins Lager. Ich gehe mißtrauisch am schwarzen Brett vorbei. Nachmittags, wie ich zurückkomme, werden mir – zwei Telegramme übergeben; das eine von meinem Freund, der mit seiner Frau zu Hause im Midi ist, er will alle ihm möglichen Recherchen machen, das andere aus Cahors aus jener Mädchenschule, wo wir uns aufhielten: meine Familie hätte sich nicht gemeldet.

Es wird wahrscheinlich: sie sind nach England gegangen.

Meine Gedanken haben etwas Schaukelndes, Schwingendes, Pendelndes angenommen. Ich habe keine Möglichkeit, es anzuhalten. Die Gedanken haben überhaupt nicht mehr den Charakter von Gedanken, sondern eher eines mechanischen Vorgangs in einem Triebwerk. Die Pleuelstangen stoßen vor und zurück. [...]

Es gibt nur ein Fundament: der ewige Urgrund,

durch dessen Akt wir sind. Unbegreiflich, was hinter dem Akt steckt und was wir bedeuten. Aber begreiflich und sicher ist, daß der ewige Urgrund uns hingestellt hat, mitsamt dieser Welt.

Anzunehmen, daß diese Welt nun abgelöst vom ewigen Urgrund existiert, ist unmöglich. Es ist die oberflächliche Auffassung des kreatürlichen Wesens. Danach lebt, wächst, stirbt und verwest Kreatur unter Kreaturen, ohne Vorder- und Hintergrund, ohne Boden.

Hier Jesus.

Ich sehe Jesus als Gegenfigur zu dem antiken Prometheus, Prometheus hat das irdische Feuer gebracht, den Menschen aus der Tierhöhle geholt und ihn zum Herrscher über einige Naturgewalten gemacht. Prometheisch sein ist menschliche Hoheit; nicht die Grenzen des Prometheischen erfassen, menschliche Torheit. [...]

Hier in Frankreich können wir nicht bleiben. Wir sind Emigranten aus Deutschland, Franzosen geworden, unsere Söhne in der französischen Armee. Die Nazi werden uns jagen. Toulouse ist heute unbesetzte Zone, es kann morgen anders sein. Es ist für uns keine Sicherheit hier. Wir sind auch ohne Mittel. [...]

Wir gingen auf die Post, ein Menschengewimmel. Alles schrieb wie in Mende, alles suchte, alles wartete, man war ein zertretener Ameisenhaufen. Das Telegramm wurde von meiner Frau englisch geschrieben, nannte unsere Adresse, bat für uns drei Visa und Billets zu besorgen, unser Sohn sollte unsere New Yorker Freunde und die Schriftstellerorganisation informieren. [...]

Viele deutsche Emigranten waren in der Stadt, suchten, tagten, waren ratlos; Leute mit Namen dabei. Man hatte sie aus den Lagern entlassen, nun depeschierten sie wie wir in alle Windrichtungen. [...]

Man bewegte sich auf den Markt. Und da stand ein Monument, das von dem Elend dieser Zeit Zeugnis ablegte. Es war das Rathaus, dessen halbe Außenseite, soweit sie für Menschen mit oder ohne Leiter erreichbar war, mit Zetteln behängt und beklebt war. Jedes dieser Zettelchen fragte nach einem Menschen. Bei ruhigem Wetter stand das Rathaus, wie es sich für ein festes Gebäude gehört, still und war nur an seiner Unterseite scheckig angelaufen, gesprenkelt wie von einem Ausschlag, – von jenen Zetteln. Wenn sich aber ein Wind erhob, so flatterten diese Zettel auf und sträubten sich wie Federn. Es war, als ob das Haus lebendig würde und die Zettel ihre Klagen in den Wind ausstreuten.

Ja, es war, als ob sie das Haus aufheben und davontragen wollten, – suchen, suchen. [...]

Mit dem zivilen Paß allein kam man nicht über die Grenze hinaus, es war noch eine militärische Genehmigung nötig; man stand ja doch im Krieg. Und so hatten wir eines Vormittags das Büro der Kommandantur zu betreten, und trugen dort unser Anliegen vor. Es saßen da mehrere Offiziere an der Tafel und hörten, daß wir Frankreich verlassen und nach Amerika gehen wollten. Sie besahen sich unsere Papiere, zeigten sich Stellen daraus und flüsterten, bis einer der Herren nach einem bedruckten Blatt griff und etwas vorlas. Es ergab sich, daß auf diesem gedruckten Papier, welches die Ausführungsbestimmungen zu gewissen Abmachungen des Waffenstillstands berichtete, an uns gedacht war. Der Herr gestand uns, die Bestimmungen träten eben erst in Kraft, aber sie seien auf uns anzuwenden, und danach sei es unmöglich, daß wir, von deutscher Herkunft, das Land verließen. Ja, an uns arme Exilierte hatte man gedacht, und der Sieger, besorgt um uns, hatte bestimmt, wir hätten dazubleiben und uns zu seiner Disposition zu halten, zweifellos um an seinem Siegesrausch teilzunehmen. Der Paragraph wurde uns noch einmal vorgelesen. Es stand unleugbar da.

Meine Reaktion? Ich hörte, las, schüttelte den Kopf und senkte ihn. Das war alles, was ich mit meinem Kopf tun konnte. Sonst war da nichts zu machen. Der Offizier erklärte, er hätte sich an die Bestimmungen zu halten. Er empfahl, sich eventuell an die Regierung in Vichy zu wenden, – was freilich ein weites, weites Feld sei.

Wäre ich damals allein gewesen, so hätte ich noch eine Weile nachdenklich so dagestanden und hätte mit dem Offizier, der uns sein Bedauern aussprach, herzlich mitgefühlt und hätte es weit von mir gewiesen, – da die Sache doch feststand und Gesetzeskraft hatte – ihn in der Ausübung seiner Pflicht zu beirren, ja ich hätte ihn sehr beglückwünscht, daß er trotz seiner offenkundigen Antipathie gegen die Sache so rigoros exekutierte.

Es stand aber neben mir meine Frau. Sie war zunächst aufs äußerste erstaunt über die Eröffnung, die mich kaum verblüffte. Sie war empört, wirklich empört, ja außer sich, daß wir hier zur Verfügung der Nazi festgehalten werden sollten, – fehlte nicht viel, daß man uns sofort einsperrte und ihnen auslieferte. Sie konnte es nicht glauben. Um das Pflichtgefühl des Offiziers kümmerte sie sich nicht. Ich – sah die Fakten

und sah, daß der Besiegte diese Bestimmung hatte akzeptieren müssen. Die Offiziere hier hatten nichts mit der Angelegenheit zu tun, überhaupt niemand hier am Ort hatte damit etwas zu tun.

Aber das interessierte wiederum meine Frau nicht, kam ihr nicht einmal in den Sinn. Sie war rasend empört und behielt ihre Empörung nicht bei sich. Statt die Dinge stoisch zur Kenntnis zu nehmen, statt den pflichtbewußten Offizier zu beglückwünschen, stellte sie den Offizieren unsere Situation vor: zwei unserer Söhne in der Armee, einer dekoriert, ich in Beziehung zu einem Ministerium. Sie ließ sich nicht zurückhalten, alles auszusprechen, was sie empfand und von diesem »Vorgehen« hielt. Sie nannte es, an der Offizierstafel stehend, unerhört und unglaublich. Es wäre eine beschämende Aktion, und sie könne nicht glauben, daß man das ernsthaft wolle, uns Wehrlose, die hier Asyl gefunden hatten und zu diesem Lande standen, festzuhalten. Sie weinte. Sie protestierte heftig und appellierte an die Offiziere, die nicht sprachen. Ich verhielt mich ganz still; sie hatte natürlich völlig recht, aber was hilft unter diesen Umständen »recht«? Sie dachte menschlich, aber dies war keine menschliche Situation, sondern eine amtliche.

In diesen Wochen stand sie neben mir, auf einem anderen Boden als ich, auf einem realen und festen. Sie, eine Realität, warf ihre Gewichte in die Waage. Sie schlug um sich und behauptete sich. Es gab nicht nur den Krieg und das geschriebene und gedruckte Recht, sondern auch Menschen, die es anwandten.

Die Offiziere flüsterten, bis sich einer erhob und erklärte, die Sache dem General vorlegen zu wollen. Er nahm unsere Papiere und verschwand. Als er nach einigen Minuten wiederkam, sagte er: »Sie erhalten die Genehmigung.« Das Land hatte eine Schlacht verloren. Es war keine Niederlage. Hier am Tisch in der Kommandantur von Toulouse erkannte ich es. So besiegt war man nicht, daß man sich verriet. [...]

Für die Schiffahrtskarte als Anzahlung wurden dann dreitausend Francs ausgegeben. Wir erkundigten uns bei der Gelegenheit nach den Kosten der Reise zur spanischen Grenze und nach Lissabon. Die Summe, die man uns nannte, war niederschmetternd, ungeheuerlich. Sie übertraf weit, weit das, was wir besaßen.

Wir flohen auf die Post und sandten hilferufend ein Kabel nach Amerika. Was konnten wir anders als kabeln und kabeln.

Um unsere Eile, die Sorge und den Druck, der auf uns lag, zu verstehen, muß man wissen, was als Damoklesschwert über uns hing. Wir hatten in Toulouse, nach jener dramatischen Szene auf dem Militärbüro zwar die Erlaubnis erhalten, das Land zu verlassen, aber es war eine befristete Erlaubnis. Das Visa de sortie erlosch nach sieben Tagen. Wir hatten noch fünf Tage vor uns, und es gab keine Möglichkeit zur Verlängerung der Frist. Wenn wir den Termin überschritten, hätten wir das ganze heroische, nervenzerrüttende Manöver noch mal zu unternehmen. Aber wir hätten keine Kraft dafür gehabt. Diesen Kampf konnten wir nicht noch einmal führen. Wie in fünf Tagen zu dem portugiesischen und spanischen Visum kommen, das Reisegeld von Amerika erhalten und ausreisen?

Wer nachher die Dinge sieht und prüft, könnte das Ganze gelassen das Modell einer glatten Reise unter den gegebenen Verhältnissen nennen. Wie sah es aber aus? Das Damoklesschwert hing über uns.

Es fiel uns schließlich zu, was wir wollten. Aber wie! Was man jedesmal erreichte, war allemal nur ein kleiner Schritt auf dem Wege, und aus schrecklich vielen Schritten setzte sich der Weg zusammen. [...]

Noch etwas anderes: Zwischen uns Exilierten besteht keine Solidarität. Wir hatten schon vorher sehr privat unser Privatleben geführt; jetzt dichteten wir uns noch besonders ab. Man sah den andern auf dem Konsulat und nickte: »Aha, du bist auch hier«, und keiner verriet, was er vorhatte und auf wen er rechnete. Man bewahrte sein Geheimnis. Mißtrauen, Furcht, der andere könnte sich an dieselbe Stelle wenden und ihm zuvorkommen. [...]

Wie es uns schwer wurde zu gehen. Und Menschen hier lassen, an denen wir hingen. Weggehen zu müssen aus einem Land, das uns beschützt hatte. Weg zu gehen im Augenblick, wo es litt.

Wieder wie in Paris die Scham, zu einer solchen Handlung gezwungen zu werden. [...]

Die Poste-restante-Ecke in Lissabon, in Portugal, im äußersten Winkel von Europa, wurde der tragische Treffpunkt für viele Menschen in diesem Unglücksjahr 1940, welches die Leichtfertigkeit und Gedankenlosigkeit des geruhigen Lebens in Europa aufgedeckt hatte. Völker wurden in Knechtschaft geworfen und Familien zerstreut. [...]

Die Temperatur war auch für Lissabon, hieß es, ungewöhnlich. »Ungewöhnlich«, hieß es. Es war aber ein merkwürdiges Ding in diesem Jahr mit dem »Ungewöhnlichen«. Menschen und Naturgeschichte hatten es mit vereinten Kräften mit dem Ungewöhnlichen, wo gab es noch etwas Gewöhnliches; wie wir uns nach dem Gewöhnlichen sehnten, die Welt war in ein Experimentierstadium eingetreten.

Wir saßen vier Wochen in Lissabon in der Pension, die zu unserem Hohn »Gloria« genannt war, schräg gegenüber der Markthalle in der Straße der Stoffhändler, an einer Ecke, wo die Elektrischen umbogen. Die Elektrischen, muß man wissen, fahren von sechs Uhr morgens bis zwei Uhr nachts. Nachts glauben sie nicht fahren zu müssen. Dafür rollen die Gemüse- und Obstkarren zur Halle. [...]

Lissabon ist, industriell gesprochen, ein moderner Großbetrieb zur Erzeugung von Lärm. Er besitzt zunächst die Elektrischen. Sie fahren in großer Dichte hintereinander, mit oder ohne Passagiere. Sie rumpeln in den Schienen, sie rasseln über die Geleise, sie vermögen die Scheiben zum Klirren zu bringen. Der Fahrer hat mindestens eine Klingel, wahrscheinlich stehen ihm zwei zur Verfügung. Es gelingt dem portugiesischen Fahrer, daß sie tönen, wenn er anschlägt, – und er schlägt ununterbrochen an, es ist reine Freude – wie drei. Es ist ein Klingelfahrer.

Sein Wagen hat vorn eine mächtige, schaufelförmige Schutzvorrichtung. Wenn der Wagen damit um die Ecken biegt, hat man den Eindruck: er will Passanten mähen. Die Wagen in Lissabon fahren gern um Ecken, ja vorzugsweise um Ecken, und Lissabon ist darum mit vielen Ecken ausgestattet, weil das Fahren um Ecken eine unglaubliche Vielheit von Geräuschen ermöglicht. [...]

Und die Menschen? Nun, die Lissabonner beteiligen sich freudig am Werk ihrer Stadtverwaltung. Sie tun, was sie können, und es ist nicht wenig. Wenn die Autos sausen, wenn die Elektrischen heulen und ihr Rumpeln gelegentlich einen großartigen Charakter annimmt, daß der Fahrer sich veranlaßt sieht, den Vorgang mit hallendem Glockenschlagen zu begleiten, – so nehmen die Lissabonner ihre Zuflucht zum Gesang, zum Ruf, zu Musikinstrumenten. Fröhliche Musikanten, Sänger und Sängerinnen trafen wir Tag um Tag in der Stadt. Eine ganze Woche lang scholl jubelnde Tanzmusik zu uns aus der Markthalle herauf. Wer die Zeitungsausrufer hier nicht um sieben Uhr morgens gehört hat, weiß nicht, wessen die menschliche Stimme fähig ist. [...]

Man schickt uns zum Impfen. Das Schiff ist angekommen: Nea Hellas. Wir gönnen uns eine Sonntagsfahrt auf dem Tejo nach einem populären Ausflugsort und fahren dabei an der Jahrhundertausstellung und an unserm draußen verankerten Schiff vorbei. Eine frischere Luft weht um uns. Bald geht es hinaus. Das Grauen der letzten Monate soll versinken.

Der freundliche portugiesische Herr, der uns auf der Fahrt das Zimmer in Lissabon besorgt hatte, hatte uns öfter besucht und beraten. Er erschien auch am Morgen unserer Abfahrt in der Pension »Gloria«, an deren Namen ich wieder herumdeutete. Wir verabschiedeten uns von ihm, von der Wirtin und unserer robusten, drolligen Hausmagd. Die Fahrt zum Hafen – eine Stunde und länger dauerte sie, bis man uns zum Schiff heraufsteigen ließ. Unten standen Dutzende. Und als schließlich das Signal zum Einsteigen gegeben wurde, entstand ein Gedränge, so daß ein Beamter begütigend herunterrief: »Nicht stoßen, Herrschaften, nicht drängen. Hier sind die Nazis nicht hinter Euch.« Man mußte vor dem Betreten des Schiffs seine Impfstellen zeigen, das Attest genügte nicht. Dann fuhr man noch lange nicht. Es wurde Mittag. Erst am Spätnachmittag zogen die feinen Herrschaften der ersten Klasse ein. Wir aßen zum ersten Mal im Speisesaal des Dampfers ein neugriechisches Abendbrot und erhielten noch den Besuch des Leiters der Auswandererstelle, die viele von uns betreut hatte. In der Dunkelheit setzte sich das Schiff in Bewegung. Langsam wurde es gedreht und den Tejo hinausgeschleppt.

Märchenhaft strahlte die Ausstellung herüber. Ihr zauberhaftes Licht war das Letzte, was wir von Europa sahen, in Trauer versenkt.

Alfred Döblin, *Schicksalsreise*, Frankfurt am Main 1949; zit. nach: AW 19, Walter-Vlg., Olten 1980, S. 184 f, 203 f, 223 f, 278 ff, 286 ff, 292, 317, 323, 325 ff

S37 37 DL=HY HOLLYWOOD CALIF 10 1029A
DR ALFRED DOEBLIN=CRESCENT HOTEL
403 NO CRESCENT DR BEVERLYHILLS CALIF=

THE JEWISH CLUB OF 1933 EXTENDS TO YOU THE MOST SINCERE
WELCOME TO YOUR ARRIVAL IN HOLLYWOOD. WE ARE GLAD TO BE
SURE THAT YOU THE GREAT AND DYNAMIC FIGHTER HAVE SAFELY
REACHED THE SHORES OF LIBERTY=
JEWISH CLUB OF 1933 INC LEOPOLD JESSNER.

1933 1933.

Titel: Die Enteisung Grönlands.

Autor: Alfred Döblin

Periode: Zeit von heute bis zum Jahre 3000.

Form: Outlines des Romans von Alfred Döblin: Berge Meere und Giganten / Volksausgabe. („Die Giganten" 1932)

Ort: wechselnd London, Island, Grönland.

Die Enteisung Grönlands.

Teil i (Vorspiel.)

Die technischen Verbesserungen und Erfindungen zusammen mit ihrer industriellen Verbreitung verändern immer mehr die Lage der Menschheit in Amerika und Europa.

Die politische Gewalt entgleitet immer mehr den eigentlichen Politikern. Sie wird von den Vertretern der Technik, Wissenschaft und Industrie an sich genommen.

An die Stelle der alten, politisch begrenzten Staaten Amerikas und Europas tritt ein Weltreich mit den beiden Zentren New York, London.

Ihre Senate werden ausschliesslich aus den Vertretern der Technik, Wissenschaft und Industrie gebildet.

Wirtschaftlich und gesellschaftlich tritt in den Weltreich immer mehr an die Stelle des früheren Problems der Arbeitslosigkeit das Problem, wie man die Massen, die nicht mehr zu arbeiten brauchen, beschäftigen soll.

Wir erleben die ersten Rückschläge gegen die Entwicklung. Durch diese Gegenstösse werden die Senate, die den Fortschritt schützen, gezwungen, ihre Macht zu sichern.

Man muss auch die Technik und neue Wissenschaft vor Missbrauch schützen. Und so werden Technik und Wissenschaft immer mehr zu Geheimlehren. Sie werden nur Auserwählten zugänglich gemacht.

RACE RESULTS

EX

VOL. LXI   Three Parts — 25 Page

IT'S

Hostilities D
350 Reporte

Mrs. MINIVER

Greer GARSON with Walter PIDGEON

"They nearly got us that time!" A night in the blitz.

1940 9. September. Ankunft in New York.

14. September. Begrüßungslunch des *Emergency Rescue Committee:* Teilnehmer u.a. Hermann Kesten, Leo Lania, Leopold Schwarzschild.

Etwa 20. September. Ansprache auf einem Emigrantentreffen unter Vorsitz von Eleanor Roosevelt.

Anfang Oktober. Weiterfahrt nach Los Angeles, wo durch Einsatz Kestens und Liesl Franks ein auf ein Jahr befristeter Arbeitsvertrag bei der Filmgesellschaft *Metro-Goldwyn-Mayer* für Döblin vorliegt.

26. Oktober. Begrüßungsabend des *Jewish Club of 1933* für Döblin. Ansprache von Leopold Jeßner. Alexander Granach und Leo Reuß lesen aus Döblins Werken. Döblin berichtet über die Erlebnisse der letzten Monate.

Als Film-»writer« arbeitet er in einer Gruppe von Exilautoren – u.a. Walter Mehring und Alfred Polgar – zusammen unter Leitung des in den USA schon erfolgreichen Drehbuchautors Georg Froeschel.

November. In Berlin wird der antisemitische Hetzfilm *Der ewige Jude* in 66 Kinos gleichzeitig gestartet.

Ende November. Bezug eines Apartments in einem Haus in Hollywood, *1842 Cherokee Avenue,* in dem auch Alexander Granach und Leopold Jeßner wohnen.

Döblin beginnt, seine Flucht zu beschreiben – später das erste Buch der *Schicksalsreise*.

Döblins Bruder Kurt, geboren 1880, und seine Familie werden im KZ Auschwitz ermordet.

1941 Januar. Abschluß seines Berichts über die Flucht aus Frankreich. Beginn katechetischer Unterweisungen durch Jesuiten der nahe seiner Wohnung gelegenen *Blessed Sacrament Church.*

7. Februar. Einzug in ein kleines Haus in Hollywood, *901 Genesee Avenue.*

Alfred, Erna und Stefan Döblin fahren nach Nogales an der amerikanisch-mexikanischen Grenze, um dort – anstelle der bisherigen Besuchervisa – für zweihundert Dollar pro Person offizielle Einreisevisa in die USA zu erhalten.

1 Manuskript eines Drehbuchentwurfs Döblins, Ende 1940 / Anfang 1941 (4) **2** New York: Ankunft eines Passagierdampfers, 1941 (11) **3** Telegramm von Leopold Jeßner zur Begrüßung Döblins in Hollywood, Oktober 1940 (4) **4** Luftaufnahme der *Metro-Goldwyn-Mayer* Studios, aufgenommen 1932 (26) **5** Los Angeles, Kalifornien, o.J. (11) **6** Feierabend der Stars in den Ateliers der *Metro-Goldwyn-Mayer,* Fotomontage, o.J. (12) **7** Filmszene aus *Mrs. Miniver,* 1942 (12) **8** Wohnort der Familie Döblin, *Cherokee Avenue,* Hollywood, o.J. (1) **9** Schlagzeile vom Eintritt der USA in den 2. Weltkrieg, die Bertolt Brecht in sein *Arbeitsjournal* klebte, 8. Dezember 1941 (15)

2. Mai. Gemeinsam mit Feuchtwanger, Thomas Mann, Mehring, Max Reinhardt, Werfel bei Salka Viertel zur nachgeholten Feier von Heinrich Manns 70. Geburtstag.

22. Juni. Deutsche Truppen fallen in die Sowjetunion ein.

7. Oktober. Döblins Vertrag mit *Metro-Goldwyn-Mayer* läuft ab und wird trotz brieflicher Fürsprache – z.B. von Thomas Mann – nicht erneuert.

Döblin hat an den Drehbüchern zu *Mrs. Miniver* und *Random Harvest* mitgearbeitet und eine Reihe nicht beachteter Szenarien abgeliefert. Er bezieht nun für 30 Wochen je 18 Dollar Arbeitslosenunterstützung und Zuschüsse aus dem Writers Fund, von Peter Döblin, später auch von Arthur Rosin, New York.

31. Oktober. Herwarth Walden stirbt in einem russischen Gefängnis in Saratov.

6. November. Umzug in eine billigere kleine unmöblierte Wohnung in Hollywood, *1347 North-Citrus Avenue.* Die Möbel werden von Freunden und Bekannten zur Verfügung gestellt.

30. November. Alfred, Erna und Stefan Döblin empfangen die katholische Taufe. Peter Döblin vollzieht die Konversion in Philadelphia. Geheimhaltung dieses Schritts bis 1945.

11. Dezember. Deutschland und Italien erklären den USA den Krieg.

Immer mehr Flüchtlinge kamen an, aus allen Ländern Europas, die Hitler bedrohte oder schon erobert hatte, vor allem auch Schriftsteller. Die Hollywood-Studios hatten einigen Jahresverträge gegeben, um es dem State Department zu ermöglichen, die rettenden Visen auszustellen. So saßen Heinrich Mann, Alfred Döblin, Leonhard Frank, Afred Polgar, Walter Mehring in den Filmbetrieben; ohne Englisch zu können, ohne das Filmmachen zu kennen, voller Verachtung für dies Gewerbe – und auch ohne eingeladen zu werden, etwas Ernstliches zu unternehmen. Man zeigte Döblin den Stoff zu »Mrs. Minniver« (später einer der größten Erfolge im Krieg), sagte ihm, daß man eine pro-englische Story machen wolle, bat ihn um Vorschläge ... und erhielt die groteske Antwort, das Material gäbe eine Chapliniade her. Dabei hatten die deutschen Geschichten-Schreiber, Döblin voran, eine so fruchtbare Phantasie, daß Hollywood üppig hätte leben können. Aber die Deutschen waren nicht imstande, mit den Film-Zaren zu sprechen; und die wiederum wußten nur sehr von ferne, daß da einige Flüchtlinge herumhockten, denen man (der Regierung zuliebe) ein paar Dollars auszahlte. [...]

Sie hatten alle eine aufreibende, die physischen und moralischen Kräfte aufzehrende Flucht hinter sich, saßen jetzt in feinen Büros untätig herum, hörten die bösen Nachrichten von drüben – und genossen ihre Freiheit nicht. [...]

Sie waren erschreckend gealtert. Heinrich Mann sah, als er 1940 ankam, ein Jahrzehnt älter aus als ein Jahr zuvor. Die Herz-Attacke war im Mittelpunkt der Gespräche. Die Vertreibung aus Deutschland hatte ihnen das Vertrauen nicht nehmen können, die Vertreibung aus Europa hatte sie klein gemacht. Auch weil die meisten noch zur Zeit aus Deutschland geflohen waren, zu spät aber aus den Ländern des Asyls. Sie hatten sich unter Aufbietung der letzten Kräfte aus dem Zusammenbruch gerettet; sie waren schon zwischen fünfzig und sechzig, als sie die Kräfte von Dreißigjährigen brauchten. Viele sind im folgenden Jahrzehnt gestorben.

Heinrich Mann, von Jugend auf in mehreren Ländern zu Hause, war in Frankreich nicht ohne Wurzel gewesen. Erst jetzt begann für ihn das Leben in der Fremde. In Amerika kam er mit siebzig an, kannte niemand, und niemand kannte ihn. Die Sprache blieb ihm fremd, er las noch einmal den ganzen Voltaire und den ganzen Gerstäcker; ob er je ein amerikanisches Buch gelesen hat, weiß ich nicht. Seine Hoffnung, ein neues

Deutschland aufzubauen, war zerronnen. In Frankreich war er sehr aktiv gewesen, als Dichter und Politiker [...] Im kalifornischen Santa Monica, seiner letzten Stätte, blickte er nur noch zurück. Für sein Leben war es zu spät; es gab keine Zukunft mehr. Er war zu vernünftig, um zu verzweifeln. Schließlich war er 1945 auch noch zu vernünftig, um sich vorzumachen, daß er gesiegt hatte. [...]

Auch ihn [Alfred Döblin, Anm. d. Hrg.] kannte man in Amerika nicht. Er schrieb, lachte, riß die besten Berliner Witze – und ging, hinter meinem Rücken, zu den Jesuiten, nachdem er noch wenige Jahre zuvor, ein begeisterter Jude, mich öffentlich attackiert hatte: ich, der ich über Loyola schriebe, hätte mit Döblins Volk nichts zu tun.

Ludwig Marcuse, *Mein zwanzigstes Jahrhundert,* Diogenes Vlg., Zürich 1975, S. 276 ff

Los Angeles etc ist eine Gegend und keine Stadt. Man hat am Meer, und hie und da, einige Ortskerne gebaut, mit niedrigen Häusern und Häuschen, und »dazwischen Zwischenräume«. Soweit ich sehe, besteht Los Angeles wesentlich aus Zwischenräumen. In einigen Lücken findet man Ölfelder, auf andern stehen die Müggelberge mit vielen Villen, manchmal giebt's auch nur simple Müllflächen. Wenn man wo hin will, muß man immer da durch. Es ist immer so weit wie von Berlin nach Prenzlau oder Frankfurt an der Oder. Das Geschlecht der Fußgänger ist ausgestorben infolgedessen, oder ausgerottet. Die Menschen kommen als Autofahrer zur Welt. Die Stadt ist (ohne Spaß) eigentlich menschenleer; Sie sehen nur Villen, Häuschen (ohne den mindesten ästhetischen Reiz – oh, was war New York!) und kleine und große Autos, parkend und fahrend. Die Menschen finden sich in Drug-stores, Häuschen und Ateliers vor. Die Frauen tragen mit Vorliebe Strandhosen. Kurz, warum es verschweigen, Los Angeles ist das Gegenteil von einem Ort, den ich mir zum Wohnen aussuchen würde; denn ich liebe ja nun einmal das verwegene Spazieren unter vielen Menschen, beobachte sie dabei und komme auf meine Kosten. Aber ich bin nicht zum Spaß in der als paradiesisch verschrieenen Gegend. – Ich sah übrigens auch den Pazifik, den Ozean, den andern. Jedenfalls kam mir vor, habe ich es weit gebracht in meinem Leben; ich dachte mich in der Mark Brandenburg

einzuspinnen und muß mich, oder darf mich, jetzt mit den verschiedenen Ozeanen auseinandersetzen.

Alfred Döblin, *Brief an Elvira und Arthur Rosin,* Beverly Hills, 10. Oktober 1940; zit. nach: AW 13, Walter-Vlg., Olten 1970, S. 242 f

Es läßt sich garnicht sagen, wie oft Hollywood aufhört; aber es fängt immer wieder an. ¼ Stunde nach rechts und links von uns beginnt die Wüste und eben fuhren Sie noch Fahrstuhl in einem Wolkenkratzer.

Alfred Döblin, *Brief an Elvira und Arthur Rosin,* Hollywood, 27. Oktober 1940; zit. nach AW 13, Walter-Vlg., Olten1970, S. 244 f

That's all. Ich lerne englisch, langsam aber doch; ich lese schon recht möglich eine Zeitung. – Von Hollywood etc schreibe ich Ihnen nächstens mehr; es giebt hier zahllose bekannte Leute, die ich schon in Berlin nicht kannte.

Alfred Döblin, *Brief an Elvira und Arthur Rosin,* Hollywood, November 1940; zit. nach: AW 13, Walter-Vlg., Olten1970, S. 246

Sie sehen mich also noch immer bei M.G.M., es heisst fleissig sein, immer neue »Storys« schreiben, das laeuft zu dem Inventar des Hauses, wird uebersetzt und wartet darauf, dass ein Producer danach greift. Ich habe schon raus: die story ist eins, das Anbringen das Zweite und das viel Schwerere. Sie muessen verstehen, eine Idee zu »verkaufen«. Verkaufen heisst: die Idee einem der zwanzig Producer der Firma als zugkraeftig suggerieren. Sehr schwer für meines Vaters Sohn.

Alfred Döblin, *Brief an Elvira und Arthur Rosin,* Hollywood, 11. Juli 1941; zit. nach: AW 13, Walter-Vlg., Olten 1970, S. 253

Gerade für den zweiundsechzigjährigen Döblin ergaben sich erhebliche Probleme, zumal er die Funktion eines Filmschriftellers in Hollywood völlig mißverstand und daher auch ablehnte. Die Briefe aus dieser Zeit bezeugen vor allem die empfundene Erfolgslosigkeit seiner Entwürfe, deren Sinn er denn auch nicht einzusehen vermochte. Sein Mißerfolg lag zwar wesentlich an der mangelnden Anpassung an

die Produktionsbedürfnisse der amerikanischen Filmindustrie, doch ist die von Döblin nur als individuell eingeschätzte Situation, viele Ideenkonzepte ohne sichtbare Verwertung produzieren zu müssen, durchaus eine charakteristische und allgemeine bei dieser Art von Tätigkeit gewesen. Die Durchsetzung eines Drehbuches zählte zu den prozentual seltenen Erfolgen an diesem Ort und in diesem Metier.
Nüchtern betrachtet, war Döblin sogar relativ erfolgreich, obwohl er es selbst nicht so empfand. [...]
Döblin entwickelte dabei durchaus selbständige Ideen, wenn sie auch innerhalb des herrschenden Hollywood-Betriebs verquer ausfielen. Sein Vorschlag etwa, die Figur der Mrs. Miniver als »eine Art weiblicher Chaplin« anzulegen, war zwar prinzipiell kein ganz abstruses, sondern eher ein künstlerisch originelles Konzept, doch es entbehrte völlig der Einsicht in die damalige Welt- und Filmsituation der USA, innerhalb derer »Mrs. Miniver« eine ideologische Unterstützung Englands im Krieg gegen Deutschland werden sollte und ja auch wurde.

Erich Kleinschmidt, *Nachwort* zu AW 22, Walter-Vlg., Olten 1983, S. 663 f

☐ Täglich holte ich Döblin mit dem Auto ab und brachte ihn nach Culver City. Dort schrieb der kleine, ein wenig flackrige Mann mit den roten Bäckchen und den blitzenden Augen hinter dicken Brillengläsern an seinem Buch über seine Flucht aus Frankreich. Für den Film zeigte er keinerlei Interesse, und die Filmindustrie hatte vorerst keine Aufgabe für ihn.
Nach vielen Wochen gelang es mir, die Handlung für den Film »Mrs. Miniver« zu erfinden. Eine Episode darin sollte zeigen, wie der Gatte der Mrs. Miniver in einem kleinen Boot die Themse hinabfährt und über den Ärmelkanal segelt, um mitzuhelfen, die Männer der eingeschlossenen englischen Armee nach England zu bringen. Ich bat Döblin, niederzuschreiben, wie er sich die Erlebnisse des Mr. Miniver vorstelle.
Bereits zwei Tage später lieferte er ein in deutscher Sprache geschriebenes Manuskript von etwa vierzig Seiten ab. Die traurige Geschichte mit humoristischen Lichtern aufhellend, mit hinreißendem Schwung und doch auch in kleine Einzelheiten gehend, schilderte Döblin die Heldenfahrt der Amateur-Seemänner. Es war ein Meisterstück.

Ich ließ das Manuskript sogleich ins Englische übersetzen und legte die Arbeit Herrn Franklin vor, der Döblin zu sich rief und ihm herzlichst dankte. In dem Film »Mrs. Miniver« ist wenig von Döblins Beitrag zu sehen. Es steht aber fest, daß die Dunkerque-Episode zum großen Teil auf seinen Ideen beruht. Der Film selbst gewann 1943 acht Oscars, darunter einen für mich (bestes Drehbuch).

Georg Fröschel [Vorgesetzter von Walter Mehring, Alfred Polgar und Alfred Döblin bei MGM], *Döblin in Hollywood*, in: *Die Zeit*, 15. Juni 1962, Nr. 42, S. 14

Die Mrs Miniver ist eine feine, erfundene Figur; ich dachte, man wolle damit was machen, eine Art weiblicher Chaplin, aber nein –. Von den 6 Mann sind übrigens 2 wirkliche englische Schriftsteller. Die Verbindung zwischen deutsch- und englischsprechender Mannschaft stellt Herr Georg Fröschel dar (ehemals Redakteur bei Ullstein, Wiener). Ich muß gegen 10 Uhr antreten und möglichst bis 5 (oder gar 6) in meinem office herumsitzen (acte de présence machen.) Also – schreibe ich für mich, lerne englisch. Wenn einem was zur Sache einfällt, telefoniert man begeistert, diskutiert erregt, bis an der Sache nichts mehr übrig ist, und nennt das »gearbeitet« haben. (Rätselhaft, von wo da die Millionenverdienste einkommen; das muß ich noch ermitteln.)

Alfred Döblin, *Brief an Elvira und Arthur Rosin*, Hollywood, 4. Dezember 1940; zit. nach: AW 13, Walter-Vlg., Olten 1970, S. 247

Einzelbild: Eine Bombe fällt auf ein Schiff, heller Flammenschein, Rauchwolken, Dampf aus den Röhren. Das Schiff läßt seine Rettungsboote herunter. Die Motorboote schießen von allen Seiten an.
Das Boot von Miniver. Er trägt einen jungen französischen Offizier auf dem Rücken herüber, lädt ihn ab.
Miniver steigt ein, fällt etwas zusammen: »So, jetzt ist genug, jetzt fahren wir ab.«
Der Offizier stammelt[:] »Was wollen Sie denn, lassen Sie mich.«
Miniver: »Herr, Sie sind unvernünftig.«
Offizier: »Ich will nicht. Lassen Sie mich heraus. Ich will nicht ins Boot. Ich bin Franzose. Lassen Sie mich in meinem Land. – Sie fahren nach England?« Miniver nickt. Offizier: »Ich

will nicht. Es ist aus mit uns. Ich kann schon drüben bleiben.«
Miniver sehr ernst, finster und streng: »Es ist noch lange nicht aus, Herr.« Der junge Offizier blickt nach dem Land zurück, verbirgt sein Gesicht und schluchzt: »Um Gotteswillen, mein Frankreich. Es ist nicht zu fassen. Wir sind verloren. Meine Eltern, meine Brüder[,] alles.«
Miniver hart: »Noch lange nicht, Herr.«
Offizier: »Ach Sie wissen nicht. Sie können nicht wissen. Sie haben nichts gesehen. Da, wir räumen das Land. Wir lassen ihnen meine Heimat.«
Miniver: »Es kommt anders.«
Offizier: »Die Deutschen sind ungeheuer, Herr. Sprechen Sie nicht so. Sie sind ungeheuer stark. Sie müssen uns nicht für feige halten. Wir sind doch nicht schwach. Wir wurden abgeschnitten von allen Seiten. Wir saßen im Kessel.«
Miniver: »Und jetzt sind Sie raus.«
Offizier: »Sehen Sie doch hin. Sehen Sie ihre Flugzeuge, wieviele. Wenn wir nur Waffen hätten. Sie machen mit uns den Blitzkrieg.«
Miniver: »Es hat sich ausgeblitzt. Jetzt fangen wir an zu blitzen, Herr. In England dauert es länger, bis ein Gewitter kommt. Dann aber schlägt es gründlich ein. Liegen Sie gut?« ([E]r zieht sich die Lederjacke aus, stopft sie dem Mann unter den Kopf.) »Hier nehmen sie auch einen Schluck Wasser. Die Seeluft wird Ihnen gut tun.«
Miniver sitzt stumm und finster da, während sie fahren. Gelegentlich blitzt es am Horizont auf. Es ist früher Nachmittag. Minivers Boot bewegt sich im Gefolge eines großen Schiffes. Man singt soldatisch auf dem Schiff.
Miniver zu dem Offizier: »Hören Sie, Herr, was sie singen?«
([E]r zitiert den Text des kräftigen Soldatenliedes[.])
Offizier matt: »Ich kanns nicht glauben, [H]err, verzeihen Sie mir.«
Sie fahren stumm, das Lied dauert fort. Miniver: »Sie werden es noch glauben.«
Große Teile der Bootsflottille bewegen sich zurück. Letztes Bummern der Kanonen. Man zeigt die zunehmende Müdigkeit und Erschlaffung. In den einzelnen Booten, die man wieder erkennt von der Abfahrt her[,] sind alle persönlichen und gesellschaftlichen Unterschiede verschwunden. In mehreren Bo[o]ten schläft man. Der Schiffer von der Hinfahrt sitzt mit dem Lehrer zusammen, sie spielen laut und heftig

Karten. Die alte Frau sitzt unbewegt aufrecht mit einem harten Gesicht.

Es werden Bilder von dem Schiff gezeigt, auf dessen Deck Soldaten stehen, Bahren mit Verwundeten, ein Arzt mit Schwestern geht herum.

Die Kalkfe[l]sen von Dover tauchen auf. Die Flußeinfahrt. Überall an den Ufern Gruppen von Menschen.

Alfred Döblin, [Exposé für einen Drehbuchbeitrag zum Filmprojekt *Mrs. Miniver*]; zit. nach: AW 22, Walter-Vlg., Olten 1983, S. 447 f

Döblins erste Reaktion auf den Plan, Jan Struthers Buch »Mrs. Miniver« zu verfilmen, bestand in dem Vorschlag, eine »Chapliniade« daraus zu machen. »In der damaligen Welt- und Filmsituation war diese Antwort so abwegig, daß [Froeschel] nicht hoffen konnte, Döblin würde jemals Brauchbares zu einem Drehbuch beitragen.« Döblin lieferte aber trotzdem einige Anregungen für diesen Film, und zwar speziell für die Dunkirk-Episode, deren besonderer Stimmungscharakter auf Döblins Vermögen zurückgeht, das Tragisch-Ernste mit dem Humoristischen zu konfrontieren und zu vermischen. Im Fall der Verfilmung von James Hiltons »Random Harvest« bestand Döblins Aufgabe darin, von psychologischer Seite eine Doppelamnesie zu erklären und psychiatrische Ratschläge für das Verhalten der Hauptdarstellerin zu geben. Döblins Beschäftigung mit »Random Harvest« gewinnt besondere Bedeutung durch den Umstand, daß sich zwischen diesem Buch und Döblins Hamlet-Roman Querverbindungen aufzeigen lassen. Ein Vergleich dieser beiden Filme mit Döblins eigenen Filmszenarien und Drehbuchentwürfen zeigt auch, daß sich Döblin nicht an die Realität des damaligen amerikanischen Films anpassen konnte. Döblins erster Versuch bestand in einer Verarbeitung von »Berge, Meere und Giganten« unter dem Titel »Die Enteisung Grönlands« oder »The De-Glaciation of Greenland« [...] Döblin legte dem Produzenten einen gerafften Handlungsablauf vor, der aber die Komplexität des Romans beibehielt und mit dem strengen Kompositionsprinzip des damaligen amerikanischen Films kollidieren mußte. Aus den vielen vor Phantasie sprühenden Einzelszenen hätte sich der Produzent wohl nur mühsam, die wenigen, die für einen Film nötig und brauchbar gewesen wären, heraussuchen können, ganz abgesehen davon, daß 1940 die Kritik am Industriestaat und Kriegswesen nicht unbedingt als zugkräftige Idee für den Film gelten konnte. Das Szenarium »Bergromanze« ist schon viel straffer durchgegliedert.

Döblins letzter Versuch, sich als Filmschriftsteller bei MGM durchzusetzen, führte zum Szenarium »Staatsanwalt Fregus« mit dem englischen Titel »Opium«. Es ist ganz offensichtlich, daß sich Döblin um die Fertigstellung dieser »story« am meisten bemüht hat [...]; kompositorische Details sind ausgearbeitet, und auch das amerikanische Milieu ist gut getroffen. Es handelt sich um eine Kriminalgeschichte, bei der der Sohn den Mord am Vater, dem Staatsanwalt, aufklären will und entdeckt, daß der Vater Selbstmord begangen hat, weil er in seiner Jugend selber am Opiumhandel beteiligt war und jetzt als Staatsanwalt von seinen ehemaligen Komplizen erpreßt wird und nur diesen Ausweg sieht. Durch den Selbstmord entsühnt sich der Vater und liefert die Erpresser in die Hände der Polizei – der ungetrübte Gerechtigkeitssinn des Sohnes setzt sich allen Warnungen und Gefahren zum Trotz durch. Vielleicht wurde diese »story« abgelehnt, weil die psychische Verfassung des Vaters erst nachträglich ersichtlich wird und deshalb die psychologische Linienführung bei einer Verfilmung nicht gradlinig genug ist, aber im ganzen muß dieses Szenarium als Döblins gelungenstes angesehen werden. Thomas Mann hat sich auf diese »story« berufen, als er sich im Oktober 1941 brieflich bei Louis B. Mayer für Döblin einsetzte.

Da sich Döblin, wie seine Drehbücher und direkten Äußerungen offenbar machen, darauf versteift hatte, kaum Kompromisse zwischen seinem literarischen Anliegen und den realen Gegebenheiten des damaligen Films einzugehen, nimmt es nicht Wunder, daß man seinen Vertrag bei MGM nach Ablauf eines Jahres nicht verlängerte.

Klaus H. Weissenberger, *Alfred Döblin*, in: *Deutsche Exilliteratur seit 1933*, Band 1, *Kalifornien*, hrsg. von J.M. Spalek und J. Strelka, M.-Franke-Verlag, Bern und München 1976, S. 302 f

Es handelt sich um einen Machtkampf in einem Farmerhaus zwischen einem Mann und einer Frau, zwei starken Charakteren, – mit tragischem Ausgang. Mr. Cardan, ein Mann in reifem Alter, Plantagenbesitzer, hat eine zweite Frau, Edna, eine junge Offizierstochter aus der Stadt genommen. Sie soll in sein strenges und ernstes Haus Freude bringen. Er hofft auch auf ein Kind. Edna selbst will Tätigkeit, Bewegungsfreiheit. Ihre Versuche sich durchzuse[t]zen mißlingen. Man gönnt ihr schließlich grade, sich für Malstunden einen heruntergekommenen Mann, Robert[,] ins Haus zu nehmen. Aber dieser Mann, an den sie sich bald hängt und für den sie ein Gefühl hat, ohne es sich zu gestehen, will dasselbe wie sie: sich durchsetzen.

Er wird von ihr hochgetragen, gelangt zur Herrschaft im Haus durch sie und drängt sie an die Wand.

Ihr Mann stellt sich auf die Seite des Eindringlings, ihre Creatur. Sie muß von ihm Demütigungen ertragen.

Ein neuer junger Landarzt nähert sich ihr mit wirklicher schwärmerischer Liebe.

Als sie von Robert in ihrer Ehre ge[k]ränkt wird, kommt es zu einem Komplott zwischen ihr und dem Arzt, sie wollen fliehen, Robert soll verunglücken bei einer Sprengung im Steinbruch. Aber in den letzten Stunden wird sie sich ihres Gefühls zu Robert bewußt und sie geht an der verabredeten Stelle mit Robert zu Grunde.

Alfred Döblin, [*Synopsis* zum Drehbuchentwurf *Bergromance*]; zit. nach: AW 22, Walter-Vlg., Olten 1983, S. 418

Lieber Kesten, arbeiten Sie denn nun wenigstens was Richtiges und zwar nach Ihrem Geschmack? Ich denke da an mich: ich habe hier in dem office zu sitzen und muss Raubbau an meinem Gehirn ueben und Storys »erfinden«, dass sich Gott erbarm. Jetzt läuft ja der Vertrag auch nicht unbegrenzt und da muss man was abliefern. – Ueblen Stuss, aber ich kann ihn doch nicht uebel genug machen. Goetter sind hier ein gewisser Reisch, auch Froeschel ist gross, und Franz Schultz (von Lustig hoere ich nichts). Jeder von uns murkst hier so rum, und man kanns den Goettern nicht gleich tun. Sonst arbeite ich nichts. [...]

Ich glaube nicht, dass man gleichzeitig Herrn Louis B. Mayer und der eignen Arbeit dienen kann. Voilà eine Sklaverei. Es ist keine Prostitution, denn ich bin nicht anwesend bei dieser Art verlogener Druckserei.

»Wenig Hoffnungen«, schreiben Sie. Stimmt. Hoffnungen äussert hier nur Feuchtwanger. Das ist ein Ultraoptimist. Contus. Als ich ihm neulich sagte, dass ich jede Diktatur ablehne, und die von links nicht weniger als die von rechts, da meinte er, ich brauche nichts zu fuerchten, im Links-Deutschland wuerden Heinr[ich] Mann und – er, L. F., bestimmen, was gedruckt wuerde und was nicht. Da haben Sie nun doch eine Hoffnung, lieber Kesten. – Gelegentlich sehe ich hier Markuse, er haelt einen populären philosoph[ischen] Kurs, montags, jetzt schliesst er. Als wir neulich den 70. Geburtstag von H. Mann feierten bei der Salka Viertel, war es wie einstmals: Th. Mann zueckte ein Manuskript und gratulierte daraus, dann zueckte der Bruder sein Papier und dankte auch gedruckt daraus, wir sassen beim Dessert, etwa 20 Mann und Weib, und lauschten deutscher Literatur unter sich. Da waren noch Feuchtw[anger], Werfel, Mehring, die Reinhardts, einige vom Film. – Der Krieg sieht nach sehr grosser Laenge aus. Ich sage nichts voraus, vielleicht vertraegt sich Stalin wieder mit Hitler, nichts ist unmoeglich. – Erzaehlen Sie doch mal mehr von Ihrer Arbeit. Ich waere gern in Newyork. F. Lion ist in Nizza, seine Freunde Jakobi besuchten uns neulich.

Alfred Döblin, *Brief an Hermann Kesten*, Hollywood, 24. Juli 1941; zit. nach: AW 13, Walter-Vlg., Olten 1970, S. 255 f

Ich selbst, das ist richtig, beschäftige mich jetzt (wie seit ca 2-3 Jahren) stärker, im Anschluß an Kierkegaard, mit christlicher Mystik und Philosophie. Sie haben ja vielleicht schon in meinem Band »Bürger u[nd] Soldaten 1918« (Figur Becker, Tauler) Einiges davon gefunden; es tritt noch breiter in dem unveröffentlichten 2. Band hervor. Es ist nichts weiter als meine (oder im Grunde die allgemeine) ewige Unterhaltung über das »ich« und »die Natur«. Soweit dies meine ständige Gedankenlinie ist, liebe Frau Rosin, reden Sie bestimmt nicht [von] »Verrat«, dessen bin ich sicher.
Würde ich mit irgendwelcher christlicher Haltung und entsprechenden Worten an die Öffentlichkeit treten, und gar jetzt, so würde das ein »Verrat« sein, nämlich an dem, was ich ja auch bin, am Jüdischen. [...]
Würde ich, was gar nicht der Fall ist, heute oder morgen katholisch oder protestantisch werden, warum sollte ich es nicht, – wofern es »in meinem Busen« bleibt? [...]
Meine Verbindung mit dem jüdischen Volk war sogar in den letzten Jahren politisch aktiv, – und ich bin öffentlich 1000 x als Jude hervorge-

treten, obwohl ich ja schon 1912 in Berlin, also vor dem ersten Krieg, aus der Jüdischen Gemeinde und Religion ausgetreten bin, – was Sie im »Jüd[ischen] Lexikon« etc gedruckt finden können. Trotzdem – bin ich damit nicht in ein Versteck gegangen; weil es um Kampf ging, war und blieb ich Jude.

Alfred Döblin, *Brief an Elvira und Arthur Rosin*, Hollywood, 17. September 1941; zit. nach: AW 13, Walter-Vlg., Olten 1970, S. 258 f

Entscheidend für die Konversion wurden hochgebildete Jesuitenpater in Los Angeles, unter deren Leitung Döblin Thomas von Aquin und die Kirchenväter und immer wieder das Neue Testament las. Sie sprachen deutsch und waren große Dialektiker, Florettfechter höchsten Ranges. Der geborene Polemiker staunte, focht und streckte die Waffen [...]

Robert Minder, *Alfred Döblin zwischen Osten und Westen*, in: ders., *Dichter in der Gesellschaft*, Suhrkamp Vlg., Frankfurt 1966, S. 181

Were it not for works like
yours the language misused
in oppression would be the
~~dying~~ one. Your persistent
mastery is one of the forces
that keeps it alive for better
times to come.

Max Horkheimer

UNDER FIRE—Allied infantrymen dash along street in Rome, apparently under fire, as German tank burns at left. Allied tanks spearheaded the move into city. The Allied 5th Army yesterday pushed across the Tiber River in pursuit of the German 10th and 14th armies.
—Wirephoto from Signal Corps Radiophoto

PAYING THE PRICE—This is the heart of Berlin, strong-hold of Prussianism, a city of more than 4,000,000 and headquarters of Hitler, Himmler, Goebbels and Goering. Here were hatched the Nazis' plans for world domination.

But with the German armies trapped and destroyed in Russia, in Africa, in France and in Germany's own Rhineland, now Berlin, nerve center of German aggression, dying in flames as the Russians battle through its streets.

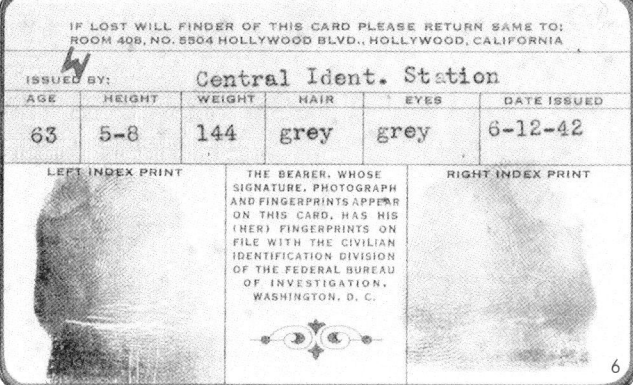

1942 20. Januar. *Wannsee-Konferenz* zur »Endlösung«.

2. Februar. Bitte um finanzielle Hilfe an den aus den Berliner Jahren befreundeten Arthur Rosin in New York.

Februar. Beginn der Vorarbeiten zum letzten Teil der November-1918-Trilogie *Karl und Rosa*. Schwierigkeiten bei der Literaturbeschaffung.

März. Erste Judentransporte werden nach Auschwitz dirigiert; die Massenvernichtung durch Gas beginnt.

12. Mai. Peter Döblin tritt seinen amerikanischen Militärdienst an.

31. Mai. Kommunion Döblins.

Ab Juni. Wegfall der Arbeitslosenunterstützung.

Mitte Oktober. Zusammenbruch Erna Döblins bei der Nachricht, daß auch die Unterstützung durch den *Writers Fund* wegfällt. Übrig bleibt nur eine kleine monatliche Zuwendung vom Sohn Peter. Später Verlängerung der *Writers-Fund*-Unterstützungen mit monatlichen Zusagen.

Vergebliche Bewerbung Döblins um ein Stipendium der *Guggenheimstiftung* für 1943 (die Wahl fällt auf Siegfried Kracauer).

Ab Dezember. Nach einer schweren Herzattacke längere Bettruhe und wegen Erna Döblins gleichzeitiger Gallen- und Darmerkrankung vorübergehende Unterbringung in einem Pflegeheim.

und ... Religionsgespräch *Der unsterbliche Mensch*. Beginn der auf Jahre hin vergeblichen Bemühungen, für die Fortsetzung der auf vier Bände angelegten Romanfolge *November 1918* einen Verleger zu finden.

1943 Frühjahr. Abschluß *Karl und Rosa*.

April. Erna Döblin mit einem Darmleiden im Krankenhaus.

14. August. Döblins 65. Geburtstag im Kino *El Pablo Rey Playhouse* in Santa Monica. Etwa 180 Gäste, organisiert von Elisabeth Reichenbach und Helene Weigel. Festrede: Heinrich Mann, Musik von Eisler, Schönberg und Ernst Toch. Granach, Kortner und Peter Lorre lesen aus Döblins Werken, Blandine Ebinger singt Berliner Chansons. Döblin erregt Mißfallen durch die Andeutung seiner religiösen Entwicklung.

1 Boulevard in Hollywood, o.J. (11) **2** Gratulation Max Horkheimers zu Döblins 65. Geburtstag, 10. August 1943 (4) **3** Der zerstörte Kölner Dom, 1944, Foto: Hans Hubmann (9) **4** Inserat des *Aurora Verlags* (4) **5** und **8** Undatierte Zeitungsausschnitte aus Döblins Sammlung (4) **6** Döblins *Identification Card* als *Motion Picture Employee*. Dieser Nachweis über seine amerikanische Sozialversicherung wurde ihm erst ausgestellt, als er schon nicht mehr bei *Metro-Goldwyn-Meyer* beschäftigt war, Dezember 1942 (1) **7** Döblin mit Sohn Stefan, um 1943 (3) **9** Klaus Döblin, hier 1940 mit Lya Syngalowski in Marseille, arbeitet als Sekretär der O.R.T. in Europa (1)

3. Oktober. Teilnahme am Kongreß *Writers in Exile* in der *University of California,* Westwood; Vortrag von Thomas Mann.

Ende Dezember. Abschluß der Erzählung *Der Oberst und der Dichter*.

und ... *Pardon wird nicht gegeben* erscheint in spanischer Übersetzung in Buenos Aires.

1944 Frühjahr. Niederschrift der kleinen Erzählungen *Reiseverkehr mit dem Jenseits* und *Das Märchen vom Materialismus*.

Döblin wie auch Thomas Mann lehnen die von Brecht angetragene Mitarbeit beim *Council for a Democratic Germany* wegen Bedenken u.a. gegen »kommunistische Hintergründe« ab.

Neben zehn anderen deutschen Exilautoren wie Bloch, Brecht, Feuchtwanger, Oskar Maria Graf, Heinrich Mann und Berthold Viertel zeichnet Döblin als Mitgründer des von Wieland Herzfelde in New York vorbereiteten *Aurora*-Verlages.

10. Mai. Claude Döblin flüchtet in die Schweiz und schließt sich dort der jüdischen territorialistischen *O.R.T.* an.

6. Juni. Die Alliierten landen in der Normandie.

20. Juli. Das Attentat auf Hitler scheitert.

August. Der Aufstand von Paris führt nach 6 Tagen zur Selbstbefreiung der Stadt. De Gaulle bildet eine provisorische französische Regierung.

und ... *Nocturno*, eine Episode aus *November 1918* erscheint in 250 Exemplaren in der von Ernst Gottlieb und Felix Guggenheim gegründeten *Pazifischen Presse*, Los Angeles – Döblins einzige deutsche Buchveröffentlichung im amerikanischen Exil.

1945 Januar. Stefan Döblin entscheidet sich für die Beibehaltung der französischen Staatsbürgerschaft und für den Dienst in der französischen Armee.

20. März. Döblins empfangen die Nachricht vom Tode Wolfgang Döblins.

April. Überfahrt Stefans mit einem Truppentransport nach Europa.

8. Mai. Bedingungslose Kapitulation Deutschlands. Döblin bemüht sich in Briefen an Freunde um eine Stellung in Deutschland, die ihm eine Rückkehr erlaubt.

August. Beginn der Arbeit am *Hamlet*-Roman.

August bis Anfang Oktober. Döblin erhält von Ernest Tonnelat aus Paris Vorschläge für eine Anstellung in der französischen Zone Deutschlands im Dienst der Besatzungsbehörden. Er sagt sofort zu. Die Visa kommen vom französischen Konsulat in San Francisco. Döblin erhält die letzte Unterstützungsrate aus dem *Writers Fund*. Bezahlung der Rückreisebilletts durch Geldspenden von Freunden.

Zwischenaufenthalt in New York, letzte Begegnung mit Yolla Niclas.

8. Oktober. Beginn der Überfahrt an Bord der *Argentine*.

1942 BIS OKTOBER 1945

Mir fiel wieder einmal Ihre Hilfsleistung in der Schweiz für den jetzt toten Musil ein; Sie trommelten da, glaube ich, mehr interessierte Leute zusammen. Ist für mich in irgendeiner Weise nicht auch sowas zu schaffen? Ich habe mich unter Benützung der Fragebogen, an die »Guggenheimstiftung« gewandt (als Experten habe ich angegeben Thomas Mann, den hiesigen Professor der Germanistik Pr[o]f. Arlt, dann als publisher Huebsch in New York.) Natürlich ist das ein Lotteriespiel, da sich über 1000 Leute um die 60 Stipendien bewerben und da ich ja nicht gerade in die Kategorie gehöre, für die die Stiftung gedacht ist. Gleichviel; ich habe es nicht versäumt. Aber ich bitte Sie, lieber Rosin, denken Sie, wenn Sie einmal dazu den Kopf frei haben, nach, was man wohl machen kann, um mich »flott« zu erhalten [...] die Situation ist fantastisch prekär wie nie.

Alfred Döblin, *Brief an Arthur Rosin*, Hollywood, 28. Oktober 1942; zit. nach: AW 13, Walter-Vlg., Olten 1970, S. 284f

Die Religion kann sehr schön sein, aber ich mag diese alten Sachen nicht, die alle ein einzelnes Volk betreffen; mich kann die Religion des jüdischen Volkes, das gar nicht mehr existiert, nicht interessieren; ich bin Amerikaner, wenn man denn von einem Volk reden will. Eine Religion muß für alle Menschen gleich sein, und da gibt es kein »ausgewähltes Volk«. Das erinnert mich zu sehr an die Nazis.

Alfred Döblin, *Brief an Peter Döblin*, 1942; zit. nach: Jochen Meyer, Katalog zur Ausstellung des Deutschen Literaturarchivs Marbach. *Alfred Döblin 1878 · 1978*, Deutsche Schillergesellschaft, Marbach am Neckar 1978, S. 374

[...] man ist eingesperrt nicht in einem Hotelzimmer, sondern in einer Bretterbude, die sich hier bungalow oder flat nennt; und in der Tat, man ist viel und ausgedehnt im Grünen, – bin ich aber eine Kuh? Und wie soll man irgendwo hinkommen? (Wenn man kein Auto haben kann.) Außerdem, wo soll man hin? Exil, lieber Leidensgefährte, Exil zehnmal präciser als in Paris, waschechtes Exil. Der Emigrierte hat wirklich nur zu wählen zwischen der sichtbaren Zelle, die ihm sein Heimatland reserviert, und der unsichtbaren, mit der das Asylland aufwartet.

Alfred Döblin, *Brief an Hermann Kesten*, [um 1942]; zit. nach: *Deutsche Exilliteratur seit 1933*, Band 1, *Kalifornien*, hrsg. von M. Spalek und J. Strelka, M. Franke-Vlg., Bern und München 1976, S. 310

Der breite Fahrdamm lag im Dunkeln. In der leeren, weiten Siegesallee ließen um Mitternacht die Markgrafen, Kurfürsten und Könige ihre Marmorgelenke krachen und gingen spazieren. Sie gingen immer um Mitternacht spazieren. Aber heute waren sie aufgeregt, hier auf der Chaussee war etwas vorgefallen, sie begriffen es nicht.

Albrecht der Bär, nahe dem Rolandbrunnen, war schon vor zwölf Uhr nicht auf seinem Sockel zu halten. Er glaubte, es handle sich um einen Slawenüberfall. Sie seien in die Burg eingebrochen und hätten sich in der Nähe verschanzt. Er kletterte herunter, um Hilfe zu holen.

Nun hängt beim Erwachen von Marmorstatuen viel davon ab, ob sie richtig hergestellt sind. Zum Beispiel haben es expressionistische Figuren immer schwer und schweben in ständiger Lebensgefahr wegen ihrer übernatürlich langen und gewundenen Gliedmaßen, die schwer zu dirigieren sind. Albrecht der Bär, der alte Recke, merkte wieder einmal beim Herabsteigen vom Sockel, daß mit ihm etwas nicht stimmte. Er hinkte, er hinkte greulich. Er hatte zeit seines Lebens nie gehinkt. Wie hätte er sonst solche Fehden bestehen können. Aber der Künstler hatte der Perspektive wegen oder aus Irrtum von seinem rechten Bein mehrere Zentimeter weggelassen. Nun stand Albrecht schräg unten, schnellte links in die Höhe und sank rechts herunter. Wie sollte man in dieser Weise stürmen und den Kampf beginnen. Er heulte vor Wut; mit Toten kann man sich alles erlauben. Aber er bezwang sich und hoppelte los.

»Alarm, Alarm, Feuerjo!« schrie er. Er besaß einen kolossalen Brustkorb, in dem der Bildhauer nachgeholt hatte, was er an den Beinen versäumte.

Ein Lebender kann sich schwer in die Ideen einer Steinfigur hineinversetzen. Dieser Albrecht der Bär sprengte die Allee entlang und staunte, obwohl der schon Hunderte Male hier entlanggelaufen war, über die unbewegliche Reihe der Steinfiguren, seiner Leidensgenossen und Kollegen, die noch schliefen. Was machten die Kerls da oben? [...]

Und da wackelten schon und taperten, während Albrecht auf dem Fahrdamm weiter brüllte und hopste, die andern an, die von ihren Sockeln gekrochen waren. Sie suchten mit ihren Gebeinen fertigzuwerden, sich zu biegen und zu beugen, zu verkürzen und zu verlängern. Die Armen stöhnten und beklagten sich über den Zustand, in den sie die Kunst versetzt hatte. Sie seufzten

oder fluchten je nach dem Temperament und der erlittenen Behandlung. Da erschienen nacheinander unter den Bäumen der Siegesallee: Albrecht Achilles, Johann Cicero, Joachim der Erste, Joachim der Zweite, Joachim Friedrich, Johann Sigismund, Johann Georg. Die ganze Ahnentafel, die ganze Geschichtstabelle hatte sich knarrend und krachend in Bewegung gesetzt, und sie lärmten durcheinander und wollten alle wissen, was heute hier vorgefallen war. Denn alle hatten etwas gefühlt und ängstigten sich. Sie mühten sich, von der Stelle zu kommen. Bewegungen in Marmor sind allemal schwierig. Aus einem Gebüsch ließ sich eine kreischende Stimme vernehmen:

»Au secours, au secours, aidez-moi, je vous en prie. Will mir nicht einer behilflich sein?«

Das war der große Kurfürst, der mit seiner Allongeperücke im Astwerk eines Baumes hängengeblieben war.

Zwei Herrschaften rannten herbei, schlugen mit ihren Schwestern die Äste ab, worauf dieser Friedrich Wilhelm endlich herabsteigen konnte. Aber ein abgehauener Ast hing noch an der Perücke. Wütend riß der Kurfürst daran und stand plötzlich mit einer mächtigen Glatze da, schwer verändert, wahrhaftig, und wenig kurfürstlich, und schämte sich. [...]

Der Alte Fritz bemerkte grämlich: »Was hat man von dem ganzen Nachleben, wenn es darin besteht, daß einen bei Tag ungewaschene Schulbuben und Kindermädchen angaffen, und bei Nacht muß man dies Geschrei ertragen.«

Der jüngere Friedrich Wilhelm der Vierte: »Die Nachwelt ist nie ein Vergnügen. Wir haben hier als Vorfahren und ehemalige Regenten auf Sockeln herumzustehen, gewiß, ein bißchen wie Affen in der Menagerie. Aber wir sind für den Staat verantwortlich und bleiben es auch in effigie nach dem Tode. Der Marmor bringt zweifellos viel Unbehagen mit sich. Aber nehmen Sie die andern, die bloß und glatt Gestorbenen. Die machen einen umständlichen Verfaulungs- und Raffinierungsprozeß durch. Schön ist das auch nicht.«

Der alte Fritz: »Haben Sie eine Ahnung, Verehrtester, was heute hier vorgegangen ist?«

»Ich denke«, antwortete der milde Friedrich Wilhelm der Vierte. »Es handelte sich um eine Pöbelveranstaltung, eine Straßenrevolte. Der alte Trottel da, der von den Slawen schreit, irrt sich natürlich. Die Berliner haben sich nicht verschanzt, sie sind längst nach Hause gegangen.« [...]

Und es dauerte nicht lange – während die Bildsäulen noch verdattert über die unglaublichen Meldungen diskutierten –, da ließ sich von der Stadt ein Rauschen und Scharren vernehmen. Das verworrene Geräusch wie von einer großen Menschenmenge, die sich näherte, nahm an Stärke zu. Man hörte das Klappern und Stampfen. Ein gleichmäßiger Marschschritt, begleitet von dumpfen Trommelwirbeln und Pfeifenschall, ließ sich vernehmen. [...]

Und da kamen sie. Aber wie, und wie viele! Sie waren so viele, daß sie nicht alle zugleich auf der Chaussee marschieren konnten. Und so marschierten sie übereinander in Etagen, die einen auf dem Asphalt, die andern ihnen zu Häupten, die nächsten in Höhe der Bäume und welche über den Baumwipfeln. So quoll es vom Brandenburger Tor her in der Finsternis der Nacht, und waren alle Schatten, Geister, Tote, Gefallene der Regimenter, die vom 10. zum 12. Dezember nach Berlin zurückgekehrt waren und mit denen, ungesehen und ungefeiert, die Gefallenen miteingezogen waren, Garde, Feldartillerie, Infanterie, Gardereserven, Jägerbataillone, Graf Yorck.

Jetzt verließen sie die Stadt. Sie zogen wieder aus. Sie hatten ihre Kameraden begleitet, die Maiglöckchen im Knopfloch trugen und fröhlich sangen: »In der Heimat angekommen, fängt ein neues Leben an, eine Frau wird dann genommen, Kinder bringt der Weihnachtsmann.« [...]

Man trat an, so gut man konnte: der eine ohne Arm, der andere ohne Kopf. Viele glasartig durchsichtig; das kam daher, weil ihre Leiber von Granaten ganz und gar zerrissen waren. Neben ihnen liefen lose Haufen von Zivilisten und Matrosen, nicht besser dran wie sie. Im feierlichen Schritt näherten sie sich mit wehenden Fahnen. Sie breiteten sich rechts und links in die Siegesallee aus; die am Boden nahmen die Plätze ein, auf denen sich am Tage die Revolutionäre gesammelt und die langen Stunden gewartet hatten. Kapellen spielten: »Nun ade, du mein lieb Heimatland.« Einige Kapellen bliesen in einer sonderbaren Verzerrung den Hohenfriedberger Marsch. [...]

Vom Boden heulten Stimmen. »Da sind sie, die Schuldigen, die Verbrecher. Faßt sie, sie haben sich versteckt, zerschlagt sie.«

Sie hatten, schon im Abfliegen, die weißen Steinfiguren entdeckt, die sich verängstigt im Strauchwerk verkrochen. Aber man hatte sie gesehen, und nun gab es kein Entrinnen. Von allen Seiten drängten die wilden Scharen der Schatten, der Richter und Rächer an und schwangen sich über sie:

»Die Alten, die Vorfahren, die Stolzen, schlagt sie in Stücke!«

Und sie warfen sich über die Steinfiguren, von oben, von allen Seiten, sie hingen wie Trauben an ihnen und rissen und würgten an ihnen. Ein stummes Ringen und Schlagen hob im Strauchwerk an. Was können Schatten gegen Stadtmarmorfiguren ausrichten? Sie haben es schon schwer mit lebenden Menschen, die aus weichem Fleisch bestehen. Aber einiges konnten sie doch, wie man hier sah, um ihnen das Leben beziehungsweise den Tod schwerzumachen. Sie erschreckten die Denkmäler, die vor ihnen ausrückten. Aber sie waren natürlich rascher. Die Denkmäler versuchten vor ihnen die Bäume hinaufzuklettern, aber auf den Ästen saßen schon die Schatten, und wenn einer heraufkam, fuhren sie ihnen ins Gesicht, und sie stürzten ab. Die Markgrafen und Kurfürsten warfen, um sich zu erleichtern, auf ihrer Flucht ihre Embleme, Waffen und Rüstungsstücke ab, so daß der Rasen bald nur so besät von Schildern, Schwertern und Hoheitsabzeichen war. [...]

Da hätte man jetzt unsere Markgrafen und Kurfürsten und Könige, die Denkmäler, schon von der Kunst her mit vielen Fehlern behaftet, sehen müssen, wie sie sich nach der Siegesallee zurückschleppten. Ach, es war eine Niederlage. Jeder schleppte seinen Pack von Ornamenten, die nicht gleich auf Anhieb saßen, und das fiel immer wieder hin, und sie mußten sich bücken und bücken, und wie schwer einer Marmorfigur das wird, kann man sich ausmalen.

Alfred Döblin, *Mitternacht in der Siegesallee*, aus: *November 1918,* Band 4, *Karl und Rosa*, [geschrieben 1942/43]; zit. nach: dass., Deutscher Taschenbuch Vlg., München 1978, S. 338 ff

Wir haben hier einen ebenso weisen wie mutigen Menschen. Vergessen wir es nie! Halten wir aus seinem Leben die Beweise fest! Ich denke daran, dass in der preussischen Akademie, Abteilung Literatur, ein modernes Lesebuch für die Volksschulen hergestellt wurde. Ein eifriger Mitarbeiter war Alfred Döblin, so genau er wusste, die Republik werde niemals wagen unser Lesebuch einzuführen – werde auch keine Zeit mehr haben. Als damals die vorläufigen Nazitruppen, eine bunte Gesellschaft von schmucken Jungen und Krüppeln, beschützt von der republikanischen Partei, durch das Brandenburgertor nach der Wilhelmstrasse aufzogen, wer ging mit, besichtigte das Phänomen und merkte sich alles? Döblin, – bevor er emigrieren mußte.

Er hat in Frankreich die Radiosendungen nach Deutschland bedient. Er hat das seine getan, kurzweg seine Pflicht, ob mit oder ohne viel Hoffnung. Endlich aus Europa vertrieben, war ihm zu handeln nicht mehr erlaubt. Sein Anteil war nunmehr neu, obwohl ihm längst vertraut. Die Schäden seiner Patienten vom Wedding befielen ihn selbst, die Existenzangst, die Sorgen [des] Leibes und der Seele. In Gemeinschaft mit seiner liebevollen Frau bangt er, täglich seit Jahren, um das ungewisse Schicksal zweier Söhne. Er arbeitet unbedankt, wie jetzt meistens üblich, wenn im Rücken der produktiven Persönlichkeit kein Staat mehr sie schützt. Man wird dafür missachtet, sogar der alte Kontinent und seine Kultur sind im Ansehen gesunken; sie zu vertreten mit Weisheit und Mut lohnt: nur lohnt es nicht in der geläufigen Währung.

Gleichviel, der Jubilar ist eigentlich noch lange keiner, denn 65 Jahre sind kein Alter, man vergleiche die Zwanzigjährigen, die in ungeheuren Mengen jetzt fallen. Gestern jung, haben sie heute kein Datum, nur die Ewigkeit. Dagegen sind 65 gar nichts. Mit etwas Glück, Kriegsglück und eigenes, wird Doktor Alfred Döblin eines Tages in Berlin eintreffen. Sein Alexanderplatz ist inzwischen von Bomben zertrümmert: er nicht. Dass er aushielte, bis Berlin seinen tiefen Kenner, tiefen Liebenden wieder hat, und er sein Berlin.

Heinrich Mann, *Für Alfred Döblin*, [Glückwünsche zu seinem 65. Geburtstag, Typoskript aus dem Literaturarchiv Marbach], S. 3 f

Als letzter betrat Döblin das Podium. Er war tief beeindruckt von dieser Ehrung. Bewegt stand er dort, ein mittelgroßer Mann, schlank, mit einem Gesicht, das immer noch zart wirkte. Es hatte trotz der grauen Haare etwas Jungenhaftes bewahrt. Er ließ die blauen Augen über die versammelten Gäste gehen, die er mit seinen Dankesworten anrühren wollte. Man spürte, daß dies die Worte eines frommen Menschen waren.

Blandine Ebinger, *Geburtstagsfeier für Döblin*, in: dies., *Blandine ...* , Arche Vlg., Zürich 1985, o.S.

Damals, am 14. August 1943, überraschte Alfred Döblin seine Freunde und Kollegen mit einem verwirrten, von allen Gästen als peinlich empfundenen Schuldbekenntnis: Da er nicht genügend »Gott« gesucht habe, sei er mitschuldig am Aufstieg der Nazis. Besonders Brecht, der mit Helene Weigel die Feier in einem kleinen Theatersaal arrangiert hatte, ärgerte sich über diese, von aller politischen Realität absehenden Erklärung seines Freundes. In einem Gedicht handelte er den »peinlichen Vorfall« ab, bei dem die irreligiösen Gefühle der meisten Feiernden empfindlich verletzt wurden. Einer seiner »Götter« enttäuschte ihn maßlos, und die von ihm aufgebotenen Künstler wie Hanns Eisler, der Pianist Eduard Steuermann sowie die Schauspieler Blandine Ebinger, Alexander Granach, Peter Lorre und Fritz Kortner erklärten sich für genarrt. Als Eisler schimpfend aufstand, rief ihm Brecht ein flehendes »Pssst« zu. Den Ärger galt es zu schlucken, dem verehrten Autor gegenüber wollte er nicht grob und unhöflich werden. Thomas Mann selbstverständlich reagierte vornehm zurückhaltend, drückte sich jedoch dem Jubilar gegenüber um eine zustimmende Stellungnahme und entschuldigte sich mit seiner protestantisch-humanistischen Tradition. Er am wenigsten noch schrieb Döblin als Autor damals ab. Seine Sympathie indessen verstärkte nur den Thomas-Mann-Komplex des Geehrten. Die Geburtstagsfeier für Döblin war eine der seltenen gemeinsamen Unternehmungen von in Hollywood ansässigen Künstlern und Schriftstellern unterschiedlicher Herkunft. Selbst Franz Werfel, gegen den Brecht und Döblin einst in Dresden ausfällig geworden waren, saß huldigend im Parkett.

Klaus Völker, *Bertolt Brecht,* Hanser Vlg., München 1976, S. 322 f

Als einer meiner höchsten Götter seinen
10 000.
Geburtstag beging
Kam ich mit meinen Freunden und meinen
Schülern, ihn zu feiern
Und sie tanzten und sangen vor ihm und
sagten Geschriebenes auf.
Die Stimmung war gerührt. Das Fest nahte
seinem Ende.

Da betrat der gefeierte Gott die Plattform,
die den Künstlern gehört
Und erklärte mit lauter Stimme

Vor meinen schweißgebadeten Freunden und
Schülern
Daß er soeben eine Erleuchtung erlitten habe
und nunmehr
Religiös geworden sei und mit unziemlicher
Hast
Setzte er sich herausfordernd einen
mottenzerfressenen Pfaffenhut auf
Ging unzüchtig auf die Knie nieder und
stimmte
Schamlos ein freches Kirchenlied an,
so die irreligiösen Gefühle
Seiner Zuhörer verletzend, unter denen
Jugendliche waren.

Seit drei Tagen
Habe ich nicht gewagt, meinen Freunden und
Schülern
Unter die Augen zu treten, so
Schäme ich mich.

Bertolt Brecht, *Peinlicher Vorfall,* in: *Gesammelte Werke,* Band 10, *Gedichte,* Band 3, Suhrkamp Vlg., Frankfurt am Main 1968, S. 861

Petrus, es ist zwar sehr schön, daß du jetzt durch Frau Wendriner mit katholischen Leuten in Berührung kommst, aber bitte, du vergißt nicht, daß Du über mich und meine Zugehörigkeit zum Glauben *nicht* sprichst. Ich hoffe, du hast auch zu Frau Wendriner nur von Dir gesprochen. (Falls etwa auch von mir oder uns, so sage ihr, daß ich darüber absolute Diskretion haben will und muß; ich hätte sonst massenhaft Schwierigkeiten und Unannehmlichkeiten dadurch; ich will es *während des Krieges* absolut zurückhalten.)

Alfred Döblin, *Brief an Peter Döblin,* Hollywood, 6. Dezember 1943; zit., nach: AW 13, Walter-Vlg., Olten 1970, S. 298

Alfred Döblin, Bruno Frank und ich saßen in einer Konditorei und sprachen deutsch. Unsere heftigen Temperamente und lauten Stimmen gingen auf hohe Touren. Wir gaben enorm an, im Streiten und Lachen. Keinen anderen Gast gab es zu dieser Stunde. Da kam die vergrämte Kellnerin und fordete uns sehr feindselig auf, entweder englisch zu sprechen oder zu gehen. Wir gingen – gekränkt; ganz zu Unrecht. Wir hätten daran denken sollen, daß jedes

Volk, welches die Seinen im Krieg verliert, die Schonung verdient, nicht die Sprache des Feindes hören zu müssen.

Ludwig Marcuse, *Mein zwanzigstes Jahrhundert,* Diogenes Vlg., Zürich 1975, S. 290 f

Die ganze Schwere des Exils liegt auf mir. Für mich ist Amerika weder Immigration noch einfache Emigration, sondern selbstverständlich Asylland eines Exilierten. Wodurch Exil? Durch die völlige Unmöglichkeit, (für mich wie für viele andere) hier Fuß zu fassen, oder gar Wurzel zu schlagen. Gewiß, das Land ist schön, die Luft ist frei und viel reiner als in Europa, aber ich stelle fest, daß kein Einziger von uns irgendwie in echte kameradschaftliche und Austauschbeziehungen zu einem amerikanischen Schriftsteller getreten ist, – trotz der bekannten schönen Höflichkeit, ja Herzlichkeit, die jeder Amerikaner zeigt und die wir gern erwidern. Wie ein amerikanisches Haus anders ist als ein europäisches, so sind die Menschen anders. Ich finde die Amerikaner großartig frisch, direkt, frei, auch unerhört menschlich, – jedoch sind sie nicht mit so furchtbaren Erfahrungen geschlagen wie wir Europäer; sie sind daher aktiver und fröhlicher (was für eine Freude für mich der amerikanische Humor! Mein Leibblatt ist der New-Yorker, und die funnies machen mir kolossalen Spaß; sehen Sie sich einmal an Walt Disneys: »saludo amigos!«), aber wir bleiben eben älter und wissender, auch in den Gefühlen (was für ein feines und raffiniertes Gebilde die Liebe in Europa).

Alfred Döblin, *Brief an Elvira und Arthur Rosin,* Hollywood, 4. Oktober 1943; zit., nach: AW 13, Walter-Vlg., Olten 1970, S. 296 f

Und dann konnte man wieder in seiner Stube sitzen, und die Luft war wieder rein und niemand störte einen.
Und vom Himmel kam nicht mehr das Singen der Motore, der neuen Vögel, die sich die menschliche Rasse geschaffen hatte, kraftvoll aus Stahl und Aluminium, und wenn sie anflogen, so stießen sie ein sanftes Pfeifen und Flöten aus, das aber nur von weitem so klang, aber wenn sie sich näherten, dann wurde ein Sausen und Knurren daraus.
Und wenn sie über die Städte rauschten, über die Menschen, deren Herzen und Hirnen sie

entsprungen waren, dann ließen sie ein Freudengeheul ertönen, und das wurde zu einem Brüllen und Röhren, da es sich um gewaltige Tiere handelte, als ob eine ganze Elefantenherde durch den Dschungel trabte und Bäume umbrach.

Und die Stadt unten mit ihren Häusern, Straßen, Fabriken und Plätzen vibrierte unter dieser kolossalen Musik, die keine Jazzkapelle imitieren könnte, und dann sandten sie, die da oben fröhlich zwischen den Wolken tobten, Grüße auf ihre Eltern herab, in die Häuser, auf die Dächer, auf die Straßen, die wie Kuchenteig auseinandergingen, und sie schmolzen alles in eins, Dächer und Treppen und Spinde und Kinderwagen und Teller und die Menschen, die daraus aßen.

So daß auf eine neue und wahrhaft komplette Art verwirklicht wurde, was Friedrich Schiller im Lied an die Freude gedichtet und Beethoven in Musik gesetzt hat: »Seid umschlungen, Millionen, diesen Kuß der ganzen Welt.«

Nun konnte man wieder in seiner Stube sitzen wie vor der Katastrophe, dem Zusammenbruch. Heller war es am Fenster geworden, denn drüben war eine ganze Häuserreihe verschwunden, von jenen himmlischen Vögeln weggepickt.

Und der Kopf, der so vieles gesehen hatte, konnte sich der Stube zuwenden und sie betrachten, fünf Stühle um einen Tisch versammelt. Aber nur einer war da, um sich zu setzen, der Sturm hatte die andern weggeblasen.

Alfred Döblin, *Der Oberst und der Dichter oder Das menschliche Herz*, Freiburg im Breisgau 1946; zit. nach: dass. , Walter-Vlg., Olten 1984, S. 91

[...] ein Schriftsteller trägt mit der Sprache ein Stück seiner Heimat mit sich und eine Amputation (Herüberwechseln zur anderen Sprache) ist tödlich. Ehrlich gesagt: ich beneide Sie, liebe Rosins, und Maler, Componisten, die nicht so streng und straff gebunden und gehindert werden, und zwar grade angesichts dieses Amerika, das mich ja in so vieler Hinsicht entzückt. Oh, man kann sich, wenn man hier seinen Arbeitsplatz findet, wohl fühlen. Diese Abwesenheit des Gehorsamgeistes, der Subordination. Dieses viel bessere Aufwachsen, charakterlich, der Jugend. Und wie die jungen Leute der highschool (wir sehen es bei unserem Etienne) frisch froh frei zwischen der Schulararbeit in Warenhäusern arbeiten, – das wäre uns nie eingefallen, – unter der Würde eines Gymnasiasten oder Studenten (Übrigens gebe ich gut und gern zu, daß sogar ich es interessant und immer interessanter finden würde, wenn ich nicht unverändert mit Englisch so schlecht dran wäre, und wenn nicht – Krieg wäre, der das ganze Bild verschiebt).

Alfred Döblin, *Brief an Elvira und Arthur Rosin*, [Hollywood], 9. Februar 1944; zit. nach: AW 13, Walter-Vlg., Olten 1970, S. 300

Das große politisch-militärische Geschehen warf nur leise Wellen an unseren verlorenen Strand. Hier war man nur Zuschauer oder Leser und Hörer. Was tat ich, was konnte, was mochte ich tun? Ich beobachtete die Menschen auf der Straße, in den Lokalen und in Gesellschaft, wie ich immer tat. Ich las Zeitungen und Zeitschriften und studierte die Bücher, die mir zugänglich wurden. Ich hörte viel Radio. Ich sammelte während dieser Jahre Zeitungsausschnitte und Bildmaterial aus Zeitschriften.

Alfred Döblin, *Schicksalsreise*, Frankfurt am Main 1949; zit. nach: AW 19, Walter-Vlg., Olten 1980, S. 342

Ich mache jetzt wirklich keinerlei Bemühungen mehr, um in diesem Land (wo man sogar das Platteste und Leerste druckt) noch irgendwie zu Wort zu kommen; faktisch ist, seit ich hier bin, keine einzige Zeile von mir gedruckt; ich muß es wohl oder übel zur Kenntnis nehmen, da[ß] ich hier gänzlich fehl am Platze bin.

Alfred Döblin, *Brief an Arthur Rosin*, [Hollywood], 12. Juni 1944; zit. nach: AW 13, Walter-Vlg., Olten 1970, S. 304

So erleben wir denn jetzt, wenn auch noch nicht das Ende dieses Krieges, so doch den Sturz des Nazitums. Geht es Ihnen so wie mir: ich kann mich beinah kaum darüber freuen. Daß diese Bestie endlich daliegt, gut; aber was hat sie angerichtet. Den andern Verbrecher, in Italien, hat man auch zur Strecke gebracht. Wenn nun doch ein allgemeiner belebender Wille entstünde, wenn wir nun doch einen Sturm von Freiheit und menschlichem Gefühl, Schmerz und Solidarität erlebten. Aber kaum etwas davon. Eine neue Zeit, eine neue weltpolitische Periode bereitet sich vor, die Mächte gruppieren sich neu, eine lange Schwächeperiode (Gott sei Dank) steht in Aussicht; welch Schlag für uns, daß Roosevelt hinging, – es fehlen Stimmen. Aber vielleicht krabbelt man sich zurecht; wir hatten eine greuliche Zeit der »großen« Männer; vielleicht findet sich die Menschheit, ungestört von den schändlichen Herren, besser zurecht. Mein persönlicher Bedarf an historischen Ereignissen ist nun völlig gedeckt [...]

Alfred Döblin, *Brief an Elvira und Arthur Rosin*, [Hollywood], 2. Mai 1945; zit. nach: AW 13, Walter-Vlg., Olten 1970, S. 315

Viel ist uns in diesem Land zuteil geworden. Leb wohl, Amerika.
Du hast mich nie gemocht –
ich liebe Dich doch.

Alfred Döblin, *Schicksalsreise*, Frankfurt am Main 1949; zit. nach: AW 19, Walter-Vlg., Olten 1980, S. 366

ALFRED DÖBLIN

Sieger
und Besiegte

AURORA VERLAG / NEW YORK

GOUVERNEMENT MILITAIRE
DE LA
ZONE FRANÇAISE

Nº 619

Valable jusqu'au
30 juin 1947 inclus

LAISSEZ-PASSER

Mr. DÖBLIN Alfred-Chargé de Mission
de la DIRECTION DE L'EDUCATION PUBLIQUE -BEAUX ARTS
P. 242
est autorisé à pénétrer à
de 8h30 à 18h30 heures, pour les besoins
de son Service.

Baden-Baden, le 23.3.1947

NOTA. — Cette carte est strictement personnelle.

1945 16. Oktober. Ankunft in Le Havre.
20. Oktober. Erste Dienstbesprechungen im *Ministère de l'Education* in Paris.
9. November. Döblin beginnt in Baden-Baden seine Arbeit als *Charge de Mission* im Dienst der *Direction de l'Education Publique*. Seine Aufgaben: Zensur zum Druck vorgelegter Manuskripte und Vorbereitung einer literarischen Monatszeitschrift. Noch im November erste Bitten um Mitarbeit an der geplanten Zeitschrift an Brecht, Feuchtwanger, Wieland Herzfelde, Hermann Kesten, Rudolf Leonhard, Ludwig Marcuse etc.
30. November. Spaltung des Berliner Magistrats.
November. Fortsetzung der Arbeit am *Hamlet-Roman*.
1946 22. Februar. Döblins Bericht *Abschied und Wiederkehr* erscheint in der *Badischen Zeitung*, Freiburg.
April. In Wieland Herzfeldes *Aurora*-Verlag, New York, erscheint *Sieger und Besiegte* aus *November 1918*.
Mai. Der im Nationalsozialismus mit Schreibverbot belegte Schriftsteller Reinhold Schneider weigert sich, mit Döblin zusammenzuarbeiten, da er die Zensurierung durch die französischen Behörden ablehnt.
30. Juni. Atombombenversuch auf dem Bikini-Atoll.
September. Zwei Wochen Urlaub Alfred und Erna Döblins am Bodensee. Döblins Religionsgespräch *Der unsterbliche Mensch* erscheint bei *P. Keppler* in Baden-Baden.
30. September / 1. Oktober. Urteilsverkündung beim Nürnberger Prozeß.
1. Oktober. Das erste Heft der von Döblin geleiteten Zeitschrift *Das Goldene Tor* erscheint. Der Titel erinnert an die *Golden Gate Bridge* und an die Gründung der *UNO* 1945 in San Francisco.
Oktober. Abschluß des *Hamlet*-Romans, der erst 1956 in Ost-Berlin verlegt werden wird.
20. Oktober. Beginn der *Südwestfunk*-Sen-

dereihe *Kritik der Zeit*, in der sich Döblin bis 1952 regelmäßig zu aktuellen Themen aus Kultur und Politik äußert.
November. *Der Oberst und der Dichter* erscheint im Verlag *Karl Alber*, Freiburg.
Ende 1946. Unter dem Pseudonym Hans Fiedeler veröffentlicht Döblin die Broschüre *Der Nürnberger Lehrprozeß*. Auflage: 200 000 Exemplare.
und ... In Mailand erscheint eine italienische Neuauflage von *Berlin Alexanderplatz*, in Buenos Aires eine spanische Übersetzung von *Bürger und Soldaten 1918*.
1947 21. Februar. Lesung aus *November 1918* im *Südwestfunk* Baden-Baden.
Februar. Alfred und Erna Döblin zur Hochzeit Stefans in Paris.
14. Juni. In der Sowjet- und der Bi-Zone werden getrennte Wirtschaftskommissionen eingesetzt.
5.-7. Juli. Bei der Münchener Ministerpräsidentenkonferenz wird ein Aufruf an die aus dem nationalsozialistischen Deutschland vertriebenen Emigranten beschlossen. Darin heißt es: »Wir haben sie schweren Herzens scheiden sehen, und wir werden uns ihrer Rückkehr freuen.«
5.-12. Juli. Erste Wiederbegegnung Döblins und seiner Frau mit Berlin nach ihrer Flucht 1933.
9. Juli. Ansprache zum Thema *Unsere Sorge der Mensch* in der Ausstellung *Das neue Buch* im Schloß Charlottenburg.
10. Juli. Auf Einladung Johannes R. Bechers und Paul Wieglers spricht Döblin bei einem Empfang des *Schutzverbandes Deutscher Autoren* im *Kulturbund zur demokratischen Erneuerung Deutschlands*.
September. Im *Goldenen Tor* läßt Döblin unter der Überschrift *Revision literarischer Urteile* drei polemische Aufsätze über Thomas Mann als saturierten Romancier des unbelehrbaren Bürgertums, das mit seiner Hilfe bruchlos an die Traditionen vor 1933 anknüpft, erscheinen.
7.-9. November. 1. Tagung des von Döblin gegründeten *Verbandes südwestdeutscher Autoren*.

1 Das *Hotel Stephanie* in Baden-Baden, o.J. (4) **2** Passierschein Döblins für den Zutritt zu seiner Arbeitsstelle im *Hotel Stephanie* zwischen 8.30 und 18.30 Uhr; ausgestellt vom französischen *Informationsministerium* (4) **3** Das zerstörte Worms, 1945 (16) **4** Umschlag der Erstausgabe, 1946 (4) **5** Die militärischen Experten der Konferenz von Jalta (von links nach rechts: stehend Cunningham, King, Portal, Leahy; vorn sitzend Churchill, Roosevelt, Stalin), 11. Februar 1945 (7) **6** Schutzumschlag der Erstausgabe, 1946 (1) **7** Der Nürnberger Prozeß: der Angeklagte Wilhelm Keitel spricht seine Schlußerklärung, 31. August 1946 (7) **8** Das Lichtspielhaus *Kapitol* in Mainz, 1945 (9) **9** Das erste Heft des *Goldenen Tores*, September 1946 (23) **10** Alfred Döblin in französischer Uniform, 1946 (4) **11** Studio des *Südwestfunks* Baden-Baden, 1945 (17)

14. November. Vortrag *Unsere Sorge der Mensch* in der Universität Freiburg.
17. November. Tod Ricarda Huchs. Döblin hatte sie im Juli wiedergesehen.
27. November. Ein Neudruck des Buches *Bürger und Soldaten 1918* aus dem *November*-Zyklus scheitert an der französischen Zensur in Döblins eigener Behörde, da der Roman überwiegend im Elsaß spielt.
Die Broschüre *Die literarische Situation* erscheint bei *P. Keppler*, Baden-Baden.
28. November. In der *Mainzer Zeitung* warnt Döblin im Artikel *Weg mit der Furcht* vor den Folgen der antisowjetischen Propaganda.
und ... Döblins amerikanische *Konfuzius-Auswahl* (1940) erscheint in Paris in französischer Übersetzung. Gründung der *Gruppe 47*.

OKTOBER 1945 BIS 1947

Das gewaltige schwarze Schiff hielt an dem künstlichen Pier von Le Havre (der alte Pier war zerstört). Und dies war das erste, was ich von Europa sah, vom Schiffsdeck aus: Unten, in der Finsternis, fuhr ein Wagen mit einem starken Scheinwerfer an. Er warf sein blendendes Licht auf die untere Partie unseres Schiffes. An die offene Tür des Laderaums dort wurde eine breite Leiter gelegt. Und nun kroch, im Lichtkegel des Scheinwerfers, eine Anzahl Männer, alle gleich gekleidet, die Treppe hinauf. Sie sahen von oben wie Gnome aus. Sie verschwanden im Bauch des Schiffes, tauchten wieder auf, schleppten Kisten und Kästen, kletterten damit, immer zwei nebeneinander, die Treppe herunter, setzten ihre Last ab und begannen wieder den Weg. Es war ganz maschinell, wie bei einer Theateraufführung inszeniert; man hörte oben kein Geräusch. Das – waren Deutsche, Kriegsgefangene. So sah ich sie wieder. Ich hing fasziniert an dem Bild. Als wir ausstiegen, standen sie in einem Haufen beieinander. Sie betrachteten uns Wanderer von jenseits des Ozeans, stumm, ohne Ausdruck. Die Leute gingen an ihnen vorüber, als wären sie nichts. Das war die erste, die furchtbare, niederdrückende Begegnung.

Alfred Döblin, *Schicksalsreise*, Frankfurt am Main 1949; zit. nach: AW 19, Walter-Vlg., Olten 1980, S. 432

Alfred Döblin ist aus der Emigration (er war in Amerika) zurückgekehrt. Allerdings nicht nach Berlin, sondern nach Baden-Baden. Dort hat er sich den französischen Behörden zur Lösung kultureller Aufgaben zur Verfügung gestellt.
»Berlin – Alexanderplatz« und das Luxusbad an der Oos – immerhin zwei Welten.

N.N., *Milieuwechsel*, in: *Der Berliner*, 4. April 1946, S. 3

Man zuckt die Achseln. Man hat eben den Krieg verloren und alle sitzen im selben Boot. Um die kleine Lebensmittelration der Woche abzuholen, stehen friedlich nebeneinander an die elegante Haustochter, der Herr Professor und die Portiersfrau. Ich glaube nicht, daß es Selbstmord gegeben hat wegen des Verlustes von Vermögen, – aber aus politischen Gründen gab es viele. Das alles enthüllt das merkwürdige Faktum, wie wenig der angeblich so besitzgierige Mensch am Besitz hängt, und zweitens, welche Macht die Kollektivität besitzt.

Ein Haupteindruck im Lande, und er löst Ende 1945 bei dem, der hereinkommt, das größte Staunen aus, ist, daß die Menschen hier wie Ameisen in einem zerstörten Haufen hin und her rennen, erregt und arbeitswütig zwischen den Ruinen und ihr ehrlicher Kummer ist, daß sie nicht sofort zugreifen können, mangels Material, mangels Direktiven.
Die Zerstörung wirkt auf sie nicht deprimierend, sondern als intensiver Reiz zur Arbeit. Ich bin überzeugt: Wenn sie die Mittel hätten, die ihnen fehlen, sie würden morgen jubeln, nur jubeln, daß man ihre alten, überalterten, schlecht angelegten Ortschaften niedergelegt hat und ihnen Gelegenheit gab, nun etwas Erstklassiges, ganz Zeitgemäßes hinzustellen. [...]
Denn wie ich schon sagte, hier lebt unverändert ein arbeitsames, ein ordentliches Volk. Sie haben, wie immer, einer Regierung, so zuletzt dem Hitler pariert, und verstehen im großen und ganzen nicht, warum Gehorchen diesmal schlecht gewesen sein soll. Es wird viel leichter sein, ihre Städte wieder aufzubauen als sie dazu zu bringen, zu erfahren, was sie erfahren haben und zu verstehen, wie es kam.

Alfred Döblin, *Schicksalsreise*, Frankfurt am Main 1949; zit. nach: AW 19, Walter-Vlg., Olten 1980, S. 375

Vor einigen Wochen, bei einer Reise ins Land, habe ich eine Geschichte gehört, die ich im großen ganzen schon kannte, aber die durch ihre Einzelheiten mich berührte, als wäre sie neu.
Ich traf da in einem kleinen Ort einen Herrn, der mich auf der Straße einen Augenblick verdutzt ansah, dann auf mich zukam und mich bei Namen nannte. Es war ein mir nur oberflächlich bekannter Berliner Arzt, der seit anderthalb Jahren hier wohnte; sein Haus war ausgebombt worden, er hatte sich mit seiner Familie hierher geflüchtet. In der kurzen Zeit, die ich mich in der Gegend aufhielt, kam er täglich zu mir, ich wußte nicht recht warum, – wollte er nur Abwechslung, Nachrichten von draußen? –, bis er mich fragte, ob ich dies und das schon wüßte. Und dann fing er an zu sprechen, und ich merkte, er wollte sich das, was er erzählte, von der Seele reden.
Er war Arzt in einer der großen Berliner Irrenanstalten gewesen. [...] Als nun 1939 der Krieg ausbrach, veränderte sich hier zunächst nichts. In der Anstalt, in der der Arzt arbeitete, spa-

zierte nur häufiger als früher der Direktor in Naziuniform herum, mit brauner Jacke, in Schaftstiefeln.
Da wurden 1940 einmal die Ärzte der Anstalt, von der mein Besucher erzählte (immer leicht beklommen und erregt), es wurden die Ärzte zu einer der üblichen Konferenzen zusammengerufen. Und in ihrem Verlauf, zwischen anderen Punkten, teilte der Direktor den Herren mit, er hätte eine Anweisung erhalten, wonach jeder der an der Anstalt tätigen Ärzte innerhalb einer bestimmten Zeit eine Liste anzulegen hätte mit Namen und Personalien aller Kranken, die sich länger als fünf Jahre in der Anstalt befänden und die voraussichtlich nie entlassen würden und die zudem nicht soviel arbeiteten, daß dies auf die Verpflegung in Anrechnung gebracht werden könnte. Die Ärzte notierten es und fragten, wozu das wäre. Der Direktor wußte nichts. [...]
Und dann, nach einer Pause, setzten die »Evakuierungen« ein. Sie betrafen die Kranken auf den Listen. [...] Da rollten an dem Gebäude große Personenautos vor. Eine Wachmannschaft SS folgte. [...]
Sehen Sie die Frau, die man aus der Tür auf das Trottoir schiebt. Sie hält den Kopf schief und macht einen spitzen Mund, einen zerdrückten uralten Hut trägt sie auf den grauen wirren Haaren. Die Positur, die sie sofort eingenommen hat, einen Arm fest am Leib, den anderen horizontal gekrümmt vor sich in Augenhöhe, gefällt ihr. Man muß sie Schritt für Schritt vorwärtsschieben, die Stufen zum Auto heraufheben. [...]
Man hat die aufgesammelt, welche seit Jahren durch die Korridore der Häuser gehen oder auf dem Boden sitzen und da vor sich stieren und die manchmal singen, manchmal grell schreien, weinen, greinen – und machmal im Zorn die Scheiben zerschlagen. So ist das Menschengesicht entstellt – und noch immer ein Menschengesicht. Wir fassen uns an die Brust.
Einige toben, wie sie die Schwelle ihres gewohnten Hauses übertreten und draußen sind. Man muß sie binden.
Es werden neue Häuser entleert. Die Angehörigen, nicht benachrichtigt, kommen sonntags zu Besuch, verstehen nichts. Die Pfleger können keine Auskunft geben.
So werden sie später, in Linz oder anderswo, in den Bade- oder Duschraum treten, in Gruppen, zum »Duschen«, sie haben noch ein Hemd an. Man läßt sie sich auf die Bänke setzten. Eine stellt sich in die Ecke. Eine zieht es vor, sich auf

den Boden zu setzen. Die Pflegerinnen winken: »Ruhig sein, warten«, und schließen die Tür. Die Kranken sind allein. Eine steht auf, fängt ihren stereotypen Kreisgang an. Eine flüstert und schimpft auf etwas Unsichtbares. Da rauscht es. Es scheint, die Duschen gehen. Eine auf der Bank läßt den Kopf sinken und plumpst, ihrem Kopf nach, dumpf auf die Steinplatten. Die im Kreis gegangen war, blickt auf und sackt in den Knien zusammen. Auf der Bank lehnen sie eine neben der anderen, rutschen, zwei zusammen und einzeln, herunter, fallen übereinander. Die »Duschen« rauschen.

Die Häuser waren schon stark geleert, da erschien, von »oben« geschickt, ein junger Arzt in der Anstalt und ging mit den Pflegern jeden noch vorhandenen »Fall« durch, mit der Bemerkung: »Wir müssen feststellen, ob diese Kranken durch ihre Arbeit fürs Haus wirklich unentbehrlich sind. Es wäre sonst ungerecht gehandelt an denen, die wir schon fortgebracht haben.«

In Berlin machten diese »Fahrt ins Blaue« zwischen 1940 und 42 schätzungsweise Fünftausend bis Sechstausend. Wieviel in Deutschland im ganzen, kann man annähernd errechnen, wenn man die Zahl der Landesirrenanstalten zugrunde legt. Man hatte zuletzt nur etwa ein Zehntel Patienten. Man hieß auch nicht mehr »Heil- und Pflegeanstalt«, sondern »Krankenhaus« und hatte eine Kinderabteilung, eine Station für heilbare Nervenkranke und so weiter.

Mein Gewährsmann berichtet: Als dieser junge Arzt alle noch vorhandenen Patienten noch einmal auf ihre »Unentbehrlichkeit« durchging, stellte ich ihn und fragte ihn, wozu das wäre. Er sagte: »Wir müssen Platz schaffen für die Kranken, die in der Stadt bedroht sind.« Als ich etwas erwiderte, schnitt er mir das Wort ab mit dem Satz: »Der Führer steht dahinter.« Da konnte ich nichts sagen; ich war auf ihn vereidigt. Er sagte noch: »Ich weiß, daß Sie es mit den Angehörigen schwer haben. Aber es ist eine notwendige Räumungsaktion. Die alten Römer stürzten ihre Siebzigjährigen vom Tarpejischen Felsen.«

Es tat ihm wohl, dies erzählt zu haben. Ich verstand nun seine Unruhe und Beklommenheit und warum er mich Tag um Tag aufsuchte. Aber die letzte Aufklärung erhielt ich erst am nächsten Vormittag, als er mich zum Zug begleitete, im Regen. Wir standen (ich hatte noch viel Zeit) unter dem Dach eines Schuppens. Man sprach. Da trat er näher zu mir und flüsterte mir scheu zu: »Ich muß Ihnen noch etwas

sagen. Ich habe ja selbst einen Sohn zu Hause, der – schwach ist. Wir haben ihn versteckt und zuletzt bei Fremden untergebracht, damit er uns nicht genommen wird. Jedesmal, wenn ich solche Liste aufstellte, dachte ich: ich verurteile mein eigenes Kind zum Tode.«
Seine Lippen bebten. Ich vermochte nichts zu sagen. Er griff nach meiner Hand.

Alfred Döblin, *Die Fahrt ins Blaue*, in: *Badische Zeitung*, 3. Mai 1946; zit. nach: ders., *Die Zeitlupe*, hrsg. von Walter Muschg, Walter-Vlg., Olten 1962, S. 210 ff

Döblins Aufzeichnungen wirken deshalb so überlegen ohne Überheblichkeit, weil sie mit dem fremden Blick auf das den Deutschen allzu Vertraute genau den psychologischen Mechanismus aufdecken und ins Bild fassen, der eine rationale Einsicht in den Zusammenhang von eigener Lebensgeschichte und historischem Geschehen bis in die Nachkriegszeit verhinderte: die persönliche Kränkung, die Trotz erzeugt und als massenhaft wiederkehrendes Verhaltensmuster den zweifellos vorhandenen Schuldkomplex, in Verkehrung der Tatsachen, an der neuen Autorität der Alliierten abreagiert. So kommt er ohne die politische Lehrhaftigkeit der Außenperspektive aus. Seine »Trauerarbeit« umfaßt auch den gegenwärtigen Verständigungsbruch, auch die eigene Unfähigkeit, das »richtige Wort« zu sagen, das den Bann löst.

Klaus R. Scherpe, *Erzwungener Alltag*, in: *Nachkriegsliteratur in Westdeutschland*, hrsg. von Jost Hermand, Helmut Peitsch, Klaus R. Scherpe, Argument-Vlg., Berlin 1982, S. 51

Ich hatte hier im Lande Aufgaben, und als Helfershelfer wollte ich in Freiburg eine Anzahl Schriftsteller aufrufen.
Ich fühlte, es war ein schwieriger Versuch, denn sie waren enttäuschte und ehemals hochmütige Deutsche, und es sollte jetzt an alte gute Zusammenhänge angeknüpft werden. Wie sie damals, die kleine Gruppe von etwa 10 Personen, mich fremd und stumm anhörten und wie mir vor ihnen das Wort im Munde erfror. Es war schwer, hier Glut und Flamme zu entfachen. Als man stumm blieb, mußte ich einen nach dem andern bitten, sich zu äußern. Das Nein wußte ich schon vorher. Nun kam es heraus: sie wollten nicht kollaborieren, gemeint war mit Franzosen, sie wollten ihren alten wüsten nationalen

Weg weiter laufen. Es wurde streckenweise sehr erregt geredet, sie spien Empörung, weil ihnen das angetan wurde.

Alfred Döblin, *Epilog*, in: *Alfred Döblin zum 70. Geburtstag*, hrsg. von P. E. H. Lüth, Wiesbaden 1948; zit. nach: AW 19, Walter-Vlg., Olten 1980, S. 497

Ich bin hier nichts und überhaupt, was habe ich am Ende meines Lebens erreicht? Wie werde ich gesehen? Da reden und schreiben sie wesentlich über Kafka, und dann über Joyce, der ganz groß ist, – noch andre, – mein Name existiert nicht. Meine Art hat nichts bezwungen. Meine Bücher sind zu schwer, zu dick, zu voll, und zu verschlossen. Ich bin nicht einfach, nicht eindeutig genug. Wo meine »Zukunft« – [?] Ich habe mich schon überlebt, – ohne recht gemerkt zu haben, daß ich lebe. Ich erwarte nichts mehr. Ich bin ohne Hoffnung für mich. Wenn nur, wie ich dachte, der Glaube noch besser hielte. Es wird bei mir im[m]er zu abstrakt, – dieser Gehirnglaube.

Alfred Döblin, *Tagebuch vom 5. März 1946*; zit. nach: AW 24, Walter-Vlg., Olten 1986, S. 264

Übrigens bin ich »ein ehemaliger Deutscher«? Ich weiß nicht, wie das staatsrechtlich steht. Die »Dichterakademie« in Berlin hat mir ja mitgeteilt, daß ich unverändert ihr Mitglied bin, da die Nazigesetze null und nicht[ig] sind. Und so ist ja auch die Verfügung der Nazis, die mir die deutsche Staatsangehörigkeit absprach, eo ipso hinfällig; bleibt die Frage, ob entweder ich selbst die auf mich zurückgefallene d[eu]tsche Staatsangehörigkeit abweise, also sie ablege, oder ob die von mir inzwischen erworbene franzö[ische] Staatsangehörigkeit die gleichzeitige deutsche ausschließt, – was ich klären müßte, wenn ich daran interessiert wäre, was ich aber im Augenblick wirklich nicht bin. –

Alfred Döblin, *Brief an Gustav Bally*, [Baden-Baden], 2. Juni 1946; zit. nach: AW 13, Walter-Vlg., Olten 1970, S. 346

Da hat vielleicht der oder jener Photos gesehen, von Verwüstungen und Kampfplätzen und Bombardements und von brennenden Schiffen und von feindlichen Leichen, natürlich immer feindlichen, und überhaupt alle Bilder aus Feindesland, wie es sich für eine patriotische Presse verstand und für eine aufmerksame Zensur, die lehrt: nur bei den Feinden wütet und grassiert der Krieg, bei uns ereignet sich nur Sieg. Und wer von den eigenen Landsleuten zufällig etwas anderes sah und laut darüber zu seinen Nachbarn dachte, der mußte wegen gefährlichen Gesichtssinns und Halluzinationen von nun an in einem Lager oder einem Gefängnis wohnen, falls man ihn nicht an eine Mauer stieß und erschoß: so war er seine Halluzinationen los.

Standen der Oberst und sein Begleiter nun vor einem Haus, dem hingen die Eingeweide heraus (vielleicht hatte das Haus auch was ausgeplaudert) und man grub da grade nach erfolgreicher Sprengung aus: einen Hundekadaver, einen Katzenkadaver und mehrere verstorbene Vögel, die sich in einem noch intakten Bauer befanden, nach ihrer Farbe zwei Kanarien und zwei Papageien, und daneben legte man andere längere Objekte in Kleidern, in weiblichen Kostümen, in Knabensachen, in Herrengarderobe. Die wurden auf Brettern sanft über den Schutt gehoben und den Spaziergängern vor die Füße geschoben. Dort lagen sie offen ausgebreitet. Den Passanten blieb nichts übrig, als darüber zu schreiten.

Alfred Döblin, *Der Oberst und der Dichter*, Freiburg 1946; zit. nach: dass., Walter-Vlg., Olten 1984, S. 36 f

Was Döblin hier geschaffen hat, ist Moritat und Burleske und Welttheater zugleich. Um es gleich vorwegzunehmen: das Stück ist in Versen geschrieben, in wirklichen oder angedeuteten, in feinen und groben – wie sie eben einer Moritat anstehen. [...]

Wir sind seit Jahren solch scheinbare Capricen nicht mehr gewöhnt. Aber die deutsche Sprache nimmt sie nicht übel, sie läßt sich gern einmal gegen den Strich kraulen und räckelt sich wie eine Katze dabei, nachdem sie Jahre lang Gewehr bei Fuß gestanden. Fragt sich nur, ob eine solche Form in diesem Zusammenhang passend ist, ob Inhalt und Thema nicht einen anders geformten Ernst verlangt hätten. [...]

Der Dichter hat ein Recht, die groteske Katastrophe in grotesker Form zu gestalten, die Requisiten der alten Mysterienbühne mitten in die Trümmer unserer Städte zu stellen, den Bogen von Issus und Granikus bis zur Charlottenbur-

ger Chaussee zu spannen, den metaphysischen Donner im Zusammenkrachen einstürzender Häuser hörbar zu machen.

Hans Georg Beck über *Der Oberst und der Dichter*, in: *Hochland*, 1947/1948, S. 83 f

Döblin gehört zu den wenigen Exilautoren, die in die Westzonen zurückkehren. Lautlose Rückkehr, das wäre vielleicht akzeptiert worden von den im Land Verbliebenen, den »Besiegten« und »Geschlagenen«, den bis 1945 Lauten und Stillen. Döblin aber kehrt heim, um zu helfen. Nicht genug, daß er als Herausgeber der Zeitschrift »Das Goldene Tor« die Exilierten einlassen, zu Gehör bringen will. Er schickt sich gar an, wie erfolgreich auch immer, »zu jäten«: »Gejätet wird, was den Militarismus und den Nazigeist fördern will«. Unerwünschte Einmischung. Unverzeihlich für die »enttäuschten und ehemals hochmütigen Deutschen«, und für die, die sich 1933 »in ihre Mauselöcher zurückzogen, welche sie mit Vorrücken der Zeit gemütlich dekorierten«, und für die »frisch Getarnten«, die Döblin »Lust hatte aufzudecken«, daß er in der Uniform einer der Besatzungsmächte zurückkehrt.

Friedhelm Kröll, *Warum Alfred Döblin in der westdeutschen Nachkriegsliteratur nicht angekommen ist*, in: *Nachkriegsliteratur in Westdeutschland*, hrsg. von Jost Hermand, Helmut Peitsch, Klaus R. Scherpe, Argument-Vlg., Berlin 1983, S. 66

Ich wohnte zuerst in einer kleinen Pension, in einem möblierten Zimmer. Ja, so lebten zuerst die Angehörigen einer Siegermacht. Ich sah, hörte und las vieles. Es stieß mich oft ab, es ekelte mich. Aber noch mehr jammerte es mich, wenn ich die Armut und den Hunger sah. Man mußte gut Gesinnte um sich sammeln. Zunächst entschloß ich mich eine kleine faßliche Broschüre zu schreiben, die ich betitelte »Der Nürnberger Lehrprozeß«. Ja, der Nürnberger Prozeß, der grade in großer Öffentlichkeit lief, sollte sie etwas lehren. Die Broschüre erschien, sie wurde Ende 1946 in einer Massenauflage von 200 000 Exemplaren verkauft. Hatten diese Hefte eine Wirkung? Mir scheint: kaum. Sie hatten vielleicht eine entgegengesetzte Wirkung und wurden darum so gekauft, nämlich wegen ihrer Bilder, der Photos der Hauptakteure in diesem Prozeß.

Alfred Döblin, *Journal 1952/53*, [Typoskript von 1952/1953]; zit. nach: AW 19, Walter-Vlg., Olten 1980, S. 491

Seine heftige Absage an alle nationalsozialistischen Überbleibsel, sein scharfes Tempo im behaglicheren Süddeutschland, die Kritik des Konvertiten am Freidenkertum wie am Klerikalismus, sein Mißtrauen gegenüber der wiedererstarkenden Großindustrie, verbunden mit der heftigen Ablehnung der marxistischen Orthodoxie, machten ihn überall zum Außenseiter. Der französischen Verwaltungsbehörde selbst war der deutsche Dichter nicht ganz geheuer. Er blieb das fünfte Rad am Wagen ohne irgendwelche Machtbefugnisse. Seine Briefe aus Baden-Baden schildern mit satirischem Selbstspott den Kampf des Augenkranken um eine simple Bürolampe. Wo jeder Feldwebel den eigenen Wagen fuhr, reiste der Umerzieher Döblin Tag für Tag eingeklemmt in überfüllten Trambahnen von der kleinen feuchten Dienstwohnung in sein schmales Büro. Das preußische Pflichtgefühl saß ihm in den Knochen. Von seinen Zensurvorschlägen ist nur einer rigoros durchgeführt worden: das Druckverbot seines eigenen Romans »Wallenstein«, eines Glanzstücks des Expressionismus, dessen kriegerische Wildheit er als unzeitgemäß rügte. Den Schildbürgerstreich hat er später belacht und bereut. Das Buch ist seither nicht wieder gedruckt worden. Die französische Kulturbehörde tat ein übriges und verhinderte die Neuauflage von »Bürger und Soldaten«, dem ersten Band der Trilogie »November 1918«.

Robert Minder, *Alfred Döblin zwischen Osten und Westen*, in: ders., *Dichter in der Gesellschaft*, Suhrkamp Vlg., Frankfurt am Main 1972, S. 209

Wahrhaftig, ich hätte ihn nicht wiedererkannt, den Herrn in der französischen Militäruniform mit der weißen Stirnlocke. Aber er war es, Alfred Döblin, der einst von »Berlin Alexanderplatz« untrennbar erschien und sich nach den Irrfahrten durch die verruchte Zeit nun in Baden-Baden niedergelassen hat. Er befand sich im Dienst, er repräsentiert die kulturellen Anliegen der französischen Militärregierung, und sein Büro ist im »Stephanie«, das früher eins der größten und elegantesten Luxushotels Europas war. Während ich dem Dichter eine menschlich erfüllte Stunde lang gegenübersaß, kamen hin und wieder beamtete Kollegen, um ihn etwas zu fragen, und er mußte mit ihnen französisch sprechen, was ihn offensichtlich anstrengte.

Er fragte mich, ob es mir gelungen wäre, mich in diesem Berlin wieder einzuleben, als ich ihm erzählt hatte, daß auch ich Berlin für einige Jahre sehr unfreiwillig hatte verlassen müssen. Auf meine Antwort, ich möchte gerade heute nirgends woanders in der Welt als in Berlin leben, schüttelte er bedenklich den müden Kopf. Er war in diesem Sommer in Berlin gewesen, und er gestand mir unumwunden, er hätte sich in Berlin nicht mehr zurechtgefunden, er sei wie ein fiebernder Nachtwandler dort umhergegangen, die Stadt hätte für ihn etwas Gespenstisches bekommen, und er wäre den Dämonen wieder in die alte Klarheit des Westens entronnen. Nun, ich fand das Baden-Baden von heute und sein »Stephanie« eigentlich gespenstischer. Ich sagte ihm, in Berlin kämpfe ein tüchtiges Dreimillionenvolk, um durch unverzagte Arbeit wieder einen ehrenvollen Platz in der Welt zu gewinnen. Das sei eine klare, eindeutige Sache. Aber hier in dem toten Baden-Badener Millionärshotel spukten doch die Geister des Untergangs hinter den Marmorpfeilern und Brokattapeten. Er lächelte zu meinen Worten nachsichtig und doch von geheimer Angst erfüllt.

Dieses Baden-Baden ist eine Stätte des Spuks geworden, in das verlassene Paradies der großen Welt ergossen sich ganze Heerscharen französischer Kleinbürger und spielen jetzt wie mäßige Schauspieler eine enge Welt von vorgestern. Die alten Gartenkünste des Oosparkes um das »Stephanie« sind durch Schlagbäume abgesperrt und liegen wie eine staubige Opernkulisse da. Ach, es spukt und gespenstert in der ehedem so festlichen Bäderstadt, aber es ist ein sehr trivialer, reaktionärer Gespensterspuk.

G. Schultze-Pfaelzer, *Döblin sieht Gespenster*, in: *Berlin am Mittag*, 22. November 1947, Nr. 246, S. 3

Alfred Döblin, der Dichter des »Wang-lun«, des »Wallenstein« und des »Alexanderplatzes«, hat im Verlag von Moritz Schauenburg in Lahr (Baden) eine Monatsschrift für Literatur und Kunst herausgegeben und nennt sie »Das goldene Tor«. Im Geleitwort des ersten Heftes umreißt er die Aufgabe: »Das goldene Tor«, durch das Dichtung, Kunst und die freien Gedanken ziehen, zugleich Symbol für die menschliche Freiheit und die Solidarität der Völker, ähnlich dem »Goldenen Tor«, das vor St. Francisco die Einfahrt zur Neuen Welt vom alten Asien her freigibt, will die Exilierten ein-

lassen, auf deren Stimme viele im Lande warten. Gleichzeitig wird die Schrift den Verkehr mit dem Ausland fördern; denn »man lebt weder in der Gesellschaft noch unter Völkern allein«.

Den Anfang machen Betrachtungen von Hanns Braun über Gotthold Ephraim Lessing, den Streiter für Wahrheit und gleich großen Dichter wie literarischen Erzieher. Heinrich Mann erzählt schlicht und ergreifend von seinem Abschied aus Europa, entnommen seinem Werk »Ein Zeitalter wird besichtigt«. Der Beginn eines biographisch-kritischen Essays von Wilhelm Hausenstein, einigen seiner deutschen Uebersetzungen von Gedichten Baudelaires beigegeben, eine Probe aus dem »Römischen Tagebuch« von Karl Schmid und ein Beitrag von Otto Feger, seiner »Schwäbisch-Alemannischen Demokratie« entnommen, geben gleichzeitig Einblick in die Aufgaben, die sich verschiedene süddeutsche Verlage stellten. (Hausenstein im Verlag Karl Alber, München und Freiburg i. B.; K. Schmid im Rainer Wunderlich Verlag, Tübingen; O. Feger im Kurt Weller & Co. Verlag, Konstanz.)

Paul E. H. Lüth ruft uns mit dem ersten Teil seiner Erzählung »Die ersten Tage nach dem Tode« die düstere Situation kurz vor der Kapitulation ins Gedächtnis, chinesische und amerikanische Lyrik leitet über zu einem reich bebilderten Beitrag über den anmutigen Meister der Bildhauerkunst Joseph Anton Feuchtmayer. Dem Zug des großen Bodenseekünstlers, die Form in witziger Weise zu entstellen, gilt die Untersuchung von Wilhelm Boeck, seinem Buch »J. A. Feuchtmayer« entnommen (E. Wasmuth Verlag, Tübingen).

Alfed Döblin selbst spricht zu uns mit einigen Seiten, betitelt »Die lange Nacht«, als Probe aus seinem neuen Romanmanuskript, die gespanntes Verlangen nach baldiger Vollendung und Herausgabe dieses Romans wachrufen. Zwei Briefe – der eine über Londoner Theaterleben von Alfred H. Unoer, der andere über die chilenische Nobelpreisträgerin Gabriela Mistral von Alfredo Cahn aus Buenos Aires –, Berichte von Veranstaltungen und Kundgebungen kultureller Art in der französischen Zone sowie eine Bibliographie von sechsundachtzig dort in der Zeit von Januar bis Mai 1946 erschienenen Büchern meist religiösen Charakters beschließen das reichhaltige und vielseitige Heft.

N.N., *Alfred Döblins neue Zeitschrift*, in: *Der Tagesspiegel*, 26. Oktober 1946

Man sprach ihm von dem Plan, Edward, der noch immer überwach und unruhig war und wie ein Spürhund durch das Haus wanderte, durch Erzählen zu unterhalten, ein Gesellschaftsspiel, woran sich alle beteiligen sollten. [...]

»Wir fangen friedlich an, und jeder trägt seine Meinung vor, in einem kleinen oder großen Beispiel, in einer Erzählung, weil dies das beste Mittel ist, etwas zu behaupten, ohne den anderen zu verwunden. Wir reden, wir überzeugen, wir lernen. Möge sich aber keiner zum Sklaven seiner eigenen Meinung machen. Wer Augen hat, zu sehen, sehe; wer Ohren hat, zu hören, höre. Unsere Devise ist: aufmerksam und willig folgen. Wir erwarten von jedem Geduld und Nachsicht gegenüber seinem Nächsten, selbst wenn man ihn nicht begreift. Wenn wir nicht so verfahren, sind wir Streiter, die auf ihren Pferden sitzen und über das Feld jagen, aber aneinander vorbeischießen – also überhaupt nicht kämpfen.«

Alfred Döblin, *Hamlet oder Die lange Nacht nimmt ein Ende*, Berlin 1961; zit. nach: AW 11, Walter-Vlg., Olten 1983, S. 37 f und 43

Man beherbergt vieles in sich, eine ganze Menagerie, und von Zeit zu Zeit klebt man auf dieses Tier, von Zeit zu Zeit auf ein anderes Tier oder eine Gestalt das Etikett »Ich« und läßt ihm den Vortritt, die Repräsentanz des Ganzen. Wir haben in uns, nein, wir sind ein ganzes Volk, mit Bürgern, Proletariern, mit Adel und mit Kammern, mit einem Repräsentantenhaus, mit einem König. Auch mit Revolutionen, mit vielen Revolutionen, entsprechend dem Alter.

Alfred Döblin, *Hamlet oder Die lange Nacht nimmt ein Ende*, Berlin 1961; zit. nach: AW 11, Walter-Vlg., Olten 1983, S. 474

Warum aber Döblin – seit ganz kurzem erst – mich haßt und systematisch verfolgt, ist ganz unerfindlich. Es mutet rein krankhaft an. Ich habe ihm nie etwas zuleide getan, bin ihm nie in die Quer gekommen, bin ihm vielmehr immer mit der größten Artigkeit begegnet, schon im Gedenken an Bulwers Wort: »The fool flatters himself. The wise man flatters the fool.« Aber es hat nichts genützt, er möchte mich umbringen, denn nichts anderes bedeutet es ja, wenn er behauptet, ich sei tot. Was dahinter steckt, noch einmal, ich kann es nicht sagen. D. ist verbittert, weil er in diesem Lande ein seiner Gaben nicht würdiges, unbeachtetes und armes Leben geführt hat, – wobei er wahrscheinlich Glanz und Glori meines Lebens gallig überschätzte. Meine Erfolge hier haben sich immer in bescheidenen Grenzen gehalten – buchhändlerisch, meine ich –, und nie habe ich gescheffelt wie Feuchtwanger oder Werfel. Allerdings lernte ich englisch, wozu er zu stolz war, und hielt Vorträge im Rahmen meines Kampfes gegen Hitler, den ich in Wahrheit tödlich gehaßt habe. Aber paßt darauf das Wort, »Wer haßt, ist tot«? Es ist reiner Unsinn, – ein ebensolcher, wie daß ich »nichts, gar nichts weiß«. Er kann nur meinen: von Deutschland. Aber weiß ich weniger von Deutschland als er? Er hatte hier neulich in einem Magazin einen Artikel über das Deutschland von heute, den ich etwas unterhaltender geschrieben hätte, sonst aber ebenso hätte schreiben können. Was will er? Das weiß er nicht. Aber er will mir übel.

Thomas Mann, *Brief an Otto Basler*, 23. September 1946; zit. nach: Jochen Meyer, Katalog zur Ausstellung des Literaturarchivs Marbach. *Alfred Döblin 1878 · 1978*, Deutsche Schillergesellschaft, Marbach am Neckar 1978, S. 418

Da ist noch ein anderes Ding, außer den mokanten Bemerkungen und der hämischen Haltung zur Moskauer Konferenz, das dieser Tage die falsche und ungesunde Haltung eines großen Teiles der deutschen Öffentlichkeit charakterisiert. Sie haben alle gelesen, daß kürzlich der kolossale U-Boothafen von Helgoland gesprengt worden ist. Die Sache war für jeden Vernünftigen klar und eindeutig. Es war selbstverständlich, daß im Zuge der Entmilitarisierung des Landes und um ihm die Möglichkeit zu einem neuen Angriff zu nehmen, England, das schwere Verluste erlitten hatte, diese Festung schleifen würde. Wie sollte eigentlich ein solcher Akt auf den vernünftigen Deutschen wirken? Ich würde sagen: Gut und würde es begrüßen. [...]
Nun also was tut man? Was sagt man nach der Schleifung der Insel Helgoland in Deutschland? Nun, man trauert. Niemand der die deutschen Zeitungen dieser Woche las, konnte den Eindruck gewinnen, daß man im Lande die Situation richtig begriffen hatte und daß man mit dieser Exekution einverstanden war. Im Gegenteil, man berichtete in vielen Zeitungen nicht: die

Festung ist geschleift worden, sondern erzählte, und hie und da in sehr klarer Absicht: Helgoland ist in die Luft geflogen. [...]
Man empfindet noch immer nicht genug, daß die Herrschaft der Kriegsklasse über Deutschland eine Zwangs- und Gewaltherrschaft war, eine volksfeindliche Herrschaft noch jetzt ist, trotzdem das Land in Stücke zerschlagen ist und Millionen auf der Straße liegen und von Stadt zu Stadt wandern, trotzdem was die Kriegsherrschaft aus einem reichen und hochkultivierten Lande gemacht hat. Es wird dem Lande nicht eingeprägt, denn zuviel Dunkelmänner sind an der Arbeit, und es wird ihm nicht verkündet, was ich das letzte Mal anführte, jenen Satz aus der heiligen Schrift: Wenn dich ein Glied ärgert, reiße es ab. Oder will man sich noch heute mit dem kriegerischen Staat identifizieren? Man wage es doch offen zu sagen. Aber die Mehrzahl im eigenen Lande wird darauf die gebührende Antwort geben.

Alfred Döblin, *Radiovortrag* im Südwestfunk im Rahmen seiner Sendereihe *Kritik der Zeit*, 4. Mai 1947; zit. nach: AW 14, Walter-Vlg., Olten 1972, S. 441 f

Wiedersehen mit Berlin: Vierzehn Jahre war ich abwesend, 1947 sah ich zum ersten Male Berlin wieder, wo ich seit 1888 gelebt hatte. [...] Es war mein wirkliches Zuhause, ich hatte dieses frohe Gefühl des Zuhause jedesmal, wenn ich von kürzeren Reisen zurückkehrte. 1947 aber fuhr ich zögernd nach Berlin zurück. Ich lebte schon eineinhalb Jahre auf deutschem Boden. Ich wußte, las und hörte: Dort oben gab es Berlin, aber ich scheute mich, ich ängstigte mich beinahe hinzufahren. Warum alles aufreißen? Ich wußte ja, da drüben waren nicht die, die ich verließ, und ich selber, war ich noch derselbe? [...]
Unterwegs zeigen sich Bilder von einer fürchterlichen Verwüstung, einer maßlosen Zerschmetterung. Es hat beinahe nicht mehr den Charakter des Wirklichen. Es ist ein unwahrscheinlicher Alptraum bei hellem Licht.
Die Stadt muß sich in der Finsternis in einen fürchterlichen Kampf eingelassen haben und ist daraus so hervorgegangen, verstümmelt, mit greulichen Verletzungen. Was war das für ein Kampf, was hat sich hier abgespielt? Es geht so von Station zu Station. Gut, daß die Bahn rasch vorbeisaust.
Zuletzt wird die Fahrt unterirdisch. Über finstere Treppen schieben wir uns nach oben.

Tageslicht. Wir sind in Berlin. Durch eine zerbröckelte Bahnhofshalle gelangt man ins Freie. Dieses hier war immer eine graue, armselige und unsichere Gegend. Und da stehen also die bekannten, alten finsteren Mietskasernen. Ich sehe sie wieder, am Bahnhofsplatz. Ja, das ist Berlin. Hinten die Seitenstraßen, in denen es die Lokale mit den roten Laternen gab. Dieselbe Faust, die ganze Fabriken von oben nach unten zerquetscht hat, hat auch diesen schmutzigen Bauwerken furchtbar mitgespielt. Den alten verrotteten Vetteln sind die Zähne eingeschlagen worden. Aber das steht noch herum, in der Mitte und im Innern zusammengesunken, ohne Eingeweide. Aber es steht Gerippe, hat noch die Gestalt von Häusern und gibt sich nicht auf. Lange Straßenreihen, ein jämmerlicher Zustand, tot und nicht tot.
Manches Haus trägt noch außen Bilder, Ankündigungen, Plakate – Erinnerungen an die Zeit, wo man noch lebte – eine Leiche, die noch eine bunte Schürze und ein Armband trägt. Wie ich mich vor dem Bahnhof umsehe, schallt eine gewaltige Stimme aus einem Lautsprecher, der hier irgendwo angebracht ist, an der Haltestelle der Elektrischen hier, wo sich viele arme Leute sammeln und auf die Elektrische warten, die sehr selten kommt. Was ruft diese Stimme? Ein billiger Conférencier trägt seine Späße vor, in trauriger Umgebung. Es soll die Leute erheitern. Und nachher singt jemand aus dem Lautsprecher Verdi. Ja, am Stettiner Bahnhof singt er laut Verdi, vor diesen Fensterhöhlen, in denen, wie es im Gedicht heißt, der Schrecken und das Grauen wohnen. Der Gesang ist grauenhaft. Wir machen, daß wir weiterkommen. [...]
Das Trottoir ist immer wieder aufgerissen, der Luftdruck der Bomben hat die Platten verschoben. Man sieht hinten einen Turm mit einer rundlichen schwarzen Spitze. Diese Ruine ist die Kaiser-Wilhelm-Gedächtniskirche, stark verkohlt, ein durch und durch gebohrtes Wrack. Das Romanische Café ist offen, man kann hineingehen, wenn man Lust hat; es steht enorm weit offen. Man kann von der Straße in die Hinterräume blicken, in den ersten Stock. Drüben gab es ein Kino. Ich finde den Platz nicht mehr; es brachte einmal die Premiere eines Films nach meinem »Alexanderplatz«. Auch der dicke Schauspieler, der damals die Hauptrolle spielte, existiert nicht mehr, im Osten gestorben. Nur ich bin noch da – und konstatiere alles. [...]
Die U-Bahn brachte uns am Nachmittag zum Alexanderplatz.

Es ist noch alles zu erkennen und zum Schweigen gebracht.

Ich habe, wie ich den Bahnhof verlasse und auf den Platz blicke, wieder das bittere Gefühl, das in mir aufstieg, als ich vor zwei Jahren von Frankreich her die Grenze überschritt und die ersten deutschen Dörfer sah. Das bittere Gefühl drängt sich mir wieder hoch und ich muß fragen: Was tue ich eigentlich hier? Sollte ich nicht eigentlich Hals über Kopf davonrennen und nichts davon ansehen? Sie haben sich schänden lassen. Ich komme mir vor, ich habe das Gefühl eines Mannes, den man verraten hat.

Diesen Platz, ich kenne ihn noch. Ich kannte ihn schon, als sich noch nicht einmal der mächtige Tietz-Palast hier erhob, derselbe Palast, den man jetzt samt seiner Kuppel niedergeboxt hat. (Das Gebäude sieht aus wie ein Mann, dem ein Stoß das Genick gebrochen und den Schädel in den Brustkasten heruntergeschoben hat.) Ich kenne den Platz noch aus der Zeit, wo es hier sehr ruhig herging und sich in seiner Mitte ein kleiner Hügel erhob, den ein freundlicher grüner Rasen bedeckte; da gab es auch ein Gebüsch, in dem Bänke standen, auf denen man friedlich beieinander saß, friedlich im Grünen, mitten in Berlin auf dem Alexanderplatz.

Wir saßen oft hier, meine Mutter und ich, auch einer meiner Brüder, wenn wir zur großen Markthalle gingen und der Mutter die Tasche trugen. Wir gingen gerne mit. Wir wohnten Blumenstraße, Grüner Weg, später Landsbergerstraße. Ich besuchte die Gemeinde-Schule am Friedrichshain, Höchstestraße, etwa 1888-90. Wie weit das zurückliegt. Es fuhren noch Pferdebahnen, es gab noch kein elektrisches Licht. Ich erinnere mich, wie ich staunte, als man auf den Straßen für die Elektrischen die Drähte spannte; es gefiel mir nicht, es machte den Eindruck eines Gitters über der Stadt. [...]

Ich habe den Platz auf der Höhe seiner letzten Entwicklung nicht mehr gesehen. Ich bedaure es nicht.

Ich komme aus der Königsstraße, die stumm und menschenleer liegt. Das ehemalige Warenhaus Wertheim, sehr zerstört, ist geschlossen. Ich stehe unter dem Stadtbahnbogen. Da ist noch das Lokal »Zum Prälaten«, da mache ich Halt und betrachte die Menschen, die wenigen, die hier vorbeigehen und herumstehen. Wie ich neben ihnen stehe, höre ich, man spricht über Nahrungsmittel. Neben mir steht ein russischer älterer Soldat und beobachtet wie ich. Er geht nach einer Weile weiter.

Der Platz ist nicht leer, hier fahren einige Lastwagen, und Frauen schieben Kinderwagen, in denen sie Holz transportieren. Vor dem Warenhaus Tietz, dessen Kuppel und Globus tief liegt, stehen Tische, und Straßenhändler verkaufen das billige Zeug, das man jetzt in allen deutschen Städten feilbietet.

Ich blicke in die großen Straßen, die vom Platz ausgehen. Ich wandere die Münzstraße hinunter, hier gab es früher viele Lokale, auch zweifelhafte. Auch viel kriminelle Dinge sind hier passiert; es war ein ungeheuerliches Menschengewühl. Die Lokale entdecke ich nicht mehr. Ich bin wie Diogenes mit der Laterne, ich suche und finde nichts. Ich kehre zum Platz zurück und erinnere mich an das Lehrer-Vereinshaus, wo es so viel Versammlungen gab, und ein großes Café. Das Gebäude steht, gebrochen. Es gibt keine Versammlungen mehr.

Nein, das ist alles Geschichte, Vergangenheit. Hier wie in der Friedrichstraße, am Lützowplatz, am Stettiner Bahnhof, alles zerbrochen und niedergetreten. Die menschliche Siedlung zerstört, an der sie jahrhundertelang gebaut haben. Sie haben einen ungeheuren Fleiß darangegeben. Sie wurden wohlhabend, aber sie konnten das Ganze nicht meistern. Zuletzt fiel alles zusammen.

Aber von diesem Platz und seinen Menschen ist die Vernichtung nicht ausgegangen. Hier pulsierte friedliches Leben, so wie menschliches Leben ist, mit Schwächen und Lastern und Verderbnis. Das ist hingesunken und zum Opfer geworden, die Wohnhäuser, die Warenhäuser, die Läden, die Cafés, die Gaststätten, die kleinen versteckten Hotels, Aschinger, und mit ihnen alle Gegenstände, die das tägliche Leben erfreuen. Darin steckte nichts Übertriebenes und Gewaltsames.

Und wenn es jetzt mit Mann und Maus untergegangen ist und zu Mauerwerk zerfällt, so kam das U-Boot, das alles zur Strecke brachte, doch nicht von hier. [...]

Die Frankfurter Allee, wo ich so lange wohnte. Die weiteren Straßen, was für eine Gegend. Dies war keine Gegend des Abgrundes.

Das war keine Gegend des Vergnügens und des friedlichen Behagens. Schwer hat der Landmann, der Bauer und seine Familie zu arbeiten, es gibt Fehlschläge, Enttäuschungen und harte Zeiten, – aber was gibt es hier in der ganz großen Großstadt, in ihren Armen- und Elendsvierteln? Was hier lebte, in den finsteren vier- und fünfstöckigen Mietskasernen, die sich straßenlang kilometerweit hinziehen, und was ihre düsteren Höfe und die Quer- und Hintergebäude bevölkert, das kennt noch Schlimmeres als Armut und mühselige Arbeit. Es sind die Fabrikarbeiter und ihre Familien, die kleinen Angestellten, Kleinhändler und was sonst sich müht und sich aus dem Elend entwickelt. Eine oft furchtbar verwahrloste, sich überlassene Welt, in der zu dem Besten, was sich regt, gehört: der Protest gegen diese Art zu leben. Zum menschlichen Dasein, wie es der Schöpfer geschaffen hat, – er gab den Menschen doch alles Lebende auf der Erde, in der Luft, im Wasser, zum Beherrschen, und damit es ihm diene, – gehört Behagen, Sonne, Natur, Freundschaft, und jenes Ausruhen und Besinnen, das einem Menschen ermöglicht, sich innerlich einzurichten, um zu wissen, wo er in der Welt steht.

Aber wo ist hier die Möglichkeit? Welches schwere Unrecht erleiden die Menschen. Ich bin durch meine alte Gegend im Osten Berlins gegangen. Der Anblick war erschütternd. Eine furchtbare Kriegsgewalt mußte kommen, um diese Häuser niederzulegen.

Ich zog durch die Gegend, in der ich lange gewohnt hatte und wo die Kinder zur Schule gingen. Hier und da ließ sich eine Fassade ermitteln, dort mußte das Haus gestanden haben. Es erinnerte, aber es erinnerte nicht einmal. Weit war das alles von dem entfernt, was früher war. Da ist nicht mehr das, was ich kannte und worin ich lebte. Aber es ist auf neue Weise mir nahe gerückt. Es ist von einem göttlichen Strahl getroffen und gezeichnet. Hier müßte man, sprach ich aus und kam mir immer wieder vor, zwischen den Trümmern sitzen und sie auf sich wirken lassen.

Ich habe mich dann doch gefreut, den und jenen zu sprechen und von dem und jenem begrüßt zu werden. Andere traf ich, die wichen mir aus und schwiegen. Aber ich kann nichts dafür, daß ich mich geändert habe. Ein Mensch hat es leichter als eine Stadt, sich zu ändern, ein Mensch kann leben bleiben, eine Stadt stürzt ein.

Alfred Döblin, *Schicksalsreise*, Frankfurt am Main 1949; zit. nach: AW 19, Walter-Vlg., Olten 1980, S. 394ff

Wir blickten alle gespannt zur Tür, als Döblin hereinbegleitet wurde. Ja, da war er, der kleine, bebrillte Mann. Einige begannen bereits, in die Hände zu klatschen. Aber plötzlich wurde es still. Der Mann, der dort an der Tür erschien, hatte das Gesicht Döblins, aber es war ein französischer Major in Uniform. Die Hände sanken verblüfft herab. Nur die allgemeine Höflichkeit, die einem Gast zustand, breitete sich aus [...] und niemand sprach die Worte, die den Berliner Schriftsteller begrüßen sollten. Nichts gegen französische Offiziere, wir hatten viele von ihnen schätzen gelernt – aber war dies wirklich unser Döblin? War dies seine Heimkehr, oder war es der flüchtige Besuch eines alliierten Offiziers? Die Dankbarkeit darüber, daß der Autor von »Berlin Alexanderplatz« wieder zu uns zurückgekehrt war, fand nicht den rechten Ausdruck. Natürlich hatte sich alles verändert. Natürlich gab es Deutsche, die für amerikanische, russische, englische oder französische Militärstellen gearbeitet hatten. Aber meist hatten sie die Uniform bald ausgezogen, oder sie trugen sie nur selten. Woran es auch immer lag: Döblin wirkte als fremder Gast, und er reiste bald wieder ab.

G. Weisenborn, *Alfred Döblins Rückkehr*, in: *Hinweise und Huldigungen*, Freie Akademie der Künste in Hamburg, Jahrbuch 1964, S. 121

Alfred Döblin ist ein deutscher Dichter von Rang. Sein bedeutsamstes Werk »Berlin-Alexanderplatz« ist in die meisten Weltsprachen übersetzt. 1933 ging er ins Exil. Er gehörte in Paris dem »Schutzverband deutscher Schriftsteller« an. Daß er in Frankreich die französische Staatsbürgerschaft annahm, wird ihm gewiß keiner verübeln, der das Leben eines Staat- und Paßlosen kennengelernt hat. Etwas anderes ist es schon, wenn so ein deutscher Dichter in einer fremdländischen Uniform aus dem Exil in seine Heimat zurückkehrt, womöglich gar in der Absicht, seinen Landsleuten den militaristischen Geist auszutreiben. Niemand wird es einem Menschen zum Vorwurf machen, wenn er zur Katholischen Kirche übertritt, auch einem Schriftsteller nicht. Jedoch das Recht, sich zu wundern, wenn ein ehemaliger Radikaler von 1933 im Jahre 1947 seinen Landsleuten nichts weiter zu sagen hat, als: Sucht Trost im Gebet! – das Recht, sich dann zu wundern, das hat jeder. [...]
Die »Neue Zeit« in Berlin schrieb über Alfred Döblins Besuch in seiner Heimatstadt Berlin folgende Zeilen, denen die ehrliche Verwunderung anzumerken ist:
»Drei Begegnungen mit dem für Tage in seine Heimatstadt zurückgekehrten Dichter. Bei seinem früheren Verleger Peter Suhrkamp der erste

Kontakt. Dr. Döblin, in französischer Uniform, den Kopf interessiert vorgedrückt, wohl weiß geworden, aber höchst lebendig durch die fingerdicken Brillengläser in die seltsame Berliner Welt blickend, die er einst so suggestiv zu gestalten wußte, nimmt fragend Fühlung mit einigen Publizisten und Schriftstellern. – Dr. Döblin, am Vortragspult in der Eichengalerie des Charlottenburger Schlosses, spricht zu dem Thema »Unsere Sorge – der Mensch«. Hier sagt er aus, was man über seine Wandlung schon vernommen hatte. Er beklagt die Überentwicklung des Technischen, des Materiellen, des Gesellschaftlichen in der geistigen Struktur des heutigen Menschen. Er sagt dem Sozialismus und Humanismus als ›überalterten und verwelkten Ideen‹ ab und bietet abrupt und als Lösung, die er als katholischer Konvertit fand: Demut und Gebet. – Im Schutzverband Deutscher Autoren schließlich gab er einen kurzen Einblick in seine Schaffensart. Er habe sich von Gesichtern und Bildern, die ihn ›belästigten‹, nur befreit. Dichten sei bei ihm jedesmal eine Periode ›produktiven Irreseins‹ gewesen. Er postulierte auch hier Abkehrung vom Tage und von Begriffen, die er als überaltert erkannt zu haben glaubt. Das Ich und die christlichen Kräfte, die es erlöst, seien für ihn das allein Wesentliche. – Berlin, etwas verwundert, begrüßte einen radikal Gewandelten.«

N.N., *Nicht jeder, der aus dem Morgenlande kommt, ist ein Weiser,* in: *Heute und Morgen,* 1947, Nr. 4, S. 255

Und nun ist an der Reihe der Antagonismus Sowjetrußland und westliche Demokratien. Ich sagte, Ideologien schließen sich aus, aber Völker sind nicht Ideologien, Völker schließen sich nicht aus. Welche Lebens- und Denkform auch ein Volk wählt, es kann neben anderen Völkern leben, die andere Lebens- und Denkformen haben. Darauf zielte die Rede des französischen Ministers Bidault, es gibt nicht nur die Großmächte, die sich hier konfrontieren, die beiden, sondern noch eine dritte, sie ist die größte, sie ist anwesend, aber nicht sichtbar, es ist der Friedenswille der Völker, der echte, ehrliche und leidenschaftlich entschlossene. Dieser Friedenswille darf sich nicht von Furcht lähmen lassen. Weder der Kapitalismus muß vorbrechen, noch muß der Bolschewismus vorbrechen, aber die sinnlose Furcht kann vieles ausrichten. Helft die Furcht und das Mißtrauen hüben und drüben und hier im Lande beseitigen.

Führt den Kampf gegen die Furcht, durch Aufklärung, durch Worte der Wahrheit und nicht der Propaganda. Denn die Welt, sehr eng geworden, soll und muß zusammenwachsen.

Alfred Döblin, *Weg mit der Furcht!,* in: *Allgemeine Zeitung Mainz,* 28. November 1947; zit. nach: AW 14, Walter-Vlg., Olten 1972, S. 446

Man hat eine Liste von literarischen Werken des Auslands und Inlands aufzustellen, welche bei der heutigen Papier- und Drucknot erste Druckberechtigung erhalten. Es wird kaum nötig sein, dafür einen besonderen Verlag zu gründen.
Wir möchten für diesen Zweck zwei Kategorien unterscheiden: 1. ausländische, 2. deutschsprachige Literatur.
Große Vorzüge hat die fremde Literatur. Sie zeigt dem eingeengten Bewußtsein des Landes erstens die existenzstarken außerdeutschen Leistungen. Sie vermittelt zweitens die Kenntnis von Land und Leuten, sie stellt drittens vor den deutschen Geist Figuren, die sich um gesellschaftliche Probleme bemühen, und demonstriert ihm den kompletten Menschentyp. So kann die Vorstellung von einem vollständigen Menschenbild wieder an den Deutschen gelangen. Es muß eine fürchterliche Neigung, an der der Deutsche festhält, erschüttert werden: den Einzelmenschen direkt zum Überirdischen und zu Gott zu führen, unter Ausschaltung der ganzen dazwischenliegenden, kämpferisch und leidend zu durchschreitenden und zu durchdringenden Realität.
Diese Neigung hat ihn auch so leicht ein Opfer der Diktatur und Utopie werden lassen.
Die Werke der ausländischen Literatur sollten in Schulen und Universitäten gleichwertig neben deutschen stehen, neben den so oft falsch, ja absichtlich falsch mißdeuteten und ihrer kraftvollen moralischen Würde beraubten Klassikern.

Alfred Döblin, *Die literarische Situation,* Keppler-Vlg., Baden-Baden 1947, S. 35

In seiner literaturprogrammatischen Schrift »Die literarische Situation« formulierte Döblin die Notwendigkeit des Durchbruchs zur vollen Innerlichkeit, über die verweltlichte, an die Autokratie gebundene der deutschen Tradition hinaus. Seine vorsichtige Kritik galt der

Inneren Emigration wie dem Rückgriff auf die Klassiker und bedeutete eine Empfehlung der Exilliteratur unter dem Aspekt der Realitätsdurchdringung, ohne die religiöse Dimension der Inneren Emigration aufgeben zu wollen.

Helmut Peitsch, *Politisierung und geistige Freiheit*, in: *Nachkriegsliteratur in Westdeutschland,* hrsg. von Jost Hermand, Helmut Peitsch, Klaus R. Scherpe, Argument-Vlg., Berlin 1982, S. 182f

Reagierten Verlage auf die Einfügung des Literaturbetriebs in die politischen Institutionen der Reeducation in derselben Weise widersprüchlich, wie diese politische Instiutionalisierung widersprüchlich war, insofern sie nämlich die Leser unter den Bedingungen der Knappheit der freien Verlegerinitiative auslieferte, so reagierten die Autoren nicht anders. Kritisierten die einen die Unzulänglichkeit der Erziehungsfunktion, so forderten die anderen die entschlossene »Entpolitisierung des Geistes«, damit Geistesfreiheit als Kernforderung durchgesetzt werden könnte. [...]
Heinrich Berl, dem von Alfred Döblin eingesetzten Vorsitzenden des Verbandes Südwestdeutscher Autoren, ging es in Zusammenarbeit mit den Besatzungsmächten darum, die Politisierung des Geistes zugunsten des selbständigen Denkens zu beenden. Inbegriff der Politisierung waren ihm Fragebogen, Zensur und Papierzuteilung. Diese sollten wegfallen. Döblin, in dessen Anwesenheit Berl seine Rede hielt, unterstützte als französischer Kulturoffizier die Linie der Entpolitisierung, weil sie metaphysisch begründet wurde. Berl deutete den Zusammenbruch als tragisch, als Folge der Hybris, als Apokalypse, die zum christlichen Heil führen würde.

Helmut Peitsch, *Politisierung und geistige Freiheit*, in: *Nachkriegsliteratur in Westdeutschland,* hrsg. von Jost Hermand, Helmut Peitsch, Klaus R. Scherpe, Argument-Vlg., Berlin 1982, S. 178f

1948 Januar. *Heitere Magie* erscheint bei *P. Keppler*, eine Neuausgabe von *Berlin Alexanderplatz* bei *H. Schleber* in Kassel.

Anfang bis Mitte Februar. Zweiter Besuch Döblins in Berlin.

8. Februar. Teilnahme an einer vom Rundfunk übertragenen Diskussion im *Marmorhaus* am Kurfürstendamm zum Thema *Der Mensch und die Gesellschaft in der Kunst.*

März. Paul Rilla weist in der geschliffenen Streitschrift *Literatur und Lüth* zahllose Fehler und Ungereimtheiten auf, die dem 26jährigen Autor des *Goldenen Tors* Paul E. Lüth in einer *Geschichte der Literatur von 1885 bis 1947* unterlaufen waren.

1. April. Döblin erreicht die Altersgrenze und scheidet ohne Pensionsanspruch aus seinem Dienstverhältnis aus. Als Herausgeber des *Goldenen Tors* arbeitet er nun als Zivilist für die *Direction de l'Education Publique.*

Juli. Im *Limes* Verlag, Wiesbaden, erscheint die von Paul E. Lüth herausgegebene Festschrift *Alfred Döblin zum 70. Geburtstag,* bei *P. Keppler*, Freiburg, *Der neue Urwald* als Schlußteil der südamerikanischen Trilogie, bei *Karl Alber*, München, der Vortrag *Unsere Sorge der Mensch.*

Ende Juli – Mitte August. »Familienzusammenkunft« in Nizza zu Döblins 70. Geburtstag.

Herbst. Nach Döblins Verzicht auf eine Publikation des von der französischen Zensur beanstandeten Bandes *Bürger und Soldaten* erscheint als Band 1 des *November-Zyklus Verratenes Volk* im *Karl Alber* Verlag, München.

und ... Neben dem Augenleiden zunehmende arthritische und neuralgische Beschwerden. *Der blaue Tiger* erscheint in französischer Übersetzung in Paris, *Der Oberst und der Dichter* italienisch in Mailand.

1949 1. Januar. Ernennung Döblins zum *Officier d'Académie* durch das *Ministère de l'Education Nationale.*

Frühjahr. *Heimkehr der Fronttruppen* erscheint bei *Karl Alber.*

4. April. Gründung der NATO.

23. Mai. Verkündung des Grundgesetzes.

9. Juli. Mitglieder der ehemaligen *Akademie der Wissenschaften* und der *Sektion für* Dichtkunst innerhalb der *Preußischen Akademie der Künste*, darunter Döblin und Walter von Molo, gründen in Worms die *Mainzer Akademie der Wissenschaften und der Literatur.*

Ende Juli – August. Urlaub in Garmisch-Partenkirchen; Besuche bei Walter von Molo in Murnau.

10.-16. September. Ehrengast beim *Internationalen PEN-Club-Kongreß* in Venedig.

12. September. Theodor Heuss wird zum Bundespräsidenten gewählt. Döblin gratuliert ihm am 24. September.

15. September. Adenauer Bundeskanzler.

15. Oktober. Präsidialsitzung der *Mainzer Akademie;* Döblin ist Vizepräsident.

Oktober. Umzug mit der französischen Kulturbehörde aus Baden-Baden nach Mainz.

November. *Die Schicksalsreise*, Döblins autobiographischer Bericht über die Emigration, erscheint im Verlag *Josef Knecht*, Frankfurt.

und ... Noch vor der ersten deutschen Ausgabe erscheint eine italienische Übersetzung von *Karl und Rosa* in Turin. Die amerikanische *Konfuzius*-Auswahl erscheint in dänischer und italienischer Übersetzung.

1950 Beginn der Hexenjagd des Senators McCarthy gegen »antiamerikanische Umtriebe« in den USA (bis 1954).

17./18. Januar. Döblin, Kasack, Ernst Kreuder und Walter von Molo treffen sich zu Gesprächen über Akademie-Probleme in Stuttgart. Rundfunkinterview.

4. März. Döblin spricht über *Die Dichtung, ihre Natur und ihre Rolle* in der Gesamtsitzung der Mainzer Akademie.

April. *Karl und Rosa* erscheint bei *Karl Alber*, Freiburg und München.

25. Juni. Beginn des Koreakrieges.

2. August. Döblin warnt in der *Rhein-Neckar-Zeitung* vor einem neuen Schmutz- und Schund-Gesetz.

19. September. Berufsverbot für Mitglieder der KPD im öffentlichen Dienst.

9. Oktober. Bundesinnenminister Heinemann tritt aus Protest gegen die Wiederaufrüstungspolitik zurück.

1./2. November. Mit Erna Besuch an Wolfgangs Grab von Houseras.

29. November. Teilnahme an der 29. Sitzung des *Bundestagsausschusses für Fragen der Jugendfürsorge* unter dem Vorsitz des Abgeordneten Franz Josef Strauß. Döblin spricht als Sachverständiger über die Gefahren der Zensur und vermißt im Gesetzentwurf die Möglichkeit der Indizierung kriegsverherrlichender Literatur.

Dezember. Briefwechsel mit Arnold Zweig und Johannes R. Becher als Vertretern der Ost-Berliner *Akademie der Künste* über eine stärkere Zusammenarbeit der Schriftsteller in Ost- und Westdeutschland.

und ... In Buenos Aires erscheint eine spanische Übersetzung von *Berlin Alexanderplatz.*

1 Der Anhalter Bahnhof, aufgenommen im Februar 1955 (6) **2** Postbote in den mit Trümmern bedeckten Straßen Kreuzbergs, Foto: C. Weinrother 1946 (7) **3** Tagung des Kulturbundes im Admiralspalast (von links nach rechts: Helene Weigel, Julius Haag, Bertolt Brecht, Ernst Legal; im Hintergrund: Claus Gysi), 4.12.1948, Foto: Willy Saeger (7) **4** und **5** Schutzumschläge der Erstausgaben, 1948 und 1949 (4) **6** Währungsreform: Ausgabe eines »Kopfgeldes« von 40,– DM, 20. Juni 1948 (7) **7** Alfred Döblin vor dem Marmorhaus in Berlin, 9. Februar 1948 (10) **8** Café Wien am Kurfürstendamm, 1948 (6)

1948 BIS 1950

Und nun 1948 zum zweitenmal nach Berlin zu einer Diskussion und einer Vorlesung. Ich las vor einer Gruppe, die mir nahestand [...] Obwohl ich schon anderswo gesprochen hatte und obwohl auch einiges von mir aus der letzten Zeit gedruckt war, kam mir vor, sie wußten wenig von mir und kannten mich nicht. Ich hatte irgend einen Namen, der sich an das Wort »Berlin Alexanderplatz« knüpfte. Das war aber kaum mehr als ein Wort, denn das Buch selbst war längst verschwunden, und wo ich jetzt stand und was hinter mir lag, wußten sie nicht. Statt meiner hatte man schon früher ein Phantom, das eine oberflächliche Kritik verfertigt hatte. Wie viele große Bücher hatte ich übereinandergetürmt und hatte mich auch im Tageskampf bewegt in dieser Stadt, gegen die Rückständigkeit, den unausrottbaren militärischen Geist, gegen die anrollende nazistische Welle, gegen das verräterische Bonzentum. Ich hatte im Literarischen, soviel ich konnte, die eitlen gespreizten Schönredner und Traditionalisten gezaust, die Nachahmer, die Parasiten, die von fremdem Gut lebten. Und besonders waren mir zuwider jene Literaten und ihre weit verbreiteten Cliquen, welche die Großstadt nicht gelten lassen wollten, – sie lebten dabei meist in der Großstadt und schwärmten für Provinz und Kuhglocken, während rings im Lande, und gerade in diesem Deutschland, moderne und modernste Wissenschaft, Technik und Industrie machtvoll die Szenerie beherrschten. Der Schatten des fürchterlichen deutschen Provinzialismus fiel schwer über die Großstadt, – die Großstadt, die reale Macht, im Grunde die einzige Macht, aus der der Reichtum und die Stärke des Landes kam, – aber die andere Macht, der geistige Rückstand aus der Vergangenheit erwies sich als noch stärker, im literarischen, politischen und im gesellschaftlichen Leben. Schwer war es, dagegen anzukämpfen und der Gegenwart zu ihrem Recht und zu ihrer Würde zu verhelfen. [...]

Ich sprach in Berlin davon, wie die Organisation den Geist verschlingt und verdirbt und gab dafür allerhand Beispiele und ging nicht an dem letzten Beispiel vorbei: Wie der Sozialismus im staatlichen Gebilde verdarb und zu einem Bonzentum verfaulte. Und was sei nun zu tun? Mir konnte die Antwort nicht fraglich sein. Man mußte über Formulierungen wie »Sozialismus« hinweg frisch zu den Grundwerten vorstoßen. Man mußte zu der eigentlichen Quelle gehen, zurück zu dieser Quelle. Ich nannte als

notwendige Grundhaltung nach dem frechen Hochmut nationaler und atheistischer Art, der vorausgegangen war, die – Demut. Ich sprach offen davon, sprach auch vom Beten.

Wie sie nun froh waren in Berlin (ich sage nicht alle, aber gewisse Kreise, besonders die, die früher mit mir zusammenhingen), als sie diese Wendung hörten: »Zehn Schritte zurück zu der Quelle.« Ich wußte voraus, was sie daraus machen würden. Es kümmerte mich nicht. Mir kam es nur auf Klarheit an.

Ihre Zeitungen, die ich in den nächsten Tagen erhielt, verhöhnten mich. Ein Journal schrieb: »Wir erlebten eine vollendete Hingabe zur Mystik, gefährlich noch dazu, wenn sich der Mensch, wie der Autor des »Berlin Alexanderplatz« tat, lossagen will von Partei, Organisation, von Staat und klassenkämpferischem Sozialismus, – um zehn Schritte zurück zu tun und – zu beten.«

Ich hatte gesagt: Es gelte neu den Standpunkt gewinnen, um mit den Gebilden Staat, Organisation, Partei, richtig umgehen zu können.

Wozu ich nur zu sagen habe, daß ich keine Zeit meines Lebens antireligiös war. Es wird mir schriftlich gegeben, daß ich »als Denker vor der Mystik kapitulierte«. Ich sehe in der Anerkennung der Rätselhaftigkeit und des Geheimnisses dieser Welt nichts von Kapitulation. »Er trat seine Flucht aus der Welt der realen Dinge an.« Aber im Gegenteil ließ ich Illusionen fallen und stand der Realität gegenüber. »Wenn rationales naturwissenschaftliches Denken schon dem Lehrer des Thomas, Alfred von Bollstädt, als größte Errungenschaft galt, lenkt der siebzigjährige Döblin die letzte Strecke seines Lebens in die Metaphysik, ins Irrationale und Mystizistische.« Ich bin rational wie nur einer. Wie verhalten sich aber die Herren vor der jenseits jeder Rationalität liegenden Realität? Sie drehen ihr den Rücken. Aber sie existiert und verliert dadurch, daß sie ignoriert wird, weder ihre Existenz, noch ihre Wichtigkeit. Wenn sie, wie es den Anschein hat, der Meinung sind, dies sei die einzige Welt, die ganze, und wir hätten uns hier zu bewegen und uns in Denken, Tun und Haltung auf das zu beschränken, was die Sinnesorgane liefern, so stimme ich mit ihnen nicht überein. Sie isolieren sich damit und engen künstlich sich auf einen kleinen Ausschnitt der menschlichen, sogar der menschlichen Vermögen ein. Nicht einmal das Denken findet bei ihnen den richtigen Platz; nicht einmal, was Ratio ist, verstehen sie richtig. Sie haben Theorien und ver-

sperren sich damit den Blick in die Wirklichkeit. Sie kämpfen gut, wenn sie gegen die Tyrannei des Zwangsstaates kämpfen oder gegen soziale Ungerechtigkeit. Aber der gute Kampf genügt ihnen nicht. Sie glauben aus einer selbstverfertigten Theorie sich erst die Berechtigung holen zu müssen. Die Theorie schadet der Sache. Sie sind Idealisten. [...]

Es ist etwas geschehen und es ist mehr als ein Entschluß, wenn man sich als erwachsener Mann, ja als alter, auf die Knie niederläßt, vieles in Gedanken an sich vorüberziehen läßt, vieles beklagt und bereut und nichts denken und fühlen mag als: »Herr vergib uns unsere Schuld«, und ferner: »Dein Wille geschehe wie im Himmel also auch auf Erden.«

Alfred Döblin, *Schicksalsreise*, Frankfurt am Main 1949; zit. nach: AW 19, Walter-Vlg., Olten 1980, S. 407ff

Das Interesse an der wenigen lebenden Literatur von Geltung, die uns verblieben ist, bewies der gefüllte Saal der Bezirksverordneten Wilmersdorf, in dem ganz Alte und ganz Junge Alfred Döblin zuhörten. Er las bescheiden, doch ergriffen von dem eigenen Wort, Fragmente aus dem Roman Rosa Luxemburgs, ein Religionsgespräch, in dem die Gottvorstellung erneut – wenn auch nicht neu – formuliert wurde, sowie das Endstück einer Arbeit »Der Oberst und der Dichter«, in dem das Menschliche im Soldatischen wie im Dichterischen festgestellt wurde, vielleicht mit etwas zuviel Toleranz gegenüber dem Militärischen.

Der Vortrag eines deutschen Dichters französischer Nationalität im britischen Sektor von Berlin, das mutete an wie die leise Demonstration eines Weltbürgertums, dem es ganz gleich ist, wo die Landesgrenzen liegen, am liebsten, wo der Pfeffer wächst. Veranstaltet war der dankbar aufgenommene Abend von der »Freien Volksbühne«.

N.N., *Weltbürgerlich und tolerant*, in: *Der Kurier*, 19. Februar 1948, Nr. 33, S. 3

Aber Mainz war nicht Berlin und der Alexanderplatz weit, Döblin sah die Grenze, jetzt auch die eigene, die ihn von 1929 trennte. Ein gläubiger Katholik geworden, war Berlin nicht mehr sein Klima. Die Berliner hörten ihm zwar respektvoll, aber doch etwas verwundert zu, als er dort sein neues Bekenntnis ablegte, wiederum schnodderig genug, mit dem berühmten Satz: »Die Harfen müssen neu gestimmt werden«. Er hatte es todernst gemeint.

Ernst Johann, in: *Frankfurter Allgemeine Zeitung,* 1. Juli 1957

Die Zeitschrift »Ulenspiegel« hatte Alfred Döblin eingeladen, im Marmorhaus mit Berliner Literaten und Publizisten über den Künstler und die Gesellschaft zu diskutieren. Was als ein »Kontaktgespräch« über Mensch und Gesellschaft in der Kunst angekündigt war, war zuletzt nichts anderes als der im gegenwärtigen Berlin schon zum neosnobistischen Gesellschaftsspiel verflachte Disput über freie oder gelenkte Kunst. Marxistische Teilnehmer dieses von Herbert Sandberg geleiteten Gesprächs beklagten die »halben Aussagen«, die jetzt überall in Deutschland bevorzugt würden. Gerade sie aber machten sich hier wieder dieser halben Aussagen schuldig. Die »volle« Aussage hätte unzweideutig gelautet: darf ein Polit-Büro vorschreiben, was Kunst ist und was sie zu gestalten hat? Statt dessen hieß es vordergründig: »Die Rolle der Kunst in der Gesellschaft«, worüber, scheint uns, schon längst Übereinstimmung herrscht. Alfred Döblin erinnerte dann auch nachdrücklich daran, daß der Künstler als schöpferischer Mensch außerhalb der Gesellschaft steht. Er nannte ihn den Bewahrer der Urrechte des Menschen, der in göttlichem oder dämonischem, nicht in gesellschaftlichem Auftrage handelt. Der Künstler stellt nicht die Wirklichkeit dar – die bloße Realität ist überheblich –, er gibt eine neue Wirklichkeit hinzu. Kunst kommt aus dem Erleben, nicht aus einer These. Sie hat keinen Nützlichkeitswert, weil sie weit über jede Nützlichkeit hinausgeht. Döblin erklärte, man werde wieder sagen, er sei »weich« geworden und wisse nur noch, Demut und Gebet anzupreisen. Er habe zu seinem Wege aber fester Knie und eines festen Herzens bedurft. So sei er zu Gründen gekommen, die Marx schon nicht mehr verstanden habe.

E. Montijo, *Gott oder das Polit-Büro? Diskussion mit Alfred Döblin,* in: *Der Tagesspiegel,* 10. Februar 1948

Die Debatten [der Nachkriegsjahre] enthüllten letztlich den Gegensatz zwischen einer Auffassung des Intellektuellen, die von seiner Funktion her bestimmt ist, von seiner möglichen und wirklichen Rolle in den Krisen unserer Zeit – und einer Auffassung vom Eigenwert der geistigen Leistung, unabhängig von ihrer Wirkung, die von der individuellen Substanz her bestimmt ist. Ohne Zweifel vertritt ein Großteil der heutigen Künstler und Schriftsteller als Erbschaft des bürgerlichen Denkens die zuletzt genannte Auffassung über sich und das eigene Tun. [...] In einer Welt des Nachkriegs und des erneuten Kriegsgeredes kann auch die Überbetonung einer praktisch immer fragwürdiger werdenden »geistigen Freiheit« und Bindungslosigkeit des Künstlers für ihn selbst höchst unerwartete Konsequenzen haben. Mit dem Wort vom nationalen »Sozialismus« sollte bereits einmal die sozialistische Idee beseitigt werden. Es wäre denkbar, daß mit dem Ruf nach »geistiger Freiheit« eine Politik der gesellschaftlichen Versklavung des Intellektuellen betrieben werden könnte.

Hans Mayer, *Der Breslauer Weltkongreß,* in: *Frankfurter Hefte,* 1948, Nr. 3, S. 980

Daß eine Begegnung mit Alfred Döblin später einmal eine gewisse »literaturgeschichtliche« Bedeutung haben könne, verkannte ich seinerzeit, in der »schönen Trümmerzeit«, völlig; so habe ich nichts über das Gespräch mit ihm aufgezeichnet. Ich kann nur aus der Erinnerung rekonstruieren, also dem objektiven Faktor Subjektivität vertrauen (und wenn es auch nicht, was das Detail betrifft, richtig ist, was kurz berichtet wird, wahr dürfte es sein).

Beim Thema meiner Dissertation »Hamlet in der deutschen Literatur«, angeregt von dem für meinen geistigen Werdegang so wichtigen Anglisten L.L. Schücking, war mir bekannt geworden, daß Döblin ein großes Opus als Manuskript abgeschlossen hatte – es war dann sein letzter Roman; der Hamlet-Stoff werde dabei in die unmittelbare Gegenwart transponiert. Wie es gelang, einen Termin bei ihm zu bekommen, weiß ich nicht mehr. 1948 war eine Zugfahrt noch ein gewisses Abenteuer; man war nach Baden-Baden (nicht einmal den Namen der Stadt habe ich »fest« im Gedächtnis) sehr lange unterwegs. Jedenfalls war ich die ganze Zeit sehr nervös; ich überlegte, wie so ein Gespräch zu führen sei. Ich wußte von Döblins literarischer Bedeutung; ein großer deutscher Dichter, aus der Emigration heimgekehrt; würde er einem jungen Studenten, von dem er annehmen mußte, daß er in der Hitler-Jugend gewesen war, nicht entschieden mißtrauen? Große Kenntnis von seinem Werk hatte ich freilich nicht; die Bibliotheken zeigten Fehlanzeige; die unsägliche Dumpfheit des nationalsozialistischen Provinzialismus war nicht leicht aufzuholen. Meine wichtigste Informationsquelle war die 1947 erschienene Literaturgeschichte von Paul E. Lüth (»Literatur als Geschichte«), die immerhin über Döblin 20 Seiten enthielt.

Die Ankunft in der Stadt: ich sehe mich einen langen Friedhof entlanggehen; alles unsäglich trist; stimmungsmäßig war es Herbst. Schnitt. Das nächste Bild: ich stehe vor seiner Wohnungstür. Vorsichtiges Öffnen. Er wird so ausgesehen haben, wie es aus den Photos bekannt ist. Mit seinen dicken Brillengläsern. Ins Wohnzimmer könne er mich nicht führen; alles sei ja angesichts der Wohnungsnot sehr eng. So fand unser Gespräch im Gang statt. Ein langer Monolog, was ihm der Hamlet-Stoff bedeute; er betonte, das zeigt mir meine „wissenschaftliche" Verarbeitung, sehr stark die religiöse Komponente. Daß der originale Schluß – der Held geht ins Kloster – von west- wie ostdeutschen Verlagen dann nicht gebilligt wurde, was eine Änderung erzwang (nun vage: »Ein neues Leben begann«), ahnte er nicht. – Es sei für ihn ein Wagnis, das Manuskript aus der Hand zu geben; ich müsse es auf jeden Fall morgen zurückgeben

Schnitt. Das nächste Bild: ich sehe mich in einer dürftigen Pension auf dem Bett sitzen, den Text auf den Knien und die ganze Nacht bei fahlem Licht lesen. Psychoanalytisches Denken war mir fremd; ich hatte Schwierigkeiten bei der Lektüre. Was ich mir notierte und später auswertete – der Doktorvater mußte zufrieden sein; er hatte das Manuskript ja nicht und somit keine Überprüfungsmöglichkeit. Sehr beeindruckt war ich jedenfalls nicht. Dazu kam der Zustand des Manuskripts; zwar maschinengeschrieben, aber für mich (jedenfalls in dieser Nacht) nicht sehr gut leserlich. Rückgabe. In die Wohnung bat er mich nicht mehr herein. Er habe gleich eine Verpflichtung. Ich bin ziemlich sicher, daß er die Tür nicht voll öffnete. Seine Gestalt im Türspalt prägte sich mir ein.

Bei der Rückfahrt das wohlige Gefühl, eine schwierige Begegnung erfolgreich hinter mich gebracht zu haben. Der Eisenbahnwagen – letzter Bildschnitt des kurzen, recht »fleckigen« und wohl auch ziemlich nichtssagenden Erinnerungsfilmes –: ein umgebauter Güterwaggon; Bänke an den Seiten; in der Mitte die Gepäckstücke (alte Koffer, Säcke, Tornister, Schachteln); wenig Helligkeit. Man dämmerte im harten Schienentakt so dahin. Der lange Rückreisetag schien kein Ende zu nehmen ...

Hermann Glaser, Juli 1987

Was in friedlichen Zeiten schon Gefahren barg, der hingesabberte Aphorismus über ein gewichtiges Thema, ist heute überhaupt nicht zu verzeihen. Alfred Döblin vergeht sich, wie er es in den letzten Jahren häufig tat, in oberflächlich-eitler Weise an der Kunst. Wenn wir ihn trotzdem zitieren, so nur, weil es nötig erscheint, ihn vor den Leuten ad absurdum zu führen, die ihn noch immer ernst nehmen. »Ich sehe einen Weltuntergang voraus, einen besonderen, an dem die Lyrik schuld ist.« Oder: »Ich verfluche das lyrische Gedicht.« Oder: »Was glauben Sie, was Gedichte schon für Unheil angerichtet haben durch die faulen und elenden, in ihnen mitgeteilten Gefühle, die noch dazu zum großen Teil, zum größten Teil unwahr, erlogen und erstunken sind.« Diese Sätze Alfred Döblins entnehmen wir dem Artikel »Döblin und die Lyriker« von Richard Drews in der »Weltbühne« [...], und dieser schwatzhaften Hohlheit gilt es zu begegnen. Erstaunlicherweise wird sie in dem fortschrittlichen Blatt nicht abgelehnt, sondern findet dort Billigung. [...]
Den Anstand zu wahren, wenn ein »Prominenter« wie Alfred Döblin sein anmaßendes Gift spritzt, fällt schwer. Noch schwerer fällt es, weil er seine Zeitschrift »Das goldene Tor« der frechen Niveaulosigkeit geöffnet hat, und noch schwerer, weil sein neuer Band »Heitere Magie« die Märchenform benutzt, Wirren einer Alterspubertät, die Ressentiments eines Steckengebliebenen zu enthüllen.

Susanne Kerckhoff, *Weltuntergang durch Lyrik? Alfred Döblin verflucht die Dichtkunst – wir bejahen sie,* in: *Berliner Zeitung,* 11. September 1948, Nr. 212

Die Währungsreform ließ jetzt auch diejenigen Autoren hervortreten, die die Fragebogen der Alliierten zu fürchten und auf deren Schwarzen Listen gestanden hatten. Blitzkarrieren starteten nicht nur Gottfried Benn und

Ernst Jünger, sondern auch Friedrich Sieburg, der binnen kurzem zum Literaturpapst der Westzonen wurde. Er predigte die Entideologisierung zunächst im Dienste der Autonomie der Literatur: »Ein literarisches Erzeugnis [...], das nach seiner ›Weltanschauung‹ gewertet wird, tritt in den Dienst eines Kampfes, der, theoretisch gesehen, mit der Vernichtung des Gegners enden muß.«

Helmut Peitsch, *Politisierung der Literatur oder »geistige Freiheit«? Materialien zu den Literaturverhältnissen in den Westzonen,* in: *Nachkriegsliteratur in Westdeutschland,* hrsg. von Jost Hermand, Helmut Peitsch, Klaus R. Scherpe, *Das Argument* – Sonderband 83, Berlin 1982, S. 195

Einmal sah ich ihn nachher noch. Döblin hatte von finanziellen Bedrängnissen gesprochen; er wollte reisen – er konnte es sich nicht leisten. Ich habe eine Art Funktion in einer internationalen Schriftsteller-Organisation. Ich ließ ihn einladen, mit seiner Frau, zu einem internationalen Kongreß – 1949, glaube ich, in Venedig. Er kam – und ich sah die beiden nicht ein einziges Mal bei einer der offiziellen Veranstaltungen. Sie besuchten Kirchen. Sie ließen sich durch die Kanäle gondeln. Das letzte Mal – sehr spät nachts, die Piazza San Marco war beinahe schon menschenleer – tauchten sie aus dem Torbogen unter der Uhr hervor, von der Merceria kommend, und gingen Arm in Arm, mühselig und ein wenig trunken (aber es war eine tiefere Trunkenheit) quer hinüber zur Piazzetta, zu dem steinernen Löwen, der dort am Wasser steht. Ich machte mich ihnen nicht bemerkbar. Dort standen sie und blickten hinaus auf die Lagune – zwei alte Leute und ein wenig wackelig.

Robert Neumann, *Meine Freunde, die Kollegen,* in: *Die Zeit,* 25. Mai 1962

Ich, zum Vizepräsidenten dieser Klasse der Literatur gewählt, achtete zusammen mit den neu hinzugekommenen Kollegen, scharf darauf, uns vor jeder Infektion mit der braunen Pest zu schützen. Es gab da manche Debatten, und öfter wollte man da zudecken, wo ich Lust hatte aufzudecken. Aber jedenfalls drang bei uns keiner von früher, keiner der Geehrten und Gefeierten, keiner der frisch Getarnten ein. [...]
Wir konnten nicht recht zur Geltung kommen. Unsere Kräfte wurden nicht mobilisiert. Ich sehe jetzt: wir mußten von vornherein auf einen

andern Boden, nämlich auf unsern gestellt werden. Wir hätten mehr an die Öffentlichkeit treten sollen, aber die Akademie tagte hinter verschlossenen Türen. Das ist auch verständlich für die Wissenschaft, das Gegenteil galt für uns. Keine Freude für mich, dem an der Beeinflussung der deutschen Mentalität lag. Es gelang mir, eine Schriftenreihe »Verschollene und Vergessene« in unserer Klasse anzuregen und durchzusetzen. Es handelte sich um vorzügliche, große und schon halb verklungene Namen. Auf sie wurde bei uns also hingewiesen, und man hat in der Öffentlichkeit dies auch beachtet.

Alfred Döblin, *Journal 1952/53,* [Typoskript von 1952/1953]; zit., nach: AW 19, Walter-Vlg., Olten 1980, S. 508 f

Mein Körper, wußte ich schon lange, hat viele Schichten. Eine Anzahl Elemente bauen ihn auf, sie sind in der ganzen Welt verbreitet, sie sind aus der ganzen Welt zusammengezogen, sie werden harmlos »chemische Elemente« genannt, aber sie sind keine einfachen Gebilde, sie sind komplizierte Gestalten. Was sie aber sind und wie sie zu diesem Konzert »Ich« beitragen, das weiß ich nicht.
Man nennt die Zellen die einfachste Grundform des Körpers, sie bilden sich, vergehen, sind sehr verschieden, und das ist eine Flora und Fauna.

Alfred Döblin, *Schicksalsreise,* Frankfurt am Main 1949, in: AW 19, Walter-Vlg., Olten 1980, S. 413

Und eines Tages dann kam das Buch, das seinen Übertritt zum Katholizismus »erklärte« – diese grossartige »Schicksalsreise«. Zum ersten Mal verstand ich sein trotziges »Unbürgerlich« voll: es war nicht nur der Arme, der ihn nicht zur Ruhe kommen liess, auch »Der unsterbliche Mensch«. Der war ein altes Döblinsches Abenteuer; da aber die Zeit keine anderen als soziologische Kategorien hat, brachte man ihn lange Zeit im Schubfach »Links« unter. Nun bringt man ihn, weil er es so will, als Katholik unter. Dieser »Katholizismus« ist eine enorme Döblinsche Sekte, zu der auch schon Strindberg gehörte. Sie ist sein ältestes und sein jüngstes Abenteuer, die Tour ins Okkulte.
Er war unter vielen Fahnen – und der berühmteste Deserteur der Zeit. Er ist heute Katholik, wie er einmal Jude, Berliner und Fast-Kommu-

nist war. Er hat besonders viele Uniformen verbraucht, vielleicht weil er der wenigst sesshafte Deutsche dieser Jahrzehnte war.

Ludwig Marcuse, *Gebt Alfred Döblin den Nobelpreis*, in: *Aufbau*, 4. September 1953

Dieses autobiographische Werk des heute wie ehedem vielumstrittenen Schriftstellers, der 1933 aus Deutschland emigrierte und nun die Abenteuer, Erlebnisse, Gedanken und inneren Wandlungen eines ahasverisch durch die Welt (Frankreich, Spanien, Portugal und Amerika) Umherirrenden und schließlich nach Deutschland wieder Heimkehrenden schildert, ist typisch für das Unstete, Unheimliche, das Unzuhause im Bereich des äußeren Daseins wie der Seele ungezählter Menschen dieser Zeit. Die Deutschen, die in den schwersten Jahren unseres Volkes in unverbrüchlicher Treue zu ihm standen, haben ihre eigenen Gedanken über Wert und Würde eines Mannes, der Deutschland verließ, dessen Söhne in fremder Uniform gegen Deutschland kämpften und der nach langen Irrungen und Wirrungen in die zerstörte, fremd gewordene Heimat zurückfindet, nachdem ihn auch Amerika, sein letztes Asyl, »nicht mochte«.

N.N. über *Schicksalsreise*, in: *Lüdenscheider Nachrichten*, 21. Dezember 1950

Was mich an diesem berühmten Autor, an diesem epischen Genie verblüffte, war eine gewisse Unscheinbarkeit. Andere Schriftsteller, weniger genial und weniger berühmt, wirkten neben ihm gewichtiger, bedeutender und damit ernsthafter. Dies lag nicht nur an Döblins grazilier Gestalt und nicht nur an seinem gänzlich »unbetonten« Verhalten, sondern auch an seiner Spottsucht, die ihm selbst ein höchst »unmännliches«, nämlich kindliches und kindisches Vergnügen bereitete. Er lachte gern. War man einige Stunden mit ihm zusammen, konnte man den völlig verkehrten Eindruck bekommen, daß er lieber lachte als Bücher schrieb. [...] Eines Morgens, im Frühstücksraum eines Stuttgarter Hotels, blieb Frau Döblin noch eine Weile bei ihrem Mann, da wir die Besprechung, zu der wir nach Stuttgart gekommen waren, nicht ohne Kasack und Jahnn beginnen konnten. Döblin holte sich den Zeitungshalter vom Haken und las die Morgenzeitung.

»Hören Sie mal zu!« rief er, offenbar entrüstet. Seine Augengläser blitzten. Er las eine längere Pressemeldung vor. Ich hörte zu, und nach einiger Zeit wurde der Bericht dermaßen kuriosphantastisch und unglaubhaft, daß ich nicht mehr begriff, wie eine Zeitung das drucken konnte. Vergnügt blickte Döblin mich an, als er geendet hatte. »Das steht doch unmöglich in dieser Zeitung«, sagte ich. Döblin lachte so sehr, daß er fast erstickte. Sein Gesicht wurde feuerrot. Frau Döblin lächelte nachsichtig, betrachtete ihn mit einem eisklirrenden Blick und sagte zu mir: »Er blödelt.« Ich holte mir die Zeitung. Das erste Drittel des Berichts stimmte, alles Weitere hatte Döblin phantastisch entstellt und hinzuerfunden.

Ernst Kreuder, *Eine gewisse Unscheinbarkeit. Begegnung mit Alfred Döblin*, in: *Stuttgarter Nachrichten*, 14. März 1964

Maria war durch Gnade von aller Sündhaftigkeit befreit – so daß Gott, als er daranging – das korrupte Wesen des Menschen durch eine metaphysische Tat zu restaurieren, sich mit diesem menschlichen Fleisch bekleiden konnte. Und nun ist da nicht mehr Bürger und Dichter und Heiliger, es ist auch kein Gedicht da, kein Drama, kein Epos. Was der in diesem Fleisch wandelnde Himmlische spricht, ist transparente Wahrheit, aus der alle Wissenschaft Kräfte ziehen muß, und die Tat, die er leistet, ist die Verkündigung der Wahrheit und der Opfertod. Und dies ist dann mehr als eine Tat in unserem Rahmen. Es ist der bisher noch nicht wiederholte Einbruch einer anderen Welt in unsere, der Rückgriff des Urgrundes auf uns.

Alfred Döblin, *Die Dichtung, ihre Natur und ihre Rolle*, [Rede in der Mainzer Akademie der Wissenschaften und der Literatur, Klasse der Literatur, 1950, 1], Wiesbaden 1950, S. 49

Trotzki blickte auf die Straße herunter, wo man gerade im Schnee eine Stacheldrahtbarriere zog: »Und wie haben sie sich benommen?«
»Wer?«
»Die Deputierten heute nacht.«
Trotzki zog Zigarren aus der Brusttasche seiner Lederjoppe: »Havanna, aus Brest-Litowsk, Bestechungsgeschenk.«
Lenin beschnupperte eine: »Bist du sicher, daß

sie nicht explodiert, wenn du sie ansteckst?«
Trotzki zündete sich seine an, es roch gut.
»Heute nacht«, Lenin lachte fröhlich, »ja, ich hätte sie auch gerne gesehen. Sie hatten sich lange Reden ausgedacht, Reformen hatte jeder einen Stoß in der Tasche. Und dann kommt mein kleiner Kommandant, gähnt und meckert: ›Ich bin müde, ich bin doch so müde‹, und dreht ihnen das Licht aus.«

Alfred Döblin, *November 1918*, Band 4, *Karl und Rosa*, Freiburg, München 1950; zit. nach: dass., Deutscher Taschenbuch Vlg., München 1978, S. 26

»Eine Geschichte zwischen Himmel und Hölle« hat der Dichter das Buch im Untertitel genannt, und in der Tat, es zu lesen bedeutet ein seltsames geistiges Abenteuer. Ganz unversehens läßt man sich von der Fabulierkunst und Phantastik dieses unerschöpflichen Epikers in das Gewirr der gärenden Berliner Revolutionsmonate ziehen und findet sich plötzlich – man weiß eigentlich nicht wie – mitten im Hexenkessel der Welt. Berlin, diese nüchterne, unsentimentale, so hoffnungslos diesseitige Stadt mit ihren damaligen Politikern: Ebert und Noske, Karl Liebknecht und Rosa Luxemburg (selbst Wilhelm Pieck ist schon am Rande da), wird von dem Magier Döblin auf das Geheimnisvollste verzaubert – oder sollte man sagen: entzaubert? –, wird zum Hohlspiegel Gottes verwandelt, in dessen unendlicher Krümmung sich alle politischen, sozialen und religiösen Perspektiven treffen. Revolution, (eine »deutsche Revolution«, wie es nicht ohne Resignation heißt), sub specie aeternitatis, die Novembertragödie von 1918 unter heilsgeschichtlichem Aspekt – das ist das eigentlich Neue und Erregende, was Döblin damit in die Diskussion der Zeit wirft.

Horst Krüger über *Karl und Rosa*, in: *Badische Zeitung*, 5. Oktober 1950

döblins großes episches werk über die revolution von 1918 stellt einen triumph des neuen typus eingreifender dichtung dar, ein politisches und ästhetisches unikum in der deutschen literatur und ein nachschlagewerk für alle schreibenden.

Bertolt Brecht über *Karl und Rosa*, [aus einem im Literaturarchiv Marbach aufbewahrten Typoskript]

VERSCHOLLENE
UND
VERGESSENE

ARNO HOLZ

1951 14. Januar. Ansprache anläßlich der Verleihung des *Großen Literaturpreises* der *Mainzer Akademie* an Arno Schmidt. Beginn einer persönlichen Verbindung zwischen Schmidt und Döblin.

Februar. Romreise Erna Döblins. Audienz beim Papst.

März. Die französische Kulturbehörde stellt die Finanzierung des *Goldenen Tors* mit Heft 2 des 6. Jahrgangs ein.

Döblins Plan, die Zeitschrift mit einer Übergangszahlung der französischen Kulturbehörde in Verbindung mit der *Mainzer Akademie* fortzusetzen oder eine Literaturzeitschrift der Akademie zu gründen (Döblins Titelvorschlag: *Don Quichote*), zerschlägt sich.

Nach einer Umfrage sind 70 Prozent der Bundesbürger der Meinung, »Deutschlands schlimmste Zeit« sei die nach dem Krieg gewesen, die Jahre zwischen 1945 und 1948.

Juli. Nach Auflösung der französischen Kulturbehörde in Mainz erhält Döblin eine Abfindung vom französischen Staat. Verbittert über die restaurativen Tendenzen in der Bundesrepublik und seine literarische Isolierung erwägt Döblin den endgültigen Rückzug nach Frankreich.

September – November. Alfred und Erna Döblin in Paris.

Oktober. Staroperation am rechten Auge, Besserung der extremen Kurzsichtigkeit.

Ende Oktober. Spaltung des *Deutschen PEN-Zentrums*.

19. November. Gründung des *Bundes der Vertriebenen*.

und ...

Abschluß einer unveröffentlicht gebliebenen Fortsetzung des Religionsgespräches *Der unsterbliche Mensch*. Döblin gibt als ersten Band einer Schriftenreihe der Literaturklasse der *Mainzer Akademie Verschollene und Vergessene* eine Arno-Holz-Auswahl heraus.

1952 Ab Februar. Vorbereitung des Sammelbandes *Minotaurus. Dichtung unter den Hufen von Staat und Industrie.*

6. April. Rede im *Südwestfunk* über das Verhältnis Israels zum Christentum.

8. Mai. Explosion der ersten britischen Atombombe.

Ende Mai. Teilnahme am Pariser *Congrès international pour la liberté de la culture*. Rundfunkinterview mit R.T.F.

29. Juni. Vom Rundfunk übertragene Ansprache Döblins im Saarbrücker Rathaus zur Eröffnung der Woche *Zeitgenössisches Kulturschaffen*.

Juni. Beginn des *Journal 1952/1953*.

29. September. Herzinfarkt Döblins bei der Arbeit im Büro; Einlieferung in das Mainzer *Hildegardishospital*.

1. November. Explosion der ersten amerikanischen Wasserstoffbombe.

und ...

Döblins kaufen eine kleine Wohnung in Paris, *31 Boulevard de Grenelle*, die mit ihren Möbeln aus der Emigration, die noch in einem Speicher lagern, eingerichtet wird.

1953 Januar. Entlassung aus dem Hospital.

Ende Januar. Theodor Heuss besucht den kranken Döblin in Mainz.

28. April. Döblin berichtet Heuss von seinem Entschluß, ein zweites Mal zu emigrieren.

29. April. Umsiedlung nach Paris.

1 Zeche Zollverein in Essen, Foto: Albert Renger-Patzsch (31) **2** Fassadenausschnitte **3** Neun-Mächte-Konferenz in Paris, auf der die Aufrüstung der Bundeswehr beschlossen wird, Dezember 1954 **4** (32) **5** Döblin in der Mainzer Akademie, (links: Döblin, in der Mitte: Hanns Henny Jahnn), Foto: Karin Eckert (1) **6** Straßenszene in der Hardenbergstraße, Berlin-Charlottenburg, 1955 (6) **7** Einband der ersten Ausgabe der von Döblin herausgegebenen Reihe, 1951

1951 BIS APRIL 1953

Wie heißt die hausbackene Redensart im Land der Dichter und Denker: Zu Lebzeiten vergessen. Döblin lag nicht richtig. Er kam nicht an. Der progressiven Linken war er zu katholisch, den Katholiken zu anarchistisch, den Moralisten versagte er handfeste Thesen, fürs Nachtprogramm zu unelegant, war er dem Schulfunk zu vulgär; weder der »Wallenstein«- noch der »Giganten«-Roman ließen sich konsumieren; und der Emigrant Döblin wagte 1946 in ein Deutschland heimzukehren, das sich bald darauf dem Konsumieren verschrieb. Soweit die Marktlage: der Wert Döblin wurde und wird nicht notiert.

Günter Grass, *Über meinen Lehrer Döblin.* Literarisches Colloquium, Berlin 1968, S. 26

Wir waren in Paris zusammen zu meinem 60. und in Hollywood zum 65. Ich finde, das waren bessere Zeiten, Ihr habt nichts versäumt, daß Ihr in Amerika geblieben seid. Wie die Dinge hier laufen, innenpolitisch, siehst Du ja selbst, lieber Marcuse. Wir hatten in Deutschland nie eine solche politische Situation, rein nationalistisch und unfrei, reaktionär, wie jetzt. Die Sozis sind nie und nimmer eine linke Partei. Das alte Bürgertum ist hin, die Literaten sind Opportunisten, geistig sehr belanglos und selber mehr oder weniger tief mit nazistischen Ideen imprägniert. Du wirst hier bei längerem Aufenthalt die nunmehr recht deutliche fremde und feindliche Luft spüren. Ich bin nicht mehr jung genug, sonst würde ich schon vor zwei Jahren auf die zweite, endgültige Emigration gegangen sein. Ich weiß nicht, ob Du meine Bücher von »November 1918« erhalten hast, sie wurden ziemlich allgemein boykottiert. Die junge und jüngere Generation ist, wie es sich bei ihrer Vergangenheit versteht, unpolitisch, auch uninteressiert im allgemeinen und kennt ihren Ort nicht.

Alfred Döblin, *Brief an Sascha und Ludwig Marcuse,* Mainz, 16. August 1951; zit. nach: AW 13, Walter-Vlg., Olten 1970, S. 429

Ich bin ja jetzt seit sieben Jahren in Deutschland und während ich die ersten Jahre die Emigranten öfter ermutigte zurückzukehren, habe ich sie in den letzten Jahren davor gewarnt, – nicht nur wegen der wachsenden Kriegsdrohung, sondern wegen der deutlich und deutlich

werdenden Enthüllung des geistigen Zustandes dieses Volkes nach den 12 Jahren Hitler. Die Wirkung war ungeheur tief und wäre nicht so tief gewesen, wenn sie nicht so gut vorbereitet gewesen wäre und am geeigneten Objekt erfolgte. Zwei Völker in einem, das eine, das wir kannten und pflegten und kulturell machten und so erhielten, und das zweite, das die Herrschaft über das erste hatte, nur herrschgierig, gewalttätig, machtlüstern und dieses zweite Deutschland benutzte schon früh das erste, um sich mystisch freche Träume vorzumachen. Als ich zurückkehrte 1945, wollte keiner, mit dem ich sprach und von dem ich las, etwas von dem früheren Zustand wissen, allmählich lockerte sich das, je mehr man ihnen Freiheiten gab, und jetzt sind sie beinahe ganz offen geworden und sie reden nicht mehr von der Schande der vergangenen Jahre, sie fühlen sie nicht mehr, sie reden und schreiben nur von der Einigung Deutschlands, und man müßte ein Narr sein, um nicht zu wissen, was das bedeutet, nämlich der Keim und Beginn zu dem alten, der erste Takt des früheren Liedes, das früher oder später zum Horst Wessel Lied wird. Hieran hat sich nichts geändert, die Menschen sowohl im Osten der Oder wie im Westen sind darin die gleichen. Ich habe meine Beoachtungen gemacht, es ist kein Verlaß auf sie. Es ist hier nicht meine Sache mich in Politik zu mischen, lieber Zweig, aber daß Sie nach mehreren Jahren doch noch hierher zurückkehrten, erstaunte mich, ich hätte Ihnen gewünscht, Sie hätten es gelassen. Sie werden hier nichts ausrichten können. Ich sage es Ihnen mit aller Sicherheit voraus. Lassen Sie sich nicht täuschen. Sie werden staunen über das, was ich Ihnen über Ihre Israelsätze sage: Sie hätten besser drüben bleiben sollen, dort genau die Sache, die Sie jetzt vertreten, dort vertreten sollen. Dort drüben wären Sie ein lebendiges und aktives Element, in Deutschland macht man Sie zu Schutt und Asche.
Lieber Zweig, Sie werden den Kopf schütteln über meinen Pessimismus – er beruht auf Erfahrung.

Alfred Döblin, *Brief an Arnold Zweig,* Mainz, 6. Oktober 1952; zit. nach: AW 13, Walter-Vlg., Olten 1970, S. 455

Inzwischen ist er das geworden, was man einen großen alten Mann nennen darf, der keine »Allüren« hat, keine Launen, keine »Haltung«, weltgereist, höflich, bescheiden, der im-

mer noch schreibt und der außer dem Bücherschreiben – er raucht nicht und trinkt nicht – am liebsten eines tut: lachen. Lautlos, weit zurückgebeugt, die Hände mit den Fingern fest ineinander, ich habe noch niemand so herzhaft inständig, still und unersättlich lachen gesehen. Wir fuhren an diesem Morgen mit einem Taxi zur Stadt zurück, Jahnn erschien zu spät, in halbem Laufschritt. Winkend, das Taxi war schon besetzt und angefahren, sagte Döblin: „Der Jahn ist jetzt Neese", und er lachte, im Grunde aus einem unbändigen Vergnügen am Lachen.

Ernst Kreuder, *Alfred Döblin – privat. Erinnerungen zu seinem 75. Geburtstag,* in: *Die Neue Zeitung,* 10. August 1953, Nr. 187

Hochverehrter Herr Bundespräsident, lieber Herr Heuss,
Vor etwa sieben Jahren meldete ich mich bei Ihnen, der damals in Stuttgart saß, von Baden-Baden aus und kündigte Ihnen meine Rückkehr nach Deutschland an. Es war ein übereilter Brief. Es wurde keine Rückkehr, sondern ein etwas verlängerter Besuch. Ich kann nach den sieben Jahren, jetzt, wo ich mein Domizil in Deutschland wieder aufgebe, mir resümieren: es war ein lehrreicher Besuch, aber ich bin in diesem Lande, in dem ich und meine Eltern geboren sind, überflüssig, und stelle fest, mit jeder erdenklichen Sicherheit: »Der Geist, der mir im Busen wohnt, er kann nach außen nichts bewegen.« Stellen Sie sich vor, lieber Herr Heuss, daß schon vor dreiundeinhalb Jahren mein Verleger Keppler in Baden-Baden mir meine Werke quasi zurückgab und daß jetzt bei der Jahreswende der Herder-Verlag mir mitteilt: »Ihre Sachen bleiben bei uns liegen, wir können Ihrem Werke keine Heimat bieten.« Ich habe es schon lange gemerkt. Ich kenne den politischen Wind, der da weht. [...]
Haben Sie Dank, lieber Herr Heuss für alle Liebenswürdigkeit und Güte und auch direkte Hilfe, die Sie mir zuteil werden ließen. Ihre Schrift »Das Mahnmal von Bergen-Belsen« liegt auf meinem Tisch, hätten wir nur tausend solcher Redner. Sie sahen, ich bin krank, aber ich bin nicht matt. Wie herzlich denke ich auch immer an Ihre Frau, die gute, selige. Ich freue mich, daß ich zwar nicht Deutschland wiedergefunden habe, aber Sie beide traf.

Alfred Döblin, *Brief an Theodor Heuss,* Mainz, 28. April 1953; zit. nach: AW 13, Walter-Vlg., Olten 1970, S. 458

Draußen Nebel und feuchte Kälte. Das ist Mainz. Meine Ausreise aus diesem Land nähert sich.

Ja, wir werden wieder dieses Land verlassen, und das Ganze sollte keine Heimkehr sein, das wurde mir nicht gegeben, es wurde ein verlängerter Besuch.

Es ist geblieben, wie es war. Ich finde hier keine Luft zum Atmen. Es ist nicht Exil, aber etwas, was daran erinnert. Nicht nur ich, sondern meine Bücher haben es auch erfahren: im Beginn mit einem unwahren Freudengeschrei begrüßt, blieben sie zuletzt verhungert liegen. Ich will nicht ungerecht sein, im Anfang und später habe ich manche gute Stimme gehört. Ich erinnere mich noch, daß mir einmal eine Frau bei Berlin ihr Häuschen zum Geschenk machen wollte, wenn ich herüber käme. Zu meinen stärksten Eindrücken im Beginn gehörte auch, was ich nicht vergessen werde, inmitten der ganzen Unrast dieser Monate ein Eichendorff-Abend im Kleinen Theater. Es wurde irgend ein Gedenktag Eichendorffs gefeiert. Der Raum war dicht besetzt, es wurde musiziert, und als ich Eichendorff-Lieder mit Schumanns Musik hörte, wußte ich: nicht bloß dieses und jenes draußen war Deutschland, sondern auch Eichendorff und die Musik hier und dazu die Menschen, die sich davon erheben ließen.

Wenn sie doch bei der Heimatliebe stehen blieben, wenn sie doch nicht so rasch zur Selbstverherrlichung und ins Politisch-Nationale gerieten. [...]

Nein, ich kann diese Zeitungen nicht mehr lesen. Die Kommentatoren im Radio bereiten mir Übelkeit. Wie selbstgefällig sich das alles gibt. Nun ist der Chef der Regierung aus Amerika zurückgekehrt, stürmische Ovationen wurden ihm zuteil auf einer Kundgebung in Hamburg. Eine Zeitung hier schreibt: »Die Angaben über die Zahl der Teilnehmer in der riesigen Ernst Merckhalle schwanken zwischen 7000 und 12000. Tagelang waren alle Eintrittskarten ausverkauft. In der Halle hatte ein riesiges Aufgebot von Angehörigen der Jungen Union, deren Armbinden das Symbol des Parteitages zeigten, den Ordnerdienst übernommen. [...] Der äußere Ablauf der Kundgebung zeigte deutlich, daß die größte Regierungspartei dabei ist, einen neuen Stil für solche propagandistischen Veranstaltungen zu entwickeln, bis zu den scheppernden Sammelbüchsen nach Beendigung der Kundgebung. Aufforderungen, die Gänge des Saales frei zu halten, kündigten den Einmarsch der Fahnengruppen der Jungen Union an. Er vollzog sich unter Marschklängen in zwei Kolonnen. Kräftige junge Männer im weißen Hemd trugen die Fahnen auf das eigens errichtete einzige Podium. Triumphmarsch aus Aida. Händeklatschen begleitete jeweils die Ankunft der Prominenz, bis unter den Klängen des Triumphmarsches aus Aida der Kanzler selber mit seiner Tochter und den Herren seiner Begleitung die Halle betrat. Jubel umbrauste ihn. Die Menschen stiegen auf die Stühle und klatschten Beifall, während Adenauer mit beiden Händen nach allen Seiten winkte. Ein kleines Mädchen in Althamburger Tracht überreichte ihm einen Strauß gelber Tulpen, während Lotte Adenauer aus der Hand eines Bübchens in Zimmermannstracht einen Strauß weißer und roter Nelken, die Farben Hamburgs, empfing. – Wie sehr der Kanzler in diesen Gedankengängen lebt (er hatte am Nachmittag ein Flüchtlingslager besucht und mit dem Zuruf an die anwesenden Flüchtlinge ›Ihr werdet eines Tages in eure Heimat zurückkehren‹ ein tausendfaches beifälliges Echo ausgelöst) wie sehr der Kanzler in solchen Gedankengängen lebt, mag eine kleine Episode erläutern. Als er den Empfang durch die Staatsbehörden in Kanada schildern wollte, begann er mit den Worten: ›Der Bundeskanzler des deutschen Reiches‹, um dann, sich korrigierend fortzufahren, ›das ist noch ein bißchen verfrüht, sagen wir Deutschland‹.« [...]

Über die Grenze, – aber nicht flüchtig wie 1933 vor einem Diktator und seinen Helfershelfern, – sondern einfach nicht recht angelangt, so fuhr ich mit meiner Frau im Schlafwagen und hatte Mainz verlassen. Ich schlief fest bis in den frühen Morgen. Wir waren schon bei Bar-Le-Duc, als ich mich umblickte. Mehrmals war meine Frau, wie sie sagte, in der Nacht herabgestiegen, um nach mir zu sehen, aber ich schlief, ich schlief. Ich habe auch nichts geträumt, was ich festhalten wollte.

Alfred Döblin, *Journal 1952/53*, [Typoskript im Nachlaß]; zit. nach: AW 19, Walter-Vlg., Olten 1980, S. 512 ff

Die Großstadt selbst, wir sagten es schon, ist ein Charakter. Sie hat ihr Formprinzip und stempelt alles mit dem Siegel ihrer Kraft und ihrer Geistesart. Niemand, der sich ihr nähert, man kann zu dieser Geistesart stehen, wie man will, kann sich diesem Eindruck entziehen. Ihre Eigenart ist so stark, daß sie rasch zu einem Ja oder Nein zwingt. Ich kenne mehrere Großstädte, am besten Berlin, wo ich Jahrzehnte hindurch lebte; ich rechnete und fühlte mich zu Berlin. Dann nahmen mich für Jahre Paris und Los Angeles auf, und ich wohnte in diesen Städten nicht wie ein Geschäftsreisender in einem Hotel zwischen Häusern und Menschen, die ihn nichts angehen, sondern nahm teil an dem Leben dieser Städte, an dem wunderbaren Fluten der Straßen. Ich gestehe, ich fühlte mich hier überall herzlich berührt und »wie zu Hause«, und so ging es mir schon, wenn ich mit der Eisenbahn einrollte in einen der Riesenbahnhöfe und von dem herrlichen Tumult umgeben wurde. Überall erkannte und begrüßte ich zwischen den Massen der Bauten und Menschen die Großstadt und vernahm ihre klare, unverwechselbare Stimme. Diese eiligen Männer und Frauen mit den unzähligen Berufen, ich kenne ihre Sorgen und Probleme. Es sind die gleichen Probleme in San Francisco, New York, in Paris; ich werde am nächsten Zeitungskiosk nachsehen, was hier die Öffentlichkeit beschäftigt. Ich werde es rasch begreifen, in welcher Landessprache es sich auch ausdrücken mag. Wie den alten Griechen, den Hellenen des Xenophon, geht es mir, die nach langen Märschen durch Kleinasien das große Meer sahen und »Thalatta, Thalatta« riefen: »Das Meer, das Meer«, das große rettende und verbindende Meer – so rufe ich auch »Thalatta«, wenn ich in Los Angeles (Kalifornien) auf den unabsehbaren breiten Straßen und Alleen die Autokolonnen rollen sehe, dirigiert vom Rot- und Grünlicht; keine Armee, keine Panzerwagen, sondern eine motorisierte Privatmenschheit, die sich an ihre Arbeit begibt, für die keine Entfernung mehr existiert. Ich freue mich in London über die unermeßliche Weite der Stadt, die zu einer Provinz wird, über die Unzahl der Geschäfte, die wechselnden Menschentypen. In New York der eigentümliche Rhythmus des Verkehrs, das Ein- und Ausatmen der Stadt: mittags entleeren die Wolkenkratzer ihre Büros, und alle Menschheit, männliche und weibliche, wogt in die Cafeterias und Bars und luncht kurz und bündig, wie sie am Morgen ihr breakfast genommen hat, da stehen sie nun zu zweit, zu dritt, zu vier hintereinander an den gedeckten Tischen und warten, bis sie an der Reihe sind.

»Nein, das ist unpersönlich«, sagen Sie? Sie müssen aber erfassen, was das für einen Charakter hat und daß jeder einzelne von diesen hier, gekleidet salopp oder elegant, jeder hier am Tisch oder in der Reihe wahrhaftig ein menschliches Wesen ist wie wir alle, mit Trauer und Müdigkeit, mit Hoffnung, Sehnsucht und Sorgen. Diese Großstadtmenschen, diese scheinbar nicht individuellen, ja gesichtslosen Wesen, wie sie Ihnen von außen vorkommen, sind so persönlich in allem wie nur jemand, – ja in vielem persönlicher, differenzierter und empfindlicher.

Sie sind in Amerika so persönlich und drängen so zu ihrer Wahrheit, daß sie über vierhundert christliche Sekten (denominations) entwickelt haben. Und ihre Betstuben, Betsäle, so sind sie nun eimal, haben sie ausgebreitet in der Großstadt selbst, in den Straßen. Sie haben keine Dome und Kathedralen wie das alte Europa. Sondern da das Christentum überall gleich bleibt, aber wechselnde Formen sucht, so lassen sich hier die Gläubigen, ihre Anhänger und Lehrer, in einfachen Läden nieder und sitzen neben Papierläden und Hutgeschäften oder im ersten Stock in einem Mietshaus. Wollen Sie sagen, man sei darum weniger fromm? Aber um die Worte Gottes wird hier so leidenschaftlich gerungen wie irgendwo.

Das alles besitzt gewiß nicht den pittoresken Reiz der kleinen alten Stadt mit den Schindeldächern, die von einer wunderbaren Landschaft umrahmt wird. Aber wie unvergeßlich ist, wie rührte mich jedesmal fast zu Tränen die Einfahrt in den Hafen von New York und die Ausfahrt, der Anblick der königlichen Familie der Wolkenkratzer, ihre stolze Front, ein Symbol, das an Ausdruckskraft den Pyramiden und Kathedralen nicht nachgibt, ja ein Bild, herrlich bekleidet mit der Majestät des Heute, Morgen und Übermorgen.

Wer wagt angesichts dieser Leistungen von einer entwurzelten Menschheit zu sprechen? Eine »Masse« nennt man sie, zersplittert, etwas, das ohne Zentrum sei und tausend Sensationen nachjage. Wie hat man gegen diese Riesensiedlungen und die Großstädte gegeifert! Dem halte ich entgegen, was ein Mann äußerte, der zu Beginn dieser Epoche in einer solchen wachsenden Riesensiedlung lebte, in Manhattan, Walt Whitman:

An der Brooklyn-Brücke

Ich singe das Selbst, den einzelnen,
Doch spreche das Wort »demokratisch« aus,
   das Wort »en masse«,
Ich singe Physiologie vom Scheitel bis zur
   Sohle,

Nicht Physiognomie noch Hirn allein ist
   würdig für die Muse,
Ich sage, viel würdiger noch ist die ganze
   Gestalt.
Ich singe das Weibliche gleich wie das
   Männliche,
Das Leben unermeßlich in Leidenschaft, Puls
   und Kraft,
Freudig zu freiester Tat geformt nach
   göttlichem Gesetz,
Ich singe den modernen Menschen.

Ja, hier fehlen die Jahreszeiten, und immer wieder erscheinen Statistiken, die wehklagend verkünden, es hätten soundso viele großstädtische Kinder bis zu ihrem zehnten oder zwölften Jahre noch keinen Vogel singen hören.

Es ging mir aber, der in Berlin heranwuchs, nicht anders. Bei Schulausflügen wurden wir in Klassen nach einer Eisenbahnfahrt von etwa halbstündiger Dauer in geschlossenem Zug durch Felder und Wälder geführt. Man sang, marschierte, lagerte irgendwo im Grünen und spielte. Man verzehrte sein Mitgebrachtes und vertrieb sich so die Zeit bis zum Nachmittag, wo man ermüdet zur nächsten Eisenbahnstation trollte, zur Fahrt nach Hause, in die Großstadt. So »erlebte« ich (zwischen 1890 und 1900) Natur. Verlangen nach einem Aufenthalt in Dörfern empfand ich nie; Bauern waren kurios, nichts »Urtümliches«, sondern eine besondere Gruppe Menschen, die den Boden bearbeiteten samt ihren Familien und wahrscheinlich nichts zu lachen hatten. Später wurde Land- und Ferienaufenthalt unter ihnen hygienische Pause. Aber eines Sonntagnachmittags hatte ich ein Billett zur Krolloper und spazierte langsam durch den Tiergarten. Erst hielt mich das Gartenkonzert fest, dann war es Zeit und ich mußte in den Theaterraum eilen. Dazu mußte ich außen an dem Gebäude vorbei, und siehe, es standen einige Fenster unten offen. Drin aber im Gewölbe, im Kellerraum, brannte Licht und ein rasselndes, metallisches, rhythmisches Geräusch ließ sich vernehmen. Ich stand gebannt. Es ließ mich über Minuten nicht los. Ich versäumte den Anfang der Oper, Bizets »Carmen«. Was es da unten im Keller gab? Keine Natur. Ich hatte aber dies bis da noch nicht gesehen und erlebt. Drei oder vier mächtige, breit hingelagerte metallische Wesen, an denen sich blitzende Teile rhythmisch bewegten. So lagerten sie auf einem spiegelglatten Boden. Es waren Dynamos für die Licht- und Krafterzeugung, ich wußte es.

Im Physikunterricht hatten wir das nötige Theoretische erfahren. Aber ich hatte sie noch nicht erlebt. Sie griffen mir ans Herz. Das war die Maschine. So sah sie aus. So! Geist vom Geist der Großstadt.

Ich ging sehr langsam nach oben und hatte keinen Sinn für Opernmusik, selbst wenn es Bizet war. Wenn die Statistiken klagen, es gäbe so viel Großstadtkinder, die bis zu ihrem zehnten oder zwölften Jahr noch keinen Vogel haben singen hören, – ist dies das einzige, worüber man zu klagen hat und was man vermißt? So stelle ich die nicht weniger ernste Gegenfrage: wieviel Tausende vom Land, wieviel Zehntausende haben noch keine moderne Fabrik betreten und haben noch nicht einen Blick werfen können auf die versammelte Gewalt der Häuserkolosse einer Großstadt? Was würden sie erleben bei einem Blick auf die Werke von Ford in Detroit und auf andere Großtaten des menschlichen Geistes? Sie würden bei aller Verbundenheit mit dem Land heftig angerufen, geweckt und erhöht werden, weil ihnen hier entgegentreten würde »der moderne Mensch«, den Whitman sah.

Alfred Döblin, *Großstadt und Großstädter*, in: *Minotaurus. Dichtung unter den Hufen von Staat und Industrie*, hrsg. von Alfred Döblin, Wiesbaden o.J.; zit. nach: ders., *Die Zeitlupe*, hrsg. von Walter Muschg, Walter-Vlg., Olten 1962, S. 231 ff

Lieber Marcuse, es ist eine großartige Idee von Dir, wenn sie mir auch fantastisch klingt und zwar grade heute, mich zum Nobelpreis vorzuschlagen. Das Geld jedenfalls könnten wir ganz dringend brauchen, denn das bißchen, was man hat, schmilzt natürlich hier rasch zusammen, und in Frankreich verdiene ich natürlich auch nichts. Ich sage entschlossen, mir hilft nur der Nobelpreis, und so viel wie die langweilige Limonade Hermann Hesse bin ich schon lange. Marcuse, ich sichere Dir Prozente zu, auf in den Kampf.

Alfred Döblin, *Brief an Sascha und Ludwig Marcuse*, Paris, 3. September 1953; zit. nach: AW 13, Walter-Vlg., Olten 1970, S. 463

Lieber Lohmeyer, ich hatte grade mit großer Mühe ein Couvert an Sie gemalt mit der Adresse »S. Excell. Herrn Wolfgang Reseling Lichterlohmeyer, güterlos«, da meinte aber m[eine] Frau, das sei 1. unleserlich, 2. unverständlich, worauf sie die »richtige« Adresse schrieb, die ich gänzlich nichtssagend finde. Wie geht es Ihnen und was macht Ihre l[iebe] Frau Ursula, ferner Peter der Große und Till der Gelehrte? Hoffentlich alles in Reih und Glied! Sind Sie mit Ihrer Arbeit zufrieden? Lieber L., es gibt unzählige Bücher, entsetzlich viele, müssen Sie nun an alle ran, Sie persönlich, und kann nicht Till damit Eisenbahn spielen, Güterzug? Wie mich meine eigenen Bücher vom Regal angähnen! Und die Klassiker gähnen mit, und endlich versteht man das Wort »gähnial«. Sie fragen nach Paris; ich höre, es soll hier herum liegen, ich stör es nicht.

Alfred Döblin, *Brief an Wolfgang Lohmeyer*, Paris, 20. Dezember 1953; zit. nach: AW 13, Walter-Vlg., Olten 1970, S. 466

Ich bin hier und tue nichts. Ein paarmal wagte ich, in Begleitung meiner Frau, den Abstieg auf die Staße, auf jenen breiten Boulevard, der in der Höhe des 2. bis 3. Stocks von der Metro durchrollt und durchbraust wird. Die Gleise ruhen auf einem mächtigen Eisenbau, der von gewaltigen Betonsäulen getragen wird. Da oben flitzen nun die Züge, meist vier oder fünf Wagen aneinander gekoppelt, alle paar Minuten an mir vorüber, der vom 1. Stock aufblickt. Menschen erkenne ich von unten nicht in den Wagen. [...]
Ich sitze an meinem Schreibtisch, und siehe da, es ist nicht irgendein Schreibtisch, sondern mein erster eigener Schreibtisch, an dem ich in Berlin 1912 saß, ein breites höchst solides Möbel mit drei Schubfächern und zwei sehr geräumigen Unterschränken rechts und links. Die Türen unten sind mit gedrehten Säulen geschmückt, ich erkenne alles wieder, lang ist es her. Nur der Bezug, der ehemals grün und zerrissen war, ist nicht mehr der alte, er ist ersetzt durch einen neuen braunledernen. Der Tisch, ich erinnere mich, stand schon in der ersten Wohnung Blücherstraße, siedelte nach dem Osten mit uns über, stellte sich wieder am Kaiserdamm ein. Und da konntest du doch nicht zurückhalten 1933, als die Zeit gekommen war, und du mußtest Farbe bekennen, du schmuggeltest dich bei einer harmlosen Reisegesellschaft ein, sie wollte auch grade das Land, das eben von einer Pest befallen wurde, verlassen, und es gelang dir, man konnte mich nicht fassen und

dich nicht fassen, und so saß ich da, in Maisons-Laffitte und dann in Paris mit dir. Da kam es dir gewiß vor, weil es in Paris sieben Jahre dauerte, du wärest nun angelangt. Aber wir bemerkten, die Pest näherte sich auch diesem Land, und wir steckten dich, noch bevor wir selbst die Flucht ergriffen, in einen Speicher. Das war roh und herzlos, dich wie ein beliebiges Möbelstück zu behandeln, aber wir wußten uns keinen Rat und wußten selbst nicht mit uns hin noch her. Ich dachte mir auch, du wirst es begreifen, denn es dauert sicher nur ein Weilchen. Aber es wurde ein Weilchen, dann noch ein Weilchen und dann viele Weilchen und dann wurden es fünf Jahre, und als wir wieder in Paris in deine Nähe kamen, da ging ich kalt und gedankenlos an dir vorüber, ja ich fuhr nach Deutschland, nach demselben Lande, aus dem wir uns damals gerettet hatten, es hieß, die Pest sei drüben jetzt erloschen.
Ich kam, sah, und sah, daß es nicht stimmte. Jedenfalls nur ganz ungefähr. Und da bin ich wieder, abermals, über die Grenze gefahren, und da hast du dich doch als der Schlauere erwiesen, du bist gleich dageblieben, und jetzt sehen wir uns wieder und ich nehme an dir Platz und begrüße dich.

Alfred Döblin, *Journal 1952/53*, [Typoskript von 1952/1953]; zit. nach: AW 19, Walter-Vlg., Olten 1980, S. 516 f

Das lange Spiel ist ausgespielt. Aus einem Winkel, in meinem Rücken hat sich der Feind erhoben und hat mich ergriffen. Er hat mich hart vom Gestern abgeschnitten, indem er sich des Körpers, meiner Stofflichkeit in einer Aktion von langem Atem bemächtigte. Aus den anfänglichen Neuralgien der Hände sind Vertaubungen geworden, das hat übergegriffen auf die Arme, es ist von den Fußsohlen aufgestiegen über die Knie hinweg zu den Hüften, und man hat von einer allgemeinen Polyneuritis gesprochen. Und nun ist es nicht bei den Schmerzen geblieben, die Finger spreizen sich nun nach Belieben auf eine sonderbare Weise. Wenn ich aus dem Schlaf erwache und das Bewußtsein sich wieder einstellt, und ich meine Arme beugen will, finde ich sie verkrampft und muß sie langsam aus ihrer Spannung herausholen. Die Finger befinden sich in einem verworrenen Zustand, in einer chaotischen Verwirrung, sie sind wie Früchte, die vom Baum abgefallen sind und am Boden eintrocknen. Betrachte ich dann die

Hände, so finde ich an den Fingern Veränderungen, die kleinen Gelenke sind aufgetrieben. Davor nun stehe ich und rätsele: was bedeutet dies?

Alfred Döblin, *Journal 1952/53*, [Typoskript von 1952/1953]; zit. nach: AW 19, Walter-Vlg., Olten 1980, S. 536 f

4 DER SENATOR FÜR VOLKSBILDUNG

GBSCH.-Z. Vbildg. V D 1
(Angabe bei Antwort erbeten)

BERLIN, DEN 7. Mai 1954

① BERLIN-CHARLOTTENBURG 9
MESSEDAMM 6-8
FERNRUF: 92 00 11, APP.: 424

Herrn
Dr. Alfred Döblin
Freiburg im Breisgau
=====================
Mediz. Universitätsklinik

Sehr verehrter Herr Doktor Döblin!

Mit grossem Bedauern habe ich aus dem Brief Ihrer Gattin erfahren, dass Sie erkrankt sind.

Ich wünsche Ihnen von Herzen baldige Genesung. Der Restbetrag von 3.000.- DM ist nunmehr telegraphisch nach Freiburg überwiesen worden.

In Verehrung
Ihr

1953 Mai. Brecht läßt Döblin indirekt die Möglichkeit einer Übersiedlung nach Ost-Berlin mit eigenem Haus und akademischem Gehalt übermitteln.

31. Juli. Wahl Döblins zum Ehrenmitglied der *Mainzer Akademie*.

4. September. Ludwig Marcuse fordert im New Yorker *Aufbau* den Nobelpreis für Döblin.

18. September. Der West-Berliner Senator für Volksbildung lädt Döblin vergebens ein, wieder nach Berlin zurückzukehren.

23. Oktober. Döblin wird zusammen mit Hindemith und Gerhard Marcks *zum Ehrenmitglied* der *Freien Akademie der Künste* in Hamburg gewählt.

und ...

Der von Döblin herausgegebene Sammelband *Minotaurus. Dichtung unter den Hufen von Staat und Industrie* erscheint im Franz Steiner Verlag, Wiesbaden. Beginn eines freundschaftlichen Briefwechsels mit Peter Rühmkorf.

1954 Mitte Februar. Verschlimmerung der Gehirnsklerose und der Schüttellähmung. Vergebliche Suche nach einem Klinikplatz in Paris. Aufnahme in die *Medizinische Universitätsklinik Freiburg*.

27. Juli – 16. September. Nachkur im Schwarzwald.

11. August. Das *Neue Deutschland* veröffentlicht *Alfred Döblin in bitterer Not*. Folge: Zeitungsberichte über Verelendung und angebliche Hungerödeme Döblins.

7. September. Hans Mayer und Peter Huchel aus Ost-Berlin besuchen den kranken Döblin und sprechen auch über den Roman *Hamlet oder Die lange Nacht nimmt ein Ende*, um dessen Veröffentlichung Döblin sich seit Jahren vergeblich bemüht.

16. September. Rückkehr nach Paris.

28. Oktober. Die *Mainzer Akademie* beschließt die Verleihung ihres *Großen Literaturpreises* für 1954 an Döblin.

1955 24. März. Die Ost-Berliner *Deutsche Akademie der Künste* wählt Döblin zum korrespondierenden Mitglied.

12. Mai. Erneute Aufnahme in die neurologische Klinik Freiburg. Feier seines 50jähri-

gen Doktorjubiläums in der Klinik, in der er 1905 promovierte.

9. Mai. Eintritt der Bundesrepublik in die *NATO*.

14. Mai. Unterzeichnung des *Warschauer Pakts*.

Ab 21. Mai. Diktat der Aufzeichnungen *Vom Leben und Tod, die es beide nicht gibt*.

Ab 5. Juni. Erneuter Aufenthalt im Kurhaus Höchenschwand.

12. August. Tod Thomas Manns. Scharfe, unversöhnliche Glosse Döblins.

7. September. Konzept der Neufassung des *Hamlet*-Schlusses.

Ende September. Rückkehr nach Paris.

November. Die *Akademie der Künste* in Berlin konstituiert sich neu.

und ...

In der Bundesrepublik und in der DDR erscheinen Neuausgaben von *Berlin Alexanderplatz*.

1956 Februar. Nach schwerer gesundheitlicher Krise erneuter Klinikaufenthalt in Freiburg.

Ab 17. März. Zur Pflege im Sanatorium Wiesneck bei Freiburg; Erna Döblin kommt alle fünf bis sechs Wochen auf eine Woche zu Besuch aus Paris.

Juli. Döblin erhält vom Berliner *Entschädigungsamt* eine monatliche Rente von 500 DM (die Klinikkosten betragen in den letzten Lebensmonaten monatlich im Durchschnitt 1500 DM).

14. August. Tod Bertolt Brechts.

September. *Hamlet oder Die lange Nacht nimmt ein Ende* erscheint bei *Rütten & Loening* in Ost-Berlin.

Dezember. Klinikaufenthalt Erna Döblins in Freiburg (bis Januar 1957).

1957 22. Februar. Ludwig Marcuse in der New Yorker Wochenzeitung *Aufbau: Döblins Hamlet und ein Rat an die Adresse des Nobelpreis-Komitees* (auch in der *FAZ* vom 5. April).

März. Der von Peter Rühmkorf redigierte Hamburger *Studentenkurier*, der Vorläufer von *konkret*, plant eine Döblin-Seite. Durch Döblins Tod wird sie zur Gedenkseite.

Mai. Die von Robert Minder herausgegebene Zeitschrift *Allemagne d'aujourd'hui* bringt eine Döblin-Nummer heraus.

1. Juni. Als Pflegefall wird Döblin zum Wechsel aus der Landeskrankenhaus Emmendingen gezwungen.

26. Juni. Tod Alfred Döblins gegen 12 Uhr; seine Frau ist bei ihm.

27. Juni. Verleihung des *Literaturpreises der Bayrischen Akademie der Schönen Künste* an Döblin.

28. Juni. Beisetzung neben seinem Sohn Wolfgang auf dem Dorffriedhof von Housseras in den Vogesen.

15. September. Erna Döblin nimmt sich in Paris das Leben. Bestattung in Housseras.

1 Döblins 1955 ausgestellter Paß (4) **2** Wahlplakate für das Berliner Abgeordnetenhaus, 1954 (6) **3** Paris, 1953 (9) **4** Brief des Senators für Volksbildung Joachim Tiburtius vom 7. Mai 1954 (4) **5** Das Sanatorium Wiesneck, um 1955 (4) **6** Erna und Alfred Döblin, 1955 (2) **7** An einer Lotteriebude, Paris 1952 (9) **8** Döblin mit seinem Enkel Francis, um 1953 (3) **9** Ansichtskarte Döblins an den S. Fischer Verlag; Paris, 24. September 1953: »Schönen Dank für Glückwunsch – Alfred Döblin (nicht im Buch, nicht auf der Straße, nur im Haus)«, eine Anspielung auf den Geburtstagsband *Alfred Döblin. Im Buch – Zu Haus – Auf der Straße*, den der *Fischer* Verlag 1928 zu seinem 50. Geburtstag herausgegeben hatte. (25)

MAI 1953 BIS JULI 1957

In Paris nun, neben seiner unglücklichen Frau und in seiner unglücklichen Haut, lag er halb in seinem Sessel am Fenster, behindert und geschlagen, und gab mir freundschaftliche Ratschläge für Amerika und Deutschland, für meinen neuen Roman und meinen neuen Verleger, und erzählte Geschichten, eine komischer als die andere, denn er war ein herrlicher und unerschöpflicher Geschichtenerzähler, und er lachte scheinbar ganz fröhlich, am lautesten von uns allen, seine Frau Erna lachte freilich gar nicht, und meine Frau lächelte nur, aber ich lachte schallend mit ihm, und spürte indes seine Qualen, und weinte schon insgeheim über einen Freund, den ich noch gar nicht verloren hatte, und mußte doch über seine unwiderstehlichen Witze lachen, über seine kolossalische Frechheit, über seine geniale Weltkrakeelerei.

Hermann Kesten, *Lauter Literaten,* Kurt Desch Vlg., Wien – München – Basel 1963, S. 421 f

Hier sitze ich in einem Lehnstuhl, auf den man mich geführt hat. Man hat eine Klingel an meinem Stuhl befestigt, damit ich mich bemerkbar machen kann, das Zimmer ist ein einfaches enges Krankenzimmer einer Klinik, von meinem Platz aus blicke ich auf ein mächtiges Baumgebilde, einen wahren Goliath von Baum, der sich da aufgepflanzt hat und mit seinen Büscheln von Kronen, Nadeln da Wache hält. Es ist unbeschreiblich anregend, dieses Pflanzenungeheuer, das über vier Stock in die Höhe ragt, zu betrachten. Natürlich ist an ihm im einzelnen nicht zu viel zu sehen, aber das Ganze, was er ist und darstellt und wie er da draußen vor der Tür lebt, das läßt sich nur in einem ausführlichen epischen Bericht melden. Es ist eine Zypresse. Ihr knorriger Stamm ist dick und von oben bis unten gerieft, und an manchen Stellen platzt und schilfert die Borke. Aus diesem Boden brechen etagenweise die kurzen und längeren Stämme, die Äste heißen. Einige treten senkrecht zum Stamm empor, aber die meisten biegen sich und lassen sich in einer Kurve herunter. Auf Schritt und Tritt aber entsenden sie schon bei diesem Weg dünnere Äste, ich möchte sagen, Ausfallmannschaften, zum größten Teil sind die Mannschaften schon gefallen, der kurze Ast ist leer, aber nach der Spitze zu wuchert es um so stärker. Das Ganze, vom Boden in die Höhe strebend, stellt sich als eine Burg, ja als eine Festung hin, und so steht es, so steht diese gewaltige Zypresse, dieser Gigant und hebt

seine Nadelbüsche dem Regen und der Sonne entgegen und entfaltet seine Macht, für jeden sichtbar beim Nahen des Sturms und bei der Bedrängung durch die Winde. Dies aber, diese Art Ansturm wächst sich zu einem ebenso großartigen wie kaum beachteten Schauspiel aus. Denn was geschieht? Der Wind hebt die unteren Astkreise. Die Nadelbüsche spreizen sich. Die untere Etage alarmiert, wird vom Wind, dem unsichtbaren Gegner, beiseite gestoßen, die obere Etage fängt an zu zittern und zu flimmern, sie wogt leicht von rechts nach links. Und siehe da, wenn ich den Blick nach oben richte, bemerke ich, die ganze untere Hälfte des Baumes nimmt an dem Wogen teil und ganz oben nicken die Äste herunter und zeigen ihre Gegenwart an. Und wenn sich der Wind verstärkt, so haben wir ein Riesenkarussell vor uns. Im Schwung drehen sich die unteren Astkreise. Der Wind nimmt an Stärke zu, er bläst auch und rüttelt an den Rängen oben und unten, und jetzt wird die Spitze aufmerksam, beugt sich nieder, und schon ist sie selber von einem Windbataillon getroffen, gezaust, tiefer gerissen, und es gelingt ihr gerade, sich aus dem luftigen Strudel zu reißen. Und da umkreist ein allgemeines Wogen den Baum. Er selber, der Stamm, nimmt an nichts teil, er hält seine Armeen fest, und was bedeutet ihm dieses Heulen und Zischen, das Surren und Pfeifen der erbosten Sturmmassen. Und das geht eine Weile so, schwillt und flaut ab, bis zuletzt nur ein Zittern durch die Büschel läuft, die Büschel flüstern miteinander, sie hängen schon schlaff.

Alfred Döblin, *Aufzeichnung aus der Universitätsklinik Freiburg,* Mai 1955; zit. nach: AW 19, Walter-Vlg., Olten 1980, S. 551 f

Als vor einiger Zeit die Nachricht durch die Presse ging, daß der bedeutende Romanschriftsteller Alfred Döblin aus wirtschaftlicher Not Westdeutschland verlassen und sich nach Paris zu Freunden begeben habe, war dies Anlaß zur Besinnung: bei den Älteren zur Besinnung darauf, welch starke Eindrücke sie einstmals, vor allem in den zwanziger Jahren, von dem Werk Döblins gehabt hatten, bei den Jüngeren darauf, daß ihnen dieser Autor weitgehend unbekannt sei und sie hier etwas nachzuholen hätten.

In der westdeutschen katholischen Jugendzeitschrift »Michael« lasen wir nun eine interessante Kennzeichnung vom Wesen und Werk

Alfred Döblins, die Professor Karl Thieme zum Verfasser hat. Er schreibt:

»Man muß vielleicht in der Zeit des ersten Weltkrieges und danach jung gewesen sein, um zu wissen, was Döblin geschichtlich bedeutet: Seine ›Drei Sprünge des Wang-lun‹, die einer ganzen Generation jenes China erschlossen, das dann viel später – vielleicht in Einzelzügen ›genauer‹ gesehen, aber auch wieviel diffuser und blasser – zur literarischen Mode geworden ist. Sein ›Wallenstein‹, der endlich die von Schiller verriegelte Tür zum wirklichen Barock aufsprengte, wie es noch aus jeder Zeile Gryphius oder Grimmelshausen spricht. Seine Giganten-Utopie, vor der die Huxleys und Jüngers verblassen, auch Orwell nur als literarisches Experiment besteht. Vollends sein ›Berlin Alexanderplatz‹, noch mehr als alles Genannte Durchbruch zu einer neuen Literaturform (des inneren Monologs), einer neuen Art, den Menschen, den verirrten Bruder, innig zu erfahren, mit ihm mitzuleben.

Dann kam Hitler. Döblin mußte fliehen. Als er zurückkehrte, brachte er zwiefache Ernte mit: als Person die Schilderung seiner ›Schicksalsreise‹, jener Flucht, die für ihn der Weg zur katholischen Kirche geworden war, samt den Früchten seines damit zusammenhängenden Nachdenkens, deren reifste, die Bibel-Meditation, bisher leider erst in Auszügen publiziert ist. Als Romancier die dichterische Antwort auf unser aller Frage: ›Wie kam's?‹ in Gestalt seines großen mehrbändigen Romans: ›November 1918‹.

Weil er allen den Spiegel vorhält, wollte keiner ihn sehen. Jetzt wird er ›verramscht‹. (Kaufe ihn, wer kann!) Der das größte deutsche Romanwerk schuf, muß unter dem heutigen deutschen Publikum verstummen. Custos, quid de nocte? – Wächter, was hat die Stunde geschlagen?«

In Westdeutschland ist Döblin »unbequem«. Man wünscht nicht, die Stimme des unangenehmen Mahners zu hören; Alfred Döblin, der aus tiefinnerlicher Gewissenserforschung zum katholischen Glauben konvertierte, paßt nicht in die Konzeption gewisser »Verteidiger des westlichen Abendlandes«. Die politische Klarsichtigkeit, wie sie sich etwa in dem von Prof. Karl Thieme erwähnten Roman »November 1918« niederschlägt und vor der Wiederholung der Fehler und Irrtümer der Weimarer Republik warnt, ist nicht erwünscht. Westdeutschland ist für den Dichter Döblin und seine Werke keine

Heimat mehr. Es wäre eine dankbare Aufgabe für die Verlage der Deutschen Demokratischen Republik, die Werke Döblins, die von seiner Verbundenheit mit den Kräften einer humanen Erneuerung zeugen, zu verlegen.

N.N., *Was hat die Stunde geschlagen? Eine westdeutsche Stimme über Alfred Döblin*, in: *Neue Zeit*, Berlin-Ost, 15.3.1955

Zehn Jahre nach der Niederlage war kaum ein namhafter Emigrant in die Bundesrepublik zurückgekehrt. Nach Europa wohl. Sie siedelten sich außerhalb der Grenzen an und schauten durchaus besorgt auf das immer mächtiger werdende Land. Sie wohnten in der Schweiz, in Frankreich, in Italien. Und in der DDR. Die hatte es den Rückkehrern mit ihrem antifaschistischen Anspruch leicht gemacht. Doch auch dort sollten sie ihre Schwierigkeiten mit ihrer nun einbrüstigen Mutter Deutschland haben. Andere.

Peter Härtling, *Die Macht der Verdränger. Rede vor dem PEN-Zentrum in Bremen*; zit. nach: *Literatur des Exils*, [Dokumentation über die PEN-Jahrestagung in Bremen 1980], hrg. von Bernt Engelmann, Wilhelm Goldmann Vlg., München 1981, S. 178

Er [d.i. Thomas Mann, Anm. d. Hrsg.] soll nach Zeitungsnotizen vor einigen Tagen an einer Venenentzündung in einem Örtchen bei Zürich, in Kirchberg, gestorben sein, alt etwas über 80 Jahre! Ich könnte achselzuckend darüber hinweggehen, da ich schon vorher für seine schriftstellerische Existenz nur ein Kopfschütteln und Achselzucken, manchmal auch ein wirkliches Staunen gehabt habe. Wer und was war eigentlich der jetzt, wie es im Schweizerdeutsch heißt »Abgedankte«? Wir, d.h. eine Schar lebendiger und wirklich als Person existierender Schreiber hatten nicht nötig und fühlten uns nicht veranlaßt, mit diesem Geschöpf abzurechnen. Es gab diesen Thomas Mann, welcher die Bügelfalte zum Kunstprinzip erhob, erleben wollte, und mehr brauchte man von ihm nicht zu wissen. Er vertrat nämlich das gesamte mittlere und höhere Bürgertum im Lande, das über eine mäßige Bildung verfügte, und sich um einige überlieferte Namen der sogenannten klassischen Bildung gruppierte: Für die Bedürfnisse dieser großen und immobilen Schicht schrieb er und modellierte es sich selber. Er machte sich zum Patrizier. Einen zusätzlichen

Adel verlieh ihm leider keiner. Mir fällt ein: War er eigentlich ein anderer Kerl? Um für seine Klasse zu schreiben, und zwar erzählend, langte Thomas Mann nach dem damals modernen französischen Roman hinüber, und die Romane von Emile Zola erfuhren zu ihrer riesigen großen Verblüffung eine Wiedergeburt und Fortsetzung auf deutschem Boden in Manns »Buddenbrooks«, einer langweiligen Spießerei, welche die schwache deutsche Literatur jener Tage nicht verdient hätte. Man applaudierte aber, der Streich war gelungen, und es dauerte dennoch fast 30 Jahre, bis der Verfasser den Nobelpreis dafür erhielt.

In der Zwischenzeit setzte sich der stolze Patrizier aus Lübeck nach Rom. Es konnte drüben in Deutschland geschehen was wollte, von den realen Menschen hatte er wenig Kenntnis, er putzte das Bürgertum heraus, und wenn er keine realen Situationen symbolisierte, analysierte oder gar kritisierte, so hatten seine Bilder den Hochglanz des klassischen Stils von heute, er schrieb die Bügelfaltenprosa, darauf bedacht, daß sein Frack keinen Staubfleck zeigte. Nebenbei bemerkt war es die Zeit, in der das Land sich ungeheur umbildete mit Eis, Stahl, Dampf aus einer größten Teils agraischen Fläche zu einer industriellen Großmacht. Aber man suche davon nichts in dem Werk des jetzt abgedankten Autors. [...]

Er mogelte sich durch das Gedränge. Er war der alten Wirklichkeit ausgewichen, den Arbeiter, das Proletariat, das Unternehmertum und die tobenden Großstädter gab es für ihn nicht. Jetzt zeigt sich seine Geschicklichkeit, seine Verschlagenheit und Schläue im hellen Licht. Die gebildete Bürgerschicht, die er gekleidet und geschmückt hatte, wollte mit der neuen Demokratie paktieren, so tat unser Autor das seine dazu, den Patrizier im Herzen, persönlich auf Ehren und Auszeichnungen gespitzt. Es dauerte lange bis ihm der Nobelpreis zufiel, wir haben eine entzückende Schilderung aus der Hand Hülsens, wie er damals reagierte, als deutsche Universitäts-Professoren sich für Arno Holz einsetzten. [...]

Die Welt veränderte sich, aber er blieb, der er war. Er rief vor Hitlers Ankunft zu einer heroischen Geste auf, dann aber – blieb er draußen und zuletzt nahm ihn Amerika auf, von wo aus er im Krieg, seinen Ruhm hinter sich, am Mikrofon nach Deutschland herüber donnerte. Es häuften sich Ehren nach Ehren über ihn bis zuletzt, er blieb auf der Jagd nach Ehren, und seine

gebildeten Anhänger, unbeweglich und blind, taten für ihn, was sie konnten. Er wurde über 80 Jahre alt. Von einer Reise nach Holland kehrte er schon schwer krank zurück. Er wollte weiter arbeiten. Er war vorher sogar einmal nach Weimar in die Sowjetzone gefahren zu einer Feier. Er gab sich nicht auf. Er hat bis zuletzt nicht den Zugang zu sich gefunden, aber es lohnt nicht, an seine Psychologie zu gehen, sie liegt offen da.

Alfred Döblin, *Zum Verschwinden von Thomas Mann*, [diktierter Text aus dem Nachlaß]; zit. nach: AW 24, Walter-Vlg., Olten 1986, S. 575 f

Erlauben Sie mir, Ihnen ein Buch zu übersenden, in dem ich mir – einmal mehr – die Freiheit genommen habe, Ihren Namen zu nennen; als den des ganz großen Prosameisters, durch dessen Schreibtisch wir Alle unseren ersten Meridian zu ziehen haben. Ich hoffe, Sie werden mir, so gemeint, meine S. 223 hingehen lassen.

Arno Schmidt, *Brief an Alfred Döblin*, Darmstadt, 16. Oktober 1956; zit. nach: Jochen Meyer, Katalog zur Ausstellung des Literaturarchivs Marbach. *Alfred Döblin 1878 · 1978*. Deutsche Schillergesellschaft, Marbach am Neckar 1978, S. 515

Nobelpreis für Literatur ? ! : »Ein Journalist ausgesprochenen Mittelmaßes : nicht mehr, Herr ! – Machen Sie sich doch von dem Vorurteil frei, daß jenes – unbestreitbar angelsächsisch-französisch orientierte – Gremium in Stockholm etwas von Dichtung verstünde ! Iss doch klar : ein Ausländer *kann* grundsätzlich nur die gut übersetzbare fremde Literatur würdigen; die eigentlichen großen Sprachkünstler und fruchtbaren Experimentatoren sind ihnen unzugänglich; meist sogar unbekannt ! «
» *Ach, Du liebes Bißchen ! :* Wer imstande war, Rilke, Theodor Däubler, Döblin, Jahnn, zu übergehen (von August Stramm, Kafka, Trakl ganz zu schweigen) : der hat kein Anrecht mehr darauf, ernst genommen zu werden ! «

Arno Schmidt, *Das steinerne Herz. Historischer Roman aus dem Jahre 1954*, Stahlberg Vlg., Karlsruhe 1956, S. 223

Nun hatte man Gordon soweit. Das dicke, schwere Fleisch, das er war, breitete eine andere Stimmung aus. Der kluge interessierte Ken entlockte ihm einige Mitteilungen. Gordon fing an zu sprechen, zu drohen und zu klagen –

schließlich aber zu prahlen. Und damit war er über den Berg hinweg. Er begann, in alter Weise, episch zu werden und von sich zu erzählen. Es jammerte den Verleger, daß er nicht stenografieren konnte; das Ganze war fesselnd, zum Teil freilich unwahrscheinlich, Gordon fabulierte sichtlich in seiner bekannten Art.

Gordon schilderte Alice Mackenzie.

Sie war (nach ihm, in vergangenen Jahren) eine völlig phantastische Person, das Gegenteil von einem wirklich existierenden, natürlichen Wesen. Man konnte ihr Verhalten zu verschiedenen Zeiten absolut auf keinen gemeinsamen Nenner bringen. Sie war etwas wie eine beleuchtete Wolke, die schwimmt, sich auflöst und neue Formen annimmt. Wer Entdeckungen machen wollte, kam bei ihr auf seine Kosten.

»Ich staunte sie immer an. Meine gesamten Kenntnisse von der Natur und den Menschen versagten hier. Du weißt, die Bibel berichtet von Engeln, die auf die Erde herabstiegen (verzeih, wenn ich falsch zitiere) und sich mit den Töchtern der Menschen vermischten, und daraus sind die Gewaltigen der Erde, die Tyrannen, hervorgegangen. Aus diesem Geschlecht stammt Alice. Jawohl. Ich habe einen Blick dafür. Mir waren schon vorher sonderbare Menschen, Grenzfiguren, Übergangstypen, begegnet, mit denen die Gesellschaft nicht fertig wurde. Du weißt, ich war im Beginn Kriminalstudent, Berichter – sogar für deine Zeitung, du wirst dich auf die Fälle von damals, aus meiner Vorzeit, nicht mehr besinnen. Aber das, was ich damals sah, war nichts, verglichen mit der Mischung, die mir in dem soliden bürgerlichen Haus Alice Mackenzie präsentierte. [...]

Sie hielt es mit keinem aus. An ihrem Liebeshof gab es besondere Regeln, und es war sie, die sie vorschrieb. Haha, ging sie mit manchem um. Einem Dutzend Männer, die noch leben und in Amt und Würden sitzen, bedeutet sie noch heute das große, das einzige Ereignis ihres Daseins. Ich war kein Troubadour wie die anderen. Das Spiel war zu Ende, wie ich erschien, die Maskerade, das Annehmen, Ablehnen, Anbetung, Schwärmerei, alles war zu Ende. Ein neues Kapitel fing an, wie ich erschien, und sie merkte es sofort. Sie wollte und wollte nicht. Es wurde ein Kampf in ihr und ist ein Kampf geblieben. Man darf sich nicht wundern. Warum schüttelst du den Kopf?«

»Mein Junge, dann solltest du froh sein – wenn es auch schmerzlich ist und wenn es sich auch lang hingezogen hat –, daß die Sache ein Ende nahm. Schließlich bist du noch jung, und ein Jemand, der noch etwas vorhat und auf sich achten muß. Solche Strindberg-Ehe!« [...]

»Nichts davon. Du hast es noch nicht verstanden. Ich habe mich nicht deutlich ausgedrückt.« [...]

»Aber lieber Freund, mein bester Ken, die Phantasten haben ja keine Phantasie. Phantasie haben heißt: die komplette Wirklichkeit erleben. Sie konnte vor dir sitzen oder neben dir gehn und dir den Kopf zuwenden oder die Hände um ihr Knie schlagen oder die beiden Hände hinter dem Nacken verschränken und ihre braunen Haare, Haarmassen, nach oben werfen. Um sich von der Erregung solcher Gesten zu befreien, um dies in Worte zu übersetzen, mußte ich tagelang, tagelang schreiben. Es reichte für ganze Romankapitel. Ich schrieb es nicht aus.«

[...]

»Ich lobe diese Frau. Sie hat mich zu dem gemacht, was ich bin – also, wenn du das Wort gebrauchen willst, das ich nicht mag, ›Dichter‹ (das ist aber kein langlockiger Poet am Ententeich, im Erlenwald, hungrig, dumm und verlogen), so hat sie mich zum Dichter gemacht. Sie hat mich beschäftigt und beschäftigt. Ich habe mich, seit ich sie kenne, mit keiner anderen Frau ernsthaft beschäftigen können. Sie hat mich monogam gemacht. Ich habe mich – eine Zeitlang – dagegen gewehrt. Vergeblich. Ich wolle das Götzenbild stürzen; es gelang mir nicht. Und ich – half ihr auch zu sich. Sie war aus mir herausgetreten. Da sah ich, wer ich war und was ich wünschte. Mein Traumbild und ein Stück aus meiner Rippe.

Anfangs wollte sie mir entwischen. Mit Zähnen und Klauen habe ich sie festgehalten. Es zermürbte mich, auch sie. Aber ich kannte meine Aufgabe, und ich gab nicht nach. Ich benahm mich dabei kurios wie ein Ertrinkender. Und sie, um mich zu reizen und sich von mir abzulösen, erzählte mir oft – und ist noch zuletzt damit gekommen –, Edward wäre nicht mein Sohn, sondern von einem anderen, den ich kannte, einem Marineoffizier, mit dem sie sich oft, noch während unserer Ehe, traf, in Bädern und anderswo. Sie trug in sich das Bild von einem heiteren, leichten, kraftvollen Manne, einem sehr wenig männlichen Mann. Sie suchte zu entwischen. Ich hielt sie fest.

Alfred Döblin, *Hamlet oder Die lange Nacht nimmt ein Ende,* Berlin 1956; zit. nach: AW 11, Walter-Vlg., Olten 1983, S. 469 f und 476

[...] wie altbacken, wie erfindungsarm kommt einem plötzlich die ganze vielgerühmte modische Epik vor, wenn man Ihren Roman gelesen hat, der, ich kann es nicht anders sagen, einen im Tiefsten aufrührt und dessen Wert sich keineswegs mit rein literarischen Maßstäben bestimmen läßt – obwohl ich niemanden weiß, der wie Sie so souverän die vielfältigen Möglichkeiten der Komposition beherrscht und dabei so sparsam im Ausdruck und so reich an Sinndeutung ist –.

Peter Huchel, [Redakteur der DDR-Zeitschrift *Sinn und Form*], *Brief an Alfred Döblin, 27.* September 1949; zit. nach: Jochen Meyer, Katalog zur Ausstellung des Literaturarchivs Marbach. *Alfred Döblin 1878 · 1978,* Deutsche Schillergesellschaft, Marbach am Neckar 1978, S. 486

Der Widerspruch zwischen der monumentalen Idee des Romans und seinem Stil ist peinlich im wörtlichen Sinne: er peinigt den Leser, der sich schließlich für den Autor wie eines persönlichen Makels schämt. Immer wieder karikiert dieser Stil sich selbst. Das Verstiegene, Unreife des frühen Expressionismus ist an ihm haften geblieben. Wie überhaupt in Döblins Hamlet-Roman die literarischen Akteure des deutschen Expressionismus noch einmal antreten: der Haß gegen den Vater, das an Ödipus erinnernde Mutter-Sohn-Verhältnis, die »heilige« (oder heiligmachende) Hure, das verbissene Anrennen gegen »bürgerlichen« Schein und »bürgerliche« Fassade, das Sexuelle als Brandmal.

(Welche moralische Fassade gilt es denn einzurennen, wenn viele Töchter des Bürgertums kaum noch ein höheres Berufs- und Lebensziel kennen, als im Bikini über den Laufsteg der Schönheitskonkurrenzen zu schreiten – ein Metier, für das man noch vor mehreren Jahrzehnten, falls man es schon gekannt hätte, nur Zigeunerinnen der Landstraße oder der Gesellschaft gefunden hätte – und wenn Bürgervater und Bürgermutter stolz sind auf die vor tausend Augen hüllenlos sich spreizende Tochter?)

Ludwig Pesch über *Hamlet oder Die lange Nacht nimmt ein Ende,* in: *Frankfurter Hefte* 13, 1958, S. 807 f

Seit etwa zwei Jahren geben wir nun eine Studentenzeitung heraus, und ich versuche, im Feuilleton die Bastion einigermaßen zu halten. Das sieht etwa folgendermaßen aus: 1. verhackstücke ich schlechte Lyrik unter dem Titel »Leslie Meiers Lyrik-Schlachthof«, 2. veranstalten wir Gedächtnispublikationen der Vergessenen, Verdrängten und Nichtneugedruckten der »golden twentieth«, 3. veröffentlichen wir junge Experimentallyrik, 4. bemühen wir uns, alle nichtkonformistische Intelligenz (Vom Schlage Arno Schmidt etwa) unserm Blatt zu assoziieren, 5. und das schlägt eigentlich in die gleiche Rubrik, ziehe ich mit dem Bettelhut herum und sammle und jage Erzählprosa, 6. passiert noch allerlei Literaturkritisches und Ketzerisches, Buchbesprechungen, Theaterrezensionen etc.

Gestatten Sie also, daß ich, Punkt 5 im Auge, Sie mit der Frage überfalle, ob Sie nicht vielleicht noch einiges für uns im Schub haben. Ich möchte nämlich gern eine Döblin-Seite bringen, eine Würdigung Ihrer literarischen Leistung, eine Besprechung Ihres neuen Buches und furchtbar gern ein Stück ungedruckten Text. In unserer hoffärtigen Armut versuchen wir nämlich immer noch die Synthese zwischen Originaltext und Nichthonorierung zu verwirklichen und auf dem schmalen Seil zwischen einem energischen Dasein und der pekuniären Pleite herumzujonglieren.

Peter Rühmkorf, *Brief an Alfred Döblin*, Hamburg, 13. März 1957; zit. nach: Jochen Meyer, Katalog zur Ausstellung des Literaturarchivs Marbach. *Alfred Döblin 1878 · 1978*, Deutsche Schillergesellschaft, Marbach am Neckar 1978, S. 518

Unter dem 12.6.1957 ist im Krankenhaus des PLK Emmendingen eingetragen, daß Döblin bei den Visiten zwar sich munter und aufgeschlossen zeigte, jedoch nach längerer Unterredung eine Schwäche der Stimmbänder sich einstellte, die Sprache ab und zu wie bulbär wirkte. Der altersbedingte körperliche Verfall schritt trotz aller Behandlung weiter, obwohl man alle im Sanatorium Wiesneck verordneten Mittel nach Rücksprache mit der in Sorge und Pflege für ihren Mann aufgehenden Ehefrau beibehalten hatte. Am 17.6. kam es zu Harnverhaltungen, der Kranke mußte wieder katheterisiert werden; es kam zwar keine große Menge Urin, doch war er deutlich trübe. Auffallend war einige Tage später – dies am 20.6. –, daß der Leib gebläht war, wenn auch weich, auch waren Darmgeräusche zu hören. Am 22.6. hatte Döblin wieder starke Blasenbeschwerden, er verlangte in der für ihn charakteristischen heftigen Weise starke sedierende Mittel, doch wurden nur die gerade ausreichenden Sedativa, wie Spasmo-Cibalgin, Eupaco, später Pacatal und Somnifen, verabreicht. Frau Erna Döblin kehrte am 22.6. aus Paris zurück, sie alarmierte sofort die Internisten in Freiburg, welche die Verdachtsdiagnose, daß es sich um ein Aufflackern der alten Zystitis handele, bestätigten und ebenfalls nur im Bedarfsfall den Kranken katheterisieren lassen wollten. Am 23.6. erschien Prof. Heilmeyer aus Freiburg selbst. Auf seine Veranlassung hin wurden innerhalb von 24 Stunden 500 mg Hostacyclin i.v. verabreicht. Döblin blieb weiterhin somnolent, reagierte jedoch auf Anruf, sonst schlief er. Ab und zu äußerte er, heftige Schmerzen zu haben. Bei Spülung der Blase zeigte sich der Urin völlig klar. Zusätzlich erhielt er zweimal am Tage Combetin mit Traubenzucker und Vitaminen.

In der Nacht vom 25. auf den 26.6.1957 verschlechterte sich der periphere Kreislauf. Trotz eines Armbandes war keine Vene mehr zu finden; man mußte somit die Kreislaufmittel i.m. verabreichen. Am 26.6.1957 versagte gegen 12 Uhr mittags der Kreislauf akut, die Herztöne waren nicht mehr zu hören, doch ging die Atmung noch etwas weiter.

Harald Neumann, *Leben, wissenschaftliche Studien, Krankheiten und Tod Alfred Döblins*, Bläschke-Vlg., St. Michael 1982, S. 102 f

Und nun adje, Kinderchen, adje Sie. Ich werde mich sachte auf die Strümpfe machen. Grüßen Sie mir Ihre Waschfrau. Und beißen Sie mich nicht, wenn ich Sie mal geärgert habe. War nicht so schlimm gemeint. Geht alles vorüber. Sehen Sie, ich geh auch vorüber.

Alfred Döblin, *Erster Rückblick*, [Schluß], in: ders.: *Im Buch – Zu Haus – Auf der Straße*, Berlin 1928; zit. nach: AW 19, Walter-Vlg., Olten 1980, S. 94

TEXTNACHWEIS

Alfred Döblin, Ausgewählte Werke in Einzelbänden, in Verbindung mit den Söhnen des Dichters herausgegeben von Walter Muschg, weitergeführt von Heinz Graber (ab AW 12) und Anthony W. Riley (ab AW 18), Walter-Verlag, Olten 1960-1986:

AW 1: *Die drei Sprünge des Wang-lun. Chinesischer Roman,* herausgegeben von Walter Muschg, weitergeführt von Anthony W. Riley, Olten 1960 (^{2}1980)

AW 2: Pardon wird nicht gegeben. Roman, herausgegeben von Walter Muschg, Olten 1960 (^{2}1962)

AW 3: *Berlin Alexanderplatz. Die Geschichte vom Franz Biberkopf,* herausgegeben von Walter Muschg, Olten 1961 (^{4}1972)

AW 4: *Manas. Epische Dichtung,* herausgegeben von Walter Muschg, Olten 1961 (^{2}1972)

AW 5: *Babylonische Wandrung oder Hochmut kommt vor dem Fall.* Roman, herausgegeben von Walter Muschg, Olten 1962

AW 6: *Erzählungen aus fünf Jahrzehnten,* herausgegeben von Edgar Pässler, Olten 1979

AW 7: *Amazonas.* Roman, herausgegeben von Walter Muschg, Olten 1963

AW 8: *Aufsätze zur Literatur,* herausgegeben von Walter Muschg, Olten 1963

AW 9: *Unser Dasein,* herausgegeben von Walter Muschg, Olten 1964

AW 10: *Wallenstein.* Roman, herausgegeben von Walter Muschg, weitergeführt von Anthony W. Riley, Olten 1965 (^{3}1980)

AW 11: *Hamlet oder Die lange Nacht nimmt ein Ende.* Roman, herausgegeben von Walter Muschg, weitergeführt von Anthony W. Riley, Olten 1966 (^{4}1983)

AW 12: *Reise in Polen,* herausgegeben von Walter Muschg, weitergeführt von Heinz Graber, Olten 1968

AW 13: *Briefe,* herausgegeben von Walter Muschg, weitergeführt von Heinz Graber, Olten 1970

AW 14: *Schriften zur Politik und Gesellschaft,* herausgegeben von Walter Muschg, weitergeführt von Heinz Graber, Olten 1970

AW 15: *Der deutsche Maskenball,* von Linke Poot. *Wissen und Verändern!,* herausgegeben von Walter Muschg, weitergeführt von Heinz Graber, Olten 1972

AW 16: *Berge Meere und Giganten.* Roman, herausgegeben von Walter Muschg, weitergeführt von Edgar Pässler, Olten 1977 (^{2}1980)

AW 17: *Der Oberst und der Dichter oder das menschliche Herz. Die Pilgerin Aetheria.* Zwei Erzählungen, herausgegeben von Heinz Graber, Olten 1978

AW 18: *Der unsterbliche Mensch. Ein Religionsgespräch. – Der Kampf mit dem Engel. Religionsgespräch (Ein Gang durch die Bibel),* herausgegeben von Anthony W. Riley, Olten 1980

AW 19: *Autobiographische Schriften und letzte Aufzeichnungen,* herausgegeben von Edgar Pässler, Olten 1980

AW 20: *Jagende Rosse, Der Schwarze Vorhang und andere frühe Erzählwerke,* herausgegeben von Anthony W. Riley, Olten 1981

AW 21: *Wadzeks Kampf mit der Dampfturbine.* Roman, herausgegeben von Anthony W. Riley, Olten 1982

AW 22: *Drama Hörspiel Film,* herausgegeben von Anthony W. Riley, Olten 1985

AW 23: *Kleine Schriften I,* herausgegeben von Anthony W. Riley, Olten 1985

AW 24: *Schriften zu Leben und Werk,* herausgegeben von Erich Kleinschmidt, Olten 1986

Außerdem wird aus folgenden Ausgaben zitiert:

Der unsterbliche Mensch, Verlag Karl Alber, München 1948

Die beiden Freundinnen und der Giftmord, Rowohlt Verlag, Reinbek bei Hamburg 1978

Die Dichtung, ihre Natur und ihre Rolle, Abhandlungen der Akademie der Wissenschaften und der Literatur, Klasse der Literatur, Steiner Verlag, Wiesbaden 1950

Die literarische Situation, Verlag Paul Keppler, Baden-Baden 1947

Die Zeitlupe, Walter-Verlag, Olten 1962

Ein Kerl muß eine Meinung haben. Berichte und Kritiken 1921-1924, Deutscher Taschenbuch Verlag, München 1981

Flucht und Sammlung des Judenvolks, Reprint, Gerstenberg Verlag, Hildesheim 1977

Geleitwort zum Bildband Berlin von Mario von Bucovich, Albertus Verlag, Berlin 1928

Gespräche mit Kalypso, Walter Verlag, Olten 1980

November 1918, Band 1-4, Deutscher Taschenbuch Verlag, München 1978

Wadzeks Kampf mit der Dampfturbine, S. Fischer Verlag, Berlin 1917

BILDNACHWEIS

(1) Claude Döblin, Nizza
(2) Peter Döblin, Lindenhurst, New York
(3) Steve Doblin, Louveciennes
(4) Schiller-Nationalmuseum / Deutsches Literaturarchiv, Marbach am Neckar
(5) Jochen Meyer, Marbach am Neckar
(6) Landesbildstelle Berlin
(7) Bildarchiv Preussischer Kulturbesitz, Berlin
(8) Staatsbibliothek Preussischer Kulturbesitz, Berlin
(9) Ullstein Bilderdienst, Berlin
(10) ADN-Zentralbild, Berlin/DDR
(11) Keystone Pressedienst GmbH, Hamburg
(12) Deutsches Institut für Filmkunde, Frankfurt am Main
(13) Archiv für Kunst und Geschichte, Berlin
(14) Akademie der Künste, Berlin
(15) Bertolt Brecht- / Helene Weigel-Erben
(16) Stadtarchiv Worms
(17) Historisches Bildarchiv des Südwestfunks Baden-Baden
(18) Van der Heydt-Museum, Wuppertal
(19) Staatsgalerie Stuttgart
(20) Bilderdienst des Süddeutschen Verlags
(21) Staatsbibliothek Hamburg
(22) Archiv der Deutschen Kinemathek, Berlin
(23) Winfried Feifel, Marbach am Neckar
(24) Diethart Kerbs, Berlin
(25) Ernst Johann, Groß-Gerau
(26) aus: Hollywood: Legend and Reality, edited by Michael Webb, New York 1986
(27) aus: Faschismus, herausgegeben von der Neuen Gesellschaft für Bildende Kunst und dem Kunstamt Kreuzberg, Berlin 1976
(28) aus: Tendenzen der Zwanziger Jahre. Katalog der 15. Europäischen Kunstausstellung, Dietrich Reimer Verlag, Berlin 1977
(29) Werner Golan, Frankfurt am Main
(30) Archivo Historiquo, Lissabon
(31) Fotografische Sammlung des Museums Folkwang, Essen
(32) roebild, Frankfurt am Main
(33) aus: Jugendstil. Art Deco. Malerei und

Grafik, herausgegeben von Gabriele Sterner, Heyne Verlag, München 1981

(34) aus: Franz Masereel 1889-1972. Über Krieg und Frieden, herausgegeben vom Kunstamt Kreuzberg und der Abteilung Kulturpolitik beim DGB-Bundesvorstand, Berlin 1979

(35) Universitätsbibliothek Freiburg im Breisgau

(36) Altonaer Museum, Hamburg

(37) Berlinische Galerie, Berlin

(38) aus: Brockhaus Konversationslexikon, Band 12, Berlin – Wien – Leipzig 1894, S. 244

(39) Murray B. Cohen, New York

(40) Galeria del Levante, Mailand

(41) Hessische Landes- und Hochschulbibliothek, Darmstadt

(42) aus: Walter Serner, Die Tigerin, Berlin 1927

(43) aus: Film...Stadt...Kino...Berlin, herausgegeben von Uta Berg-Ganschow und Wolfgang Jacobsen, Argon Verlag, Berlin 1987

(44) Sammlung Egidio Marzona, Düsseldorf

(45) Zentralbibliothek Zürich

(46) Akademie der Künste der Deutschen Demokratischen Republik, Berlin/DDR

AUSWAHLBIBLIOGRAPHIE

Alfred Döblin im Spiegel der zeitgenössischen Kritik, herausgegeben von *Ingrid Schuster* und *Ingrid Bode*, Franke Verlag, Berlin und München 1973

Günther Anders, Mensch ohne Welt. Schriften zur Kunst und Literatur, Verlag C.H. Beck, München 1984

Walter Benjamin, Krisis des Romans. Zu Döblins »Berlin Alexanderplatz«, in: ders., Schriften, Band III, Suhrkamp Verlag, Frankfurt am Main 1972, S. 230-237

Deutsche Exilliteratur seit 1933, Kalifornien, herausgegeben von *J.M. Spalek* und *J. Strelka*, M. Franke Verlag, Bern – München 1976

Blandine Ebinger, Blandine, Arche Verlag, Zürich 1985

Ilja Ehrenburg, Menschen – Jahre – Leben, Kindler Verlag, München 1962 und 1965

Rainer Werner Faßbinder und *Harry Baer, Der Film Berlin Alexanderplatz*, Verlag der Autoren, Frankfurt am Main 1980

Günter Grass, Über meinen Lehrer Alfred Döblin, Literarisches Colloquium, Berlin 1968

Max Horkheimer und *Theodor W. Adorno, Dialektik der Aufklärung*, S. Fischer Verlag, Frankfurt am Main 1971

Louis Huguet, Bibliographie Alfred Döblin, Aufbau-Verlag, Berlin und Weimar 1972

Louis Huguet, Pour un centenaire. Chronologie Alfred Döblin, Annales de l'Université d'Abidjan, Serie D, tome XI, 1978

Rolf Italiaander und *Willy Haas, Berliner Cocktail*, Verlag F. Stadler, Hamburg – Wien 1957

Harald Jähner, Erzählter, montierter, souffflierter Text. Zur Konstrukion des »Berlin Alexanderplatz«, Verlag Peter Lang, Frankfurt am Main – Bern – New York – Nancy 1984

Walter Jens, Statt einer Literaturgeschichte, Neske Verlag, Pfullingen 1957

Hermann Kesten, Lauter Literaten, Kurt Desch Verlag, Wien – München – Basel 1963

Volker Klotz, Die erzählte Stadt, Hanser Verlag, München 1969

Leo Kreutzer, Alfred Döblin. Sein Werk bis 1933, Verlag W. Kohlhammer, Stuttgart – Berlin -- Köln – Mainz 1970

Roland Links, Alfred Döblin. Autorenbuch 24, Verlag C.H. Beck, München 1981

Literatur des Exils, herausgegeben von *Bernt Engelmann*, Wilhelm Goldmann Verlag, München 1981

Ludwig Marcuse, Mein zwanzigstes Jahrhundert, Diogenes Verlag, Zürich 1975

Peter Merz, Und das wurde nicht ihr Staat. Erfahrungen emigrierter Schriftsteller mit Westdeutschland, Verlag C.H. Beck, München 1985

Jochen Meyer, Katalog zur Ausstellung des Deutschen Literaturarchivs Marbach. *Alfred Döblin 1878 · 1978*, Deutsche Schillergesellschaft, Marbach am Neckar 1978

Jochen Meyer, Berlin Provinz, Marbacher Magazin Nr. 35, Deutsche Schillergesellschaft, Marbach am Neckar 1985

Robert Minder, Wozu Literatur? Suhrkamp Verlag, Frankfurt am Main 1971

Robert Minder, Dichter in der Gesellschaft, Suhrkamp Verlag, Frankfurt am Main 1972

Klaus Müller-Salget, Alfred Döblin. Werk und Entwicklung, Bouvier-Verlag, Bonn 1972

Klaus Müller-Salget, Neuere Tendenzen in der Döblin-Forschung, in: Zeitschrift für deutsche Philologie, Band 103, 1984, S. 263-277

Nachkriegsliteratur in Westdeutschland, Band 1 und 2, herausgegeben von *Jost Hermand, Helmut Peitsch, Klaus R. Scherpe*, Argument Verlag, Berlin 1983

Harald Neumann, Leben, wissenschaftliche Studien, Krankheiten und Tod Alfred Döblins, Bläschke Verlag, St. Michael 1982

Matthias Prangel, Materialien zu Alfred Döblins »Berlin Alexanderplatz«, Suhrkamp Verlag, Frankfurt am Main 1975

Ludovica Scarpa, Abschreibungsmythos Alexanderplatz, in: *Die Metropole*. Industriekultur in Berlin im 20. Jahrhundert, hrsg. von *Hermann Glaser*, Band 2, Verlag C.H. Beck, München 1986

Arno Schmidt, Das steinerne Herz, S. Fischer Verlag, Karlsruhe 1954

Klaus Schröter, Afred Dölblin in Selbstzeugnissen und Bilddokumenten, Rowohlt Verlag, Reinbek bei Hamburg 1978

Klaus Schröter, Heinrich Mann in Selbstzeugnissen und Bilddokumenten, Rowohlt Verlag, Reinbek bei Hamburg 1967

Winfried Georg Sebald, Der Mythus der Zerstörung im Werk Alfred Döblins, Ernst Klett Verlag, Stuttgart 1980

Text und Kritik, Heft 13/14, Richard Boorberg Verlag, München 1972

Klaus Völker, Bertolt Brecht, Hanser Verlag, München 1976

Alfred Döblin (signature)

Sein Werk im Walter-Verlag und im Deutschen Taschenbuch Verlag

In der von Walter Muschg † begründeten und heute in Verbindung mit den Söhnen des Dichters von Anthony W. Riley herausgegebenen Werkausgabe sind bisher erschienen:

Die drei Sprünge des Wang-lun

Pardon wird nicht gegeben

Berlin Alexanderplatz

Babylonische Wandrung oder Hochmut kommt vor dem Fall

Manas

Unser Dasein

Wallenstein

Hamlet oder Die lange Nacht nimmt ein Ende

Reise in Polen

Briefe

Schriften zu Politik und Gesellschaft

Der deutsche Maskenball/ Wissen und Verändern

Der Oberst und der Dichter oder Das menschliche Herz/Die Pilgerin Aetheria

Berge Meere und Giganten

Erzählungen aus fünf Jahrzehnten

Der unsterbliche Mensch/ Der Kampf mit dem Engel

Autobiographische Schriften und letzte Aufzeichnungen

Jagende Rosse/ Der schwarze Vorhang

Wadzeks Kampf mit der Dampfturbine

Drama – Hörspiel – Film

Kleine Schriften I

Schriften zu Leben und Werk

Amazonas. Romantrilogie Erscheint Frühjahr 1988

Jeder Band in Leinen gebunden: 300–800 Seiten, DM 39,– bis 78,–

Walter-Verlag
Olten und Freiburg i. Br.

Aufgrund der bestehenden Werkausgabe des Walter-Verlags wird der Deutsche Taschenbuch Verlag von 1987 an eine auf dreiunddreißig Bände angelegte, nach Gattungen chronologisch geordnete Werkausgabe der erzählerischen, philosophischen und kritischen Schriften herausgeben.

Die ersten sechs Bände liegen bereits vor:

Jagende Rosse
Der schwarze Vorhang und andere frühe Erzählwerke
2421/DM 19,80

Wadzeks Kampf mit der Dampfturbine
Roman. 2424/DM19,80

Der deutsche Maskenball von Linke Poot / Wissen und Verändern
2426/DM 19,80

Reise in Polen
2428/DM 19,80

Der Oberst und der Dichter oder Das menschliche Herz
Die Pilgerin Aetheria
Zwei Erzählungen. 2439/DM 19,80

Hamlet oder
Die lange Nacht nimmt ein Ende
Roman. 2442/DM 24,80

 Deutscher Taschenbuch Verlag

---

«Den progressiven Linken war er zu katholisch, den Katholiken zu anarchistisch, den Moralisten versagte er handfeste Thesen, fürs Nachtprogramm zu unelegant, war er dem Schulfunk zu vulgär… der Wert Döblin wurde und wird nicht notiert.» Günter Grass